喧然名都

——唐宋成都城考古学研究

易 立◎著

成都时代出版社

图书在版编目（CIP）数据

喧然名都：唐宋成都城考古学研究 / 易立著. --
成都：成都时代出版社，2025.6
ISBN 978-7-5464-3410-0

Ⅰ. ①喧… Ⅱ. ①易… Ⅲ. ①古城遗址（考古）—考证
—成都—唐宋时期 Ⅳ. ① K872.711

中国国家版本馆 CIP 数据核字（2024）第 028344 号

喧然名都——唐宋成都城考古学研究
XUANRAN MINGDU ——TANG-SONG CHENGDU CHENG KAOGUXUE YANJIU

易立 / 著

出 品 人　钟　江
选题策划　严光辉　张　等
责任编辑　李　佳
责任校对　张　巧
责任印制　江　黎　陈淑雨
装帧设计　成都九天众和

出版发行　成都时代出版社
电　　话　（028）86742352（编辑部）
　　　　　（028）86763285（图书发行）
印　　刷　雅艺云印（成都）科技有限公司
规　　格　170mm×230mm
印　　张　25.25
字　　数　530 千
版　　次　2025 年 6 月第 1 版
印　　次　2025 年 6 月第 1 次印刷
书　　号　ISBN 978-7-5464-3410-0
定　　价　88.00 元

Chapter 1

第一章

绪论

第一节

为什么以唐宋成都城为主题

　　唐宋时期之成都，经济发达，人文蔚盛，加之地处交通枢纽和边陲要冲，成为当时西南地区乃至全国性的商业中心及政治、军事重镇。

　　唐天宝元年（742），升蜀郡为大都督府。天宝十五年（756），玄宗幸蜀，改成都府，号"南京"。至德二年（757），分剑南道为东、西两川，置东川、西川两节度使，成都为西川节度使的驻地，军事、战略和经济地位日益凸显，正如陈子昂所言："蜀为西南一都会，国家之宝库，天下珍货聚出其中。又人富粟多，顺江而下，可以兼济中国。"[1] 到唐代后期，更是富甲一方，与扬州并列为全国最繁华的两大商业都会，"号为天下繁侈，故称扬、益。"[2] 宣宗大中年间（847—859），卢求在《成都记·序》中盛赞说："较其要妙，扬不足以侔其半。"[3]

　　唐末黄巢之乱，僖宗幸蜀，关中等地士庶大量避乱而流徙剑南，促使成都经济、文化出现空前盛况。前、后蜀割据一方，成都又成为偏霸政权的国都，物资珍玩不贡中原，加之在相当长一段时间内无大的灾祸动乱，故成都一带更显富庶昌盛。纵观五代十国各地情形，长安、洛阳、扬州已趋衰落，新兴之开封及南方地区的金陵、杭州等地更非可比，成都当为全中国最繁侈之第一等都市[4]。

　　至两宋时期，又为成都府路、成都府、成都（及华阳）县的治所。尽管受北

1　刘昫等：《旧唐书》卷一百九十，中华书局，1975，第5022页。
2　乐史：《太平寰宇记》卷一二三《淮南道》，王文楚等点校，中华书局，2007，第2442页。
3　卢求：《成都记·序》，载董诰等编《全唐文》卷七百四十四，上海古籍出版社，1990，第3413页。
4　严耕望：《唐五代时期之成都》，载《严耕望史学论文选集》，中华书局，2006，第179页。

宋初年战乱频繁的影响，城市经济和建筑设施均遭受不同程度的破坏，但很快得以恢复、重建和发展，史载"列肆云罗，珠贝荧煌于三市；居人栉比，酋豪繁盛于五陵。俗尚嬉游，家多宴乐。既富且庶，役寡赋轻，古为奥区，今尤壮观"[1]，"繁盛与京师同"[2]。

正由于上述历史背景，不仅研究地方史志的学者需要关注唐宋时期成都的城市形态和面貌，而且研究历史地理和城市考古的学者也需重视这部分内容。特别是 20 世纪 90 年代以来，随着成都文博考古事业的蓬勃发展，市区内的许多基建项目工地陆续发掘出土了大量的古代城市遗存，为开展城市形态变迁、物质文化、社会生活等领域的研究提供了翔实可靠的参考资料，创造了难能可贵的契机。

需要特别指出的是，本书所涉及的唐宋时期，上始于 6 世纪末的隋代，下止于 13 世纪后半叶的宋末元初，历时近 700 年。之所以这样设定，一方面是因为成都城自战国时期张仪等人筑秦城直至唐末高骈筑罗城，其间的变化主要发生在隋代，杨秀镇蜀后开启了大规模的城市建设活动，如扩展大城、修缮少城并使之成为成都城的西郭、营建宫室、挖掘池苑等，近年来以摩诃池池苑园林为代表的考古发现就多与此相关。另一方面，南宋末年的宋元战争对成都全城造成毁灭性破坏，"自丙申荡于兵，文物泯尽"[3]，"昔之通都大邑，今为瓦砾之场"[4]，明代以后整个城市的格局因蜀王府的修建而再次发生巨大变化。

1　刘锡：《至道圣德颂》，载袁说友等编《成都文类》卷四十八，赵晓兰整理，中华书局，2011，第 944 页。

2　周密：《癸辛杂识·癸辛杂识续集上》，吴企明点校，中华书局，1988，第 141 页。

3　罗寿：《成都赡学田记》，载杨慎编《全蜀艺文志》卷三十六，刘琳、王晓波点校，线装书局，2003，第 1024 页。

4　黄淮、杨士奇等：《历代名臣奏议》卷一百《经国》，台湾学生书局，1985，第 1373 页。

第二节

考古发现及相关研究

在现代历史学与考古学研究方法出现以前，有关唐宋成都城的历史面貌基本只能从史料文献中去寻找，数量有限且零散，夹杂于正史、地记、图经、方志、笔记、小说、诗词等各种体裁的文本中。以正史为例，两《唐书》《宋史》《资治通鉴》《续资治通鉴长编》中有关唐末至北宋初年围绕成都开展的一系列城市攻防战，对了解这一时期成都城池的建设活动和形制布局状况颇具参考价值。北宋张唐英所著的《蜀梼杌》，采用编年体记述了立国于成都的前后蜀两代割据政权的历史，尤其在宫廷生活方面着墨甚多，是了解当时宫城制度、城市风貌的关键证据。在其他一些全国性的地理总志中，也记载有成都城池的建置沿革、地望方位、名胜古迹、风土人情等，如唐代李吉甫《元和郡县图志》、北宋乐史《太平寰宇记》、北宋王存《元丰九域志》、南宋祝穆《方舆胜览》、清代顾祖禹《读史方舆纪要》等。《成都文类》《全蜀艺文志》等地域性文献，其主要内容是历代文人墨客歌咏蜀地山川之灵秀、文物古迹之繁盛的作品，作者或系蜀人，或曾担任蜀地官吏，记录保存了大量涉及古代成都城市空间和建筑单元形态布局的原始信息，为我们开展复原研究提供了若干重要的、可靠的线索。此外，明清以及民国年间的成都地方志书，如《天启成都府志》《康熙成都府志》《嘉庆华阳县志》《同治成都县志》《民国华阳县志》等，同样不乏对城市文物古迹的记载和考证，《民国华阳县志·古迹卷》更是列举出了城镇、门楼、乡里、驿顿、街坊、市集、宅井、园池、津渡、书院、官署、陵墓、祠庙、寺观等众多城市要素，相当完备，书首还附有修志者林思进所撰唐宋以来华阳县境变迁考证一文，实属难能可贵[1]。清代学者顾炎武所作的都城史籍《历代宅京记》，采摭二十一史和有关典籍志书，叙述了上起伏羲，下讫元代四十余座都城的建置、沿革、迁徙与分布情况，其中就包括了唐五代的成都城[2]。1909—1910年间，四川简阳籍学者傅崇矩编纂了《成都通览》一书，这是一部关于清末成都的百科全书，书中亦辟出一定篇幅考述汉唐以来的成都城垣、池苑、桥梁、宅院、寺观、陵墓等古迹[3]。

从20世纪30年代开始，与唐宋成都城相关的历史学、考古学研究工作逐步开启，迄今为止，学术历程可大致分作以下三个阶段：

第一阶段：20世纪30至70年代

本阶段主要是蒙思明、鞠清远、龚熙台、葛维汉（David Crockett Graham）、冯汉骥、刘琳、李劼人、李思纯等老一辈学者在开展工作，尽管其工作成果较少，但开学术之先河，不少观点和认识至今仍有不可低估的启示意义。

1936年，蒙思明先生发表《成都城池沿革》一文，论述了秦汉以来成都的"大城""皇城""满城""锦城"等城池的沿革和修筑问题，同时关注了金河、御河等城内河道[4]。

1936年，鞠清远先生发表《唐宋时代四川的蚕市》一文，考察了成都等地蚕市的概念、创立时间、举办地点、参与者、商品内容等问题，认为蚕市有两种类型：一种是因崇拜圣地而形成，类似近代以来的庙会；另一种则没有宗教的意义，只是季节性商业市场[5]。

1937年，龚熙台先生发表《成都历代沿革考》一文，考证内容除城池修筑、

1　陈法驾、叶大锵等修，曾鉴、林思进等纂《民国华阳县志》卷二十七至卷三十，王晓波、王会豪、郭建强校点，载成都市地方志编纂委员会、四川大学历史地理研究会整理《成都旧志》第16册，成都时代出版社，2008，第641—820页。

2　顾炎武：《历代宅京记》卷十，于杰点校，中华书局，1984，第204—205页。

3　傅崇矩：《成都通览》，天地出版社，2014，第24—31页。

4　蒙思明：《成都城池沿革》，《禹贡》1936年第5卷第12期。

5　鞠清远：《唐宋时代四川的蚕市》，《食货》1936年第3卷第6期。

城垣四至、城门设置，还涉及河道、桥梁、堤堰、学舍、楼阁等一批市政设施[1]。

琉璃厂窑与唐宋时期成都的城市生活密不可分。20 世纪 30 年代前后，时任华西协合大学（West China Union University）古物博物馆（今四川大学博物馆前身）馆长的美国学者葛维汉（1932—1941 年在任）注意到这座位于成都城郊东南的古代窑址，与副馆长林名均等开始着力收集相关遗物和文献资料，并于 1933 年 3 月组织开展了一次短期的发掘活动，资料发表于 1939 年出版的《华西边疆研究学会杂志》（Journal of the West China Border Society）第 11 卷上。这次发掘出土的器物十分丰富，共计有碗、碟、壶、坛、罐、盆、瓶、砚台、玩具模型、纺锤球等，并采集到带南宋"隆兴"年号的砖块，经分析，葛维汉先生认为该窑的年代应较邛窑为晚，"当在北宋初，经历南宋，下至元朝前半期"[2]。

1942—1943 年，前中央研究院历史语言研究所、四川博物馆、前中央博物院筹备处等单位联合发掘了成都老西门外的前蜀王建墓（光天元年，918），冯汉骥先生整理编写了发掘报告，书中除对墓葬结构、雕刻和出土遗物等作了详尽叙述外，还就墓室内的某些细部结构作了适当复原。同时结合古代文献，对一部分雕刻和遗物作了细致考证，是研究成都地区唐宋考古的重要参考资料[3]。

1948 年，冯汉骥先生发表《元八思巴蒙文圣旨碑发现记》一文，对唐宋时期的成都城垣历史沿革作了简要梳理，并结合城垣拆除过程中所见的遗址现状，推测"余曾察视现在所辟临时疏散等缺口，往往于版筑土中见有矮小之砖墙，此或系唐城也"[4]。

1956 年，冯汉骥先生发表《相如琴台与王建永陵》一文，结合文献史料梳理了相如琴台与王建永陵的关系，解释了相如琴台方位讹传的源流，并讨论了晚

1　龚熙台：《成都历代沿革考》，《华西学报》1937 年第 5 期。

2　葛维汉：《琉璃厂窑址》，成恩元译，载《四川古陶瓷研究》编辑组编《四川古陶瓷研究》（一），四川省社会科学院出版社，1984，第 154-168 页。

3　冯汉骥：《前蜀王建墓发掘报告》，文物出版社，2002，第 63-64 页。

4　冯汉骥：《元八思巴蒙文圣旨碑发现记》，原载《四川博物馆》单刊之二（1948 年），后收入张勋燎、白彬编《川大史学·冯汉骥卷》，四川大学出版社，2006，第 357 页。

唐以前郫江的流向以及成都七桥的方位问题[1]。

1957年，冯汉骥先生发表《记唐印本陀罗尼经咒的发现》一文，论述了唐代成都府、成都县的建置沿革状况，并对经咒中所称"龙池坊"的方位作了初步推定[2]。

1978年，刘琳先生发表《成都城池变迁史考述》一文，对唐末罗城的修筑和郫江的改道问题予以关注，提出创筑罗城是成都城池史上的一大变迁，就罗城城垣和郫江改道后的具体走向和范围作了初步推定，还附带讨论了历史上著名的石牛寺和江渎池。该文同时简要论述了五代羊马城和宋代成都城，认为宋代成都城是在高骈罗城的基础上修筑的，这一点无疑是很有见地的[3]。

此外，著名文学大师李劼人先生于20世纪40年代末创作了约15万字的《说成都》，分为说大城、说少城、说皇城、说河流、说街道沟渠以及名胜古迹等，当中即包括了对唐宋时期成都建置沿革的系统梳理，并详述了五代以来成都之别名——芙蓉城及唐末五代宫室苑囿——摩诃池的来龙去脉[4]。然此书稿现仅存部分章节，其余已在"文革"中下落不明。历史学家李思纯先生考证了唐宋时期的成都城垣、河川桥梁及寺院、祠堂、道观、官署、苑囿等各类建筑设施，并制作了史迹总表和大事年表，对当代的城市考古工作有重要的参考价值[5]。尤其他对唐宋成都之著名佛教寺院——大圣慈寺的研究着力良多，内容涉及建置沿革、寺址变迁及四至范围、院落布置、壁画艺术、名僧轶事、游宴活动、解玉溪故道等，是迄今为止探索大圣慈寺历史面貌最有分量的学术资料[6]。

这一阶段的考古工作开展得极为薄弱，主要涉及城区周边发现的墓葬、宗教及手工业遗存。除前述琉璃厂窑和前蜀王建墓外，1953年，城西万佛寺（净众

1　冯汉骥：《相如琴台与王建永陵》，原载四川大学历史系编《史学论丛》（1956年），后收入张勋燎、白彬编《川大史学·冯汉骥卷》，第357页。

2　冯汉骥：《记唐印本陀罗尼经咒的发现》，《文物参考资料》1957年第5期。

3　刘琳：《成都城池变迁史考述》，《四川大学学报（哲学社会科学版）》1978年第2期。

4　曾智中、尤德彦：《李劼人说成都》，四川文艺出版社，2007，第3-29页。

5　李思纯：《成都史迹考》，载陈廷湘、李德琬主编《李思纯文集：未刊论著卷》，巴蜀书社，2009，第499-642页；李劼人：《二千余年成都大城史的衍变》，《风土什志》1949年第3卷第2期。

6　李思纯：《大慈寺考》，载陈廷湘、李德琬主编《李思纯文集：未刊论著卷》，第643-762页。

寺）旧址建筑工地出土南朝至唐代石刻造像百余件，冯汉骥先生对这批造像作了初步整理，并总结了南朝以来四川造像艺术发展的基本脉络[1]。后刘志远、刘廷壁先生再次对万佛寺清末以来出土、保存的200余件造像加以系统整理和研究，讨论了万佛寺的历史沿革和石刻艺术价值[2]。1956年，在城西百花潭锦江河道内出土了一批石刻造像和经幢，部分经幢上带有"中和""光启""通政""乾德""广政""天汉"等唐末五代年号[3]。1954—1958年，考古工作者对城西青羊宫、省医院一带的青羊宫窑址开展了调查和试掘，初步掌握了窑址的时代和文化面貌，并确认了青羊宫三清殿后的唐王殿、三清台、降生台三个土丘，实际为窑场废品堆积形成的窑包[4]。1972年，考古工作者再次对南校场、西校场、成都中医学院、省农业展览馆等地的青羊宫窑址进行了清理发掘，进一步证明以青羊宫为中心，方圆三、四平方公里的地带都属于窑址范围[5]。20世纪50年代以后，考古工作者又多次对琉璃厂窑址开展调查和勘测工作，采集到大量实物标本，对其产品类型、制作与装烧工艺及时代问题有了更为全面的认识[6]。此外，1974—1978年在旧城中心的人民中路、斌升街、方池街、文殊院街等地都出土过唐代钱币窖藏，钱币种类以"开元通宝""乾元重宝"为多[7]。

第二阶段：20世纪80至90年代初

本阶段，学术氛围极为活跃，相关成果呈爆发性增长。

1　冯汉骥：《成都万佛寺石刻造像——全国基建出土文物展览会西南区展览品之一》，《文物参考资料》1954年第9期。

2　刘志远、刘廷壁：《成都万佛寺石刻艺术》，中国古典艺术出版社，1958。

3　袁明森：《成都西郊发现唐代石刻》，《考古》1959年第9期。

4　江学礼、陈建中：《青羊宫古窑址试掘简报》，《文物参考资料》1956年第6期；黎佳：《青羊宫隋唐瓷窑遗址》，《成都文物》1983年第1期。

5　黎佳：《青羊宫隋唐瓷窑遗址》，《成都文物》1983年第1期。

6　林雪坤：《四川华阳县琉璃厂调查记》，《文物参考资料》1956年第9期；丁祖春：《成都胜利公社琉璃厂古窑》，载《四川古陶瓷研究》编辑组编《四川古陶瓷研究》（一），第171—180页。

7　王黎明：《我市东通顺街发现唐代钱币窖藏》，《成都文物》1985年第1期；成都市文物考古工作队：《成都市人民中路发现的唐代钱币窖藏》，载成都文物考古研究所编著《成都考古发现》（2001），科学出版社，2003，第236—263页。

一、综合研究

1981 年，严耕望先生发表《唐五代时期之成都》一文，首先概述了唐宋时期成都的发展历程，指出在唐末五代长安、洛阳和扬州相继衰落的背景下，成都已成为当时全国的第一大都市，政治军事地位十分突出。随后利用大量的文献史料，相继考证了城郭公署、里坊与四季市集、工商业面貌、寺观与佛道二教、文学艺术与民风、都市户口数额等。此外，文末还附有"唐五代成都城郭江流示意图"，为系统复原唐五代成都城市格局提供了参考图像[1]。

1980 年，魏炯若先生发表的《陆游诗中的成都》一文[2]和 1981 年常崇宜先生发表的《陆游诗文中的南宋成都初探》一文[3]，皆以陆游《剑南诗稿》和《老学庵笔记》为基础，围绕南宋早期成都的花卉种植状况、庙宇塔刹、名胜古迹、城墙轮廓、坊市、社会经济、生活习俗等问题展开论述。

1984 年，陈世松先生发表《马可波罗笔下的成都》一文，以《马可波罗游记》为基础，部分还原了宋元之际成都的城市面貌，认为《游记》提到的城中有三城，分别对应宋代设置于成都城内的四川安抚制置司、成都路安抚司和成都府三级地方行政官署[4]。

1984 年，刘琳先生发表《高骈与成都罗城》一文，指出唐末高骈修筑罗城在成都城市史上具有深远影响，奠定了此后一千多年城市的基本格局，讨论了修筑罗城的历史背景、施工过程、城垣配置和面貌、城壕和城内的给排水设施等，提出"宋元明清四代的成都城，大抵都是沿袭罗城的规模……罗城的四至与清城相差不远"[5]。

1985 年，任乃强先生发表《成都城址变迁考（四）》一文，关注了唐代成都城，认为唐城的形制和大小不同于秦汉成都城，其基本格局在隋蜀王杨秀时已

---

1 严耕望：《唐五代时期之成都》，载《严耕望史学论文选集》，第 175–231 页。

2 魏炯若：《陆游诗中的成都》（上），《四川师范学院学报》1980 年第 3 期；魏炯若：《陆游诗中的成都》（下），《四川师范学院学报》1980 年第 4 期。

3 常崇宜：《陆游诗文中的南宋成都初探》，《成都大学学报（社会科学版）》1981 年第 1 期。

4 陈世松：《马可波罗笔下的成都》，《成都文物》1984 年第 1 期。

5 刘琳：《高骈与成都罗城》，《成都文物》1984 年第 3 期。

奠定，并讨论了城门、张仪楼、宣华苑、金马碧鸡坊、万里桥等设施的方位及相关问题，文末还附有"成都唐城平面示意图"[1]。

1985年，刘新生先生发表《唐代诗人岑参笔下的成都》一文，以唐代诗人岑参客居成都期间留下的诗文作为基础，考证了先主庙、武侯祠、文翁讲堂、草玄台、司马相如琴台、升仙桥、严君平卜肆、张仪楼、万里桥、石犀、龙女祠等一大批著名史迹的方位和面貌[2]。

1986年，王文才先生《成都城坊考》一书出版，其对包括唐宋时期在内的历代成都城郭、宫苑、城门、江河、桥梁、坊市街巷的布局、方位、沿革等作了详细辑录和考证，并附有"成都大小城及罗城图"[3]。

1987年，四川省文史馆《成都城坊古迹考》一书出版，其对包括唐宋时期在内的历代成都的建置、城垣、水道、街坊和其他重要史迹、宗教寺庙等开展了全面、系统的分析讨论。其研究方法与结构框架与《唐五代时期之成都》和《成都城坊考》类似，仍以文献史料为基础，将城市各组成要素分门别类作为研究对象，但已经开始注意对地下出土资料的收集和运用，如"水道篇"中就利用当时城市道路施工发现的木桩和旧河床遗址，分别考证了市桥的方位及金水河的走向[4]。

1987年，谭继和先生发表《成都城市历史概述》一文，在"唐宋时期成都城市经济与文化的发展"一节中，关注了农业、手工业、商业和城市文化四个方面的因素，强调唐宋时期是成都古典城市文化的鼎盛阶段，出现文化艺术与游赏习俗相结合的新趋势[5]。

1987年，温少峰、林延年先生发表《名城成都的历史文化特征》一文，总结了包括唐宋时期在内的2500余年间，成都的城市地位、城市格局、城市景

1　任乃强：《成都城址变迁考》（四），《成都文物》1985年第1期。

2　刘新生：《唐代诗人岑参笔下的成都》，《成都文物》1985年第2期。

3　王文才：《成都城坊考》，巴蜀书社，1986，第1-111页。

4　四川省文史馆：《成都城坊古迹考》，四川人民出版社，1987，第4-410页。

5　谭继和：《成都城市历史概述》，载成都市城市科学研究会编《成都城市研究》，四川大学出版社，1989，第517-521页。

致、文化教育贡献等多方面的情况[1]。

1987 年，温少峰、孙卫瑄先生发表《成都古城址的复原标定与论证》一文，对隋唐大城（子城）的结构尺寸和位置进行了复原标定，认为其城圈利用了秦大城的北、东两段墙体，并有所扩大，平面呈正方形，面积约为当今旧城区的十分之一，同时分析了摩诃池、玉局化、草堂寺等一些重要史迹的位置。作者还关注了唐末罗城的范围，认为罗城周长与后来的清城约同，四周位置亦与清城大体一致[2]。

1987 年，陈世松先生发表《宋元争夺中的成都》一文，关注了南宋末年成都城所受到的战乱破坏，对还原宋末元初成都的城市面貌和政治、经济、军事状况具有重要的参考价值[3]。

1993 年，张学君、张莉红先生《成都城市史》一书出版，其以"扬一益二"为中心，阐述了隋唐五代至两宋时期成都城市商品经济的发展和城市商业的活跃，并总结了这一阶段成都城市建设的成就，包括罗城、子城、宫城及街坊市集、名胜古迹、祠庙阁亭、池苑园林等[4]。

二、专题研究

这方面的成果十分丰富，所涉及的专题包括城垣、桥梁河道、宫室衙署、寺观祠庙、池沼苑囿、楼阁亭台、街巷坊市及学校等各类型史迹或建筑设施。

1. 城垣

绍风先生从文献入手，分析认为隋代蜀王杨秀增筑的是成都大城，主要是向南、西两面扩展，其中南面直抵郫江。少城自东晋桓温夷平后，未曾恢复，后世的"少城"只是作为传统地名存在，并没有城墙[5]。罗开玉先生回顾了秦灭古蜀国以后直至清代成都两千余年的城墙修筑史，注意到宋元以后的成都城皆以唐代罗城为基础；同时指出，成都的"皇城"之名起于五代前蜀，方位在成都旧城中

1　温少峰、林延年：《名城成都的历史文化特征》，《成都文物》1987 年第 4 期。

2　温少峰、孙卫瑄：《成都古城址的复原标定与论证》，1987 年 6 月 4 日印刷（内部资料）。

3　陈世松：《宋元争夺中的成都——元代成都史之一》，《成都文物》1988 年第 1 期；陈世松：《宋元争夺中的成都（续）——元代成都史之二》，《成都文物》1988 年第 2 期。

4　张学君、张莉红：《成都城市史》，成都出版社，1993，第 36-87 页。

5　绍风：《"桓温夷少城"证——附论杨秀"增筑大城"》，《成都志通讯》1986 年第 4 期。

心，与秦汉时期的大城基本重合，此阶段的成都形成了罗城、皇城、宫城三重城垣的格局[1]。

2. 桥梁河道

熊达成先生回顾了唐宋时期成都城内外河流、沟渠的开凿和改道历史，认为成都水利环境除具有自然条件之优势外，还必须辅以人工开拓才能受益[2]。绍风、石淐先生征引大量史料结合出土遗迹，考证了唐末以前郫江的走向问题，认为今天的金河即郫江故道，同时讨论了江渎池、解玉溪等一批重要史迹[3]。

3. 宫室衙署

王文才先生利用《蜀梼杌》等文献对前后蜀宫室苑囿的布局、建筑配置及名称等开展了较为深入的研究[4]，在相关考古实物极为贫乏的背景下，尤其显得难能可贵。绍风先生对南宋陆游诗词中所述的燕王宫进行了详细考证，认为此燕王宫系后蜀皇室成员孟贻邺位于成都碧鸡坊内的官邸[5]。

4. 寺观祠庙

林向先生回顾了隋唐益州名寺——福感寺的建塔历史，推测寺址约在今同仁路以东、长顺街一带，认为1980年发掘的长顺中街82号隋代塔基应是福感寺的塔基遗址，同时指出唐代刘禹锡所记"福成寺"为"福感寺"之误[6]。黄世宪先生收集了成都大秦寺的相关史料，认为寺址与福感寺相距不远，在子城西门外，约相当于今天的黄瓦街和商业街之间[7]。万佛寺是唐宋时期成都城西著名的佛教圣地，勃扬、刘廷壁先生先后梳理了它的兴建和存续历史，并讨论了出土造像的艺术特色与文化价值[8]。草堂寺亦为益州名寺，曾亚兰先生论述了草堂寺在

---

1 罗开玉：《成都古遗址、古城墙及其风水》，《志林大观》1993年第1期。

2 熊达成：《浅谈成都的水利与水害》（上），《成都文物》1983年第1期。

3 绍风、石淐：《"金河"为"郫江"故道说》（上），《成都文物》1983年第1期；绍风、石淐：《"金河"为"郫江"故道说》（下），《成都文物》1984年第1期。

4 王文才：《前后蜀宫苑考释》，《成都文物》1984年第3期。

5 绍风：《蜀燕王和蜀燕王宫——成都史零札之一》，《成都文物》1986年第3期。

6 林向：《隋唐益州福感寺塔遗址考》，《成都文物》1984年第2期。

7 黄世宪：《成都大秦寺位置考》，《成都文物》1984年第3期。

8 勃扬：《有关成都万佛寺的几个问题》，《成都文物》1985年第1期；刘廷壁：《成都万佛寺石刻造像》，《成都文物》1987年第1期。

南朝至唐代的历史，指出晚建的杜甫草堂并非因草堂寺而名，二者虽地近却各自有别[1]。濮禾章先生梳理了草堂寺从南北朝至宋代的沿革状况，指出宋代以后草堂寺改名为梵安寺，并分析了草堂寺与杜甫草堂的关系，认为杜甫草堂之得名与其紧邻草堂寺无关，乃是唐代文人的时尚[2]。

5. 池沼苑囿

宣华苑是前蜀王衍在隋唐摩诃池基础上营建的宫苑区，杨伟立先生利用文献史料，对宣华苑的沿革、地理方位、建筑设施及布局状况、苑内的宴饮娱乐场景开展了系统研究[3]。江渎池也是唐宋时期成都城内的一大池苑胜景，陶元甘先生认为池之成因与唐末创筑罗城后郫江的改道与断流有关，五代以后官宦权贵在此建宅、植圃、宴饮娱乐者颇多而逐步兴盛[4]。

6. 楼阁亭台

陈光表先生注意到传世的南宋成都《西楼苏帖》刻石拓本，认为书帖中所称的西楼与张仪楼或望妃楼无关，实为唐代节度使之会仙楼，会仙楼在前后蜀宫城和宋代府治内[5]。绍风先生梳理了从南朝至南宋有关相如琴台的 10 余条史料记载，对各时期琴台的性质和方位加以考证，还原了宋代以后琴台说法逐渐混乱迷失、牵强附会的过程[6]。

7. 街巷坊市

蚕市是古代成都具有浓厚地方特色的商贸活动之一，武建国先生认为其最早见于史载是唐代中叶以后，是唐宋时期成都物产丰饶、经济繁荣和商品交换活跃的真实写照[7]。碧鸡坊为成都古代的名坊，屡见于唐宋人的诗文，绍风先生综合了关于成都碧鸡坊的大量文献史料，得出坊址在城北西面、武担山的东南、距北城墙不远的

---

1 曾亚兰：《成都草堂寺与杜甫草堂》，《成都文物》1986 年第 2 期。

2 濮禾章：《草堂寺和浣花祠》，《四川文物》1988 年第 4 期。

3 杨伟立：《宣华苑与王衍》，《成都文物》1988 年第 1 期；杨伟立：《宣华苑和王衍》，《成都文物》1988 年第 3 期；杨伟立：《前蜀后蜀史》，四川省社会科学院出版社，1986，第 85—91 页。

4 陶元甘：《锦城千年荷花池》，《成都文物》1986 年第 4 期。

5 陈光表：《成都 < 西楼苏帖 > 考》，《成都文物》1985 年第 2 期；陈光表：《成都西楼考辨》，《成都文物》1986 年第 1 期。

6 绍风：《琴台考实——相如琴台今尚存》，《成都文物》1987 年第 1 期。

7 武建国：《古代成都的"蚕市"》，《成都文物》1984 年第 4 期。

金丝街一带的结论 [1]。

　　总体而言，上述综合性和专题性成果，无一例外都是以历代文献中的相关资料为基础，运用史学考证方法开展研究，对地下出土资料利用很少，有些结论或意见也存在明显讹误，这一方面是由于当时学者的治学生涯大多只具有史学背景，另一方面则是受制于城市考古工作的滞后，难有出土实物与古文献记载相互印证。

三、考古发现与相关研究

　　这一阶段的考古工作大多是在配合旧城改造建设中所作的零星调查和发掘，涉及遗存类型有塔基、窑址、窖藏、房屋、水井、灰坑等，主要材料有：1980年，长顺中街82号基建工地发掘了1座隋代塔基，塔基地宫为红砂石板构筑的石室，石室中心放置青石匣，出土五铢钱、带盖船形铜棺、小银罐等遗物 [2]。1982—1983年，一环路东侧西干道居民点、中医学院、省农干校等基建工地内的青羊宫窑清理发掘了9座隋唐时期龙窑和馒头窑，出土陶瓷器、窑具、建筑构件等大量遗物 [3]。1984年，东通顺街33号省交通厅航运楼宿舍工地清理了1座唐代钱币窖藏，出土"开元通宝""乾元重宝"等钱币，重百余斤 [4]。1985年，新一村小区发掘了1处隋唐青羊宫窑的窑业堆积，出土较多完整的陶瓷器和窑具 [5]。1985年，陕西街省劳动人事厅、川西电力局等工地均发现有唐宋时期的生活聚落，出土少量陶瓷器 [6]。1985年，金河街市电力研究所工地清理1段唐代河道及同时期文化堆积，出土物以瓷器、钱币为主 [7]。1985年，人民东路省物资局工地发现唐宋文化堆积，出土筒瓦、瓦当、瓷器等 [8]。1986年，指挥街省人大宿舍工地发掘1处唐宋生活聚落遗址，清理房屋2座、水井2口及灰坑9个，

　　1　绍风：《碧鸡坊故址考——附论金马坊所在》，《成都文物》1986年第4期。

　　2　李恩雄、冯先成、王黎明：《成都发现隋唐小型铜棺》，《考古与文物》1983年第3期。

　　3　四川省文管会、成都市文管处：《成都青羊宫窑址发掘简报》，载《四川古陶瓷研究》编辑组编《四川古陶瓷研究》（二），四川省社会科学院出版社，1984，第113-154页。

　　4　王黎明：《我市东通顺街发现唐代钱币窖藏》，《成都文物》1985年第1期。

　　5　曾咏霞：《成都市博物馆考古队1985年全年考古发掘清理简记》，《成都文物》1986年第1期。

　　6　同上。

　　7　同上。

　　8　同上。

出土陶瓷器、漆器、金属器、骨器、木器、石器、棕竹器及兽骨、植物种子果核等，种类十分丰富[1]；后来发掘者罗二虎先生以出土瓷器、钱币等为依据，讨论了遗址的分期，归纳总结了瓷器演变的主要特征[2]。1985—1986 年，十二桥遗址发掘了部分隋唐青羊宫窑的窑业遗存，包括作坊建筑、水井、灰坑等，出土大量陶瓷生活器具、建筑构件和窑具[3]。1990 年，外南人民路（今锦里西路）135 号发掘了唐宋罗城西南的笮桥门，其中 1 号门址修筑于唐代晚期，推测为砖砌券拱结构，北宋早期因战火而被废弃，2 号门址在 1 号门址封堵后修筑，为带排叉柱的过梁式结构，沿用至南宋或更晚[4]；后来发掘者蒋成先生对门址的具体性质、年代、修筑背景、工程技术等问题作了细致的分析[5]。1991 年，上汪家拐街办及派出所基建工地发掘一处先秦至唐宋时期遗址，其中唐宋部分见有灰坑、灰沟等遗迹，出土大量陶瓷生活用具、建筑构件及钱币，年代从隋末延续至五代北宋[6]。

在运用考古学方法开展研究方面，最重要的成果是宿白先生对隋唐城址类型问题的讨论，他注意到成都旧城东部残留的唐代里坊痕迹，认为成都既为大都督府所在，府城面积亦相当于 16 个坊，应属于唐代州府中最大的一种类型，并指出成都城西半部的北部在唐代是宫和地方衙署驻地，所以没有留下坊的痕迹，这种于城西北隅设置衙署的做法应为地方城制[7]。宿白先生的这些观点，对复原唐代成都城的内部格局，具有重要参考价值。

1　成都市博物馆、四川大学博物馆：《成都指挥街唐宋遗址发掘报告》，载四川大学博物馆、中国古代铜鼓研究学会编《南方民族考古》（第二辑），四川科学技术出版社，1990，第 233-298 页。

2　罗二虎：《成都指挥街唐宋遗址分期》，《成都文物》1991 年第 4 期。

3　四川省文物考古研究院、成都文物考古研究所：《成都十二桥》，文物出版社，2009，第 163-205 页。

4　成都市博物馆考古队：《成都市唐宋城门遗址清理简况》，《成都文物》1990 年第 4 期；成都市博物馆考古队：《成都罗城 1、2 号门址发掘简报》，载四川大学博物馆、中国古代铜鼓研究学会编《南方民族考古》（第三辑），四川科学技术出版社，1991，第 369-379 页。

5　蒋成：《论成都唐宋罗城 1、2 号门址》，载成都市博物馆编《文物考古研究》，成都出版社，1993，第 263-271 页。

6　成都市文物考古工作队、四川大学历史系：《成都市上汪家拐街遗址发掘报告》，载四川大学博物馆、中国古代铜鼓研究学会编《南方民族考古》（第五辑），四川科学技术出版社，1993，第 325-358 页。

7　宿白：《隋唐城址类型初探（提纲）》，载北京大学考古系编《纪念北京大学考古专业三十周年论文集》，文物出版社，1990，第 279-285 页。

第三阶段：20 世纪 90 年代中期至今

相比于前一阶段，本阶段随着旧城改造进程的加快和文博事业的蓬勃发展，重要的城市考古发现层出不穷，基于新发现、新材料所催生的学术成果逐渐增多，考古学方法与手段开始在城市史研究领域占据主导地位。大体而言，这一阶段的发现与研究成果可分作以下几个方面。

一、城垣

城垣考古方面，重点是唐末以来修筑的罗城，多是在 20 世纪 90 年代配合府南河河道整治改造工程背景下开展的：除北城垣外，东城垣勘探和发掘了清安街大众地产工地[1]、清安街恒锦项目工地[2]、东安南路长富地产工地[3]、东安南路成都晚报社工地[4]、天仙桥南街 131 号川宾公寓工地[5]、迎曦下街（后划入东安南路）锦江公安分局住宅楼工地[6] 等点位；南城垣勘探和发掘了滨江路滨江饭店工地[7]、外南人民路（今锦里西路）8 号高发地产工地[8]、外南人民路 125 号工地[9]、外南人民路 130 号工地[10]、外南人民路 135 号工地[11]、羊皮坝街（今锦里中路）36

1　成都市文物考古工作队：《一九九四年成都市田野考古工作概况》，《成都文物》1995 年第 2 期。

2　成都文物考古研究所：《成都市清安街城墙遗址发掘简报》，载《成都考古发现》（2008），科学出版社，2010，第 411-435 页。

3　谢涛：《成都市 1994~1995 年城垣考古》，《四川文物》2001 年第 1 期。

4　同上。

5　雷玉华：《唐宋明清时期的成都城垣考》，《四川文物》1998 年第 1 期。

6　成都市文物考古工作队：《成都市一九九八年田野考古工作概述》，《成都文物》1999 年第1期；尹建华、王正明：《成都迎曦下街古城墙的保护》，国家文物局文物保护司、江苏省文物管理委员会办公室、南京市文物局编《中国古城墙保护研究》，文物出版社，2001，第163-165页。

7　谢涛：《府南河沿岸城垣遗址分布状况》，《成都文物》1994 年第 4 期。

8　雷玉华：《唐宋明清时期的成都城垣考》，《四川文物》1998 年第 1 期。

9　谢涛：《成都市 1994~1995 年城垣考古》，《四川文物》2001 年第 1 期。

10　谢涛：《府南河沿岸城垣遗址分布状况》，《成都文物》1994 年第 4 期。

11　同上。

号工地[1]、王家坝街"府南河改造工程"项目工地等点位[2];西城垣勘探和发掘了中同仁路豪斯项目工地[3]、中同仁路市国税局工地[4]、中同仁路汉星项目工地[5]、中同仁路市水表厂工地[6]、通锦桥西城角边街芙华地产工地[7]等点位。

基于上述考古发现,雷玉华女士分析指出唐宋成都的罗城城垣并不是直线延伸,而是随地势或退或进,有一定弧度;从唐代到清代的城垣位置没有发生大的变化,彼此之间有重叠或交错现象[8]。冯汉镛先生梳理了唐宋时期有关罗城城垣长度的几种不同说法,认为其各有所据,并推断25里之说是《资治通鉴》本着王徽《创筑罗城记》,既没计算拥门曲角,更没算上旧城的数据[9]。孙华先生亦持有相同意见,并解释了罗城西北角城垣内收的形成原因,还对城门位置和布局进行了细致讨论[10]。谢涛先生以勘探和发掘情况为依据,认为罗城的周长与史载"周二十五里"基本相合,并总结了唐宋罗城城垣的具体构筑方式[11]。张蓉女士认为成都罗城城垣的建造除了要考虑军事威胁,还与唐末筑罗城之风和"重城心态"、唐末强化里坊的政策等因素有关,并从建筑学角度分析其建造过程、筑城技术、位置范围等问题[12]。李明斌先生综合文献记载和考古发现,重点论证了罗城城垣的基础营建方式、夯土选取与建造、墙体包砖等,指出罗城城垣整体内外包砖,异

---

1 谢涛:《成都市 1994~1995 年城垣考古》,《四川文物》2001 年第 1 期。

2 雷玉华:《唐宋明清时期的成都城垣考》,《四川文物》1998 年第 1 期。

3 成都市文物考古研究所:《成都市中同仁路城墙遗址发掘简报》,载《成都考古发现》(2002),科学出版社,2004,第 266–276 页。

4 雷玉华:《唐宋明清时期的成都城垣考》,《四川文物》1998 年第 1 期。

5 成都市文物考古研究所:《成都市中同仁路城墙遗址第二次发掘简报》,载《成都考古发现》(2003),科学出版社,2005,第 418–425 页。

6 成都文物考古研究所:《成都市下同仁路城墙遗址发掘简报》,载《成都考古发现》(2012),科学出版社,2014,第 492–506 页。

7 雷玉华:《唐宋明清时期的成都城垣考》,《四川文物》1998 年第 1 期。

8 同上。

9 冯汉镛:《高骈扩展的成都城墙》,《文史杂志》1998 年第 6 期。

10 孙华:《唐末五代的成都城》,载《宿白先生八秩华诞纪念文集》编辑委员会编《宿白先生八秩华诞纪念文集》,文物出版社,2002,第 273–277 页。

11 谢涛:《成都唐宋时期城市考古》,载何一民、王毅、蒋成主编《文明起源与城市发展研究》,四川大学出版社,2004,第 158–159 页。

12 张蓉:《先秦至五代成都古城形态变迁研究》,中国建筑工业出版社,2010,第 230–247 页。

于同时期其他城池，但城垣包砖的来源、建造工期尚未有合理解释[1]。此外，曲英杰先生对罗城城垣和城门的主要发现情况作了简要总结[2]。

隋唐子城是在秦汉大城的基础上修建的，五代以后改为皇城，但相关考古工作至今未有突破性进展，有关遗迹极少。孙华先生认为，隋代杨秀镇蜀期间扩展了大城的东、北二面，奠定了后代成都内城的规制；孙华先生依据文献并以个别重要史迹为地理坐标，初步复原了大城（子城）的范围和主要城门位置，勾画出了城郭的大致轮廓[3]。张蓉女士从建筑规划理念着手，对前蜀皇城的范围和城门布局开展了复原分析[4]。

唐代晚期创筑罗城以前，已在子城的西侧形成有外郭，孙华先生认为这个西郭是由原先的少城扩展而来，其西墙和北墙可能都主要沿用了原来少城的墙体，南墙则应在今南河北岸沿线。张蓉女士亦持有类似观点，认为文献中的西郭与外郭实际为同一城郭，是指隋代扩展的、位于子城西边的少城[5]。

羊马城是五代后蜀时期加筑于罗城外、增加防御纵深的一圈矮墙，考古发掘尚无迹可寻。孙华先生依据文献中留下的成都羊马城线索，参考羊马城制度，认为城垣当围绕在罗城之外，处在环城河内不远的位置[6]。马剑先生的意见有所不同，他认为成都的羊马城只包围了罗城的北墙，位于清远江（今府河）与罗城之间，这一形制与当时的军事威胁主要来自北方密切相关[7]。李明斌先生指出羊马城的城垣为土筑，高才及肩，加之历时久远，故出土概率甚低，今后应开展多学科、精细化作业来寻找考古线索[8]。

1　李明斌：《唐末成都罗城城垣的考古学观察》，《中国国家博物馆馆刊》2017年第9期。

2　曲英杰：《古代城市》，文物出版社，2003，第183-184页。

3　孙华：《秦汉时期的成都》，载何一民、王毅、蒋成主编《文明起源与城市发展研究》，第131-138页。

4　张蓉：《先秦至五代成都古城形态变迁研究》，第266-268页。

5　同上书，第213-218页。

6　孙华：《唐末五代的成都城》，载《宿白先生八秩华诞纪念文集》编辑委员会编《宿白先生八秩华诞纪念文集》，第277-280页；孙华：《羊马城与一字城》，《考古与文物》2011年第1期。

7　马剑：《羊马城考——兼考成都羊马城》，《中国历史地理论丛》第26卷第2辑，2011年。

8　李明斌：《唐末成都罗城城垣的考古学观察》，《中国国家博物馆馆刊》2017年第9期。

二、街道

　　1996 年，在内姜街星光商住楼工地发掘了 2 条东西向的街道，其中 L1 为夯土路基上加铺砖路面，两侧附设砖砌排水沟，修建于宋代，废弃于元代；L2 叠压于 L1 下，为夯土路基加夯土路面，修建于唐末，沿用至宋代[1]。从方位看，这两条街道应为连接大东门与大西门之间的城市干道。同年，在大科甲巷南侧、利都商城对面的省房产公司营业用房工地发掘了一段东西向的宋代街道[2]。2007—2008 年，在江南馆街唐宋街坊遗址发掘了砖砌街道和泥土街道各 4 条，主要修筑年代在南宋，砖砌街道有主、次之分，其中主街道 L2 与次街道 L3、L5 交叉连接形成十字街口。此外，在局部砖砌街道下还解剖发现有唐末至北宋时期的夯土路面[3]。2008 年，下东大街英菲尼地产项目工地发掘了 1 条南北向的南宋时期街道，路面铺砖多不存，两侧残存砖砌路沿和排水沟[4]。2012 年，天府广场东北侧的四川大剧院项目工地发掘了 1 条南北向的唐末五代时期街道，路面以泥土和瓦砾夯筑，两侧带砖砌排水沟[5]。2014 年，在正科甲巷蓝润地产项目工地发掘了 1 条东西向街道，由于地处工地边缘，仅揭露局部，其中发现有唐末五代的泥土夹瓦砾路面和南宋的砖砌路面[6]。从方位看，这条街道应与上述 1996 年发掘的宋代街道和江南馆街 L3、L5 属同段，为连接小东门与小西门之间的城市干道。2016 年，在实业街实业宾馆项目工地发掘了 1 条南北向的街道，主体修筑于唐末，由路基、主路面、辅路面、路沿等部分组成，南宋时期曾大规模修补，至明初废弃，为连接罗城西南笮桥门的城市干道[7]。2017—2018 年，在鼓楼北街文化宫五号项目工地发掘了 1 条东西向的街道，

　　1　成都文物考古研究所：《成都市内姜街遗址发掘报告》，载《成都考古发现》（2004），科学出版社，2006，第 364-391 页。

　　2　成都市文物考古工作队：《1996 年成都市田野考古概述》，《成都文物》1997 年第 1 期。

　　3　成都市文物考古研究所：《成都江南馆街唐宋时期街坊遗址》，载国家文物局主编《2008 中国重要考古发现》，文物出版社，2009，第 150-155 页；成都市文物考古研究所：《成都江南馆街唐宋街坊遗址》，《成都文物》2009 年第 3 期。

　　4　成都文物考古研究所：《成都市下东大街遗址考古发掘报告》，载《成都考古发现》（2007），科学出版社，2009，第 452-539 页。

　　5　成都文物考古研究所：《成都天府广场东北侧古遗址发掘报告》，文物出版社，2016，第 150-151 页。

　　6　资料现存成都文物考古研究院。

　　7　资料现存成都文物考古研究院。

共揭露出唐末至元代 5 个时期的路面和附属设施。从方位看，其与上述 1996 年发掘的内姜街唐末至宋代街道属同段，为连接大东门与大西门之间的城市干道[1]。

三、水利系统

城市水利系统大体由河流、沟渠、水井等组成。沟渠尤其是干渠，既为主要的市政给排水设施，因往往与主街道或城垣相配套，故也可以归属于城市的轴线性设施，相关的重要考古发现较多。1994 年，在外南人民路 125 号和 135 号工地分别清理出 1 条砖砌券拱式暗渠，水渠呈南北走向，与罗城南墙垂直交叉，为先建水渠，再筑城墙，其中城墙外侧的水渠部分还发现有水闸遗址[2]。1995 年，在大科甲巷利都商城工地发掘了 1 条东西走向的大型砖砌券拱式暗渠，沿用时间从唐末至南宋，为当时重要的市政干渠设施[3]。1996 年，在内姜街星光商住楼工地发掘了 1 条砖砌券拱式暗渠，水渠呈南北走向，与主街道垂直交叉，沿用时间从唐代至宋元之际[4]。1998 年，在迎曦下街锦江公安分局住宅楼工地清理出 1 条宋代砖砌券拱暗渠，为南北走向，与城墙平行向北延伸至城外[5]。2007—2008 年，在江南馆街唐宋街坊遗址发掘了 1 条东西走向的砖砌券拱式暗渠，两侧还连接有数条规模较小的支渠（支沟），主体年代在南宋[6]。2014 年，在正科甲巷蓝润地产项目工地发掘了 1 条东西走向的大型砖砌券拱式暗渠，沿用时间从唐末至元明之际。从方位看，其与上述 1995 年发掘的大科甲巷水渠属同段[7]。2017—2018 年，在鼓楼北街文化宫五号项目工地发掘了 1 条东西向的砖砌水渠，沿用时间从五代宋初至元代，为当时大东门至大西门

1　资料现存成都文物考古研究院。

2　谢涛：《成都市 1994~1995 年城垣考古》，《四川文物》2001 年第 1 期。

3　成都市文物考古工作队：《成都市 1995 年田野考古工作概述》，《成都文物》1996 年第 1 期。

4　成都文物考古研究所：《成都市内姜街遗址发掘报告》，载《成都考古发现》（2004），第 364–391 页。

5　成都市文物考古工作队：《成都市一九九八年田野考古工作概述》，《成都文物》1999 年第 1 期。

6　成都市文物考古研究所：《成都江南馆街唐宋时期街坊遗址》，载国家文物局主编《2008 中国重要考古发现》，第 150–155 页；成都市文物考古研究所：《成都江南馆街唐宋街坊遗址》，《成都文物》2009 年第 3 期。

7　资料现存成都文物考古研究院。

之间的市政干渠设施[1]。此外，在上述这些干渠附近的街巷坊市内，还纵横交错地分布有密集的小型排水沟，与众多的水井一起构成了较为完备的城市给排水系统。

有关城市水利系统，最具代表性的研究成果是《成都市志·水利志》一书，该书专门辟有"唐宋时期的工程设施"一节，对这一时期城市内外的河道变迁、沟渠修建及维护等问题开展了较为深入的考察，认为唐宋时期是成都城市水利体系的完善阶段，近代的格局即在此基础上奠定，这一体系在建设的同时，还十分注意维修管理，绘图立说，并且建立了必要的规章制度[2]。

四、宫署池苑及园林

宫署池苑的考古发现主要围绕摩诃池展开。2008年，在天府广场西侧的成都博物馆新址基建工地发掘到宋代大型坑状堆积的边缘，推测为摩诃池南端的一部分，并且出土了与宋代衙署机构有关的权范和建筑遗迹[3]。2013—2017年，在成都体育中心一带的东华门遗址发掘了隋唐至两宋时期摩诃池的东岸及沿岸建筑群，包括池岸、房屋基址、庭院、道路、排水沟、水井等，其中主体建筑设施沿用至五代前后蜀时期，应属于当时的皇家园林——龙跃池和宣华苑——的组成部分[4]。此外，2007年于金河路"美邦时代广场"项目工地发掘有1处池苑遗址，由池塘、亭台等建筑组成，推测为唐末五代郫江沿岸1处等级较高的园林或亭榭设施[5]。

李浩先生考证了唐代剑南道成都府的几处园林别业，并讨论了其方位问题[6]。孙华先生认为，摩诃池位于隋唐子城的北部，挖池目的除了取土筑城，利

1　资料现存成都文物考古研究院。

2　《成都市志》编委会编《成都市志·水利志》，四川辞书出版社，2001，第344-347页。

3　成都文物考古研究所：《成都市博物馆新址发掘简报》，载《成都考古发现》（2009），科学出版社，2011，第329-416页。

4　易立、张雪芬、江滔：《四川成都东华门遗址》，载国家文物局主编《2014中国重要考古发现》，文物出版社，2015，第108-111页。

5　成都文物考古研究院：《成都金河路古遗址发掘报告》，载《成都考古发现》（2015），科学出版社，2017，第320-416页。

6　李浩：《唐代园林别业考论》（修订版），西北大学出版社，1996，第314-315页。

用取土形成的池塘作为宫苑，以为游观之用，也是目的之一[1]。马文彬先生利用文献史料，关注了以摩诃池为核心的前后蜀宫苑，对苑区内的景象与风貌作了一定程度的推测和复原[2]。陈渭忠先生梳理了唐宋时期有关摩诃池的各种文献记载，对池之兴废历史作了详尽考证[3]。张蓉女士利用《蜀梼杌》《益州重修公宇记》等文献，对五代蜀国宫城和宋代成都府署的布局与建筑配置开展了复原研究，并从建筑规划学角度出发，讨论了蜀宫的中轴线序列问题[4]。此外，王小红女士对前后蜀及两宋时期以园林为代表的成都城市景观特色开展了研究，认为这一时期是成都古典城市发展的最鼎盛阶段[5]。

五、教育机构

有关学校等教育机构最重要的成果，当属张勋燎先生对文翁石室学堂遗存的研究。他以史料考证为基础，结合地下出土物，系统梳理了西汉景帝末年以来成都兴学的历史进程，包括隋代对文翁学堂内画像和文字题记的记录、唐五代对成都府学文庙和文翁学堂石室的修缮、宋代成都府学范围的几次大规模扩展延伸、南宋对成都府学校舍的维修和扩建、宋末战乱对文翁石室等建筑的损毁等多个方面的情况[6]，其考察工作之全面和细致，对成都城市史研究起到了积极的推动作用。此外，舒大刚、任利荣先生对包括文翁石室在内的蜀学三事进行了综合考察，阐述了其文化价值、学术意义以及在儒学发展进程中的历史地位和重大影响[7]。李志嘉、樊一先生概述了蜀石经的镌刻与流传始末，并对其特点、拓本、原石等进行了分析[8]。

1　孙华：《秦汉时期的成都》，载何一民、王毅、蒋成主编《文明起源与城市发展研究》，第 134–139 页。

2　马文彬：《前后蜀苑囿刍议》，《四川文物》2000 年第 3 期。

3　陈渭忠：《摩诃池的兴与废》，《四川水利》2006 年第 5 期。

4　张蓉：《先秦至五代成都古城形态变迁研究》，第 276–295 页。

5　王小红：《五代两宋时期成都城市景观特色研究》，载何一民主编《川大史学·（第二辑）城市史卷》，四川大学出版社，2016，第 195–216 页。

6　张勋燎：《成都东御街出土汉碑为汉代文翁石室学堂遗存考——从文翁石室、周公礼殿到锦江书院发展史简论》，载四川大学博物馆、四川大学考古学系、成都文物考古研究所编《南方民族考古》（第八辑），科学出版社，2012，第 107–172 页。

7　舒大刚、任利荣：《成都文翁石室丛考》，载四川省社会科学院、四川省人民政府文史研究馆主办《国学》（第一集），四川人民出版社，2014，第 120–142 页。

8　李志嘉、樊一：《蜀石经述略》，《文献》1989 年第 2 期。

六、民居里坊与集市

民居里坊内的生活设施遗存主要包括房屋、水井、灰坑（垃圾坑）以及连接主街道和干渠的支路、巷道、支渠（支沟）等，出土物数量类型庞杂，以陶瓷类日用生活器具和建筑构件为主，发掘点位多而分散。较重要的遗址点有江南馆街遗址[1]、下东大街遗址[2]、正科甲巷遗址[3]、江汉路遗址[4]、东丁字街遗址[5]、内姜街遗址[6]、灯笼街遗址[7]、宾隆街遗址[8]、鼓楼北街遗址[9]、城守东大街遗址[10]、西珠市街遗址[11]、汪家拐小学遗址[12]、金丝街遗址[13]、宁夏街遗址[14]、君平街遗址[15]等。

孙华先生对唐末五代成都的里坊制度及布局状况予以分析，认为按照唐代标准的坊来划分，成都旧城内至少存在 12 个较为整齐的坊，另在城南或城东靠近罗城城垣的位置，可能还有一些周围坊墙不甚整齐的坊，因此他基本同意宿白先生提出的成都为 16 坊的观点。在此基础上，他还对部分坊的位置和范围作了推

1　成都市文物考古工作队：《成都市江南馆街唐宋遗址发掘简报》，载成都文物考古研究所编著《成都考古发现》（1999），科学出版社，2001，第 260-277 页；成都市文物考古研究所：《成都江南馆街唐宋时期街坊遗址》，载国家文物局主编《2008 中国重要考古发现》，第 150-155 页；成都市文物考古研究所：《成都江南馆街唐宋街坊遗址》，《成都文物》2009 年第 3 期。

2　成都文物考古研究所：《成都市下东大街遗址考古发掘报告》，载《成都考古发现》（2007），第 452-539 页。

3　资料现存成都文物考古研究院。

4　成都文物考古研究所：《成都市江汉路古遗址发掘简报》，载《成都考古发现》（2014），科学出版社，2016 年，第 389-419 页。

5　成都文物考古研究所：《成都市东丁字街古遗址发掘简报》，载《成都考古发现》（2014），321-388 页。

6　成都文物考古研究所：《成都市内姜街遗址发掘报告》，载《成都考古发现》（2004），第 364-391 页。

7　资料现存成都文物考古研究院。

8　张擎：《成都市人民商场二期工地汉唐宋及明清遗址》，载中国考古学会编《中国考古学年鉴》（2010），文物出版社，2011，第 372-373 页。

9　资料现存成都文物考古研究院。

10　资料现存成都文物考古研究院

11　资料现存成都文物考古研究院。

12　成都文物考古研究所：《成都市汪家拐小学古遗址发掘简报》，载《成都考古发现》（2007），第 310-321 页。

13　成都市文物考古工作队：《成都市 1995 年田野考古工作概述》，《成都文物》1996 年第 1 期。

14　成都市文物考古工作队：《1996 年成都市田野考古概述》，《成都文物》1997 年第 1 期。

15　同上。

定和复原[1]。袁维玉女士以考古材料为依据，对宋代成都城内、外的居住遗址开展了较为系统的研究，分析了各类生活设施的分布、格局与功能等问题[2]。王小红女士关注到北宋赵抃《成都古今集记》提到的成都"十二月市"，分别总结了各个市场的形成背景、交易内容和特点，认为其中最有名、规模最大的是花市、蚕市和药市[3]。成都药市为宋代巴蜀药市的代表，刘术先生认为成都药市主要有观街药市、大圣慈寺药市和玉局观药市，其当时已成为一个以买卖药材为主并进行百物贸易的交易市场，同时也是一个具有很大吸引力的游乐场所[4]。刘桂海先生对《资治通鉴》胡注"成都三市"问题作了细致考辨，认为"三市"应为唐代成都的北市、西市和南市[5]。

七、寺庙祠观及其他宗教遗存

此一部分的考古发现几乎都与佛教内容有关，主要涉及寺院遗址和造像坑两类。1997 年，在东门大桥西岸桥墩出土了 1 件石质佛顶尊胜陀罗尼经幢，题记年代为前蜀永平五年（915）[6]。2002 年，在杜甫草堂博物馆北大门附近发掘了 1 处唐五代寺院遗址，包括房屋、亭台、水井、排水沟、灶坑、窖坑、灰坑等各类遗迹现象，出土大量陶瓷类生活器具[7]。2014 年，在下同仁路市水表厂旧址工地发掘了 2 座造像坑，出土了石质佛像、菩萨像、天王像、阿育王像、背屏式组合造像及各类造像残块 120 余件，制作年代从南朝至唐代[8]。2015 年，在通锦路中铁通锦坊项目工地发掘了 1 处唐代寺院园林遗址，由池塘、沟渠、亭台、水井

1　孙华：《唐末五代的成都城》，载《宿白先生八秩华诞纪念文集》编辑委员会编《宿白先生八秩华诞纪念文集》，第 280-283 页。

2　袁维玉：《宋代成都城市形态考古学研究》，硕士学位论文，四川大学，2014，第 21-51 页。

3　王小红：《宋代成都"十二月市"考》，载四川大学古籍整理研究所、四川大学宋代文化研究中心编《宋代文化研究》（第十九辑），四川文艺出版社，2011，第 123-139 页。

4　刘术：《宋代成都药市考》，《农业考古》2015 年第 6 期。

5　刘桂海：《＜通鉴＞胡注"成都三市"考辨》，载杜文玉主编《唐史论丛》（第二十六辑），三秦出版社，2018，第 371-373 页。

6　成都市文物考古研究所：《成都东门大桥出土佛顶尊胜陀罗尼石经幢》，《文物》2000 年第 8 期。

7　成都市文物考古研究所、成都杜甫草堂博物馆：《成都杜甫草堂唐—宋遗址发掘报告》，载成都文物考古研究所编著《成都考古发现》（2002），科学出版社，2004，第 209-265 页。

8　成都文物考古研究所：《成都下同仁路遗址南朝至唐代佛教造像坑》，《考古》2016 年第 6 期；成都文物考古研究院：《成都下同仁路——佛教造像坑及城市生活遗址发掘报告》，文物出版社，2017。

等建筑设施组成，还出土了大量的陶瓷生活用具和建筑构件，以及少量的石质造像和经幢残件[1]。2016—2017年，在实业街实业宾馆项目工地发掘了多处六朝至隋唐时期造像坑及房屋（殿堂）、塔基、沟渠等各类寺院建筑设施，出土佛像、菩萨立像、菩萨头、天王像、千佛造像碑、蟠龙碑首等众多石质文物[2]。

　　雷玉华女士探讨了成都大圣慈寺的佛教渊源，认为大圣慈寺是唐代新经典和图像的发源地，并总结了其在唐宋佛教史上的影响[3]。李芳民先生梳理了唐五代时期成都的佛教寺院资料，对其兴替沿革、名称变化、方位等问题作了简要考证[4]。张子开先生考察了成都净众寺的前身及其在五代以前的历次修葺活动，并利用文献梳理和还原了唐五代至宋元时期净众寺的具体面貌[5]。陈玮先生注意到西川节度使与唐代成都宗教信仰和神祇崇拜之间的关系，认为地方统治阶层也是推动唐代成都佛教兴盛繁荣的一股重要力量[6]。段玉明等学者在《成都佛教史》一书中专门论述了隋唐五代和宋元两个时期成都佛教的发展状况，涉及佛教影响力提高、寺院兴建与扩建、艺术成就、信向转变及佛教与社会生活等多方面问题[7]。董华锋等学者关注了成都市区等地出土的一批晚唐五代小型经幢，探讨了这类经幢的形制和使用方式，认为其特别注重对"河伯水官""水族之类"及"溺死者"的救度，反映了晚唐五代成都等地的水患问题，题刻文字还可能与水陆法会有关[8]。

　　此外，谢元鲁先生在《成都通史·两晋南北朝隋唐时期》一书中，通过对成都从秦城到隋城再到晚唐罗城修筑活动的梳理，探讨了城市格局由二江抱城的临水型城市到二江环城、溪水穿城的亲水型城市的变化趋势与动因，同时利用诗

<hr>

1 易立、张雪芬、江滔：《四川成都通锦路唐、五代园林建筑址》，载国家文物局主编《2015中国重要考古发现》，文物出版社，2016，第132-135页。

2 资料现存成都文物考古研究院。

3 雷玉华：《成都大慈寺在佛教史上的地位》，《成都文物》2006年第4期。

4 李芳民：《唐五代佛寺辑考》，商务印书馆，2006，第259-265页。

5 张子开：《唐代成都府净众寺历史沿革考》，载四川大学中文系《新国学》编辑委员会编《新国学》（第一卷），巴蜀书社，1999，第289-301页。

6 陈玮：《剑南西川节度使与唐代成都城市文化》，载重庆中国三峡博物馆编《长江文明》（第四辑），河南人民出版社，2010，第34-37页。

7 段玉明等：《成都佛教史》，成都市佛教协会编，宗教文化出版社，2017，第58-188页。

8 董华锋、何先红、朱寒冰：《川渝地区晚唐五代小型经幢及其反映的民间信仰》，《考古》2018年第6期。

词文献尽可能地复原了当时城市的河流、湖泊和建筑风貌景观[1]。粟品孝先生在《成都通史·五代（前后蜀）两宋时期》一书中，从成都城的改建与整修、城市交通的进步、坊市制度的变化、园林等城市景观的发展等角度出发，结合城市性质经历了从割据政权国都到地方州府的转变，总结了这一时期城市风貌的新动向[2]。何一民、王毅先生的《成都简史》一书，也涉及隋唐至两宋成都的城市建设问题，如摩诃池、佛寺禅林、街道、河渠、坊市制度等[3]。四川师范大学硕士研究生甄娜女士研究了唐宋时期成都的生态环境，认为总体处于良性循环的状态，为成都农业、手工业和商业的繁荣以及城市建设的扩大和完善，提供了优越条件，但其中也存在不良的环境因素，如水旱灾害、人口激增、土地资源过度利用等，为社会的可持续发展埋下了隐患[4]。

纵观这一阶段的发现与研究，有若干令人瞩目的突破和成就，尤其对唐宋成都的城墙、城门、街道、江桥、里坊、街巷等的研究取得了长足的进展，但仍存在诸多不足之处。首先，对城市遗存的关注存在失衡现象，如特别侧重于对现存于地表、走向和范围较清晰的罗城城墙开展发掘和研究工作，其他如子城、宫城（牙城）、羊马城的城墙问题却少有涉及，有关城圈内部格局、区划和组织架构的研究也显得十分薄弱。其次，对发掘资料的整理和公布十分滞后，许多重要遗址仅有简单报道或概况介绍，基础材料的整理和系统性研究之间存在脱节，前者进一步制约后者，后者在没有前者作导向的前提下，也极容易产生错误判断，最终形成恶性循环。再次，思维模式僵化，以一个标准或一个视角看待问题，人云亦云、以点概面的情况较为突出，这一点尤其表现在对城内里坊制度的研究上。

1　谢元鲁：《成都通史·两晋南北朝隋唐时期》，四川人民出版社，2011，第112–155页。

2　粟品孝等：《成都通史·五代（前后蜀）两宋时期》，四川人民出版社，2011，第128–184页。

3　何一民、王毅：《成都简史》，四川人民出版社，2018，第157–228页。

4　甄娜：《唐宋成都生态环境研究》，硕士学位论文，四川师范大学，2005，第12–84页。

第三节

研究思路

成都是一座典型的"古今重叠类型"城市，自秦汉以来的城区位置没有发生太大的偏移，历史上的新城往往选择在旧城的基址上重建，这就不可避免地会对旧有的文化遗存造成破坏，使得历代成都城相互叠压打破，至今深埋在繁华街市之下，难以开展大面积的考古勘探和发掘。

对于这类古城的研究，学术界曾进行了不懈的尝试，积累了较为丰富的经验，宿白、徐苹芳、孙华、贺云翱、王志高、杜正贤、刘未、刘春迎等学者以唐长安城、元大都、唐末五代成都城、六朝建康城、南宋临安城、宋金开封城等地为例，都开展过相应的个案研究[1]，并就城市考古方法论问题进行过阐述，为我们探索唐宋时期的成都城市形态提供了很好的范例和借鉴。

在研究思路方面，本书把对考古出土材料的分析放在首位，以各类遗迹现象作为城市的有机组成部分，同时将这些遗迹现象尽量分解或归并为城市形态的各类要素，即城垣、城门、街道、河流沟渠、坊市民居、宫苑衙署、寺庙祠观、手工业作坊、乡里村落等，讨论其具体性质和功能，总结单一要素在物质层面上体现出的变化规律，再结合文献记载和地方志、城市史研究成果，将其纳入大的历

1　代表性成果如宿白：《隋唐长安城和洛阳城》,《考古》1978 年第 6 期; 宿白：《隋唐城址类型初探（提纲）》,载北京大学考古系编《纪念北京大学考古专业三十周年论文集》, 第 279-285 页; 徐苹芳：《中国城市考古学论集》, 上海古籍出版社, 2015; 孙华：《唐末五代的成都城》, 载《宿白先生八秩华诞纪念文集》编辑委员会编《宿白先生八秩华诞纪念文集》, 第 255-290 页; 孙华：《中国城市考古概说》, 载中国社会科学院考古研究所, 内蒙古自治区文物考古研究所, 巴林左旗旗委、人民政府编著《东亚都城和帝陵考古与契丹辽文化国际学术研讨会论文集》, 科学出版社, 2016, 第 21-84 页; 贺云翱：《六朝瓦当与六朝都城》, 文物出版社, 2005; 王志高：《六朝建康城发掘与研究》, 江苏人民出版社, 2015; 杜正贤：《南宋都城临安研究——以考古为中心》, 上海古籍出版社, 2016; 刘未：《南宋临安城复原研究》, 博士学位论文, 北京大学, 2011; 刘春迎：《北宋东京城研究》, 科学出版社, 2004。

史背景下加以考量，解释其反映的经济、文化、军事、宗教、社会或人文层面的问题。在这个过程中，还需要充分利用老地图尤其是清末以来采用西方技术手段制作的实测地图，系统考察和分析在现代城区建筑下遗留的唐宋时期城市范围、痕迹、格局和肌理，时间上由近及远，空间上由点成线再到面，以尽可能达到有效而可靠的复原。

Chapter 2

第二章

城垣

第一节

罗城城垣

唐僖宗乾符三年（876），为抵御南诏的威胁，同时解决城垣狭小窘困的处境，西川节度使高骈于子城外增扩墙基，砌以甃甓，又改内江绕北、东两面为城壕，由此开创了成都延续千余年的罗城时代，也奠定了唐末以来直至近现代成都城的基本格局。成都罗城城垣的修筑，是在社会经济发展、子城外聚集了大量人口的背景下开展的，主要功用是保境安民，强化军事防御，这与唐末全国多地州府修筑罗城的情况是相符合的[1]。

唐代罗城城垣的考古发现

历年来，针对唐代罗城的考古工作主要集中于东垣、西垣和南垣，北垣开展的工作极少，其中南垣除墙体本身外，还发掘了 2 座城门遗址。具体情况如下：

一、东垣

1994 年，东门大桥南侧的清安街大众地产项目工地发掘了一段唐代夯土城垣，残长 10.5 米，残宽 3.5 米，墙体下开挖基槽，内填黏土和卵石，墙体外侧有宽 1 米左右的砖砌散水[2]。

1995 年，东风大桥北侧（今东安南路）的长富地产项目工地发掘了一段唐

1　关于唐代地方城市修筑罗城的情况，可参见成一农：《古代城市形态研究方法新探》，社会科学文献出版社，2009，第 181-182 页。

2　成都市文物考古工作队：《一九九四年成都市田野考古工作概况》，《成都文物》1995 年第 2 期。

代夯土城垣，残长约 7 米，残宽 1.2 米，残高 0.3 米 [1]。

1995 年，东风大桥北侧（今东安南路）的成都晚报社基建工地发掘了一段唐代夯土城垣，残长 8.7 米，残宽 2.7 米，残高 0.4 米 [2]。

1998 年，迎曦下街（今东安南路）锦江公安分局住宅楼工地发掘了一段唐代夯土城垣，墙体内、外均有整齐的包砖，宽约 7.4 米，残高 0.5 米，内部以黄色黏土夯筑而成，圆形夯窝清晰可见，每层厚 0.1~0.15 米，外侧包砖外还发现有残存的疑似马面痕迹 [3]。

二、西垣

1994 年，中同仁路豪斯项目工地发掘了一段唐代夯土城垣，残长约 37 米，含包砖底宽约 11.6 米，残高约 6 米，墙体下开挖有深 0.25~0.29 米的基槽，内填红烧土块、灰土、碎砖瓦、卵石和黑色炭粒。墙体部分以黄、黑色灰土相间夯筑而成，夹杂碎砖瓦和小卵石，可分作 3 个大层共 28 个小层，每个小层厚 0.1~0.26 米，有的小夯层内发现有大小不一的夯窝及穿洞痕迹，夯窝直径 13~17 厘米不等。城墙包砖在东、西两侧均有保存，东（内）侧包砖残高 1.05 米，墙边筑有排水槽；西（外）侧包砖残高 0.32~2.95 米，其北端垂直西折，可能与凸出的马面设施有关，另外还在西（外）侧包砖墙底部发现有砖铺的散水，宽 0.7 米。墙体所用包砖均为平砖，以一顺一丁常见，间有二顺一丁、三顺一丁，无规律性，砖逐层内收，多为素面砖，部分为模印花纹砖，以菱形纹居多，次为联璧纹和花卉纹 [4]。

1996 年，中同仁路市国税局工地发掘了一段唐代夯土城垣，由包砖、夯土墙体、墙基组成，墙体以黄黑色土相间夯筑而成，土质纯净无包含物，东侧包砖残存 11 层，以黄黏土作黏合剂，用砖规格不一，多汉晋南朝旧砖，主要有菱形、联璧等花纹砖。墙体下开挖有基槽，内填卵石夹黄土夯实，并包含

1　谢涛：《成都市 1994~1995 年城垣考古》，《四川文物》2001 年第 1 期。

2　同上。

3　成都市文物考古工作队：《成都市一九九八年田野考古工作概述》，《成都文物》1999 年第 1 期；尹建华、王正明：《成都迎曦下街古城墙的保护》，载国家文物局文物保护司、江苏省文物管理委员会办公室、南京市文物局编《中国古城墙保护研究》，文物出版社，2001，第 163~165 页。

4　成都市文物考古研究所：《成都市中同仁路城墙遗址发掘简报》，载《成都考古发现》（2002），第 269~272 页。

少量瓷片[1]。

2002 年，中同仁路汉星项目工地发掘了一段唐代夯土城垣，底宽约 8.75 米，上宽约 5.25 米，残高约 3.5 米，墙体下开挖有深 0.3~0.4 米的基槽，内填红烧土块、灰土、碎砖瓦、卵石和黑色炭粒。墙体部分以黄褐、黄灰色土相间夯筑而成，包含零星砖瓦和陶瓷器残片，可分作 2 个大层共 31 个小层，每个小层厚 0.1~0.26 米。西侧包砖残存 28 层，高约 2.5 米，砌法均为一顺一丁错缝抹泥平砖垒砌，砖逐层内收，用砖以素面居多，个别砖上模印菱形花纹[2]。

2012 年，下同仁路市水表厂工地发掘了一段唐代夯土城垣，仅存 2 个大层：上层为城垣墙体，黄色土，较纯净紧致，厚 0.35~0.45 米，可分作 7 个小层，包含红烧土、瓦片、砖块等；下层为城垣的基槽填土，灰色土，较疏松，用泥夹卵石铺筑，包含大量卵石、砖块和少许瓷片[3]。

三、南垣

1990 年，外南人民路 135 号发掘了唐宋罗城 1、2 号门址，其中 1 号门址修筑于唐代晚期，毁弃于北宋初年，城门形制可能为砖砌券拱式的单门道结构，宽 6.6~6.7 米，复原后进深约 10 米，走向为南偏西 30 度，夯土门墩外砌包砖，包砖下置一列石条作为基础。门扉位于门道中部，向内开启，发现有门础石、门砧石、门框石，木质门扉钉以铁皮且装饰门泡。门道中间平铺一层砖作为路面，门道内出土大量红烧土块、碎砖、石灰片等。根据所处方位，发掘者推断该门址系唐末罗城南垣偏西的笮桥门[4]。

1993 年，滨江路滨江饭店工地发掘了一段唐代夯土城垣，残长约 14 米，残高 0.8 米，宽约 10 米，墙体下开挖有深 0.5 米的基槽，内填小卵石夹黄黏土[5]。

1　雷玉华：《唐宋明清时期的成都城垣考》，《四川文物》1998 年第 1 期；成都市文物考古工作队：《1996 年成都市田野考古概述》，《成都文物》1997 年第 1 期。

2　成都市文物考古研究所：《成都市中同仁路城墙遗址第二次发掘简报》，载《成都考古发现》（2003），第 421-423 页。

3　成都文物考古研究所：《成都市下同仁路城墙遗址发掘简报》，载《成都考古发现》（2012），第497-498页。

4　成都市博物馆考古队：《成都罗城 1、2 号门址发掘简报》，载四川大学博物馆、中国古代铜鼓研究学会编《南方民族考古》（第三辑），第 369-379 页；蒋成：《论成都唐宋罗城 1、2 号门址》，载成都市博物馆编《文物考古研究》，第 263-271 页。

5　谢涛：《府南河沿岸城垣遗址分布状况》，《成都文物》1994 年第 4 期。

1994 年，外南人民路 135 号发掘了一段夯土墙体，残长约 80 米，残高 1.7 米，其中长约 20 米的一段保存有外包砖和散水，另清理出横穿夯土墙体、长约 7.8 米的水涵道一条[1]。

1994 年，外南人民路 125 号发掘了一段唐代夯土城垣，残长约 20 米，残高 1.7 米，另清理出横穿夯土墙体的水涵道一条[2]。

1994 年，羊皮坝街 36 号齐力家具厂工地发掘了一段唐代夯土城垣，残长约 120 米，墙体残厚 2~2.5 米，用黄、褐、灰三色土交错平夯，夯层明显，每层厚 0.1~0.5 米。墙体下开挖有深 0.5~0.6 米的基槽，内填黄色土夹杂小卵石，夯筑紧实，夯层厚 0.1~0.15 米[3]。

1995 年，外南人民路 130 号发掘了一段唐代夯土城垣，残长约 10 米，残高 0.7 米[4]。

1995 年，王家坝街"府南河改造工程"项目工地发掘了一段唐代夯土城垣，残长约 20 米，残高 0.5 米，残宽 2.3 米[5]。

四、北垣

目前仅在西马道街开展过零星发掘工作[6]，信息量有限。

总体而言，唐代罗城城墙的轮廓呈北偏东 30 度左右的长方形，与明清成都城墙的走向大致接近，东垣在今华星路、东安北路、东安南路、天仙桥北路、清安街、青莲上街一线，西垣在今西校场、下同仁路、中同仁路、上同仁路、同心路、庆宪街、北校场西路一线，南垣在今王家坝街、南府街、锦里东路、锦里中路、锦里西路一线，北垣在今西马道街、东马道街、东城拐下街一线（图 2-1）。城墙走势并不是直线延伸，而是随地势或退或进，并有一定弧度，甚至随河流形势曲折延伸，没有刻意追求笔直，这是由自然地理环境所造成的。

1　谢涛：《成都市 1994~1995 年城垣考古》，《四川文物》2001 年第 1 期。

2　同上。

3　同上。

4　同上。

5　同上。

6　成都市文物考古工作队：《成都市一九九八年田野考古工作概述》，《成都文物》1999 年第 1 期。

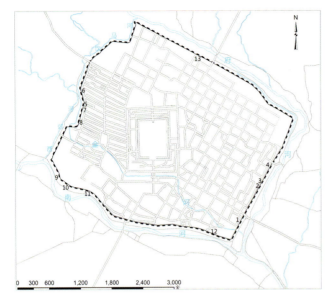

1. 清安街大众地点
2. 东安南街长富地点
3. 东安南街成都晚报社地点
4. 迎曦下街锦江公安分局地点
5. 中同仁路豪斯地点
6. 中同仁路国税局地点
7. 中同仁路汉星地点
8. 下同仁路水表厂地点
9. 外南人民路135号地点
10. 外南人民路125号地点
11. 羊皮坝街齐力家具厂地点
12. 王家坝街地点
13. 西马道街地点

图2-1　唐代罗城城墙主要发掘点位分布示意图[1]
（以民国二十二年成都街市图为底本绘制）

宋代罗城城垣的考古发现

经近年来成都城市考古工作确认，唐、宋、明、清各代罗城城垣的方位和走向几乎没有改变，仅个别有小的交错或位移。宋代罗城的夯土和包砖遗迹在城西的同仁路、通锦桥侧西城角边街，城南的外南人民路8号和135号、羊皮坝街、王家坝街，城东的清安街、天仙桥前街、东安南街等多个地点都有发现，基本沿用了唐代罗城墙体并进行了局部加宽、加高，又被明清墙体所叠压[2]。以2009年发掘的清安街罗城东墙为例，解剖揭露了宋、元明、清三个时期的城墙夯土和包砌砖石部分。宋代墙体（Q3）直接叠压于元明城垣最底部夯层之下，填土质地杂乱，包含有大量的砖瓦、陶瓷残片等当时的建筑和生活垃圾，墙体外侧的包砖

1　本书采用线图、照片或拓片，如未标注资料来源，均系笔者拍摄或绘制，下同，不另注。

2　雷玉华：《唐宋明清时期的成都城垣考》，《四川文物》1998年第1期。

仅为单层，且大多为重复利用的破碎砖块，可见修建时的随意性较强。结合出土瓷片反映的时代特征，发掘者推测该段宋代城垣的建造年代约在南宋中、后期，可能属于宋元战争期间一次仓促的临时筑城活动所为[1]。此外，由于城垣的包砖部分容易垮塌或损坏，故有不定期的替换或修缮做法。至于城门的情况，从宋人《蜀川胜概图》中描绘的局部场景看[2]，当时的成都罗城城门仍采用了传统的过梁式门道结构（图2-2）。

图2-2　《蜀川胜概图》所绘宋代成都罗城城门形象
（采自《文物》1999年第4期，第55页，图二）

近年来关于宋代罗城最重要的考古成果，是一批南宋铭文城砖的出土。2016年3月，成都文物考古研究院在配合武侯区龙江路"十一街棚户区改造项目"的建设过程中，清理发掘了一座元明时期的砖室墓（编号2016CWLM5）。墓葬

1　成都文物考古研究所：《成都市清安街城墙遗址发掘简报》，载《成都考古发现》（2008），第411–435页。
2　蓝勇：《宋〈蜀川胜概图〉考》，《文物》1999年第4期。

的保存情况较差，未出土任何随葬品，但用于构建墓室的材料中包括了一批铭文城砖。[1]不久后，青羊区羊市街东口工地元代沟渠（编号2016CQYG2）、锦江区青莲上街东南里1号工地元代房址（编号2018CJQF1）又陆续出土了若干块同类型的铭文城砖。[2]这批城砖均为长方形素面砖，泥质陶胎，火候较高，烧结致密，一侧的平面带有模印铭文，文字均为阴文，竖排，外围多带有方形边框，兹选取字迹保存情况较佳的标本介绍如下：

标本2016CWLM5：2，完整。砖面呈灰褐色，铭文由左向右为："新繁县造／□纯四□／……／制干"。长25厘米、宽20.5厘米、厚5厘米（图2-3，1）。

标本2016CWLM5：4，残。砖面呈灰色，铭文由左向右为："新繁县……／……／修城砖／制干"。残长25厘米、宽20.5厘米、厚5厘米（图2-3，2）。

标本2016CWLM5：6，残。砖面呈灰褐色，铭文由左向右为："嘉定十……／文专……"。残长22厘米、宽19.5厘米、厚5厘米（图2-3，3）。

图2-3　南宋成都罗城铭文城砖拓片（一）
1. 龙江路 M5:2　2. 龙江路 M5:4　3. 龙江路 M5:6　4. 龙江路 M5:7
（采自成都文物考古研究院：《成都市十一街遗址墓葬清理简报》，《成都考古发现》（2016），
第358-359页，图四-1、4、6，图五-1）

1　成都文物考古研究院：《成都市十一街遗址墓葬清理简报》，载《成都考古发现》（2016），科学出版社，2018，第358-361页。

2　成都文物考古研究院、青羊区文物管理所：《成都市青羊区羊市街东口元代沟渠遗址发掘简报》，《四川文物》2020年第5期。

标本 2016CWLM5：7，残。砖面呈灰色，铭文由左向右为："嘉定十年□ / 文……/ 制干"。残长 26.5 厘米、宽 20 厘米、厚 5 厘米（图 2-3，4）。

标本 2016CWLM5：8，残。砖面呈灰色，铭文由左向右为："（嘉）定十 年置 /……三城砖 / 制干"。残长 23.5 厘米、宽 20 厘米、厚 5 厘米（图 2-4，1）。

标本 2016CWLM5：10，残。砖面呈青灰色，铭文由左向右为："……□置 /……城砖 / 制干"。残长 25 厘米、宽 20.5 厘米、厚 5 厘米（图 2-4，2）。

标本 2016CWLM5：13，残。砖面呈灰褐色，铭文由左向右为："新繁县 / 米细行纳 / 修城砖 / 制干"。残长 28 厘米、宽 19.5 厘米、厚 4.7 厘米（图 2-4，

图 2-4　南宋成都罗城铭文城砖拓片（二）
1. 龙江路 M5:8　2. 龙江路 M5:10　3. 龙江路 M5:13　4. 龙江路 M5:14
5. 龙江路 M5:15　6. 龙江路 M5:16　7. 龙江路 M5:20　8. 龙江路 M5:21
（采自成都文物考古研究院，《成都市十一街遗址墓葬清理简报》，《成都考古发现》（2016），
第 359-361 页，图五 -2，图六 -1、3、4、5、6，图七 -2、3）

标本2016CWLM5：14，完整。砖面呈青灰色，铭文由左向右为："郫县窑户王福孙／造修城所砖样／制干"。长36厘米、宽19厘米、厚5厘米（图2-4，4）。

标本2016CWLM5：15，残。砖面呈青灰色，铭文由左向右为："（嘉）定十年置／□专三城砖／制干"。残长26厘米、宽19.5厘米、厚5厘米（图2-4，5）。

标本2016CWLM5：16，残。砖面呈红褐色，铭文由左向右为："新繁县／单□□纳／修城砖／制干"。残长22厘米、宽20厘米、厚4.7厘米（图2-4，6）。

标本2016CWLM5：20，残。砖面呈青灰色，铭文由左向右为："郫县窑户□□□／造修城所砖样／制□"。残长30.5厘米、宽19厘米、厚5厘米（图2-4，7）。

标本2016CWLM5：21，完整。砖面呈灰褐色，铭文由左向右为："窑户贾长二烧造／嘉定十年分大砖"。长36厘米、宽19.5厘米、厚5厘米（图2-4，8）。

标本2016CWLM5：26，残。砖面呈青灰色，铭文由左向右为："……年贾／……砖"。残长16厘米、宽19.5厘米、厚5厘米。

标本2016CWLM5：29，残。砖面呈青灰色，铭文由左向右为："嘉定十年置／□专三城砖／制干"。残长23.5厘米、宽20厘米、厚5厘米。

标本2016CQYG2：1，残。砖面呈灰黑色，铭文由左向右为："嘉定十一

图2-5 南宋成都罗城铭文城砖拓片（三）

1. 羊市街东口G2:1　2. 羊市街东口G2:2　3. 羊市街东口G2:3　4. 羊市街东口G2:4

（采自《四川文物》2020年第5期，第32页，图二二-3、1、4、5）

年／费祖四城砖"。厚5厘米（图2-5，1）。

标本2016CQYG2：2，残。砖面呈青灰色，铭文由左向右为："广都县窑户费……／□修城大样板砖／制…"。残长28.3厘米、宽19.5厘米、厚5.5厘米（图2-5，2）。

标本2016CQYG2：3，残。砖面呈青灰色，铭文由上而下为："……砌城砖许通一"。残长20.5厘米、宽19厘米、厚5.8厘米（图2-5，3）。

标本2016CQYG2：4，残。砖面呈青灰色，铭文由左向右为："□祖五／砌城砖／制干"。残长22.5厘米、宽20厘米、厚5厘米（图2-5，4）。

标本2018CJQF1：1，残。砖面呈青灰色，铭文由左向右为："新都县窑户孟……／二造修城砖"。残长20厘米、宽19.5厘米、厚5.5厘米。

通过释读砖面铭文，可知它们是在南宋宁宗嘉定十年至十一年（1217—1218），受四川制置使司（主政者为董居谊）具体办事官员的监督和管理，由成都府下辖的新繁县、郫县、广都县等地窑场烧制，并交付成都府城使用的。本书第十章第一节将对这批城砖的生产性质、产地来源、烧制背景与动因等问题加以考察。

子城城垣

　　子城，也就是秦汉以来的大城，与少城呈东、西并列的格局。隋代时虽经蜀王杨秀扩展，然"周匝不过于八里"[1-2]，唐代为益州州城，唐末西川节度使高骈加筑罗城后，被包裹在罗城的城郭内。后来王建创前蜀国，改子城为皇城，后主王衍在位期间，曾有韩昭、潘在迎等宠臣出任内皇城使。以地方州府城（子城）为皇城，是新兴政权建都的常见做法，如五代吴越建国，改杭州子城为大内；北宋建都汴梁，亦是将原唐代宣武军节度使所在的子城改建为皇城。北宋以后，子城虽年久失修，但参考关于宋元成都战事的个别史料，如《元史·谭澄传》载至元九年（1272）宋将昝万寿反攻成都，元四川金省严忠范"退保子城"[3]，其城垣似乎依然能发挥一定的屏障作用。

　　长期以来，与子城（大城）相关的考古遗迹罕见，无法获得可供复原的有效信息，一切推测只能建立在对地理环境和文献材料的分析上。早年任乃强先生认为大、少二城位置偏北，约在明清成都城北郭之下[4]，但此说与其他几种意见出入颇大，且缺乏考古证据的支持，恐不足信。

　　此后，刘琳先生认为大城之南界约在文庙后街一带，北至西玉龙街附近，

1　高骈：《请筑罗城表》，载袁说友等编《成都文类》卷十八，赵晓兰整理，第 380 页。北宋张咏则言子城经杨秀增筑，"通广十里"，参见袁说友等编《成都文类》卷二十六，赵晓兰整理，第 520 页。

2　关于隋代杨秀增筑子城南、西二隅一事，孙华先生曾有详细论述，他认为这一部分其实是在原来少城的基础上扩展、修缮而成，后来演变为隋唐成都城的西郭，其南墙在今南河北岸沿线，西墙可能沿西郊河即少城西墙一带，北墙则沿袭了原先少城的北墙。参见孙华：《秦汉时期的成都》，载何一民、王毅、蒋成主编《文明起源与城市发展研究》，第 132-133 页。

3　宋濂：《元史》卷一百九十一，中华书局，1976，第 4355 页。

4　任乃强校注《华阳国志校补图注》，上海古籍出版社，1987，第 130 页。

东垣在人民南路与盐市口之间，西垣大致在骡马市街至人民公园一线[1]。绍风、石湍先生认为大城北垣约在忠烈祠西街、光明巷之间和鼓楼北街略偏东至羊市巷南口一线，南垣在东御街至牌坊巷一线[2]。四川省文史馆的《成都城坊古迹考》一书考证城南约在上南大街，西南隅邻文庙后街的成都石室中学校址，城北至皇城后子门附近，城西即今东城根中街一线，城东约在今青石桥、鼓楼街一线[3]。孙华先生则进一步提出大城北垣约在今青龙街、白丝街一线，南垣不过君平街、丁字街一线，东南角在青石桥附近的意见[4]。总体而言，后面几种观点相对比较接近，即大城的方位约处在成都旧城（府河、南河以内）的中部偏西。

实际上，要考证子城（大城）南垣的位置，最重要和直接的文献证据，莫过于南宋李石的《府学十咏·秦城二绝》："瓜蔓深坑余鬼哭，此间学校倚秦城"之诗句，诗序言："张仪、司马错所筑。自错入蜀，秦惠公乙巳岁（前316）至南宋绍兴壬午（1162），一千四百七十八年。虽颓圮，所存如崖壁峭立，亦学舍一奇观也。"[5]李石字知几，资州人，曾任太学博士，在他主持南宋成都府学期间，特别注重考察校园内的文物古迹，所谓的《府学十咏》诗，写作内容全部是石室学堂内南宋以前文物古迹的保存状况，李氏亲眼所见，自然可信度很高。此外，南宋著名文学家陆游旅居蜀地期间，曾作有《访杨先辈不遇因至石室》一诗："衣冠严汉殿，草木拱秦城。古甃苍苔滑，空庭落日明"[6]，可与李石所言相互印证。又南朝刘宋任豫《益州记》载："文翁学堂在大城南，（昔）经灾火，蜀郡太守高朕修复缮立。"[7]北魏郦道元《水经注》载："始，文翁为蜀守，立讲堂，作石室于南城……

1 刘琳：《成都城池变迁史考述》，《四川大学学报（哲学社会科学版）》1978年第2期。

2 绍风、石湍：《"金河"为"郫江"故道说》（下），《成都文物》1984年第1期。

3 四川省文史馆：《成都城坊古迹考》，第35—37页。

4 孙华：《唐末五代的成都城》，载《宿白先生八秩华诞纪念文集》编辑委员会编《宿白先生八秩华诞纪念文集》，第270—272页。

5 李石：《府学十咏·秦城二绝》，载袁说友等编《成都文类》卷四，赵晓兰整理，第74页。

6 钱仲联校注《剑南诗稿校注》卷八，上海古籍出版社，1985，第666页。

7 孙琪华：《＜益州记＞辑注及校勘》，蒙默、黎明春整理，巴蜀书社，2015，第81页。

后守更增二石室。"[1] 由此可见，石室学堂位于大城之南，并且与大城南垣紧邻，墙体至南宋时虽已破败不堪，但仍有地面残迹。所幸的是，2011年在成都天府广场东南的东御街人和新天地基建工地出土了东汉李君碑、裴君碑，据文字内容可知二碑系原立于汉代文翁石室学堂的德政碑，其出土地点为汉代至南宋理宗端平三年（1236）期间蜀郡郡学、益州州学遗址无疑[2]。既然石室学堂可定位在今东御街一带，则子城（大城）之南垣也必距此不远。

至于子城（大城）北垣，其实早在20世纪90年代初已有考古发现，但未引起足够的重视。1992年，成都市考古部门对上西顺城街珠峰宾馆综合楼项目的勘探中，在工地南部发掘了一处古代墙基遗址，墙基的揭露部分有东、西两段，东段长12.4米、宽1米，由主墙和副墙组成；西段长14.7米、宽0.38米。墙体包砌有花纹砖，纹饰可辨菱形纹、网格纹、钱币纹等几种，规格为长38厘米、宽19~20厘米、厚5.5~6厘米。两段墙基分别向东、西延伸，延伸情况不明。墙基内外的堆积状况明显不同，内侧平整，似经夯筑过，外侧似为一条沟，方向均为北偏东120度[3]。这段文字表述中，有两点值得注意的现象：其一，墙基外侧有一条北偏东120度走向的沟状遗迹，同样的遗迹在珠峰宾馆工地东南仅50余米远的鼓楼北街遗址也存在，2017—2018年通过发掘，确认系晚唐以前子城北垣外的护城河，河道宽度在35米以上，二者走向完全一致，方位紧邻，推测同属一条河道。子城北面的护城河在文献中能找到对应的记载，《新唐书·南蛮传》载唐懿宗咸通十一年（870）正月，南诏发兵围攻成都，"初，成都无隍堑，（颜庆复）乃教（卢）眈浚隍，广三丈，作战棚于埤，列左右屯营，营别五区。区卒五十，莳皂荚夹壕，后三年合拱。又为大䃌连弩。自是南诏惮之。"[4] 此事在《资治通鉴·唐纪六十八》中记述较简略："（剑南东川节度使）颜庆复始教蜀人筑

1　陈桥驿注释《水经注：注释本》卷三十三，浙江古籍出版社，2001，第517页。

2　张勋燎：《成都东御街出土汉碑为汉代文翁石室学堂遗存考——从文翁石室、周公礼殿到锦江书院发展史简论》，载四川大学博物馆、四川大学考古学系、成都文物考古研究所编《南方民族考古》（第八辑），第107−172页。

3　成都市文物考古工作队：《成都市1992年田野考古概况》，《成都文物》1993年第1期。

4　欧阳修、宋祁：《新唐书》卷二百二十中《南蛮传》，中华书局，1975，第6286页。

壅门城，穿堑引水满之，植鹿角，分营铺。蛮知有备，自是不复犯成都矣。"[1-2]
显然，子城外不仅开挖了护城河，还在城门外加筑有瓮城，这些都是晚唐咸通年间因对南诏战事吃紧而采取的应急措施。其二，墙基与护城河毗邻，当即子城北垣之一段，墙体外表包砌大量花纹砖，花纹种类有菱形纹、网格纹、钱币纹等，并且厚度在 5.5~6 厘米之间，比常见的东汉花纹砖要薄一些，故包砖的做法或许在汉末三国以后。综合考虑，子城北垣可定位在今梵音寺街、珠峰宾馆及其东、西延伸线上。

　　子城（大城）的东垣和西垣尚缺乏直接的出土材料。2009 年，成都市东御街与顺城大街交会口西北的人民商场二期项目工地发掘出一座汉代木构廊桥址，木桥仅存 3 根横木和 2 根立柱，保存较完整的一根柱础底板长 3.4 米、宽 0.45 米、厚 0.3 米，其上有 4 个圆形柱洞，洞径 0.3 米、深 0.2 米。保存最高的一根立柱，高 1.4 米、最大直径 0.3 米。木桥所在的古河道宽度约 28 米，则桥的跨度至少与之相当[3]。从河道和廊桥的规模看，其位于当时子城（大城）内的可能性较小，结合古郫江的具体走向，推测应为城垣东南角外、横跨古郫江或支流之上的一条交通要道，北宋张唐英《蜀梼杌》载王建在成都称帝后，改诸城门名，其中子城南门与东门之间尚有"中隔为神雀门"[4]，证明子城（大城）开设有东南门，或就与这条通道有关。此外，根据近年来成都旧城东南的考古工作情况，盐市口、青石桥一带未曾发现唐代及以前的地层堆积（如东丁字街遗址五代北宋地层下即为生土[5]）。因此，子城（大城）的东南角当不会越过东御街与顺城大街交会口。

　　1　司马光编著《资治通鉴》卷二百五十二，胡三省音注，"标点资治通鉴小组"校点，中华书局，1956，第 8158 页。

　　2　此次战事在《宋高僧传》及四川资中西岩五代题记中亦有提及，但却神化为成都军民幸有毗沙门天王显灵祐佑才得以保全。前者参见赞宁：《宋高僧传》卷二十七，范祥雍点校，中华书局，1987，第 687 页；后者参见刘易斯：《四川资中西岩五代毗沙门天王大像窟考察》，载朱岩石主编《考古学集刊》（第 23 集），社会科学文献出版社，2020，第 259-261 页。

　　3　张擎：《成都市人民商场二期工地汉唐宋及明清遗址》，载中国考古学会主编《中国考古学年鉴 2010》，第 372-373 页。

　　4　王文才、王炎校笺《蜀梼杌校笺》卷一，巴蜀书社，1999，第 84 页。

　　5　成都文物考古研究所：《成都市东丁字街古遗址发掘简报》，载《成都考古发现》（2014），第 321-388 页。

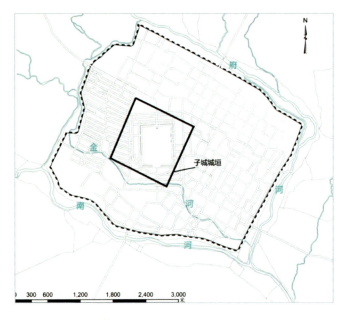

图 2-6　子城城垣四至及范围复原图
（以民国二十二年成都街市图为底本绘制）

　　综合考虑，子城（大城）大致位于罗城的中部偏西南（图2-6），城垣周长接近5千米，占地面积约1.6平方千米，这个周长数值与高骈和王徽所称子城"周匝不过于八里"[1]或"其旧城周而复始盖八里"[2]的记载比较吻合[3]。全城设有城门7座，这一点在《蜀梼杌》中表述得很明确："子城南门为崇礼门，中隔为神雀门，东门为神政门，西门为兴义门，鼓角楼为大定门，北门为大安门，中隔为元武门"[4]，各门位置暂不可考，结合前述《资治通鉴》之有关线索，城门外在唐末以后可能还加筑有瓮城。

1　高骈：《请筑罗城表》，载袁说友等编《成都文类》卷十八，赵晓兰整理，第380页。
2　王徽：《创筑罗城记》，载董浩等编《全唐文》卷七百九十三，第3683页。
3　笔者按：唐代的里较汉晋时期长，1唐里相当于531米，8唐里合4248米。
4　王文才、王炎校笺《蜀梼杌校笺》卷一，第84页。

第三节

牙城城垣

　　成都的牙城约营建于唐代晚期，系当时剑南西川节度使及其衙署所在，但城垣遗迹尚未发现。《旧唐书·杜元颖传》载："大和三年，南诏蛮……径犯成都。兵及城下，一无备拟，方率左右固牙城而已。"[1] 相同事迹又见于《资治通鉴·唐纪六十》："（大和三年）己酉，（南诏）嵯颠自邛州引兵径抵成都。庚戌，陷其外郭。杜元颖帅（率）众保牙城以拒之……"[2] 另外，《蜀梼杌》中还明确提到牙城诸门有大衙门、狮子门、毬（球）场门、西亭门、亭子西门、节堂南门、行库角门等[3]。严耕望先生亦指出唐代的节度使署在成都牙城内，其具体机构有"大厅、毬（球）场厅、蜀王殿、九顶堂、节堂、行库……衙库、衙内曲佑库、衙内杂库等。"[4]

　　五代前后蜀时期，牙城继续存在。《资治通鉴·后唐纪四》载明宗天成元年（926），孟知祥"阴有据蜀之志，阅库中，得铠甲二十万，置左右牙等兵十六营……营于牙城内外。"[5] 关于前、后蜀宫城的沿革情况，四川省文史馆编修的《成都城坊古迹考》一书曾有专节论述，该书提出："王建初即帝位，但以旧（指唐代）节署为皇宫，唯更其门（节署有牙城故有门）、殿名。永平五年，乃于旧宫之北营新宫、建夹城。规模当胜过节署牙城而为子城中新兴之宏伟宫城，

1　刘昫等：《旧唐书》卷一百六十三，第 4263 页。

2　司马光编著《资治通鉴》卷二百四十四，胡三省音注，"标点资治通鉴小组"校点，第 7868 页。

3　王文才、王炎校笺《蜀梼杌校笺》卷一，第 84 页。

4　严耕望：《唐五代时期之成都》，载《严耕望史学论文选集》，第 193 页。

5　司马光编著《资治通鉴》卷二百七十五，胡三省音注，"标点资治通鉴小组"校点，第 8991 页。

与罗城、子城、牙城为内外四城，后蜀因之。"[1] 实际上，将唐代节署牙城改称宫城的做法在五代十国的各割据政权中并不鲜见，如《资治通鉴·后晋纪二》："（天福二年）吴太子琏……知诰始建太庙、社稷，改金陵为江宁府，牙城曰宫城……（天福三年）五月，戊午，唐主改润州牙城为丹杨宫"[2]，可证《城考》一书所言"内外四城"的看法并无确凿依据，前蜀的宫城当由唐代的牙城改建而来，当时成都城所存在的是内外三重城垣格局（宫城、子城、罗城）。需要指出的是，《资治通鉴》"杜元颖退保牙城"条后有考异引用实录对此事的记载，其文曰"寇及子城，元颖方觉知"[3]，有学者据此认为成都府的子城即是牙城[4]，显然是未留意《蜀梼杌》中分述子城、牙城诸门之相关内容作出的误判。

1　四川省文史馆：《成都城坊古迹考》，第 63-64 页。

2　司马光编著《资治通鉴》卷二百八十一，胡三省音注，"标点资治通鉴小组"校点，第 9169、9186 页。

3　同上书，第 8991 页。

4　成一农：《古代城市形态研究方法新探》，第 104 页。

第四节

羊马城城垣

羊马城制度在唐代文献中有专门表述，如杜佑《通典·兵五·守拒法》："城外四面壕内，去城十步，更立小隔城，厚六尺，高五尺，仍立女墙"，自注："谓之羊马城"[1]。总的来说，羊马城是主城墙外、外城壕内构筑的一道比主城墙低薄的土墙，这道城墙距离主城墙仅五六米至十几米，作为当时城市的重要防御性构筑物，战时可以增加防御纵深，并容纳逃入城内避难平民所携带的羊马猪牛等牲畜，保持城内的卫生以防疫病的流行。

成都羊马城的设置始于五代。后唐天成二年（927），西川节度使孟知祥以成都"城虽大而弗严，隍已平而可步……罗城虽设，智有所亏"[2]，乃令增筑羊马城。李昊《创筑羊马城记》对它的规模、形制有详细描述："亘罗城而云叠，引锦水以环流……其新城周围凡四十二里，竦一丈七尺，基阔二丈二尺，其上阔一丈七尺。别筑陴四尺，凿壕一重。其深浅阔狭，随其地势。"[3] 宋真宗咸平三年（1000），神卫军将领王均等人发动兵变占据成都，建立大蜀政权。宋将雷有终率军平叛，宋军攻城时遇到的最大阻碍，不是成都罗城高耸的砖筑墙体，而是修筑在罗城之外、墙体低矮的土筑羊马城。据《宋史·雷有终传》载："（咸平三年）四月，有终与石普屯于城北门之西，依壕为土山……每攻城，辄会雨，城滑不能上……有终与翰叶议，于城北鱼桥又筑土山。八月，克城北羊马城，遂

1　杜佑：《通典》卷一百五十二，王文锦、王永兴、刘俊文等点校，中华书局，1988，第3893页。

2　李昊：《创筑羊马城记》，载杨慎编《全蜀艺文志》卷三十三，刘琳、王晓波点校，第876–877页。

3　李昊：《创筑羊马城记》，载袁说友等编《成都文类》卷二十四，赵晓兰整理，第501–504页。

设雁翅敌棚，覆洞屋以进，逼罗城。"[1] 后来宋军收复成都，有人建议平毁羊马城壕，雷有终为此专门奏请保存城池，陈述了借此以备寇盗外攻的必要性，朝廷许之[2]。然而，由于其墙体低矮，且未包砌砖石，官方虽未对其有意拆毁，但在承平年代却难以抵御自然风雨的侵蚀和冲刷，逐渐年久失修而倾圮不存，以至于北宋早期之后就见不到关于它的任何记载。李明斌先生也指出，由于成都羊马城的城墙大多为土筑而成，且高才及肩，并无城砖包砌，又因功能所限，战时毁坏和平时粗放管理的情况应较为常见，以及墙基或无或浅，城墙上甚至有栽种花木等情形，更重要的是由于城池攻防方式的变化和武器的进化，故历经千年岁月，考古发现此城垣遗迹的概率甚低[3]。

圄于实证材料的匮乏，研究者对于成都羊马城的具体方位、规模大小等问题，存在不同的理解和解释。《成都城坊古迹考》的编撰者认为，羊马城未四面包裹罗城，其中东、南两面无城垣，西面可能扩筑到罗城外三四里之远，北面特展筑于高骈所凿清远江（今府河）外，意在防备北来军队（图2-7）[4]。马剑先生认为，羊马城是在清远江（今府河）与罗城之间，距罗城并不远，符合筑城理论中所说的数十步的距离，并没有远在罗城外三四里、清远江以北。其长度也仅约9里，只是包围了罗城的北墙（图2-8），这一形制与当时孟知祥治理成都时所面临的威胁主要来自北方密切相关[5]。孙华先生则在综合考虑羊马城制度、《宋史·雷有终传》中所述宋军克成都城的进军路线、李昊《创筑羊马城记》所述罗城与羊马城之关系等多方面因素后，认为成都羊马城围绕罗城一周修筑，并且位于罗城外、护城河内侧（图2-9）[6]，这是目前看来最具合理性的一种意见。

1　脱脱等：《宋史》卷二百七十八《雷有终传》，中华书局，1977，第13639页。

2　徐松：《宋会要辑稿·食货六一》，刘琳、刁忠民、舒大刚、尹波等校点，上海古籍出版社，2014，第7463页。

3　李明斌：《唐末成都罗城城垣的考古学观察》，《中国国家博物馆馆刊》2017年第9期。

4　四川省文史馆：《成都城坊古迹考》，第71页。

5　马剑：《成都羊马城考》，《文史杂志》2009年第6期。

6　孙华：《唐末五代的成都城》，载《宿白先生八秩华诞纪念文集》编辑委员会编《宿白先生八秩华诞纪念文集》，第277-280页；孙华：《羊马城与一字城》，《考古与文物》2011年第1期。

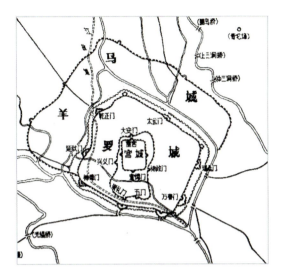

图 2-7 《成都城坊古迹考》复原之成都羊马城图

（采自四川省文史研究馆：《成都城坊古迹考（修订版）》，第 57 页，图 9）

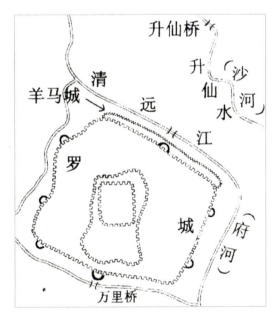

图 2-8 马剑复原之成都羊马城图

（采自《文史杂志》2009 年第 6 期，第 43 页）

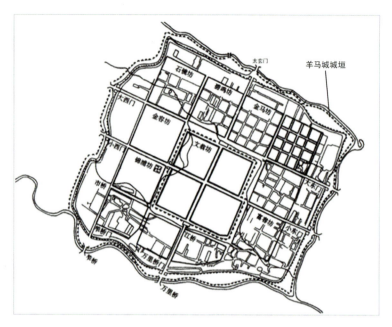

图 2-9　孙华复原之成都羊马城图

（采自孙华：《唐末五代的成都城》，《宿白先生八秩华诞纪念文集》，第 278 页，图七）

Chapter 3

第三章

衙署与
宫室池苑

第一节

衙署机构

　　唐宋时期地方城市的衙署区往往与子城相对应，如郭湖生就曾对子城内部格局作过较为系统的总结："子城门……亦名鼓角楼或鼓角门，置更漏鼓角以节时而警昏晓……子城门前左右对设宣诏、颁春两亭，以为传达诏令及告谕处所……鼓角楼正北为仪门，则州衙之正门也……鼓角楼至仪门间两侧，则为州军佐贰、诸司、幕职官视事之所。仪门北为设厅，为州军长官治事处，实子城之核心，设厅前立戒石……设厅之北为堂，则常日议事、公文案牍及延纳接待之所；堂后则州军长官宅院，前堂后寝，一循古制。此区侧后例有园池，列置亭榭……由鼓角楼、仪门、设厅至宅堂，南北相次在同一轴线，为子城之主体。而仪门以内，尤为枢要，即古之牙城……子城内，常有军资、甲仗库以及公使库（钱帛）、酒库；又有常平仓、都仓以蓄贮粮食，架阁库（楼）以存文献档案。"[1]《蜀梼杌》曾记述前蜀武成元年（908）王建改节度使署为宫殿一事，陆续提到"鼓角楼""设厅""旧宅""堂""军资库""甲仗库""衙库""赏设库""南仓""北仓"等机构[2]，说明唐代的西川节度使署也具有相同的功能区划。此外，北宋初年的成都发生王均之乱，官军将领杨怀忠"与转运使陈纬麾兵由子城南门直入军资库"，却见"均众皆银枪绣衣，为数队，分列子城中"[3]，可知子城内的衙署机构大抵就是按照南北走向布局的。值得一提的是，随着唐代打毬（球）游戏的风行，上至京城，下至地方各镇，均纷纷兴建毬（球）场，使之成为唐城衙署

1　郭湖生：《中华古都——中国古代城市史论文集》，空间出版社，1997，第153-159页。
2　王文才、王炎校笺《蜀梼杌校笺》卷一，第83-85页。
3　脱脱等：《宋史》卷二百七十八《雷有终传》，第9455页。

区内的一项基本设施，这也是唐代城市建设中的一重大举措[1]。从《蜀梼杌》所载"毬（球）场门""毬（球）场厅"等建筑物可知，唐末西川节度使衙署内设置有毬（球）场亦是毫无疑问的，且在前后蜀时期得以保留，才有了后来花蕊夫人"小毬（球）场近曲池头，宣唤勋臣试打毬（球）"[2]的词句。宋代以后，毬（球）场仍然存在，如陆游《马上》一诗即言"清流如带绕毬（球）场"[3]。

目前，子城内部的官府衙署建筑尚无集中而明确的发现，但个别点位的发掘材料仍提供了一些可资考察的线索。1978 年，成都市人民中路自来水管道铺设工地出土了一座唐代钱币窖藏，共清理钱币约 200 千克，这些钱币贮藏在高约 0.8 米的灰陶大瓮之中，其上用石板和青砖封口，绝大多数为唐代开元通宝、乾元重宝[4]。2008 年，成都博物馆新址基建工地的南宋地层（编号第 9 层）内，曾集中出土了一批北宋真宗、仁宗时期权范（图 3-1），据发掘者推测是北宋地方政府设坊制造的权衡产品[5]。这两处点位都处在子城的核心区，其性质应都与当时的官府衙署机构有关，值得关注。

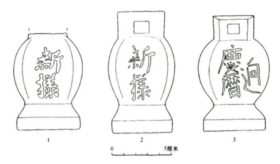

图 3-1　成都博物馆工地出土北宋权范
（采自成都文物考古研究所：《成都市博物馆新址发掘简报》，
《成都考古发现》（2009），第 407 页，图七五）

1　程存洁：《唐代城市史研究初篇》，中华书局，2002，第 236 页。

2　徐式文笺注《花蕊宫词笺注》，巴蜀书社，1992，第 55 页。

3　钱仲联校注《剑南诗稿校注》卷七，第 559 页。

4　成都市文物考古工作队：《成都市人民中路发现的唐代钱币窖藏》，载成都文物考古研究所编《成都考古发现》（2001），第 236-263 页。

5　成都文物考古研究所：《成都市博物馆新址发掘简报》，载《成都考古发现》（2009），第 329-416 页；何锟宇：《成都市博物馆新址出土北宋权范及相关问题的探讨》，载四川大学博物馆、四川大学考古学系、成都文物考古研究所编《南方民族考古》（第七辑），科学出版社，2011，第 359-368 页。

第二节

宫室池苑

摩诃池池苑遗址

摩诃池，又名龙跃池、宣华池、宣华苑，是唐宋时期成都子城（五代皇城）内著名的池苑景观。初创于隋，相传为蜀王杨秀（573—618）展筑子城的取土处，池名得自梵语。唐代中叶以后，此池声名渐起，为城内一大胜景，是众多达官显贵、文人墨客的宴饮和游玩去处。除却景观功能，摩诃池还为唐代成都全城提供了必要的生活用水保障。五代前蜀立国，蜀主王建改摩诃池为龙跃池，后主王衍更名宣华池、宣华苑，大兴土木，环池广建宫宇，一度成为皇家园林。后蜀孟昶在位时，于宣华苑遍植牡丹，故又名"牡丹苑"。两宋时期，尽管池苑范围已大幅缩减，但仍不失为城中一大盛景，名士往来者依旧络绎不绝。明初洪武十五年（1382）营建蜀王府，填池作基，遂湮没不存。

过去有不少学者曾对摩诃池的地理方位、沿革、布局、历史风貌等问题开展过相关的研究尝试，但囿于缺乏考古证据，许多观点带有浓重的猜测成分，难以形成定论，颇显遗憾。可喜的是，自2013年以来，成都文物考古研究院对天府广场以北的东华门街至成体中心一带实施了连续数年的基建考古项目，发掘范围超过20000平方米，揭露了大面积的隋代、唐五代和两宋时期摩诃池池苑遗址（图3-2），为进一步破解摩诃池的历史悬案创造了有利条件。现将各时期遗存的发现情况简述如下：

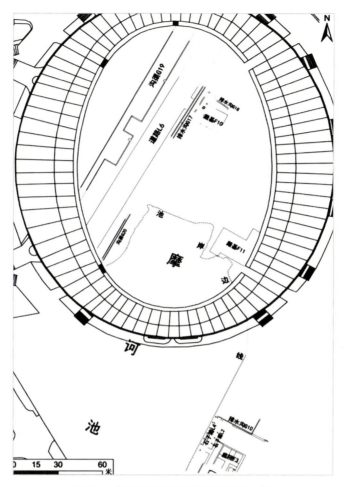

图 3-2　摩诃池池苑发掘区主要遗迹分布图

一、隋代遗存

建筑类型包括池岸护堤、房屋基址、石子路和排水沟。除池岸护堤外，其余单位在修筑之前预先铺设有大面积的垫土层。

1. 池岸护堤

平面呈斜直线分布，东北—西南走向，方向 35 度。往西南延伸至发掘区外，往东北被明蜀王府园林水道打破，残长 43.2 米（图 3-3）。岸边的修筑过程分作3步：第1步，在原地表开挖大面积的土坑，坑壁斜弧内收；第2步，沿坑边线向坑内回填夹杂了大量砖石瓦砾的土方，并进行夯打压实，局部用方砖或大块的鹅卵石构筑砖埂或石埂，形成加筋带，以增强回填土方的抗拉、抗剪强度，提高整体稳定性；第3步，在回

图3-3　隋代池岸卵石护堤

填土方外缘构筑池岸，并用较大的鹅卵石直接嵌入土壁，多层排列倚靠池岸垒砌护堤，护堤由池岸向池内形成斜坡面，最高处现存近20层鹅卵石，落差1.78米。此外，池岸内侧还铺砌有1列平砖作为堡坎，用砖均为素面，规格为长37~39厘米、宽17~18厘米、厚6~6.5厘米。

2. 石子路

编号L3。残长45.1米，方向与池岸护堤大致平行，二者相距1~1.5米。可分作西南和东北两段，两段道路之间留有宽约0.18米的散水通道，西南段长38.1米，居中处有支路形成十字交叉；东北段长6.8米。路面宽1.05~1.15米，路面较平整，使用大小不一的鹅卵石铺筑（图3-4），西南段路面的中部做出多个团花状的拼花图案，几乎呈一条直线排列，单个拼花图案的做法为先用1颗直径

图3-4　隋代沿池石子路（L3）

8~12厘米的大鹅卵石作花蕊，再用较多直径2~5厘米的小鹅卵石外绕5~6周形成同心圆，直径0.6~0.64米，每个拼花之间的间距为0.1~0.15米；东北段未砌出明显拼花，略显粗犷散乱。路面两侧用丁砖包砌一层，局部砖缝之间再包砌一层丁砖加固。用砖均为素面，规格为长34~36厘米、厚4~6.5厘米。

3. 房屋基址

编号F4。方向与池岸护堤和石子路大致平行，保存情况较差，包括墙基和踏道，推测为庭院之类的建筑，方向33度。墙基残长15.4米，有丁砖错缝和平砖顺缝两种砌筑方式，平砖墙基上残存有4个近圆形和椭圆形坑，直径0.25~0.35米，可能为柱洞。踏道使用平砖顺砌，宽6.3米。用砖均为素面，规格为长34~41厘米、厚6~6.5厘米，砖之间用素泥黏合，接缝严密。

4. 排水沟

2条，均为砖砌，编号G11和G20。

G11为小型排水沟，与前述池岸护堤、房屋基址和石子路相邻，属于该部分建筑群的配套设施，保存情况较差，多只残存沟底铺砖。平面呈矩尺形分布，可分作东、西两段，西段与道路（L3）、房屋基址（F4）和池岸护堤基本保持平行，残长15.8米、宽1~1.1米、深0.36米，与L3相距3.6米；东段与西段大体垂直相交，残长34.1米、宽1.05~1.35米、深0.22米。沟壁和沟底主要用素面砖砌筑，间杂以零星的菱形花纹砖，规格为长36~39厘米、宽17~18厘米、厚5~6.5厘米。

G20为大型排水沟，位于市体育中心内场发掘区西南部，东北—西南走向，方向35度，残长37.3米、口宽1.25米、底宽0.9米（图3-5），沟壁主要用素面砖砌筑，间杂菱形纹、联璧纹、网格纹、花草纹等模印纹饰砖，砖厚4~6厘米不等，砌筑方式错缝平铺，

图3-5　隋代排水沟（G20）

砖之间用素泥黏合，由沟底向沟口逐渐形成收分，每层收分度为1~2厘米。沟内填土呈灰黑色，包含较多的青瓷和泥质灰陶器残片。

出土遗物以陶、瓷类生活器具为主，陶器多为泥质灰陶，器形可辨碗、盏、盘、罐、壶、盆、瓮、釜、灯、渣斗、砚台等；瓷器以青釉产品为主，器表常见素面，零星有刻划的莲瓣装饰，窑口产地可辨长江中游（湘阴窑、洪州窑等）和成都本地（青羊宫窑），器形包括碗、盏、杯、盘、壶、罐、钵、虎子等。建筑构件以泥质灰陶为主，可见筒瓦、板瓦、瓦当、花纹砖、素面砖等。

二、唐五代遗存

唐五代的建筑群分布范围广阔，南北直线跨度近300米，类型见有庭院、殿基、沟渠、道路、井等，其中庭院在修筑之前预先铺设有大面积的垫土层。

1. 庭院

编号F3。平面近长方形，方向32度，现存踏道、露天活动面、排水沟等设施（图3-6）。

庭院踏道位于整个庭院的西侧居中，东南距庭院附设的排水沟4.88米，为斜坡式，宽3.83~3.92米、进深3.66米，主体使用长方形砖丁砌，两侧以长方形砖平铺包边。踏道顶部两侧各残留有1段砖墙，东北段长4.94米，西南段长4.37米，均带垂直转角，墙体使用平砖顺砌，再丁砌两层砖包边。

露天活动面为庭院主体，分作南、北两部分，中间为庭院排水沟所隔。南活动面近正方形，边长14.8~15.2米，占地面积约225平方米，主体中部为十字路，路面拱起以利于散水，宽2.55~3米，用长方形砖平铺为席编状，两侧包砌丁砖，十字路将剩余部分分隔为4块方格区，每块方格区的占地面积约31平方米，地面亦用长方形砖平铺为席编状（图3-7），四周包砌平砖。东南角的方格区中部修筑有1座井台（图3-8），台面近正方形，边长2.25~2.28米，外绕一周宽约21厘米的散水槽；井口平面呈圆形，内直径0.45米，因内部过于狭小而未清理至底。北活动面保存情况较差，平面略呈长方形，残长21.2米、宽13.2米，砖墁地的铺砌方式有3种，为席编式平铺、丁砌和平砖顺砌。

图 3-6　唐代庭院（F3）

图 3-7　唐代庭院（F3）内
的活动面

图 3-8　唐代庭院（F3）内
的井台

庭院排水沟围绕在南活动面外，转角处近垂直，外宽 1.3 米、内宽 0.25~0.9 米、深 0.29~0.53 米，沟壁和沟底均使用长方形砖错缝平砌，砖之间用素泥黏合，接缝严密。南活动面东南角的排水沟一侧与庭院井台的散水槽相接，沟口之上叠压有另 1 座台阶式踏道，现存两级台阶，使用长方形砖平铺和丁砌，宽 2.46 米、进深 1.65 米，此踏道东南部原可能连接有廊庑或其他院落，但已破坏不存。

庭院的所有用砖均为长方形，有素面砖和花纹砖两种，花纹砖以菱形纹最多，少量为草叶纹，规格为长 34~38 厘米、宽 17~19 厘米、厚 4~7 厘米。

2. 殿基

2 座，编号 F10、F11。

F10 平面呈长方形，方向 36 度，长 15 米、宽 11.4 米、残高 0.35 米，保存较差，现有垫土、散水和踏道等部分，推测属亭榭、楼台之类的小型建筑物。垫土呈黄褐色，夹杂细碎鹅卵石，堆积紧致；散水使用长方形砖平铺和丁砌，包裹在基址垫土四边，宽 0.5~0.64 米；踏道有 2 处，为斜坡式，分别设于基址西侧和东侧居中处，宽 2.96 米，使用丁砖横向和纵向砌筑。用砖均为素面，规格为长 37~39 厘米、宽 18~19 厘米、厚 5~6 厘米。

3. 沟渠

3 条，均为砖砌，编号 G10、G18、G19。

G10 为小型排水沟，属于前述庭院（F3）的外围附属设施，平面呈矩尺形分布，可分作东、西两段，西段与庭院主体保持平行，相距 0.66 米，残长 29.8 米、口宽 0.39~0.48 米、深 0.21 米；东段与西段垂直相交，残长 13.3 米、宽 0.51 米、深 0.22 米。沟壁和沟底均使用长方形砖错缝平铺，砖之间用素泥黏合，接缝严密。用砖以素面居多，间杂以菱形花纹砖，规格为长 30~38 厘米、宽 14~18 厘米、厚 4~6.5 厘米。沟内填土呈灰黑色，堆积疏松，出土较多的瓦当和瓷碗、碟、罐、钵、研磨器、器盖等残片。

G18 亦为小型排水沟，平面近"人"字形分布，可分作东、西两段，西段与道路（L6）和房屋基址（F10）基本保持平行，残长 17.9 米、口宽 0.25~0.34 米、深 0.23 米；东段略显蜿蜒曲折，残长 22.6 米、口宽 0.25~0.35 米、深 0.22

米，东南方向继续延伸至发掘区外。沟壁使用长方形砖错缝平铺垒砌，沟底使用长方形砖顺缝平铺，砖之间用素泥黏合，接缝严密，局部沟口残存盖砖。用砖均为素面，规格为长36~38厘米、宽18~19厘米、厚5厘米。沟内填土呈灰黑色，堆积疏松，出土少量瓷碗、罐残片。

G19为具有行船能力的大型沟渠，东北—西南走向，方向37度，残长140.6米，中段和北段宽12.8米，南段收窄为4~4.1米，沟渠中段还有一凸出于水面的平台，宽11.7米。沟渠东壁保存较好，底部先铺砌两层长方形红砂石板，其上再用青砖层层错缝平铺垒砌（图3-9），砖之间用素泥黏合，接缝严密，底宽0.65米、顶宽0.6米、残高0.91米。红砂石板的规格为长120~150厘米、宽60厘米、厚6厘米；用砖均为长方形素面砖，规格为长40~42厘米、宽20~21厘米、厚3.5~4厘米。沟内填土呈灰黑色，主要为废弃生活垃圾的倾倒堆积，包含大量瓷器残片和碎砖瓦砾。

图3-9 五代沟渠（G19）砖砌直墙

4. 道路

编号L6。平面呈长条带状，东北—西南走向，方向36度，与沟渠G20大致平行。残长167.8米，可分作夯土路面和路牙两部分，夯土路面宽13.9~14.2米，夯土呈灰褐色，夹杂少许暗黄色黏土，包含细碎瓦砾，最厚处0.43米；路牙位于夯土路面的东南边缘，用长方形素面砖平铺和丁砌，砖体规格为长39厘米、宽19厘米、厚5~5.5厘米。路牙中部有两处转角，形成一个宽约9.6米的豁口，豁口正对殿基（F10），可能为L6连接F10的一条分支通道。

5. 井

2 座，均为砖砌，编号 J11、J12。

J11 由井圹和井圈两部分组成，井圹平面近正方形，边长 1.95~2.04 米、残深 3.1 米，直壁，底部较平整。井圈部分使用青砖丁砌垒筑，共残存 7 层，平面为八角形，内边长 0.37 米、外边长 0.41 米、残深

图 3-10　五代水井（J12）

3.26 米。井圈底部在砂石层上开挖有一个锅底状坑，直径 0.91 米、深 0.18 米。井圈用砖均为素面，截面呈梯形，规格为长 44 厘米、宽 37~41 厘米、厚 6 厘米，砖之间用素泥黏合，接缝严密。井圈内填土可分作 2 层：第 1 层厚约 2.9 米，浅黄色土，包含少量鹅卵石，出土物有砖瓦和瓷碗、注壶、罐等；第 2 层厚约 0.4 米，为质地细腻略黏的灰色土，包含少量灰烬炭屑和瓷片，可能为井圈使用过程中饱水状态下的沉积层。

J12 由井圹和井圈两部分组成，井圹平面近正方形，边长 2.14~2.33 米、残深 3.09 米，直壁，底部较平整（图 3-10）。井圈部分使用青砖垒筑，残存井口平面呈八角形，内边长 0.36~0.4 米、外边长 0.66~0.75 米、深 3.11 米，按砌筑方式可分作上、下两层：上层为两顺一丁、三顺一丁和四顺一丁交错，用砖均为长方形素面薄砖，规格为长 39~41 厘米、宽 20~21 厘米、厚 3.5~4 厘米；下层使用正方形厚砖丁砌，规格为边长 43 厘米、厚 6 厘米。砖之间均用素泥黏合，接缝严密。井圈底部在砂石层上开挖有一个锅底状坑，直径 0.97 米、深 0.06 米。井圈内填土亦可分作 2 层：第 1 层厚约 2.4 米，浅黄色土，包含红砂石块，出土物有砖瓦和瓷碗、罐等；第 2 层厚约 0.7 米，为较黏的灰色土，包含少量鹅卵石，可能为井圈使用过程中饱水状态下的沉积层，出土物有砖瓦和瓷注壶、罐等。

出土遗物以陶、瓷类生活器具为主，陶器数量较少，器形仅见盏、盘、罐、盆等；瓷器可辨青釉、酱釉、白釉、黄釉、绿釉等，窑口产地包括青羊宫窑、琉璃厂窑、邛窑、邢（定）窑、越窑、长沙窑等，器形有碗、盏、杯、盘、壶、罐、盆、盒、炉等。建筑构件以泥质灰陶和琉璃釉陶为主，筒瓦和瓦当居多，瓦当图案有莲花纹、兽面纹两种。此外，还出土有带精美模印纹饰（花草、对蝶纹）的铺地砖。

三、两宋时期遗存

两宋时期的摩诃池较之唐五代，有明显收缩和位移，池苑建筑虽仍有广泛分布，且工艺仍保持较高水准，但数量、类型丰富程度、体量规模等均不及前代。所见遗迹类型有道路、房屋基址、水井、排水沟、假山水池、地缸等。

1. 道路

编号 L2。平面呈长条状，往西南延伸至发掘区外，往东北被明蜀王府水道建筑（G4）打破，可分作主路和支路两部分。

主路为东北—西南走向，方向 36 度。揭露总长 46.9 米，路面宽 1.05~1.2米，路面向中部隆起明显，其下先夯筑 2 层垫土：第 1 层为坚硬带黏性的块状土，包含较多烧土颗粒，厚 0.12~0.2 米；第 2 层为灰黄色土，夹杂较多碎瓦砾，厚 0.1~0.14 米。最上层垫土表面再使用大小不一的鹅卵石铺筑，并做出繁复的团花状拼花图案（图 3-11），整体工艺精湛考究。其中较大的团花通常 5 个为1 组，几乎呈一条直线排列，单个拼花图案的做法为先用 1 颗直径 10~16 厘米的大鹅卵石作花蕊，再用较多直径 3~6 厘米的小鹅卵石外绕 7~8 周形成同心圆，直径 0.89~1.02 米，每个拼花之间的间距为 0.07~0.1米。除这些较大的团花，路面空余处还点缀有直径稍小的团花图案，构图密集而不凌乱，拼花做法与前述基本

图 3-11　宋代石子路（L2）

雷同。路面两侧分别用丁砖包砌两层，用砖均为素面，规格为长39~44厘米、宽20~22厘米、厚4.5~7厘米。

支路位于主路偏西南段的东南侧，西北—东南走向，方向126度，与主路几乎垂直相交。揭露长度6.1米，路面宽0.65~0.75米，路面向中部隆起明显，其下亦先夯筑垫土，再铺筑鹅卵石形成繁复的拼花图案，图案特征与具体做法均与主路一致。路面两侧分别用丁砖包砌两层，用砖均为素面，规格为长24~46厘米、宽20厘米、厚6厘米。

2. 房屋基址

编号F2。保存情况较差，东西长9.5米、南北宽5米，仅存局部墙基和砖墁地，方向40度，墙基和砖墁地主要使用长方形砖错缝平铺，整体用砖较残破，其中尤以北部的砖墁地为甚，可能为该建筑最后使用阶段所增补。用砖均为素面，完整者规格为长29~35厘米、宽14~18厘米、厚3.5~6厘米，砖之间用素泥黏合，接缝严密。

3. 水井

3座，编号J3、J13和J15。

J3由井圹和井圈两部分组成，井圹平面近圆形，直径2.6~2.82米、残深3.04米，直壁，底部较平整（图3-12）。井圈部分使用青砖错缝平铺垒筑，共残存52层，平面亦为圆形，内径1.14米、外径1.58~1.64米、残深2.54米。井圈底部在砂石层上开挖有一个锅底状坑，直径1.02米、深0.17米。井圈用砖均为长方形素面砖，均不完整，规格为宽16~17厘米、厚4~5厘米，砖之间用素泥黏合，接缝严密。井圈内填土可分作2层：第1层厚约1.3米，为黑

图3-12 宋代水井（J3）

褐色土，堆积疏松带黏性；第2层厚约1.4米，为黑灰色土，堆积较紧密带黏性。出土物数量很多，以瓷器为主，可辨有碗、盘、盏、碟、瓶、罐、小罐、炉、动物模型、支柱等。

J13由井圹和井圈两部分组成，井圹平面近圆形，直径1.07~1.1米、残深2.31米，直壁，底部较平整。井圈部分使用青砖丁砌垒筑，共残存12层，平面为七角形，内边长0.32米、外边长0.36米、残深2.2米。井圈底部在砂石层上开挖有一个锅底状坑，直径0.68米、深0.04米。井圈用砖均为素面，截面呈梯形，规格为长32~36厘米、宽18厘米、厚4厘米，砖之间用素泥黏合，接缝严密。井圈内填土为灰褐色，包含鹅卵石，出土物有砖瓦和瓷碗、盏、碟、罐等。

J15由井圹和井圈两部分组成，井圹平面近圆形，直径1.55~1.6米、残深2.27米，直壁，底部较平整。井圈部分使用青砖丁砌垒筑，共残存11层，平面为八角形，内边长0.32米、外边长0.35米、残深2.36米。井圈底部在砂石层上开挖有一个锅底状坑，直径0.82米、深0.1米。井圈用砖均为素面，截面呈梯形，规格为长32~35厘米、宽17厘米、厚4厘米，砖之间用素泥黏合，接缝严密。井圈内填土可分作2层：第1层厚约1.9米，灰色土，堆积较疏松，包含少量鹅卵石，出土物有砖瓦和瓷片等；第2层厚约0.5米，为质地较黏的黑灰色土，可能为井圈使用过程中饱水状态下的沉积层，出土物有瓷罐、瓶等。

4. 排水沟

2条，编号G1和G17。

G1的沟壁和沟底均为砖砌，平面大致呈"人"字形分布，可分作东、西两段，东段残长6.3米、口宽0.28米，用砖较完整，砖之间用素泥黏合，接缝严密，砖体规格较杂乱，长19~39厘米、宽15~19厘米、厚

图3-13　宋代排水沟（G17）

3~6.5厘米；西段为东段后期使用过程中续接、增修的部分，残长6.8米、口宽0.2米，用砖残破，砌筑随意草率，接缝空隙较大，砖体规格为宽18~20厘米、厚5.5~7厘米。沟内填土呈黑褐色，堆积紧密呈块状，包含少量碎石瓦砾和瓷器残片，瓷器可辨碗、注壶等。

G17为土圹式砖沟，东北—西南走向，与道路（L5）基本保持平行，方向37度，往东北、西南2个方向分别延伸至发掘区外（图3-13）。残长47.7米、口宽0.74米、深0.22~0.46米，沟壁长方形砖错缝平铺或丁砌垒筑，沟底使用长方形砖错缝平铺，砖之间用素泥黏合，接缝严密。用砖均为素面，规格为长41~42厘米、宽21厘米、厚5~5.5厘米。

5. 假山水池

编号C2。为土坑式池（图3-14），坑口平面形状不规则，斜弧壁，坑底略有起伏，长7.65米、宽6.04米、深1~1.4米，坑内堆积可分作2层：第1层厚0~1.34米，为暗黄色和黑灰色混杂土，堆积较紧密带黏性，块状，出土物有假山石、鹅卵石和陶、瓷器残片，陶、瓷器的器形可辨碗、罐、钵等；第2层厚0~0.2米，为黑灰色淤泥，质地湿黏较纯净。

图3-14　宋代水池（C2）及假山石

6. 地缸

15个，编号DG1—DG15，分布于房屋基址（F2）周边，不成规律，或与园林内栽种盆景植物有关（图3-15）。

图 3-15　宋代陶质地缸

出土遗物以陶、瓷类生活器具为主，陶器数量较少，器形仅见盏、盘、罐、盆等；瓷器可辨白釉、青釉、酱釉、绿釉、黑釉等，窑口产地包括琉璃厂窑、邛窑、磁峰窑、金凤窑、湖田窑、耀州窑等，器形有碗、盏、碟、盘、壶、瓶、罐、盆、盒、炉、盖等。建筑构件以泥质灰陶为主，以筒瓦和瓦当居多，瓦当图案为兽面纹。

四、池内的回填堆积

通过发掘表明，摩诃池内的回填堆积由早及晚共有5次：第1次为隋代的回填堆积，主要分布于南发掘区，属于摩诃池开挖后，为修砌池岸护堤而回填并夯实的土方基础；第2次为唐代早期至盛唐前后的回填堆积，主要分布于南发掘区及北发掘区南部，直接覆盖叠压隋代的池岸护堤；第3次为北宋晚期至南宋早期的回填堆积，主要分布于北发掘区，直接覆盖叠压五代的大型沟渠（G19）；第4次为南宋晚期的回填堆积，主要分布于南发掘区，包含大量的瓷片和瓦砾；第5次为明初的回填堆积，广泛分布于整个发掘区，属于营建蜀王府过程中回填并夯实的土方基础。

以上考古发现，确认了以往只见于文献和传说的摩诃池、宣华苑真实存在，一定程度上还原了池苑沿岸一带的建筑布局面貌，同时也比较完整地展现了其隋代初创，唐代延续并发展，五代前后蜀达到鼎盛，两宋逐渐衰落，明初回填湮灭的历史脉络。

其他池苑遗址

除摩诃池外，位于旧城西南的金河路池苑遗址，也是近来发现的一处重要的前后蜀高等级池苑园林景观。该遗址于 2007 年开展过考古发掘工作，虽受场地所限，仅揭露 700 余平方米，但清理出大型水池、水井、灰坑等，同时还出土丰富的瓷器、陶器等生活遗物[1]。

水池为遗址内的主体建筑，平面近长方形或方形，已揭露池岸西壁和南壁，均为砖砌直壁，其中西壁残长 15.1 米、南壁残长 31 米，两壁交接形成垂直转角（图3-16）。南壁中部有一向池内凸出的临水月台，长 9.2 米、宽 0.9 米，月台南

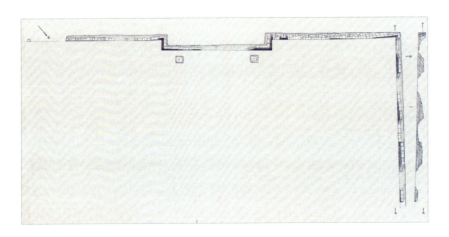

图 3-16 金河路池苑遗址平剖面图
（采自成都文物考古研究院：《成都金河路古遗址发掘报告》，
《成都考古发现》（2015），第 379 页，图五二）

---

1 成都文物考古研究院：《成都金河路古遗址发掘报告》，载《成都考古发现》（2015），第 320-416 页。

壁外池底残存 2 个柱础石，东西排列，与池壁平行，可能为月台上亭榭建筑的承重部分。池底部覆盖灰黑色淤泥，堆积疏松，包含大量的碎砖瓦和碎陶瓷等，部分砖瓦相对分布集中，似为池岸建筑一次性垮塌、倾覆而形成。出土瓷器除生活用具，还可见到香薰炉、玩具模型等陈设类器具。

该遗址地处古郫江[1]与检江（今南河、锦江）的夹江地带，河流两岸"牵风柳带绿凝烟"[2]，风景秀丽，草木茂盛，是前后蜀至两宋时期成都园林的主要分布区之一[3]。《蜀梼杌》载前蜀主王衍乾德五年（923）四月游浣花溪，"龙舟彩舫，十里绵亘。自百花潭至万里桥，游人士女，珠翠夹岸"[4]，又载后蜀主孟昶广政十二年（949）八月游浣花溪，"是时蜀中百姓富庶，夹江皆创亭榭游赏之处，都人士女倾城游玩，珠翠绮罗，名花异香，馥郁森列"[5]。同时，随着勋贵功臣"竞起甲第"风气的盛行，这一带亦是必选之地，如后蜀中书令赵廷隐起南宅、北宅，"千梁万拱，其诸奢丽，莫之与俦。后枕江渎，池中有二岛屿。遂甃石循池，四岸皆种垂杨，或间杂木芙蓉"[6]。从遗址出土情况看，既有精美的邛窑低温釉瓷器，又有罕见的定窑、邢窑细白瓷器，以及工艺考究的大型水池、亭台建筑，均说明这里并非普通民众的生活居址。

1　古郫江的位置与流向可参见绍风、石湍：《"金河"为"郫江"故道说》（上），《成都文物》1983 年第 1 期；绍风、石湍：《"金河"为"郫江"故道说》（下），《成都文物》1984 年第 1 期。

2　李新：《锦江思》，载杨慎编《全蜀艺文志》卷八，刘琳、王晓波点校，第 187 页。

3　粟品孝等：《成都通史·五代（前后蜀）两宋时期》，第 172–177 页。

4　王文才、王炎校笺《蜀梼杌校笺》卷二，第 181 页。

5　同上书，第 375 页。

6　李昉等编《太平广记》卷四百九，中华书局，1961，第 3323 页。

Chapter 4

第四章

主要街道

第一节

文献记载中的街道

　　成都城内街道的有关情况，散见于唐宋时期的部分笔记小说和地理书籍中，最为人所熟知者当推南宋范荪《砌街记》，其文曰："天下郡国，惟江浙甓其道，虽中原无有也。大、少二城，坤维大都会，市区栉比，衢遂棋布……绍兴十三年，鄱阳张公镇蜀，始命甓之，仅二千余丈。后三十四年，吴郡范公节制四川，为竟其役。鸠工命徒，分职授任……以丈计者三千三百有六十，用甓二百余万，为钱二千万赢。率一街之首尾立两石以识广狭，凡十有四街，然后所至侧布如江浙间。雨不乘檋，骑不旋泞。徐行疾驱，俱从坦夷。"[1] 这段文字至少透露了如下信息：成都城内的主要街道在 14 条以上，南宋绍兴以前多为普通的泥土路面，路况较差，遇雨泥泞、遇晴扬尘等问题十分突出，绍兴以后开始大规模铺筑砖砌路面，路况大为改观。现依据文献史料，将有名可考的街道（巷）略作列举：

石笋街

　　唐杜甫《诣徐卿觅果栽》："石笋街中却归去，果园坊里为求来。"[2] 唐段成式《酉阳杂俎》："蜀石笋街，夏中大雨，往往得杂色小珠，俗谓地当海眼，

　　1　范荪：《砌街记》，载袁说友等编《成都文类》卷四十六，赵晓兰整理，第 885 页。

　　2　郭知达编注《九家集注杜诗》卷二十二，载洪业、聂崇岐、李书春等编纂《杜诗引得》，上海古籍出版社，1985，第 367 页。

莫知其故。"[1]相关之事迹又见《蜀中广记》："赵清献（赵抃）记曰：真珠楼基在石笋街，一说有大秦胡于其地起寺，门楼十间，皆饰以真珠翠碧，贯之如帘，寺即大秦寺也。"[2]唐赵元一《奉天录》："剑南山西节度都知兵马使张沛，举镇五千人，叛张延赏而攻成都，纵兵至于石笋街。"[3]唐刘禹锡《成都府新修福成（感）寺记》："益城右门，大逵坦然，西驰曰石笋街。街之北有仁祠，形焉直启，曰福成（感）寺。"[4]南宋郭知达《九家集注杜诗》引杜光庭《石笋记》云："成都子城西曰兴义门，金容坊有通衢，几百五十步，有石二株，挺然耸峭，高丈余，围八九尺。"[5]南宋范成大《丙申元日安福寺礼塔》："石笋新街好行乐，与民同处且逢场"，自注："余新甃石笋街"[6]。南宋陆游《暮归马上作》："石笋街头日落时"[7]，《三月十六日作》："石笋街西风景幽"[8]。《宋史·丁黼传》："丁黼，成都制置使也……以为溃卒，以旗榜招之，既审知其非，领兵夜出城南迎战，至石笋街，兵散，黼力战死之。"[9]《昭忠录·王翊》："制司丁黼……微服至南门，假道石笋观音院，哨及，六人俱死"。[10]《蜀中广记》引杜光庭《道教灵验记》："益州西门内石笋街百姓有李万寿者，年五十余，景福元年壬子三月中，值兵乱，城门尽闭，家道罄竭，亲属二十余口悉皆沦没。"[11]

1 段成式：《西阳杂俎》续集卷四，曹中孚校点，上海古籍出版社，2012，第146页。

2 曹学佺：《蜀中广记》卷一，上海古籍出版社，1993，第15页。

3 赵元一：《奉天录》卷二，载王云五主编《丛书集成初编：奉天录及其他二种》，商务印书馆，1937，第14页。

4 刘禹锡：《成都府新修福成（感）寺记》，载董诰等编《全唐文》卷六百六，第2709页。

5 郭知达编注《九家集注杜诗》卷七，载洪业、聂崇岐、李书春等编纂《杜诗引得》，第102页。

6 范成大：《丙申元日安福寺礼塔》，载袁说友等编《成都文类》卷九，赵晓兰整理，第194页。

7 钱仲联校注《剑南诗稿校注》卷六，第476页。

8 同上书，第564页。

9 脱脱等：《宋史》卷四百五十四《丁黼传》，第13345页。

10 佚名：《昭忠录·王翊》，载王云五主编《丛书集成初编：昭忠录及其他二种》，商务印书馆，1939，第5页。

11 曹学佺：《蜀中广记》卷八十，第330页。

图 4-1　"府城石笋（街）"铭文筒瓦

　　石笋街自古为成都西门之胜 [1]，据上引刘禹锡文等材料可知，街道大致呈东西走向，东与子城西门相对，西与罗城小西门相接，福感寺、大秦寺、金容坊、锦浦里（坊）等皆在其附近，最初可能仅为泥土路面，南宋范成大帅蜀后铺筑为砖砌路面。2016—2017 年，实业街 30 号实业宾馆项目工地发现了隋唐益州福感寺遗址，清理房屋殿基、塔基、井、造像坑等众多遗迹，出土南北朝、隋及唐代的佛教石、陶造像及其他相关雕刻千余件（块），其中一件南宋时期琉璃筒瓦上铭刻有"府城石笋（街）……佛弟子"等文字（图 4-1），证明石笋街的位置就在今成都旧城西部的实业街一带。

1　曹学佺：《蜀中广记》卷一，第 14 页。

观街

北宋薛田《成都书事百韵诗》："宝塔徘徊停隼旟，观街杂沓拥辎軿。"[1]北宋张师正《括异志》："成都府画师许偏头者，忘其名，善传神，开画肆于观街。"[2]元费著《岁华纪丽谱》："八日，观街药市。早宴大慈寺之设厅，晚宴金绳院……九日，观街药市，早晚宴如二月八日。"[3]据《民国华阳县志》考，街以道观为名，在玉局观附近[4]，此说是否成立，尚待考古发现证实。

左街

《全唐文·西川青羊宫碑铭》："左街威仪明道大师尹嗣元，大仙灵苗，高族茂叶，太上元元之上足，文始真君之哲孙。"[5]2003年，成都市龙泉驿区青龙村发掘前蜀乾德元年（919）李会墓，墓志铭首题"左街内殿讲论大德赐紫沙门可修撰"，文末题"左街宁蜀寺僧匡肇书"[6]。由"左街内殿""左街宁蜀寺"等文字推知，此街在前后蜀时期可能位于皇宫大内一带，街中有宁蜀寺，寺名又见《益州名画录》[7]。

1　薛田：《成都书事百韵诗》，载袁说友等编《成都文类》卷二，赵晓兰整理，第33页。

2　张师正：《括异志》卷六，傅成、李裕民校点，上海古籍出版社，2012，第44页。

3　费著：《岁华纪丽谱》，载杨慎编《全蜀艺文志》卷五十八，刘琳、王晓波点校，第1710-1711页。

4　陈法驾、叶大锵等修，曾鉴、林思进等纂《民国华阳县志》卷二十七，王晓波、王会豪、郭建强校点，载成都市地方志编纂委员会、四川大学历史地理研究会整理《成都旧志》第16册，第659页。

5　乐朋龟：《西川青羊宫碑铭》，载董诰等编《全唐文》卷八百一十四，第3801页。

6　刘雨茂、荣远大编著《成都出土历代墓铭券文图录综释》，文物出版社，2012，第41页。

7　黄休复：《益州名画录》卷上，秦岭云点校，人民美术出版社，1964，第21页。

中坝街

北宋黄休复《茅亭客话》："庚子岁，益部军贼据城，大军在北门外，颙（注：挖掘）起洞子，近城攻击，矢石如雨。中坝街有王妪，年七十余，孙儿十四五岁，为贼驱之守城，妪日自送食饮。"[1] 文中提及之庚子岁成都攻防战，是指宋真宗咸平三年（1000），由戍守益州的神卫军指挥使王均所部发动的大规模兵变，战事集中于成都北门内外，推测中坝街或就在当时的城北一带。

木行街

南宋陆游《老学庵笔记》："东坡《牡丹》诗云：一朵妖红翠欲流。初不晓'翠欲流'为何语。及游成都，过木行街，有大署市肆曰'郭家鲜翠红紫铺'。问土人，乃知蜀语鲜翠犹言鲜明也。"[2]

马务街

南宋祝穆《方舆胜览·成都府·祠庙》："张忠定祠：淳化、咸平间，公两治蜀……嘉祐四年建祠于马务街。"[3]

国清寺街

北宋黄休复《茅亭客话》："伪蜀大东市有养病院……中有携畚锸，日循街坊沟渠内淘泥沙……人呼为淘沙子焉……时东市国清寺街有民宇文氏，宅门有大桐树，淘沙子休息树阴下。"[4] 国清寺街在东市，当在城东一带。

1　黄休复：《茅亭客话》卷七，李梦生校点，上海古籍出版社，2012，第 132 页。
2　陆游：《老学庵笔记》卷八，李剑雄、刘德权点校，中华书局，1979，第 102 页。
3　祝穆：《方舆胜览》卷五十一，祝洙增订，施和金点校，中华书局，2003，第 914 页。
4　黄休复：《茅亭客话》卷七，第 110 页。

大东市北街

五代杜光庭《神仙感遇传》："牟羽宾者，成都洛带人也……一旦，有少年道士，立于路中，见而问之曰：'我有衣檐，要求一人力送之，入成都可乎？'羽宾许之，遂行至大东市北街。"[1] 街以大东市为名，当在城东北之大东门附近。

煮胶巷

五代杜光庭《道教灵验记》："范希越，成都人……自言初居煮胶巷，印篆初成，而蛮寇凌突，居人奔散，藏印于堂屋瓦中，蛮去之后，四邻焚烬，其所居独在，疑印之灵也。"[2]

总体而言，文献中涉及成都街道的内容极其有限，并且缺乏具体方位、布局走向、长宽规模、修筑工艺、沿革状况等信息，难以对当时的街道面貌作出较为全面的反映，因此尚需要借助更多的出土材料予以对照考察。

---

1 杜光庭：《神仙感遇传》卷一，载上海书店出版社编《道藏》，第一册，上海书店出版社，1988，第882–883 页。

2 同上书，第847–848 页。

第二节

考古所见的街道

截至目前，在成都旧城的西御河沿街、东华门、江南馆街[1]、正科甲巷[2]、城守东大街[3]、下东大街[4]、天府广场东北侧[5]、实业街[6]、鼓楼北街[7]、内姜街[8]等遗址（图4-2），都发现有不同规模等级和修筑方式的街道遗迹。现摘要加以介绍：

江南馆街遗址

位于成都旧城东南的江南馆街北侧，东临纱帽街和大圣慈寺，西临红星路，2007—2008年开展考古发掘，揭露面积共4800平方米，清理出沟渠16条、铺砖街道4条、泥土支路4条及房址21座，编号L2、L3的铺砖街道修筑于南宋时期，且都为遗址内的主线街道（图4-3）。

L2大致呈东北—西南走向（图4-4），宽2.1~2.3米，揭露长度约220米，其中仅南部长约53米保存较好。路基为灰黑色土，夹杂一定比例的碎砖瓦砾和

1　成都市文物考古研究所：《成都江南馆街唐宋时期街坊遗址》，载国家文物局主编《2008中国重要考古发现》，第150-155页；成都市文物考古研究所：《成都江南馆街唐宋街坊遗址》，《成都文物》2009年第3期。

2　资料现存成都文物考古研究院。

3　资料现存成都文物考古研究院。

4　成都文物考古研究所：《成都市下东大街遗址考古发掘报告》，载《成都考古发现》（2007），第456-457页。

5　成都文物考古研究所：《成都天府广场东北侧古遗址发掘报告》，第150-151页。

6　资料现存成都文物考古研究院。

7　资料现存成都文物考古研究院。

8　成都文物考古研究所：《成都市内姜街遗址发掘报告》，载《成都考古发现》（2004），第366-369页。

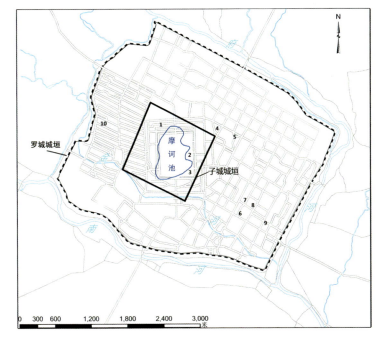

图 4-2　成都旧城出土街道遗迹分布示意图
（以民国二十二年成都街市图为底本绘制）

1. 西御河沿街地点
2. 东华门地点
3. 天府广场东北侧地点
4. 鼓楼北街地点
5. 内姜街地点
6. 城守东大街地点
7. 正科甲巷地点
8. 江南馆街地点
9. 下东大街地点
10. 实业街地点

瓷片。路面略呈拱形，中部高两侧低，铺装方式上使用特制的细长条形砖丁砌，中间宽 1 米的部分砌筑为人字纹，与其他支路相交处砌筑为方格纹。路面有明显的车轮碾压和损坏后的修补痕迹，其中北段修补尤为明显，多用碎砖瓦砾和小卵石夯筑修补。

L3 大致呈西北—东南走向，宽约 2 米，揭露长度约 56 米，西直东曲，东与 L2 相交。路面使用特制的细长条形砖丁砌，现仅存东端与 L2 相交处的部分方格纹铺砖。

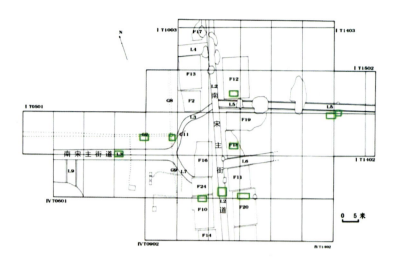

图 4-3　江南馆街遗址发掘区平面图
（采自袁维玉：《宋代成都城市形态考古学研究》，四川大学硕士学位论文，
2014 年，第 27 页，图一〇）

图 4-4　江南馆街遗址南宋街道（L2）的路面铺装方式
（采自成都市文物考古研究所：《成都江南馆街唐宋时期街坊遗址》，
《2008 中国重要考古发现》，第 152 页）

城守东大街遗址

位于成都旧城东南的城守东大街北侧，西临城守东大街，东临红星路三段，北靠联升巷，2018 年开展考古发掘，揭露面积 2000 余平方米，清理出房屋、灰坑、排水沟、道路、水井等。

图 4-5　城守东大街遗址发掘的主街道（L3）

编号 L3 的街道为城市主干道（图 4-5），位于遗址发掘区南部，修筑于唐代晚期，大致呈西北—东南走向，约 124 度，宽 21.3 米。路基部分使用黄土混杂碎砖瓦砾、瓷片、卵石夯筑而成，紧密而坚硬，路面无铺砖，中部略高两侧略低。街道南、北两侧各修建有一条配套的砖砌排水沟，口宽 2~2.1 米、底宽 1.6~1.9 米。南宋以后，此条街道急剧收缩至靠北部的狭窄一段，宽度仅余 2.3 米，街面依旧未铺砖，只是在两侧边缘处加筑数层丁砖，以起到辨识和稳固路肩的作用。

鼓楼北街遗址

位于成都旧城中部的鼓楼北一街西侧，南临梵音寺街，北近白丝街，2017—2019 年开展考古发掘，揭露面积约 4000 平方米，清理出铺砖道路、土筑道路、沟渠、房址、水井、河道、灰坑等。

编号 L1 的街道为城市主干道（图 4-6），位于遗址发掘区北部，发现有唐代晚期、五代、北宋、南宋和元代共5个时期的路面和路基（编号L1-1至L1-5，图4-7），由晚及早层层叠压，方向大体相近，均呈西北—东南走向。

L1-1修筑于元代，宽3.1~3.8米，揭露长度约49米，方向124度，路基使用灰褐色含沙黏土夯筑，夹杂碎砖瓦砾、陶瓷片、鹅卵

图4-6 鼓楼北街遗址发掘的主街道（L1）

石、烧土块等，堆积紧实，路面主要以残砖横向丁砌，呈中间高、两侧低的弧面，道路两侧各有一条砖砌排水沟，宽0.25~0.42米、深0.2~0.25米。

L1-2修筑于南宋中晚期，宽3.2米左右，揭露长度约49米，方向127度，路基使用灰黄色含沙黏土夯筑，夹杂较多瓷片及鹅卵石，堆积紧实，路面无铺砖，呈中间高、两侧低的弧面，南侧残留路肩丁砌包砖及边沟，沟宽0.2~0.5米、深0.2米。

L1-3修筑于北宋末至南宋早期，宽8.4米，揭露长度约49米，方向127度，路基使用灰色和黄色含沙黏土夯筑，夹杂碎瓦砾、瓷片及河卵石，堆积紧实坚硬，路面无铺砖，为土、鹅卵石及瓷瓦片混杂，呈中间低、两侧高的凹面，南侧保存有路肩丁砌包砖，其中一段由5排丁砖砌筑为阶梯状。路面可见明显的车辙痕，宽3~7厘米不等，西段南侧局部还有同时期临街房屋叠压路面的做法，应为明确的"侵街"现象，北侧局部残存有连接房屋的踏道。

L1-4修筑于五代，北宋时期曾不断修补，宽9.5~9.8米，揭露长度约50米，方向122度，路基使用灰色和灰褐色含沙黏土夯筑，较纯净，可能为河道淤泥，路面较平整，无铺砖，以灰黄色含沙黏土与少量碎砖瓦砾和鹅卵石混杂，堆积紧实坚硬，南、北两侧皆保存有路肩丁砌包砖，南侧包砖外有一条人行便道，宽2.9~3.5米。路面还可见明显的车辙痕，宽5~13厘米不等。

L1-5修筑于唐代晚期，宽12.1~13.2米，揭露长度约50米，方向114度，路基与路面使用黄色含沙黏土夯筑，夹杂大量碎砖瓦砾、瓷片和鹅卵石，厚0.29~0.41米。由于长期受车辆碾压，路面残留数条车辙痕，两两间距约1.6米，车辙痕宽9~35厘米。

图4-7　L1各时期路面叠压情况

内姜街遗址

位于成都旧城中部的内姜街东侧，东临太升南路，北靠忠烈祠西街，1996年开展考古发掘，揭露面积200余平方米，清理出铺砖街道、土筑道路、沟渠、房址等。

铺砖街道编号L1（图4-8），原发掘简报推定为宋代街道，废弃于元代，但根据其用砖杂乱的情况，结合近年来城区发现的元代遗迹，笔者将其年代进一步修正为南宋末至元代。街道呈西北—东南走向，方向130度，宽3.2米，因发掘场地受限，其长度不明。路基厚约0.1米，为灰褐色土夹杂较多的瓦砾砖块，紧密而坚硬。路面略呈拱形，中部高两侧低，主体使用大量残砖横向错缝丁砌，中线处纵向错缝丁砌2~3行砖，以区分往来方向不同的行人或车辆。路面用砖的尺寸规格颇为杂乱，厚3~7.5厘米，局部还是用了少量红砂石和鹅卵石，应为使用期间的修筑痕迹。道路两侧各铺设有砖砌散水1条，宽0.35~0.4米、深0.2米，有的散水顶部还覆盖有一层砖。散水的外侧仍有较宽的砖墁地，推测为连接两侧民居商铺的人行通道。

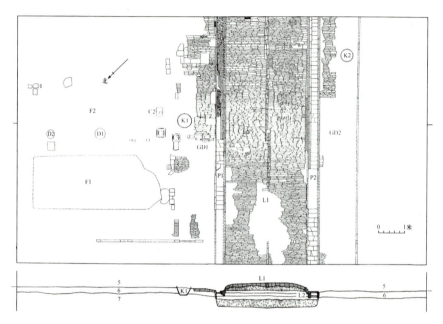

图4-8　内姜街遗址发掘的主街道（L1）
（采自成都文物考古研究所：《成都市内姜街遗址发掘报告》，
《成都考古发现》（2004），第367页，图四）

土筑街道编号L2，叠压于L1之下，始建年代约在唐代晚期，沿用至宋代。走向与L1一致，宽3.1米，揭露长度9.2米。路基厚0.3米，为青黄色土夹鹅卵石，堆积紧密而坚硬。路面为黄褐色夯土，可分作3个亚层，每层厚5~14厘米，层与层之间不见明显的夯窝，包含物大致相同，为少量砖块及碎瓷片。

实业街遗址

位于成都旧城西部的实业街北侧，西临市妇幼保健院和中同仁路，北靠小通巷和栅子街，2016—2017 年开展考古发掘，揭露面积约 5500 平方米，清理出土筑道路、沟渠、房址、塔基、水井、造像坑、灰坑等。

编号 L4 的道路为城市主街道（图 4-9），位于遗址发掘区中部，修筑于唐代晚期，大致呈东北—西南走向，宽 10.2~11.5 米，揭露长度约 52 米，往北被现代机挖大坑破坏。路基残存部分厚 0.5~0.9 米，可分作 4 个亚层，主要使用灰黑色土或灰黄色土夯筑，层与层之间不见明显夯窝，土层中夹杂较多的陶瓷器碎片和细卵石，紧密而坚硬，路面无铺砖，中部高两侧低，两侧边缘处加筑数层丁砖，以起到辨识和稳固路肩的作用。此条道路在南宋时期进行了大规模修补，路面为灰黄色土夹杂陶瓷器碎片，未见铺砖痕迹。

图 4-9　实业街遗址主街道（L4）航拍照片

西御河沿街遗址

位于成都旧城中部的西御河沿街北侧，东临人民中路，北靠羊市街，2019—2020 年开展考古发掘，揭露面积约 6600 平方米，清理了街道、沟渠、房址、水池、水井、台基、灰坑等大批遗迹。

编号 L1 的街道位于发掘区西部，修筑于隋末唐初，沿用至元代，大致呈西南—东北走向，约 35 度，保存有隋代、唐代、五代、北宋、南宋、元代共 6 个时期的街面，街面宽度 2.1~25.8 米不等，除南宋和元代两个时期的为砖砌街面外，其余皆为夯土瓦砾街面，其中元代街面最窄，用砖残破且规格杂乱。

第三节

街道布局特点

　　成都在唐末以前只有子城，开设7门，分别为南门（崇礼门）、神雀门、东门（神政门）、西门（兴义门）、大定门、北门（大安门）、玄武门；唐末扩筑的罗城亦开设7门，分别为北门（太玄门）、大东门（万春门）、小东门（瑞鼎门）、大南门（笮桥门）、小南门（万里桥门）、大西门（乾正门）、小西门（延秋门）。

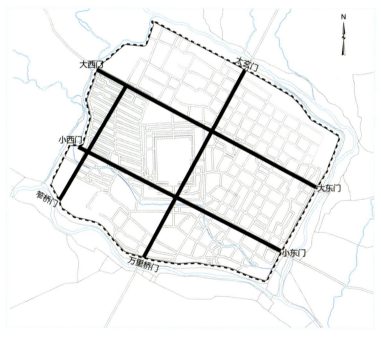

图 4-10　唐宋时期成都城内的主干道网络
（以民国二十二年成都街市图为底本绘制）

从上述出土街道遗迹的分布位置和走向看，西御河沿街 L1 位于子城内，依据街道宽度和走向判断，属于连接子城北门（大安门）和南门（崇礼门）的主干道，其之所以未设置在子城正中，考虑是出于避开摩诃池的缘故。

罗城方面，除实业街 L4 可判断为笮桥门内大街外，内姜街 L1、L2 与鼓楼北街 L1 均为同一条道路的偏东、偏西两部分，这条道路往东、往西分别与大东门和大西门相对，所以它毫无疑问是连接这两座城门之间的主干道。小东门与小西门之间的主干道位置尚存异议，孙华先生著文指出："明清成都城东门内的东大街属于唐末五代成都城东南角一坊的坊内大十字街，城门对着坊内的街道而不是坊与坊之间的街道，其位置不合理。应当注意的是，在东大街北 300 余米的科甲巷的利都商场工地，1995 年发现了一条宽 1.2~1.4 米、深 1.3 米的唐代砖砌排水沟，沟的走向与成都旧城街道的走向相同，为西北至东南走向，沟的南北两侧有 60 余条通向大沟的小沟。沟的旁边，1996 年还发现了顺沟的唐宋时期的大街，顺着这条大街向东南穿过城墙，我们可以发现这里的护城河'府河'向外凸出，很像罗城西南角笮桥门外河流凸出的形态……因此，唐末五代的小东门应当是成都旧城东门以北，也就是今天仙桥滨河路中段一带。"[1] 换言之，科甲巷利都商场工地附近发现的顺沟大街应是连接小东门的主干道。但是，孙先生的这一观点与近年来的考古发现并不吻合。首先，这条街道的建筑规模十分有限，其东段之一即为江南馆街 L3，宽仅 2 米，属于坊内街道的可能性更大。相对而言，城守东大街 L3 不仅建筑规模大（宽度超过 20 米），其两侧作为附属设施的砖砌排水沟体量也超过科甲巷利都商场工地的排水沟，并且往东南顺城圈方向延伸，正好可与明清成都城东门和东门大桥相连接。此外，1997 年拆除老东门大桥的过程中，在西岸桥墩出土 1 件前蜀永平五年（915）佛顶尊胜陀罗尼石经幢，发掘者根据现场情况，推测经幢并非弃置于桥墩中，而是人为刻意竖立于此，目的在于保佑桥体稳固[2]。既然五代至明清时期的东门大桥未曾迁址，那么城门也应当没有出现过位移，唐宋时期的小东门实际上就是后来明清时期的东

<hr>

1　孙华：《唐末五代的成都城》，载《宿白先生八秩华诞纪念文集》编辑委员会编《宿白先生八秩华诞纪念文集》，第 277 页。

2　成都市文物考古研究所：《成都东门大桥出土佛顶尊胜陀罗尼石经幢》，《文物》2000 年第 8 期。

门，如此则可将城守东大街 L3 视作连接小东门的城市主干道。

这一结论其实是符合常理的，一般而言，城市的房屋殿宇被毁后，重建过程中可能会在形制、布局、结构甚至功能上作出调整，但城垣（城门）、堑壕、街道、沟渠等属于线性单元要素，不会轻易发生颠覆性变化，并在相当长的时间里保持状态恒定。以罗城西南的笮桥门为例，其唐代门址（1 号门址）在北宋初年因战火毁坏遭到废弃，随后新开的门洞并未远离原址，而是选择在原址西北的仅6.6 米处，沿用至南宋或更晚[1]。

总体来看，罗城区域的主街道都与城门相接，约呈"井"字形排列（图 4—10），次级街道和坊内街道大体都与主街道平行或垂直分布，子城区域目前只找到一条南北向的主街道，具体格局尚不清晰。

1　成都市博物馆考古队：《成都罗城 1、2 号门址发掘简报》，载四川大学博物馆、中国古代铜鼓研究学会编《南方民族考古》（第三辑），第 369-379 页。

第四节

街道形制变化特点

　　成都虽为南方名城重镇，然砌街之举明显晚于江浙[1]。自南宋初年起，成都城内大规模整饬道路，其中仿效江浙，以砖石替代原来的夯土或瓦砾路面是一项重要工程[2]。一方面，夯土或瓦砾路面相较于砖石路面有明显弊端，如前述《砌街记》所言"地苦沮洳，夏秋霖潦，人行泥淖中，如履胶漆。既晴，则蹄道辙迹，隐然纵横，颇为往来之患"[3]；即使作为北宋都城的开封，城内各街道亦皆为土路，在传世巨作《清明上河图》便可见到繁华的开封城内街道一片土黄色，司马光曾感慨："红尘昼夜飞，车马古今迹。独怜道旁柳，惨淡少颜色"[4]，正是对开封街道卫生环境的真实写照，甚至到了明代，开封城内的街道场景依旧令人尴尬："雨后则中皆粪壤，泥溅腰腹。久晴则风起尘扬，觌面不识"[5]。另一方面，同样与成都自身经济的殷实富足不无关系，时人有云："成都，蜀之都会……缣缕之赋，数路取赡，势严望伟，卓越他郡。"[6]包伟民在分析两宋时期城市市政建设的历史景象时，已观察到在道路建设方面，江浙地区水平最高，但川蜀、闽广、两湖等地也有明显进步，呈现了一个不平衡但总体上明显提高

　　1　参见刘未：《鸡冠壶：历史考古札记》，上海古籍出版社，2019，第93-101页。

　　2　马可波罗本人对此曾有描述："首应知者，行在一切道路皆铺砖石，蛮子州中一切道路皆然，任赴何地，泥土不致沾足"，参见沙海昂注《马可波罗行纪》第二卷，冯承钧译，上海古籍出版社，2014，第306-307页。

　　3　范碧：《砌街记》，载袁说友等编《成都文类》卷四十六，赵晓兰整理，第885页。

　　4　李濂：《汴京遗迹志》卷二十四，周宝珠、程民生点校，中华书局，1999，第477页。

　　5　沈德符：《万历野获编》卷十九，中华书局，1959，第487页。

　　6　范百禄：《成都古今集记序》，载杨慎编《全蜀艺文志》卷三十，刘琳、王晓波点校，第792页。

的格局，"攻石甃治"的范围逐步扩大，说明不仅在江浙，南方其他地区的城市经济同样有了可观的进步[1]。其次，政治因素的影响亦不容忽视，南宋初年成都的政治环境大体经历了两个阶段的变化：从建炎元年（1127）到绍兴五年（1135），成都基本是在川陕宣抚司（后改四川宣抚司，设治所于兴元府）的管辖下，宣抚司代行朝廷任免成都官员；绍兴五年（1135）以后，四川制置司脱离川陕宣抚司，二者并列为四川地区的最高行政机构，并形成四川安抚制置使兼知成都府的新格局，成都的政治和军事地位得到显著提升。需要注意的是，成都城内所见的砖街，无论在铺砌方式和用砖形制上，都与杭州卷烟厂、太庙巷、严官巷、中山中路等地"御街"遗址[2]、扬州宋大城北门露道遗址[3]、德阳孝泉镇"孝街"遗址[4]十分接近，是南宋时期行在和地方州府砖砌道路的典型做法，且"御街"所用砖块因形似江浙地区著名的香糕条而俗称"香糕砖"。以上各地发现的这种长条形砖虽尺寸略有差异，但形制大体相同（图4-11、图4-12），均可归入"香糕砖"类。

图4-11　南宋成都城街道出土的"香糕砖"

1　包伟民：《宋代城市研究》，中华书局，2014，第294—299页。

2　杭州市文物考古所：《南宋御街遗址》，文物出版社，2013，第17—104页；杜正贤：《南宋都城临安研究——以考古为中心》，第121—146页。

3　中国社会科学院考古研究所、南京博物院、扬州市文物局江苏扬州唐城考古队：《江苏扬州宋大城北门水门遗址发掘简报》，《考古》2005年第12期；中国社会科学院考古研究所、南京博物院、扬州唐城考古工作队：《江苏扬州市宋大城北门遗址的发掘》，《考古》2012年第10期。

4　四川省文物考古研究院、德阳市文物考古研究所、旌阳区文物管理所：《四川德阳市旌阳区孝泉镇发现宋代"孝街"遗址》，《四川文物》2019年第4期。

图 4-12　南宋临安城街道出土的"香糕砖"
（采自杜正贤：《南宋都城临安研究——以考古为中心》，第 156 页，图 107）

这一时期，成都的市政道路除了在修筑方式及建筑材料上有了革新，道路宽度也发生了显著变化，由早及晚呈不断缩减的趋势（见表 4-1）。到南宋以后，道路宽度仅剩 2~3 米，以至于南宋末年的宋元战争期间，成都军民为堵截零星入城的蒙古前哨骑兵，竟然"以几桌拦截街巷"，并于"五巷内南角，数人擒杀一骑"[1]，这些文字生动地反映了当时成都城内街巷逼仄、局促的场面[2]。导致街道宽度的不断缩减，最直接的因素莫过于城市居民激增、侵街造舍行为愈演愈烈，是城市化和城市发展的必然结果。这一现象在唐宋时期不独存在于长安、开封、临安等都城领域，随着人口的聚集、商业的繁盛和城市化进程的加速，各地方城市中亦不鲜见：《旧唐书·杜亚传》记唐德宗兴元初，"扬州官河填淤，漕挽埋塞，又侨寄衣冠及工商等多侵衢造宅，行旅拥弊，（杜）亚乃开拓疏启，公私悦赖，而盛为奢侈"[3]，也就是说，政府并没有对侵

1　佚名：《昭忠录·王翊》，载王云五主编《丛书集成初编：昭忠录及其他二种》，第 5 页。

2　此种场面在北宋成都城内已经存在，如李大临描述仁宗年间的成都圣兴寺外"中余隙地，乃溲溺之场耳，潴灌委积，曾无隔阂，犬豕马牛，践踩习常"。参见李大临：《圣兴寺护净门屋记》，载袁说友等编《成都文类》卷三十八，赵晓兰整理，第 739 页。

3　刘昫等：《旧唐书》卷一百四十六，第 3963 页。

衢造宅行为加以禁止，只是为了维护交通顺畅，进行了疏导而已；北宋仁宗年间（1023—1063），襄州知州周湛拆除侵街屋舍1500余间，"故相夏竦邸店最广，而郡从事高直温乃竦子婿"，后因此事而被诬告受贬[1]；南宋的潮州州城自太平桥至三阳门，外疏两渠，中为官街，岁月浸久，"居民遂侵官地以广其庐，沟藏于堂坳之中，通衢湫隘"，后知州陈圭"明示榜文，谕以四塞"，更得到民众支持，才尽复官街[2]；湖州子城内"东门城隍庙亦有桥以便行者，其他为民居浮檐所蔽"[3]；明州州城"生齿既繁，侵冒滋多，甚至梁水而楹，跨衢而宇"，导致遇火灾时，救火者只能"束手无措"[4]。除侵街外，南宋的很多地方城市还滋生出侵占河岸、湖岸的做法，建康、漳州等城内甚至不得不征收"侵河钱"[5]。

表 4-1　成都城市道路宽度变化表　　　　　　　　　　　　单位：米

道路 时代	大东门——大西门主干道		小东门——小西门主干道	笮桥门内大街	坊内道路	
	内姜街 L1、L2	鼓楼北一街 L1	城守东大街 L3	实业街 L4	江南馆街 L2	江南馆街 L3
唐代晚期	—	12.1~13.2	21.3		—	—
五　代	—	9.5~9.8	—	10.2~11.5	—	—
北　宋		8.4				
南　宋	3.1~3.2	3.2	2.3		2.1~2.3	2
元　代	↓	3.1~3.8	↓	↓	↓	↓

1　李焘：《续资治通鉴长编》卷一百九十，上海师范大学古籍整理研究所、华东师范大学古籍整理研究所点校，中华书局，2004，第 4600 页。

2　《永乐大典》（残本）卷五三四二引南宋《三阳志》，中华书局，1959，影印本，第 59 册，第 20A 页。

3　谈钥：《嘉泰吴兴志》卷二，成文出版社，1983，民国三年影印本，第 6729 页。

4　罗濬等：《宝庆四明志》卷三，载中华书局编辑部编《宋元方志丛刊》，中华书局，1990，第 5020 页。

5　梁庚尧：《南宋城市的公共卫生问题》，载台北"中央研究院"历史语言研究所出版品编辑委员会编《"中央研究院"历史语言研究所集刊》第 70 本第一分册，1999 年，第 119~163 页；包伟民：《宋代的城市管理制度》，《文史》2007 年第 2 辑；完颜绍元：《古代拆迁轶事：违章建筑与"侵街钱"》，《人民论坛》2018 年第 28 期。

关于成都的城市街道，还值得注意的一个问题是街道管理官职——街使——的设置。街使是唐代都城专门负责街衢管理的官职，至迟于玄宗开元年间（713—741）已存在，以长安城左、右街使为例，隶属于金吾卫系统，"掌分察六街徼巡"[1]。成都城内的街使初置于前蜀武成元年（908）[2]，《蜀梼杌·前蜀先主》："（武成元年）十月，下伪诏改堂宇厅馆为宫殿……两马步使为左右街使"[3]，这显然是新兴割据政权对中原王朝职官体系的继承和模仿，不必多言。前蜀时期的另一条证据，见于成都市石人南路乾德六年（924）京兆郡太夫人杜氏墓志铭，志文载："夫人亡夫秦孝阳银青光禄大夫检校尚书左仆射兼御史大夫上柱国充左街巡使……"[4]。随着后蜀的建立，街使一职继续保留，如《宋史·王昭远传》："王昭远，益州成都人……兼领山南西道节度、同平章事。及入谢，求解通奏职，遂以左街使张仁贵为副使、知枢密以代之。"[5]关于成都城街使的职掌分工，史料阙载，具体情况不得而知，但就长安城而言，其设置初衷是为了弥补金吾卫城防功能的缺陷，故其执掌较为宽泛，除执行基本的警备巡逻、维持治安等任务外，还包括了植树修桥、稳定风俗、打击厚葬、严防破墙、禁止侵街等方面，为城市管理系统的重要组成部分[6]。

1　欧阳修、宋祁：《新唐书》卷四十九《百官志》，第1281页。

2　另据《北梦琐言》："蜀之士子莫不酤酒，慕相如涤器之风也。陈会郎中家以当垆为业，为不扫街，官吏殴之"，此事约发生在唐文宗年间（827—840），可知晚唐时的成都已有负责街道管理的官吏。参见孙光宪：《北梦琐言》卷三，林艾园校点，上海古籍出版社，2012，第62页。

3　王文才、王炎校笺《蜀梼杌校笺》卷一，第83—84页。

4　资料现存成都文物考古研究院。

5　脱脱等：《宋史》卷四百七十九《王昭远传》，第13885页。

6　张春兰：《唐五代时期的城市管理制度》，载杜文玉主编《唐史论丛》（第十一辑），三秦出版社，2009，第120—128页；魏美强：《论唐宋都城坊市制的崩溃——以街巡使为线索》，硕士学位论文，南京大学，2016，第30—48页。

第五章

寺庙及相关遗存

第一节

主要寺院的建置沿革状况

唐宋时期成都佛、道二教皆盛，而以佛教为最，寺塔庙宇林立，高僧大德辈出，士女崇信若趋，是西南地区最大的佛法中心[1]。严耕望先生曾统计唐五代成都寺院凡五十七处，遍及城内外的东、南、西、北各方向[2]，然不免有阙漏、重复和误判，故本节重新考证、补订。

净众寺

相传创于东汉延熹年间（158—167）[3]，南北朝名安浦寺或兴国寺，有学者据《续高僧传·慧韶传》认为此阶段可能为尼寺[4]。唐代名净众寺或静众寺，玄宗开元年间（713—741）有新罗高僧无相驻锡于此，会昌灭佛被毁，宣宗大中年间（847—859）得以重建。唐末五代，寺院屡有扩展，不仅增绘图画，又有赵廷隐等权宦创置禅院[5]，以"松溪"为代表的景观更是享誉成都。宋代仍名净众寺，南宋孝宗隆兴元年（1163）以后，曾设交子务于此[6]。寺址方位较为明

1　北宋苏轼《大悲阁记》："成都，西南大都会也，佛事最胜"，参见邓立勋编校《苏东坡全集》（中），黄山书社，1997，第 32 页。

2　严耕望：《唐五代时期之成都》，载《严耕望史学论文集》，上海古籍出版社，2009，第 766-775 页。

3　冯任修、张世雍等纂《天启新修成都府志》卷五十三，载中国地方志集成编委会编《中国地方志集成：四川府县志辑》，巴蜀书社，1992，第 804 页。

4　四川博物院、成都文物考古研究所、四川大学博物馆：《四川出土南朝佛教造像》，中华书局，2013，第 5 页。

5　黄休复：《益州名画录》卷上，秦岭云点校，第 54 页。

6　费著：《楮币谱》，载杨慎编《全蜀艺文志》卷五十六，刘琳、王晓波点校，第 1711 页。

确，约在罗城西北外的府河西岸（今成都市通锦路、西体北路）一带。

福感寺

创于东晋，初名大石寺，隋初诜律师立九级木塔，又经蜀王杨秀妃长孙氏扩展，唐初改福感寺，高僧道宣《集神州三宝感通录》载："（益州）旱涝年，官人祈雨必于此塔，祈而有应，特有感征，故又名福感"[1]。贞观初年益州地震，塔摇摇欲坠，传说有神人护佑，致使不坏。玄宗天宝中，剑南节度使章仇兼琼曾因风水不妥而动土移塔，文宗大和四年（830），南诏入侵成都，分兵住于寺内，烹炙熏灼，僧众奔逃，院落亦遭毁坏，后由西川节度使段文昌出资重建。宣宗大中六年（852），立定兰塔院。五代时香火仍盛，名僧贯休曾作诗记述蜀王登览福感寺塔一事。北宋初年李顺占据成都，寺院再次为战火所波及，遂渐衰败。关于寺院方位，史料多笼统谓在城西，如《集神州三宝感通录》："益州郭下福感寺塔者，在州郭下城西。"[2] 相对地，刘禹锡《成都府新修福成（感）寺记》所记稍详："益城右门，大逵坦然，西驰曰石笋街。街之北有仁祠……曰福成寺。"[3] 而林向先生已考证指出，《刘禹锡文集》《续高僧传》等所记"福成寺"，实际为"福感寺"之讹[4]。此外，孙华先生曾分析唐末以前的成都子城西门（即刘氏所言"益城右门"），约在今商业街与东城根街的相交点附近[5]，则寺址必在此地点以西。

1　道宣：《集神州三宝感通录》卷上，载大藏经刊行会编《大正新修大藏经》第五十二册，新文丰出版股份有限公司，1992，第408页。

2　同上。

3　刘禹锡：《成都府新修福成（感）寺记》，载董诰等编《全唐文》卷六百六，第2709页。

4　林向：《隋唐益州福感寺塔遗址考》，《成都文物》1984年第2期。

5　孙华：《唐末五代的成都城》，载《宿白先生八秩华诞纪念文集》编辑委员会编《宿白先生八秩华诞纪念文集》，第273页。

龙渊寺（空慧寺、圣寿寺）

本晋代王羽宅，后舍为寺，相传有井与海相通，故名龙渊精舍或龙渊寺，是高僧慧持入蜀后的首选驻锡之地。萧梁时，高僧慧韶受武陵王萧纪之邀入蜀，以龙渊寺作为弘法基地，渐成佛学中心。隋代一度被纳入蜀王杨秀竹园，唐初避高祖李渊讳，改称空慧寺，玄奘于成都修行习佛曾居此。高宗仪凤二年（677），"建塔，立石柱二，度僧尝七百人"[1]，至会昌灭佛而废。宣宗大中元年（847），西川节度使李回重建，并将原万里桥南之元和圣寿寺额摹刻于寺内，故又名圣寿寺。寺内多名家画迹，佛殿前置秦蜀守李冰造石犀，有大中祥符禅院、灵感观音院等三十院，其中大中祥符禅院由后蜀枢密使王处回捐资兴建，"买毗卢、百合、法宝、罗汉、七俱胝等五院，合而为一"[2]，南宋绍兴二十二年（1152）又增建大悲阁。寺门前除了著名的蚕市，还有麻子市，为"初春行乐处"[3]。寺址据载位于罗城西南市桥处[4]，《成都城坊古迹考》进一步考证在今金河路以北的西胜街附近[5]。

金华寺

寺创于唐以前，玄宗天宝末已废，唐末复置[6]，院内多松柏，严耕望先生误将其与古琴台附近的金花寺混为一谈[7]。《唐成都福感寺定光传》载："（福感寺）塔先在西北四十余步，天宝末长史章仇兼琼赴任……在西南未为极善，今请移东

1　曹学佺：《蜀中广记》卷一，第 8 页。

2　吴师孟：《大中祥符禅院记》，载袁说友等编《成都文类》卷三十八，赵晓兰整理，第 747 页。

3　钱仲联校注《剑南诗稿校注》卷十四，第 1119 页。

4　曹学佺：《蜀中广记》卷一，第 8 页。

5　四川省文史馆：《成都城坊古迹考》，第 396-398 页。

6　《益州名画录》卷上："张南本……中和年寓止蜀城……于金华寺大殿画明王八躯……但见大殿遭火"，可证。黄休复：《益州名画录》卷上，秦岭云点校，第 13 页。

7　严耕望：《唐五代时期之成都》，载《严耕望史学论文集》，第 774 页。

北四十二步……遂移塔于今所，即金华旧寺基也"[1]，塔由西移东，推测金华寺旧址本与福感寺相邻，大致约在后者之东。

大圣慈寺

寺址在罗城东部，为东门名胜，唐肃宗至德年间（756—758）创建，"上皇驻跸成都，内侍高力士奏……欲于府东立寺，为国崇福……御书大圣慈寺额，赐田一千亩，敕新罗全禅师为立规制，凡九十六院，八千五百区"[2]。武宗会昌法难，以其额为御书，故寺不在除毁之列。寺内名家画迹众多，"举天下之言唐画者，莫如成都之多；就成都较之，莫如大圣慈寺之盛"[3]，并存有唐玄宗、唐僖宗、前蜀后主王衍之真容画像。五代两宋时期，达官显贵常游宴于此，成都花市、蚕市、药市、七宝市俱在寺前。

宝应寺（元和圣寿寺）

寺址在罗城万里桥之南，本名宝应寺，唐释南印贞元初年创于"蜀江之南壖"[4]。宪宗元和初（806—807），西川节度使高崇文平刘辟之乱，适朝廷敕"成都府宜置圣寿、南平二佛寺"[5]，故改元和圣寿寺，会昌灭佛遭除毁。

多宝寺

约创于南北朝，周武帝灭佛被毁，隋代复兴，相传蜀人"见其华跌有多宝字，因遂名焉"[6]，唐代又经道因法师等缮葺。寺址在罗城外东五里许，与升仙

1　赞宁：《宋高僧传》卷二十七，范祥雍点校，第 676 页。

2　释道法校注《佛祖统纪校注》卷四十一，上海古籍出版社，2012，第 955 页。

3　李之纯：《大慈寺画记》，载袁说友等编《成都文类》卷四十五，赵晓兰整理，第 867 页。

4　赞宁：《宋高僧传》卷十一，范祥雍点校，第 225 页。

5　王溥：《唐会要》卷四十八，上海古籍出版社，1991，第 987 页。

6　释道世：《法苑珠林》卷二十二，江苏广陵古籍刻印社，1990，第 252 页。

水（沙河）毗邻 [1]。

宝历寺

寺址在罗城外东南之锦江南岸，唐西川节度使韦皋于贞元末（801—804）出俸钱所建，中和年末西川节度使陈敬瑄增建水陆院，乾宁二年（895）重修。前蜀永平四年（914）重阳，蜀主王建游宝历寺，因宫女受寺僧引诱，藏于民家，"与僧二十二人同斩于龟化桥" [2]。寺内有唐德宗御赐"天文焕炳"银榜 [3]，又有五丈天王阁 [4]。北宋初年以来，逢二月二踏青节，成都有出万里桥小游江，宴宝历寺之俗 [5]。

中兴寺

寺址在罗城西北角外，与龙女祠毗邻 [6]。本西汉文学家扬雄（字子云）宅，南朝齐改寺，初名草玄院 [7]，唐神龙元年（705）诏诸州置官寺曰中兴，然不知是否与此寺建置相关。寺内有墨池，为扬雄读书之处，大殿绘文殊、普贤及天王部众，及唐宣宗朝宰相魏谟肖像 [8]。北宋初年受战火波及，一度改作兵营。仁宗庆历八年（1048），寺僧怀信在文彦博、高惟几等地方官员的支持下，恢复墨池，并在池北建准易堂，绘扬雄像于堂内，于池心筑台构亭，取名"解嘲"，相对处

1　□量：《多宝寺石幢记》，《嘉庆华阳县志》卷三十九中，载成都市地方志编纂委员会、四川大学历史地理研究会整理《成都旧志》第 13 册，第 452 页。

2　王文才、王炎校笺《蜀梼杌校笺》卷一，第 129 页。

3　韦皋：《宝历寺记》，载袁说友等编《成都文类》卷三十六，赵晓兰整理，第 697 页。

4　句延庆：《锦里耆旧传》卷五，储铃铃校点，载傅璇琮、徐海荣、徐吉军主编《五代史书汇编》，杭州出版社，2004，第 6027 页。

5　费著：《岁华纪丽谱》，载杨慎编《全蜀艺文志》卷五十八，刘琳、王晓波点校，第 1709 页。

6　曹学佺：《蜀中广记》卷三，第 34 页。

7　高惟几：《杨子云宅辨碑记》，载袁说友等编《成都文类》卷四十二，赵晓兰整理，第805页。

8　黄休复：《益州名画录》卷中，秦岭云点校，第 49 页。

起轩，取名"吐凤"，以供游赏宴饮[1]。

正觉寺（浣花龙兴寺）

寺址在罗城外西南、浣花溪北岸（今杜甫草堂博物馆北门附近）[2]。唐代本名正觉，后改浣花龙兴寺[3]，内有西川节度使武元衡肖像。唐德宗时，印度僧人莲华受敕于崇福寺译经，有成都府正觉寺僧道恒、鉴润为其润文[4]。严耕望先生将蜀州（今成都崇州市）的龙兴寺十三级木塔归于益州正觉寺名下[5]，当属误判。

正法寺

五代后蜀时即存，寺址似在成都城北，规模体量与昭觉等并居成都前列，北宋末年统计之常住田面积在八千亩以上[6]。

草堂寺（梵安寺）

南北朝古寺，本系尼寺，隋文帝以僧易之，名桃花寺，唐代因与杜甫草堂相接，称草堂寺，又名中寺，无相法师亦曾居此。剑南军政长官多有肖像留其内，大历中崔宁镇蜀（766—779），绘冀国夫人任氏（即浣花夫人）肖像于寺内，"会

1　何涉：《墨池准易堂记》，载袁说友等编《成都文类》卷四十二，赵晓兰整理，第804页。

2　成都市文物考古研究所、成都杜甫草堂博物馆：《成都杜甫草堂唐—宋遗址发掘报告》，载成都市文物考古研究所编著《成都考古发现》（2002），第209-265页。

3　《益州名画录·房从真》："王蜀先主于浣花龙兴寺修圣夫人堂"，又《益州名画录·无画有名》："浣花龙兴寺，成都记云，本正觉寺，内有前益州长史临淮武公元衡并从事五人，具朝服，绘于中堂。"参见黄休复：《益州名画录》，秦岭云点校，第15、63页。

4　赞宁：《宋高僧传》卷三，范祥雍点校，第41页。

5　严耕望：《唐五代时期之成都》，载《严耕望史学论文选集》，第216页。

6　杨天惠：《正法院常住田记》，载袁说友等编《成都文类》卷三十九，赵晓兰整理，第760页。

昌中，欲毁寺，夜闻女子啼泣之声，乃止"[1]。宋代改梵安寺，逢四月十九浣花夫人诞日，有"太守出笮桥门，至梵安寺谒夫人祠"[2]之俗。寺址在罗城外西南方向，"（距）府西五里，去浣花亭三里"[3]。

武担寺（咒土寺）

南朝宋时已建寺立塔[4]，唐代又名武担山寺，宋代改咒土寺，寺内有东台、西台，皆城内名胜。寺既名武担，自当与武担山相邻，《三国志·蜀书·先主传》："（刘备）即皇帝位于成都武担之南……臣松之案：武担，山名，在成都西北，盖以乾位在西北，故就之以即祚。"[5]《元和郡县图志·剑南道》："武担山，在县北一百二十步。"[6]又《太平寰宇记·剑南西道》："武担山，在府西北一百二十步。"[7]据此可知，寺址在罗城西北一带。此外，唐代卢照邻有《石镜寺》诗[8]，石镜为成都武担山上的大石，故武担山又名石镜山，推测石镜寺或为武担寺之别称。

建元寺（昭觉寺）

乃晚唐以来蜀中名刹，本唐眉州司马董常宅，初名建元寺，僖宗乾符中休梦禅师自长安移蜀，为宴居之所，西川节度使崔安潜奏改寺额，遂赐名昭觉寺。前

1　冯任修，张世雍等纂《天启新修成都府志》卷三，载中国地方志集成编委会编《中国地方志集成：四川府县志辑》，第69页。

2　费著：《岁华纪丽谱》，载杨慎编《全蜀艺文志》卷五十八，刘琳、王晓波点校，第1711页。

3　李德裕：《前益州五长史真记》，载杨慎编《全蜀艺文志》卷四十一，刘琳、王晓波点校，第1243页。

4　《高僧传·释道汪传》载道汪法师于刘宋末居益州武担寺为僧主，"宋泰始元年卒……阇维之……起塔于武担寺门之右"，又《高僧传·释僧庆传》载僧庆刘宋大明三年于武担寺西焚身供养，皆可证。参见慧皎《高僧传》卷七、卷十二，汤用彤校注，汤一玄整理，中华书局，1992，第283、454页。

5　陈寿：《三国志》卷三十二，陈乃乾校点，中华书局，1959，第889页。

6　李吉甫：《元和郡县图志》卷三十二，贺次君点校，中华书局，1983，第803页。

7　乐史：《太平寰宇记》卷七十二，王文楚等点校，第1463页。

8　彭定求等编《全唐诗》卷四十二，中华书局，1960，第524页。

后蜀时，亦颇受皇室成员青睐[1]。寺内胜迹，"有僖宗幸蜀放随驾进士三榜题名记、陈太师塑六祖像、萧相国文建寺碑、会稽孙位画行道天王、浮丘先生、松竹、张南本画水月观音、翰林待诏摹昭觉寺额，俱经乱不亡，为唐故事"[2]。逢上元节成都放灯，"如繁杂绮罗街道，灯火之盛，以昭觉寺为最"[3]。寺址据《东坡诗集注》引《成都古今记》言在罗城大东门内，与天涯石相对[4]，今之城北寺院，乃明清以后迁建[5]。

安福寺

创建年代无考，《方舆胜览》引《成都志》："大中间建塔，十有三级，李顺之乱塔毁于火，（大中）祥符间重建，仍十有三级"[6]。北宋以后，逢新年元月元日，成都官宦民众有于安福寺礼塔之俗，"郡人晓持小彩幡……粘之盈柱若鳞次，然以为厌禳，惩咸平之乱也。塔上燃灯，梵呗交作，僧徒骈集"[7]。寺址似在城西石笋街一带[8]。

菩提寺

唐至德二年（757），剑南节度使卢元裕创于成都子城"正南，当二江合流

1　如《蜀梼杌》载后蜀广政二十三年，"十二月，太后梦青衣神，言是宫中卫圣龙神……乃于昭觉寺庑下建堂……置于寺中"，参见王文才、王炎校笺《蜀梼杌校笺》卷四，第 414 页。

2　李畋：《重修昭觉寺记》，载袁说友等编《成都文类》卷三十七，赵晓兰整理，第 723 页。

3　费著：《岁华纪丽谱》，载杨慎编《全蜀艺文志》卷五十八，刘琳、王晓波点校，第1710页。

4　王十朋：《东坡诗集注》，载《四库全书》第 1109 册，上海古籍出版社，1987，影印本，第 141 页。

5　《蜀中广记·成都府》："升仙桥北，长林苍翠，曲涧潺湲，大非人世间境，乃昭觉禅寺"，可证。参见曹学佺：《蜀中广记》卷三，第 35 页。

6　祝穆：《方舆胜览》卷五十一，祝洙增订，施和金点校，第 912 页。

7　费著：《岁华纪丽谱》，载杨慎编《全蜀艺文志》卷五十八，刘琳、王晓波点校，第 1709 页。

8　南宋四川制置使范成大《丙申元日安福寺礼塔》："石笋新街好行乐，与民同处且逢场"，可证。参见袁说友等编《成都文类》卷九，赵晓兰整理，第 194 页。

之上"[1]，无相法师、惠悟法师等先后居此，有长庆二年（822）西川节度使段文昌书置立题记。

永泰寺（圣兴寺）

寺址在子城之东，本唐御史大夫王承俊宅，大历初西川节度使杜鸿渐改为永泰寺，会昌灭佛除毁，大中三年（849）福感寺僧定兰复置，名圣兴寺，寺内多名家画迹，有罗汉院[2]。北宋仁宗朝，因"寺宇迫民檐……潴濯委积……犬豕马牛，践蹂习常"[3]，故而得以扩建。

海云寺

创建年代无考，寺址在罗城外东十里海云山，内有鸿庆院、众春阁，以山茶闻名。宋代逢三月二十一，成都官宦民众有"游城东海云寺，摸石于池中，以为求子之祥"[4]之俗。

开元寺（延福院、铁幢院、觉城禅院）

唐开元二十六年（738），玄宗诏诸州置官寺曰开元，益州所建即此。后蜀广政中，"出女侍为尼……号延福院"[5]，似已作尼寺，后一度废弃，复置后又号铁幢院，北宋真宗朝改名觉城禅院。

1　段文昌：《菩提寺置立记》，载袁说友等编《成都文类》卷三十六，赵晓兰整理，第698页。

2　黄休复：《茅亭客话》卷五，李梦生校点，第123页。

3　李大临：《圣兴寺护净门屋记》，载袁说友等编《成都文类》卷三十八，赵晓兰整理，第739页。

4　吴中复：《游海云寺唱和诗》，载袁说友等编《成都文类》卷九，赵晓兰整理，第187页。

5　王曙：《觉城禅院记》，载袁说友等编《成都文类》卷三十七，赵晓兰整理，第718页。

法聚寺

隋蜀王杨秀所建，隋至唐前期为益州一等名寺，有神迥、灵睿、法江、员相、智诜等多位高僧居此，寺内有"仁寿中文帝树舍利塔"[1]，又立石像碑。寺址据言在"益州郭下"[2]，按杨秀镇蜀期间曾筑成都外郭，孙华先生考证此外郭由隋以前的少城扩展而来，主要在子城的西侧，所以又称"西郭"[3]。因此，法聚寺大致可定位在子城以西，这里自古为成都宝坊的集中地带。

福胜寺

初名孝爱寺，为梁"鄱阳王（萧恢）葬母之所"[4]，隋大业以后移建并改福胜寺，或言乃隋益州长史元岩所建[5]。有智炫、道兴等高僧居此，寺内有展子虔绘天乐二十五身[6]。

福缘寺

寺址在子城之西，本北周康兴寺，周武帝灭佛，"割东行房以为私宅，余者供官"。隋代重建，改名福缘寺，时遇雨连月，"执炉祈请，随语便晴"，又掘地得金，屡现灵异[7]。《续高僧传》载有《益州福缘寺释昙逞传》，"以显庆四年终于本寺"[8]，可知此寺唐代尚存。

1　赞宁：《宋高僧传》卷二十一，范祥雍点校，第503页。

2　道世：《法苑珠林》卷十四，中国书店，1991，第231页。

3　孙华：《秦汉时期的成都》，载何一民、王毅、蒋成主编《文明起源与城市发展研究》，第132页。

4　道宣：《续高僧传》卷二十四，郭绍林点校，中华书局，2014，第929页。

5　法琳：《辩正论》卷四，载大藏经刊行会编《大正新修大藏经》第五十二册，第408页。

6　黄休复：《益州名画录》卷下，秦岭云点校，第65页。

7　道宣：《续高僧传》卷十八，郭绍林点校，第670页。

8　道宣：《续高僧传》卷二十九，大正藏本，第595页。

宝相寺

创建年代与寺址方位皆无考,《宝刻类编》收录有唐开元十二年（724）《成都宝相寺释迦像碑铭》、唐开元十五年（727）《成都宝相寺诸佛应化碑》[1],《酉阳杂俎》亦载成都宝相寺菩提像"将百余年,纤尘不凝"[2],可证此寺唐代尚存。

宝园寺

为成都著名的律宗寺院。《续高僧传》收录贞观中《蜀都宝园寺释玄续传》[3],可知此寺初唐时已建。大历中宰相元载奏请于寺内建戒坛,其后韦皋于贞元十八年（802）撰有《宝园寺传授毗尼新疏记》[4],段文昌于元和九年（814）撰有《宝园寺故临坛大德智诰律师碑（记）》[5],则寺院似与西川节度使高层人士往来甚密。《说郛》引北宋赵抃《成都古今记》言寺在"扬雄宅后……有墨池在焉"[6],故宝园寺似与中兴寺毗邻。

应天寺

唐末五代以"应天三绝"（即孙位与景焕所绘天王、欧阳炯所作歌行、释梦龟所作书法）著名,据《太平广记·应天三绝》所引"锦城东北黄金地"[7]推测,寺址在罗城东北。

1　佚名:《宝刻类编》卷七,中华书局,1985,第234页。
2　段成式:《酉阳杂俎》卷六,曹中孚校点,第36页。
3　道宣:《续高僧传》卷十三,郭绍林点校,第468页。
4　韦皋:《宝园寺传授毗尼新疏记》,载袁说友等编《成都文类》卷三十六,赵晓兰整理,第693页。
5　佚名:《宝刻类编》卷五,第151页。
6　陶宗仪等:《说郛三种》卷四,上海古籍出版社,1988,第71页。
7　李昉等编《太平广记》卷二百一十四,第1639-1640页。

宁蜀寺

唐末五代见存，《益州名画录》载僖宗朝翰林供奉常重胤有画迹留于宁蜀寺[1]，又成都市龙泉驿区青龙村前蜀乾德元年（919）李会墓出土墓志文末题"左街宁蜀寺僧匡肇书"[2]，推测寺址在前蜀皇宫大内一带。

净慧寺

又号圣尼寺，寺约建于隋以前，隋蜀王杨秀妃为造精舍，有惠宽、信相等高僧居此，其中惠宽永徽四年（653）圆寂于此[3]。

金马寺

唐文宗大和八年（834）所建之尼寺，在"龟化桥之左、金水河北岸"[4]，内奉观音大士像，后改名大悲庵。1986年，成都指挥街遗址一座五代宋初灰坑（编号H8）内出土的漆盘（H8：100）外底朱书"金马"字样[5]，或即与此寺有关。

1　黄休复：《益州名画录》卷上，秦岭云点校，第21页。

2　刘雨茂、荣远大编著《成都出土历代墓铭券文图录综释》，文物出版社，2012，第41页。

3　道宣：《续高僧传》卷二十四，郭绍林点校，第786–788页。

4　冯任修，张世雍等纂《天启新修成都府志》卷三，载中国地方志集成编委会编《中国地方志集成：四川府县志辑》，第75页。

5　成都市博物馆、四川大学博物馆：《成都指挥街唐宋遗址发掘报告》，载四川大学博物馆、中国古代铜鼓研究学会编《南方民族考古》（第二辑），第281页。

观音院

在罗城西南筸桥门外，创置年代不明，院内有宋眉州籍进士、驾部郎中程堂绘竹及题诗[1]，至南宋初年已没落，故仲昂《题西门外筸桥下观音院》云："雨砌风亭长绿苔，壁间题字半尘埃。城南萧寺无人迹，几度曾因送客来"[2]。

东禅院（龙华院、金绳院）

院址在罗城北大安门外，唐名东禅院，天复中禅月大师贯休入蜀曾居此，五代改龙华院，北宋"大中祥符元年，始赐名金绳"[3]。南宋初年，因佛殿"绘事虽富，而像设缺焉"，故四川安抚制置使司"便其空阔"，一度借用作官廨[4]。院有"佛殿、斋厅、僧堂、浴室及众舍二百五十余间"[5]，又供养五百罗汉像、观音像，常住田数量在成都诸寺院中位居前列[6]。

毗卢院（嘉祐禅院）

后蜀枢密使王处回舍宅所建，本名毗卢院。北宋嘉祐二年（1057），益州知州宋祁"命长老齐海开堂演法"，嘉祐七年（1062）"诏赐今额"。院有法堂、僧堂、宝殿、香积厨、常住田，"于都会号大道场"[7]。

1　曹学佺：《蜀中广记》卷四，第35页。

2　仲昂：《题西门外筸桥下观音院》，载杨慎编《全蜀艺文志》卷五十八，刘琳、王晓波点校，第1709页。

3　姜如晦：《金绳院五百罗汉记》，载袁说友等编《成都文类》卷四十一，赵晓兰整理，第789页。

4　同上。

5　杨億：《金绳院记》，载袁说友等编《成都文类》卷三十七，赵晓兰整理，第717页。

6　姜如晦：《金绳院增广常住田记》，载袁说友等编《成都文类》卷四十一，赵晓兰整理，第788页。

7　冯京：《嘉祐禅院记》，载袁说友等编《成都文类》卷三十八，赵晓兰整理，第749-750页。

永宁院（永庆院）

院址在罗城大西门外前蜀王建墓旁，本名永宁院，北宋崇宁二年（1103）改名永庆院，南宋绍兴中得以修理重建[1]。

药师院

院址在罗城之北"百步道歧而东又二十步"，相传"有发地得佛相如药师，故院因以名"[2]。

信相院

院内有唐中和四年（884）王徽题高骈筑城碑记[3]，又有默庵、水月亭、林亭，宋代成都官员逢正月二十三日有晚宴信相院之俗[4]。

光福院

为著名禅寺，五代后蜀时即存，南宋初年已衰败，大致位于罗城外东负郭。虽"院宇蕞然，介于民居"[5]，但有禅僧西睦真身舍利奉置于此，佛殿、斋厅、居室、厨房等设施俱全。

1　孙朝隐：《永庆院记》，载袁说友等编《成都文类》卷四十，赵晓兰整理，第 775 页。

2　佚名：《药师院记》，载袁说友等编《成都文类》卷四十一，赵晓兰整理，第 797 页。

3　王象之：《舆地碑记目》卷四，中华书局，1985，第 81 页。

4　费著：《岁华纪丽谱》，载杨慎编《全蜀艺文志》卷五十八，刘琳、王晓波点校，第 1710 页。

5　张有成：《光福院西睦定身记》，载袁说友等编《成都文类》卷四十八，赵晓兰整理，第774页。

妙圆塔院

前后蜀见存，位于大东门外，又据《茅亭客话》言："（院僧）张道者，傍沙溪，居兰若，草作衣裳茅作舍"[1]，则此院似与东郊沙河毗邻。

石长者院

院以长者石赖命名，创于五代以前，位于罗城西南笮桥门外，因遭遇兵火而一度荒废。北宋元祐至宣和三年（1086—1121），由圣寿寺僧人重建，佛宫、僧堂、会厅、廊庑等设施俱全[2]。

圆通庵

位于宋代成都府西楼西北隅，"中奉观音大士之像，乃治平初，今史馆相韩公之所建也"[3]，至北宋中期，成都知府赵抃再次修缮。按西楼与西园俱在宋代摩诃池畔，如陆游《登子城新楼遍至西园池亭》："千叠雪山连滴博，一支春水入摩诃"[4]，《宴西楼》："归路迎凉更堪爱，摩诃池上月方中"[5]，又《蜀中广记》引宋人吴中复《西园十咏》诗序载："成都西园楼、榭、亭、池、庵、洞最胜者凡十所，又于其间胜绝者西楼"[6]，可知圆通庵在子城内，与摩诃池毗邻。

1　黄休复：《茅亭客话》卷三，李梦生校点，第 111 页。
2　史相：《石长者院记》，载袁说友等编《成都文类》卷三十九，赵晓兰整理，第 763 页。
3　赵抃：《西园圆通颂》，载袁说友等编《成都文类》卷四十八，赵晓兰整理，第 948 页。
4　钱仲联校注《剑南诗稿校注》卷七，第 567 页。
5　同上书，第 334 页。
6　曹学佺：《蜀中广记》卷四，第 54 页。

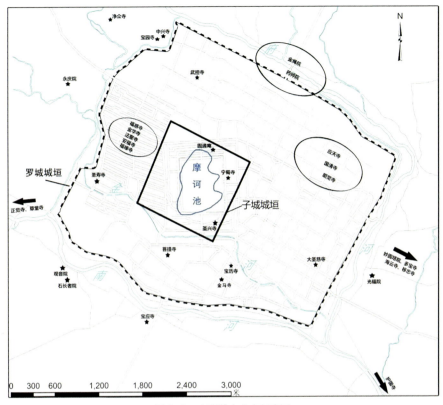

图 5-1　主要佛寺分布示意图

（以民国二十二年成都街市图为底本绘制）

　　另有一些佛寺，如法成寺、法云寺、法华寺、净德寺、福化寺、福寿寺、招提寺、大云寺、大悲寺、宁国寺、义善寺、南平寺、宝刹寺、宝顶寺、慈恩寺、移忠寺（旧名碑楼院）[1]、国清寺、妙积寺、鸣鸾寺、庄严寺、翠微寺、普通寺、保唐寺、荷圣寺、圣果寺、甘露寺、护国寺、四天王寺、保福院、雪峰院、大智院[2]、广仁院、寿量禅院、福庆禅院、大中永安禅院、中和胜相禅院等，因建置

　　1　似在罗城大东门外，参见费著：《岁华纪丽谱》，载杨慎编《全蜀艺文志》卷五十八，刘琳、王晓波点校，第 1711 页。

　　2　似在城外西北方向，距净众寺不远，参见费著：《岁华纪丽谱》，载杨慎编《全蜀艺文志》卷五十八，刘琳、王晓波点校，第 1710－1711 页。

沿革信息甚略，概不赘述。

综合上述建置沿革考述，至少可总结出两点信息：

1. 城西和西北的佛寺历史悠久，多创建于隋或隋以前，高僧驻锡者甚多，是隋唐时期成都的佛教文化中心。

2. 会昌法难、南诏攻略成都、王小波及李顺起义等一系列重大事件，对城西和西北的老牌寺院影响巨大，许多佛寺遭到毁坏或废弃，致使五代北宋以后的佛教文化中心移往以大圣慈寺为代表的城东地带。

寺院遗址的考古发现

寺院遗址目前能确定的只有 3 处，分别是净众寺遗址、福感寺遗址、正觉寺遗址。

净众寺遗址

寺址位于罗城西北外、府河西岸的通锦路、西体北路一带。自清末光绪八年（1882）以来，直至 20 世纪 50 年代，曾先后 5 次出土南朝至唐代的佛教造像、经幢等，总数超过 300 件[1]。2015 年，考古工作者又对位于通锦路 13 号的"中铁·通锦坊"项目工地开展了发掘，揭露总面积 4300 平方米，清理出一片寺院园林址，由沟渠、水池、井、房屋基址等建筑遗迹组成（图 5-2）。

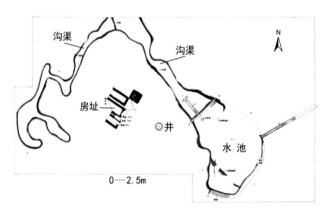

图 5-2　净众寺遗址园林建筑群平面图
（采自成都文物考古研究院：《成都通锦路唐净众寺园林遗址》，第 14 页，图一五）

1　董华锋、何先红：《成都万佛寺南朝佛教造像出土及流传状况述论》，《四川文物》2014 年第 2 期。

沟渠（编号G2）为整个建筑群的主体，平面略呈"人"字形布局，蜿蜒曲折，走向不规则，东西向直线跨越约60.8米，南北向直线跨越约46.4米。可分作东段和西段，东、西段之间有一道后期加筑的砖砌挡墙，其中西段保存较好，西南部平面呈"山"字形（图5-3）；东段平面近"J"形，东南端局部被池塘（编号C1）破坏严重。沟体的开口最宽处近9米，最窄处不足1米，沟壁为青砖平铺错缝垒砌，斜直壁外倾、平底，剖面呈口大底小的倒梯形，残存沟壁墙体高1.15~1.95米。

图5-3　沟渠（G2）西段局部

图5-4　池塘（C1）局部

池塘（编号C1）平面形状不规则，东半部略带圆弧状，东西向直线跨度约16.3米，南北向直线跨度约21.4米，现存深度约2~2.1米（图5-4）。池壁的东、西、南三面主要系借用沟渠东南端的部分沟壁改建而成，其中南壁的外侧砌有简易的台阶式踏道，踏道残宽5.1米，现存5级，每级的进深约0.15~0.2米。池西北面用青砖砌筑拦水坝，外立面呈倒梯形，顶宽8.4米、底宽4.4米、高0.75米，中部留有进水口，进水口外侧与小型排水沟相连，内侧与砖砌的斜坡导水道相连，保证排水通畅，导水道残长1.75米、宽0.65米。

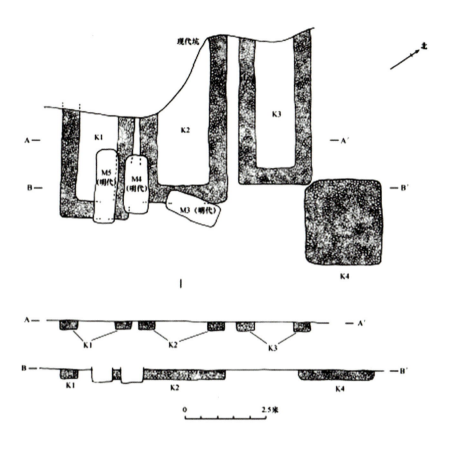

图 5-5　房屋基址（F1）平剖面图

（采自成都文物考古研究院：《成都通锦路唐净众寺园林遗址》，第 14 页，图一三）

　　房屋基址（编号 F1）夹于沟渠与池塘之间的空隙带，残存部分由四个基础坑组成，由南往北分别编号 K1、K2、K3、K4，内填大小不一的鹅卵石（图5-5）。K1—K3 平面呈长方形，间距 0.2~0.4 米，残长 3.15~5.15 米、宽 2.2~2.7 米，基槽宽 0.45~0.55 米、深 0.25~0.3 米；K4 位于 K3 东侧，平面近正方形，边长 2.4~2.6 米、深 0.3 米。

井（编号 J1）与池塘紧邻，由井圹和井圈两部分组成，井圹平面近圆形，直径 1.79~1.82 米、残深 2.71 米，直壁，底部内收为锅状。井圈为青砖垒砌，平面亦呈圆形，内径 1.2 米、外径 1.63 米、残深 2.56 米。

遗址内出土有瓷器、陶器、石造像和铜器等，个别瓷钟、碗的表面书写"静众""囗寺""寺"等文字（图 5-6），显然与唐代成都城西北的著名佛教寺院——净众寺——直接相关。另从建筑群的所在区域看，地处成都旧城的西北角外，地势较高，东距府河（清远江）近数百米，东南方向与成都北校场西路现存的清代城墙之间的最短直线距离约半里，恰好与明清两代记录的万佛寺（前身即净众寺）位置邻近（图 5-7、图 5-8）。遗址周边现今依旧水网交错，亦能与文献所言寺院建于城外郊野松溪之侧、水分数支穿寺而过的环境符合。因此，我们推测该遗址当系一处利用天然河道分支、加以人工修葺利用、改造的园林景观设施，属于当时唐代净众寺的组成部分。

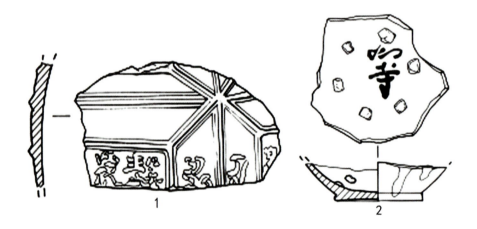

图 5-6　净众寺遗址出土部分瓷器
1．"静众"款瓷钟残片　　2．"囗寺"款瓷碗残片
（采自成都文物考古研究院：《成都通锦路唐净众寺园林遗址》，
第 47、77 页，图四四 -8、图七一 -2）

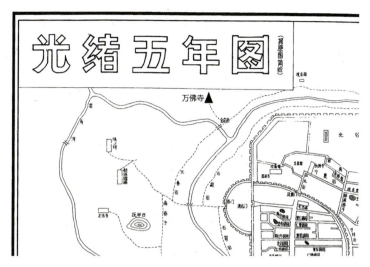

图 5-7　清光绪五年（1879）成都城区图中的万佛寺位置
（采自四川省文史研究馆：《成都城坊古迹考（修订版）》，图 49）

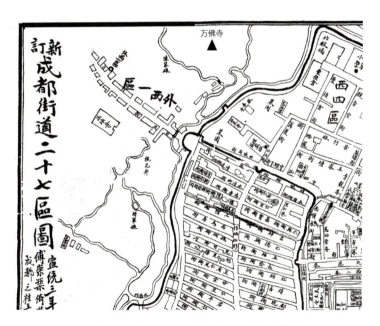

图 5-8　清宣统三年（1911）成都城区图中的万佛寺位置
（采自四川省文史研究馆：《成都城坊古迹考（修订版）》，图 50）

福感寺遗址

1980 年，长顺中街 82 号基建工地清理一座隋代塔基，塔基地宫为红砂石板构筑的石室，石室中心放置一青石函，通长 30 厘米、宽 17 厘米、深 4 厘米。石匣盖上堆放五铢钱 27 枚，内装一带盖的船形铜棺，棺中有一倒置的小银罐（图 5-9、图 5-10），罐内无物，罐外有少许绿色粉末[1]。发掘者最初认为地宫所在即成都娘娘庙旧址，后来林向先生指出娘娘庙为清代满城建筑，必与此隋代遗迹无涉，后者当为福感寺塔基[2]。2016—2017 年，实业街 30 号实业宾馆项目工地发掘揭露房屋殿基、塔基、井、造像坑等遗迹，其中造像坑内出土南北朝、隋及唐代的佛教石、陶造像及其他相关雕刻 300 余件（块），包括有佛像、菩萨像、天王像、力士像、千佛碑、蟠龙碑以及《妙法莲华经》《佛说阿弥陀经》《陀罗尼经》《金刚经》等大量刻经，蟠龙碑碑首残存"大唐益州福……"字样（图 5-11），个别经版上见有"福感寺"字样（图 5-12）。另在发掘区中部及西部，清理出两处建筑基础（F2、F3），所见磉墩以鹅卵石、土分层相间夯筑而成，依据建筑开口层位及磉墩内包含物年代判断，这两处建筑大约兴建于隋至唐初，可能与当时寺院的殿堂等设施密切相关[3]。

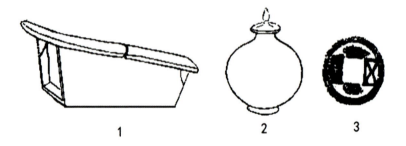

图 5-9　长顺中街 82 号福感寺隋代塔基出土部分遗物
1．铜棺　　2．小银罐　　3．隋五铢
（采自《考古与文物》1983 年第 3 期，第 112 页，图二、图三）

1　李恩雄、冯先成、王黎明：《成都发现隋唐小型铜棺》，《考古与文物》1983 年第 3 期。
2　林向：《隋唐益州福感寺塔遗址考》，《成都文物》1984 年第 2 期。
3　张雪芬、易立、江滔：《成都市实业街唐益州福感寺遗址》，载中国考古学会编《中国考古学年鉴 2017》，中国社会科学出版社，2018，第 415-416 页。

图 5-10　长顺中街 82 号福感寺隋代塔基出土石函
（采自郑光福：《巴蜀留韵》，第 6 页）

图 5-11　"大唐益州福" 碑首残件　　图 5-12　出土刻经上的 "福感寺" 文字

正觉寺（浣花龙兴寺）遗址

　　2001 至 2002 年，杜甫草堂博物馆北门内的苗圃园发掘了一处唐五代至两宋时期的建筑遗址，共清理房基 8 座、井 4 口、亭台建筑 1 座、灶坑 2 个、窖坑 5

个、灰坑74个、排水沟1条和双室火葬墓1座（图5-13），其中编号J3A的砖砌水井井口发现一块青石碑（图5-14），碑文首题"益州正觉寺故大德行感禅师塔铭并序"，碑文共278字，纪年为唐垂拱三年（687）[1]。2012年，考古部门对杜甫草堂博物馆北门外的停车场项目工地再次开展了发掘，清理出五代至两宋时期的灰坑、灰沟等生活遗迹[2]。两次发掘还出土了大量生活日用瓷器、陶器、铜器、石器、钱币等各类遗物。

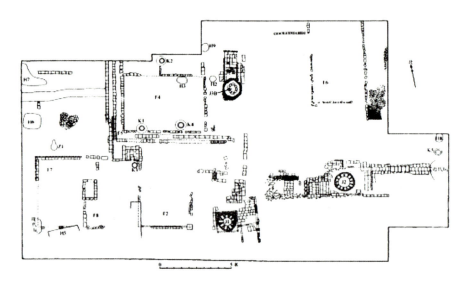

图5-13　正觉寺遗址部分出土遗迹平面图
（采自成都市文物考古研究所、成都杜甫草堂博物馆：《成都杜甫草堂唐—宋遗址发掘报告》，
《成都考古发现》（2002），第210页，图二）

1　成都市文物考古研究所、成都杜甫草堂博物馆：《成都杜甫草堂唐—宋遗址发掘报告》，载成都文物考古研究所编著《成都考古发现》（2002），第209—265页。

2　成都文物考古研究所：《成都市杜甫草堂唐宋遗址2012年发掘简报》，载《成都考古发现》（2012），科学出版社，2014，第449-491页。

图 5-14　唐垂拱三年（687）正觉寺墓塔碑

（采自成都市文物考古研究所、成都杜甫草堂博物馆：《成都杜甫草堂唐—宋遗址发掘报告》，《成都考古发现》（2002），第 231 页，图二一）

第三节

佛教造像坑的考古发现

佛教造像坑目前共计有 6 个地点，除前文已提及的实业街福感寺遗址造像坑外，还有以下重要发现：

净众寺造像坑

自清末以来，该遗址陆续出土各类佛教造像 300 余件。第一次出土时间为清末光绪八年（1882），"皆无首……无一完者……凡百余……有字残像三：一元嘉，极大，一开皇，一无纪年"[1]；1937 年，遗址内再次出土石造像 12 尊、头像 26 个，均与真人大小相似；1945—1946 年间，前四川文理学院修筑校舍，又曾出土大量造像，但都被砸毁或掩埋于房基之下[2]；1953—1954 年间，中铁二局和中铁二院开展基建施工时，曾出土造像 200 余件[3]。此外，据传 1902 年还曾出土 1 件梁大同七年（541）背屏式造像[4]。造像类型见有立佛、坐佛、佛头、菩萨、背屏式造像、造像碑、造像底座等。

1　王懿荣：《天壤阁杂记》，商务印书馆，1937，第 6 页。

2　刘志远、刘廷壁：《成都万佛寺石刻艺术》，第 3 页。

3　冯汉骥：《成都万佛寺石刻造像——全国基建出土文物展览会西南区展览品之一》，《文物参考资料》1954 年第 9 期；四川省文管会：《成都万佛寺继续发现石刻》，《文物参考资料》1955 年第 2 期。

4　高文、高成刚编《四川历代碑刻》，四川大学出版社，1990，第 87 页；龙显昭主编《巴蜀佛教碑文集成》，巴蜀书社，2004，第 4 页。

商业街造像坑

1990 年，商业街 16 号院出土一批南朝石刻造像，这批造像散乱掩埋于距地表 2 米深处的第 4 层和第 5 层之间，共计 9 件，题材主要有一佛二菩萨、一佛四菩萨、一佛四菩萨二力士及浮雕四弟子，另外还见双身佛像，其中 2 件带纪年题记，分别为齐建武二年（495）和梁天监十年（511）[1]。

西安路造像坑

1995 年，西安路中段东侧发掘一座造像坑（图 5-15），坑内出土 9 件南朝石刻造像，除 1 件为道教造像外，其余均为佛教造像，题材多佛、菩萨、弟子、力士等组合，共有 5 尊带铭文题记，分别为齐永明八年（490）、梁天监三年（504）、梁中大通二年（530）、梁大同十一年（545）和梁太清五年（551）[2]。

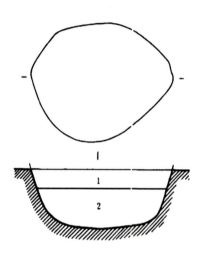

图 5-15　西安路造像坑平剖面图
（采自《文物》1998 年第 11 期，
第 5 页，图二）

宽巷子造像坑

1998 年，宽巷子基建工地出土 3 件南朝大型佛头像，均为螺髻，嘴角有胡须，颈下有修补开凿的插孔[3]。

1　张肖马、雷玉华：《成都市商业街南朝石刻造像》，《文物》2001 年第 10 期。

2　成都市文物考古工作队、成都市文物考古研究所：《成都市西安路南朝石刻造像清理简报》，《文物》1998 年第 11 期。

3　四川博物院、成都文物考古研究所、四川大学博物馆：《四川出土南朝佛教造像》，第 173 页。

下同仁路造像坑

2014 年，下同仁路 126 号基建工地清理了两座佛教造像坑。两座坑分别编号 H3 和 H6，相距仅 2 米左右，平面形状不规则，斜壁，底部凹凸不平，其中 H3 长 14.1 米、宽 11.5 米、深 1~1.2 米，H6 长 4.45 米、宽 3.32 米、深 1.3 米。H3 出土较完整的造像个体共 70 件（图 5-16），H6 出土较完整的造像个体共 57 件，另有少量残损严重、无法辨认具体形象的碎块。从题材类别看，包括了佛像、菩萨像、天王像、阿育王像、罗汉像、背屏式组合造像等，又以菩萨像最为丰富[1]。

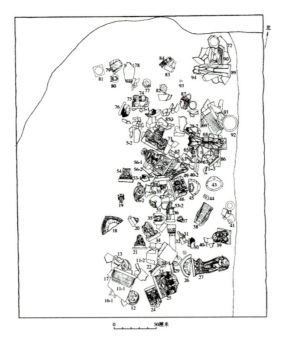

图 5-16　下同仁路造像坑 H3 平面图
（采自《考古》2016 年第 6 期，第 57 页，图四）

1　成都文物考古研究所：《成都市下同仁路遗址南朝至唐代佛教造像坑》，《考古》2016 年第 6 期；成都文物考古研究院：《成都下同仁路——佛教造像坑及城市生活遗址发掘报告》，文物出版社，2017，第 10-87 页。

Chapter 6

第六章

水系与沟渠管网

第一节

河流水系

　　成都城区及其周边的地貌形态是西北高而东南低，因此造成河流的总体流势是由西北向东南，与唐宋时期成都城密切相关的河流水系主要有郫江、检江、升仙水三支（图6-1），它们的源头均来自都江堰分流而下的岷江江水。

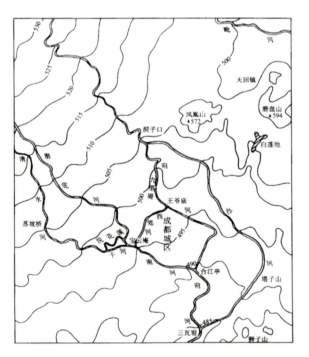

图 6-1　成都旧城周边地形及主要河流示意图
（采自冯举、谭继和、冯广宏主编：《成都府南两河史话》，第43页）

郫江

又名市桥江、永平江、清远江、油子河、府河。从都江堰分流下来的柏条河与徐堰河，在郫县石堤堰汇合后分作两支：左支叫毗河，右支即郫江，后者过石堤堰后，在郫县太平场南与走马河分出的油子河相汇，并继续南流，至洞子口再分出升仙水（沙河），主流则进入成都旧城。唐末扩筑罗城时，郫江水道发生了显著变化：唐末以前的郫江是绕子城（大城）西、南两面而过，此点基本已成共识，无须多言，目前学术界主要的分歧在于具体路线和走向。清代学者刘沅最早关注到这个问题，他在《成都石犀记》一文中言："考唐以前，城垣未广，今满城及文庙前街，皆江岸也……自龙渊而东，今之所谓上莲池、中莲池、下莲池者，即昔之江流也。城既南扩，江流淤而不尽，留为潴泽，后人种莲于中，遂目之以为名……愚移居省垣纯化街，亦当年之江岸也。自愚宅而南，地势洼下，尤可以见其仿佛云"[1]，其说法结合古今地理环境，看似较为合理，因而得到了蒙文通[2]、冯汉骥[3]、王文才[4]等著名学者的一致赞同，影响力很大，后来四川省文史馆在编修《成都城坊古迹考》时，更对此作了进一步发展和完善："城西郫江故道，由大西门经西胜街，至南校场、石牛寺一线，在今长顺街与同仁路之间，原为低洼地带，其中池塘较多，清季成都街道图上历历可数。如将清光绪五年成都街道图上将军衙门西方之池、琥珀江南方之荷池以及清远门内由北而南散布各池，绘一线以连贯之，则郫江故道即呈于纸上。民国时，所存池塘尚有：西门与西胜街间之水塘；四道街东头之大塘；西胜街与南校场、石牛寺间之水塘（即琥珀江）；方池街之方池。这些池塘及包家巷一片低洼地带，皆是郫江故道遗迹。满城西南小塘原来颇多，近百年间建筑房屋，填平不少。至城南故道，由石牛寺

1　刘沅：《成都石犀记》，《同治成都县志》卷十四，载成都市地方志编纂委员会、四川大学历史地理研究会整理《成都旧志》第11册，第703页。

2　蒙文通：《成都二江考——附论大城、少城、七桥、十八门》，载《蒙文通全集》（四），巴蜀书社，2015，第462页。

3　冯汉骥：《相如琴台与王建永陵》，载张勋燎、白彬编《川大史学·冯汉骥卷》，第272页。

4　王文才：《成都城坊考》，第45页。

至城东南角之间，原上、中、下三莲池一线相连，脉络可寻，且江渎庙必建于水滨，庙址在今文庙西街，又可证其地必曾为河流所经之地。如是，则郫江西南故道，大体可以探索。"[1] 不过，此说却被绍风、石湍先生质疑："如果上莲池是郫江故道，那么，它流到这里，已经与大江（检江）相通，它的水就近入大江了，怎么还可能又折而东，向纯化街、中莲池、下莲池方向流去呢？""如果依刘沅的上莲池为郫江故道说，那么，成都秦大城南墙就应在今文庙前街一线"，这不仅与秦城在文翁石室之北的文献记载相矛盾，并且将大城南移，还会产生大城和少城北墙位置、金水河位置、成都县与华阳县地界划分、解玉溪难以开凿等一连串问题。因此，二人提出了成都旧城内的金水河即为郫江故道的看法（图6-2）[2]。孙华先生在《唐末五代的成都城》一文中，表达了类似的意见，"成都的郫江故道应当比上、中、下莲池一线更偏北一些，其西江段大致相当于今西郊河的位置，南江段的东、西两段大致与今金水河相当，但中段则要比金水河略为偏南一些。"[3]

另一方面，绍风、石湍、孙华等学者所主张的"金河为郫江故道说"还得到了多次考古工作的印证，如20世纪80年代修建西干道工程时，在祠堂街西段、靠近人民公园的金河以北，发现了宽约6米的古河道遗迹，里面布满木桩[4]；1982—1985年发掘的方池街古遗址，战国文化层下发现厚达一米多、夹杂灰沙、卵石、陶器和石器的洪水冲积层，以及呈"工"字形排列的卵石石埂，推测为河道附近用竹笼装石、砌埂防洪的遗迹[5]；2007年发掘的金河路古遗址，发掘区西南部为东西走向古河道的漫滩地带，冲积层内夹杂卵石、黄沙和大量的先秦时期陶器和动物骨骼[6]；2012年发掘的小南街古遗址，汉代地层下发现有战国

1　四川省文史研究馆：《成都城坊古迹考（修订版）》，成都时代出版社，2006，第114页。

2　绍风、石湍：《"金河"为"郫江"故道说》（上），《成都文物》1983年第1期；绍风、石湍：《"金河"为"郫江"故道说》（下），《成都文物》1984年第1期。

3　孙华：《唐末五代的成都城》，载《宿白先生八秩华诞纪念文集》编辑委员会编《宿白先生八秩华诞纪念文集》，第261页。

4　绍风、石湍：《"金河"为"郫江"故道说》（下），《成都文物》1984年第1期。

5　成都市博物馆考古队、成都市文物考古研究所：《成都方池街古遗址发掘报告》，《考古学报》2003年第2期。

6　成都文物考古研究院：《成都金河路古遗址发掘报告》，载《成都考古发现》（2015），第320-416页。

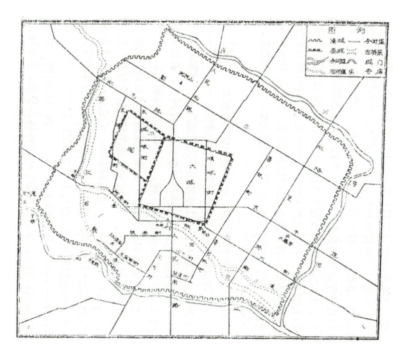

图 6-2 绍风、石湍复原的成都二江图

（采自《成都文物》1984 年第 1 期，第 21 页）

至汉代的洪水冲积层，包含大量的泥沙、卵石、陶器和动物骨骼，发掘者推测该地点属于晚唐以前郫江古河道附近的冲积地带[1]。此外，在上述区域东南约 1.3 公里、天府广场南面的指挥街古遗址，唐宋文化层下发现有堆积一米以上的沙石冲积层，夹杂先秦时期的陶器、石器、玉器、卜甲、人骨、兽骨、朽木等各类遗物，其成因亦与河水泛滥、河床改道等相关[2]。从这些地点的方位看，无一例外都处于旧城内的金河附近，从而为厘清古郫江的路线问题提供了可靠的实证材料。郫江故道之上有五桥，自西而南分别为永平桥、长升桥、冲治桥、市桥、江

<hr />

1　成都文物考古研究所：《成都市青羊区小南街古遗址发掘简报》，载《成都考古发现》（2013），科学出版社，2015，第 346-375 页。

2　四川大学博物馆、成都市博物馆：《成都指挥街周代遗址发掘报告》，载四川大学博物馆、中国古代铜鼓研究学会编《南方民族考古》（第一辑），四川大学出版社，1987，第 171-210 页。

桥，冯汉骥、蒙文通等学者对此皆有专论[1]，不再赘述。

唐末扩筑罗城，因郫、检二江在城南并行，对城防来说并无裨益，于是高骈在城西北角的郫江上新开出一条河道，他先阻塞糜枣堰的南口，使原来由西转向南流的旧郫江断流，又开通糜枣堰北口，把旧河流改道，沿罗城的北垣东行，在城东北角又折向南行，再沿城的东垣南流，最后在城东南角外与检江汇合。郫江改道后，与检江共同构成了环抱成都城的格局，二江作为护城河，对于城圈的拱卫作用日益凸显。后唐天成二年（927），后蜀主孟知祥为强化城防，于罗城外增筑羊马城，其间对环城二江进行了大规模的加固改造，"掘大壕以连延，增长堤而固护"，又"凿壕一重，其深浅阔狭，随其地势"[2]。北宋初年，城北门外的郫江一带成为宋军与王均叛军之间攻防拉锯的战场，"贼自升仙之败，彻桥塞门，官军进至清远江，为梁而度。（雷）有终与石普屯于城北门之西，依壕为土山……贼又凿地道出掩之，溺壕中死者千余。"[3]新郫江绕罗城北、东两面，依次过太玄门、大东门和小东门，故跨江之上至少有三座桥梁与之对应。

检江

又有流江、汶江、大江[4]、濯锦江、锦江、南江、笮桥水、笮江、粉水、粉江、青白江、清水河等诸名。由走马河一支系演变而来，走马河从都江堰枢纽流出，在分出徐堰河以后继续向东南前行，到郫县两河口再分成三支：左支叫沱江河，中支叫摸底河，右支叫清水河，其中清水河进入今成都城区西部，分出龙爪堰后改名为浣花溪，浣花溪在青羊宫送仙桥前再与摸底河汇合，之后流经成都旧城南面，是为检江。检江的位置古今变化不大，无论唐末扩筑罗城以前或以后，

1　冯汉骥：《相如琴台与王建永陵》，载张勋燎、白彬编《川大史学·冯汉骥卷》，第272-273页；蒙文通：《成都二江考——附论大城、少城、七桥、十八门》，载《蒙文通全集》（四），第463-466页。

2　李昊：《创筑羊马城记》，载袁说友等编《成都文类》卷二十四，赵晓兰整理，第502-504页。

3　脱脱等：《宋史》卷二百七十八《雷有终传》，第9523页。

4　有学者指出，汉晋时人所言的"大江"并非检江或郫江，而是郫水，具体位于今都江堰玉堂乡螃蟹河至崇州江源乡石鱼河一线。参见郭声波：《四川历史地理与宋代蜀人地图研究》，西安地图出版社，2014，第26-33页。

都曾作为成都城南面的重要屏障而存在，参照现代地图，是沿百花潭路、锦里西路、锦里东路、滨江西路，在合江亭与郫江（府河）相汇，全长仅 5.6 千米。检江在唐以前被称为汶江或大江，并被视作岷江正流[1]，可见水量、过流能力及河床宽度都不会小，以至于后蜀广政十二年（949）八月，蜀主孟昶游浣花溪，大宴百官，"御龙舟观水嬉，上下十里"[2]，并且广政十五年（952）六月暴发的岷江大水，"坏延秋门，深丈余，溺数千家，摧司天监及太庙"[3]。此外，据《舆地广记》言："外江在今罗城之南、笮桥下，内江在今子城之南、众安桥下"[4]，说明唐宋时期对内、外江的区分，当是以距离子城的远近和罗城的内外为标准的，检江因距离子城较远，又在罗城之外，故称外江。检江之上有二桥，偏东为万里桥，偏西为夷里桥（笮桥）。

升仙水

今即沙河，是郫江（府河）在洞子口附近分出的一条支流，由西北折向东南，经王贾桥、双水碾后因受到凤凰山、磨盘山等丘陵高地的阻挡，转而向南，过红花堰、跳蹬河、多宝寺、马漕堰、五桂桥、马家沟、观音桥后，在下河心村再汇入府河，全长约 22.22 千米。升仙水之名最早似可溯自唐以前，常璩《华阳国志·蜀志》："（成都）城北十里有升仙桥"[5]，又《蜀中广记》引《成都记》云："城北有升仙山，升仙水出焉"[6]，但至迟于中唐大历四年（769）前后，升仙水或已改名为升迁水[7]，成书于北宋初年的《太平寰宇记》引用李膺《益州记》时，就明确使用了后一称呼："升迁水起自始昌堰，堰有两叉，中流即升

1　蒙文通：《成都二江考——附论大城、少城、七桥、十八门》，载《蒙文通全集》（四），第 452 页。

2　王文才、王炎校笺《蜀梼杌校笺》卷四，第 375 页。

3　同上书，第 388 页。

4　欧阳忞：《舆地广记》卷二十九，李勇先、王小红校注，四川大学出版社，2003，第834页。

5　刘琳校注《华阳国志校注》卷三，巴蜀书社，1984，第 227 页。

6　曹学佺：《蜀中广记》卷三，第 35 页。

7　参考《民国华阳县志·金石》收录、传成都北郊出土唐大历四年（769）韦津墓志铭，见陈法驾、叶大锵等修，曾鉴、林思进等纂《民国华阳县志》卷三十一，王晓波、王会豪、郭建强校点，载成都市地方志编纂委员会、四川大学历史地理研究会整理《成都旧志》第 16 册，第 837–838 页。

迁"[1]。唐五代时期，升仙水一线虽少有战事发生，却见证了两个偏安王朝的相继覆亡：前蜀咸康元年（925）十一月，蜀主王衍向后唐乞降，"魏王（李继岌）至成都北五里升仙桥，伪百官班于桥下，（王）衍乘行舆至，素衣白马，牵羊，草索系首，面缚衔璧，舆榇于后"[2]；后蜀广政二十八年（965）正月，宋将王全斌"至升仙桥，（孟）昶备亡国之礼，见于军门……承制释罪"[3]。值得注意的是，《新唐书·地理志》载："（成都）北十八里有万岁池，天宝中，长史章仇兼琼筑堤，积水溉田。南百步有官源渠堤百余里，天宝二载，令独孤戒盈筑。"[4]万岁池早在《华阳国志·蜀志》中即有提及，相传为秦时张仪营建成都城取土之处，任乃强、刘琳等学者皆考证其地在成都北郊白莲池[5]，即今凤凰山与磨盘山之间的区域。参考万岁池的方位，《新唐书》所言长达百余里的"官源渠"，可能就与升仙水相通或相关。此外，升仙水上之升仙桥（驷马桥）自古为成都城北交通路线上的重要节点，不仅前后蜀备亡国之礼、降北军于此，南宋末年第一支蒙古军前哨"铁骑三百"也曾以此为据点，深入成都城下[6]，其在唐宋时期成都城市史上的特殊地位可见一斑。

1　乐史：《太平寰宇记》卷七十二，王文楚等点校，第 1463 页。

2　薛居正等：《旧五代史》卷一百三十六，中华书局，1976，第 1819 页。

3　王文才、王炎校笺《蜀梼杌校笺》卷四，第 439 页。

4　欧阳修、宋祁：《新唐书》卷四十六，第 1079 页。

5　任乃强校注《华阳国志校补图注》，第 131 页；刘琳校注《华阳国志校注》卷三，第 198–199 页。

6　佚名：《昭忠录·王翊》，载王云五主编《丛书集成初编：昭忠录及其他二种》，第 5 页。

第二节

沟渠管网

沟渠管网是城市生态体系中必不可少的组成部分，如果说街巷坊市相当于城市的骨骼和肌肉，沟渠管网则可视作城市的血管，它一方面可以排泄生产、生活过程中产生的污水、废水，另一方面在暴雨、洪涝等自然灾害中也能够起到导泄、分流的作用。

唐宋时期，由于地方政府和民众的高度重视与积极治理，成都城内建造的沟渠管网设施十分完备且发达。早在唐大中年间（847—860），西川节度使白敏中即"疏环街大渠"[1]，北宋仁宗皇祐五年（1053），益州知府程戡亦曾"缮完壁垒，经度沟池"[2]，吴师孟《导水记》则详细记载了北宋哲宗绍圣年间（1094—1098）知府王觌疏渠导水的功绩，"（王觌）勤恤民隐，目睹水事……博访耆艾，得老僧宝月大师惟简，言往时水自西北隅入城，累甓为渠，废址尚在。若迹其原，可得故道，遂选委成都令李偲行视，果得西门城之铁窗之石渠故基……众渠皆顺流而驶，有建瓴之势，而无漱啮之虞，回禄之患，随处有备，又颇得以涑浣湔濯焉"[3]。至徽宗大观元年（1107）以后，更是确立了城西沟渠的岁修制度，每年春天淘渠成为定制。

根据考古发现，成都旧城内的正科甲巷、江南馆街、城守东大街、迎曦下街、东南里、天涯石南街、天府广场、内姜街、鼓楼北街、西御河沿街、羊市街东口、外南人民路、实业街等地点（图6-3），都保存有唐宋时期的沟渠管网设施。

1　席益：《淘渠记》，载袁说友等编《成都文类》卷二十五，赵晓兰整理，第512页。

2　脱脱等：《宋史》卷二百九十二《程戡传》，第9756页。

3　吴师孟：《导水记》，载袁说友等编《成都文类》卷二十五，赵晓兰整理，第511页。

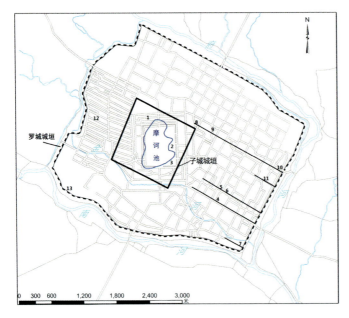

1. 西御河沿街地点
2. 东华门地点
3. 天府广场东北侧地点
4. 城守东大街地点
5. 正科甲巷地点
6. 江南馆街地点
7. 东南里地点
8. 鼓楼北街地点
9. 内姜街地点
10. 迎曦下街地点
11. 天涯石南街地点
12. 实业街地点
13. 外南人民路地点

图6-3　成都旧城出土沟渠遗迹分布示意图
（以民国二十二年成都街市图为底本绘制）

　　这些沟渠依据工程规模的体量大小，可分作主干沟渠、次级沟渠、小型沟渠三类。主干沟渠的建筑规模最大，通常位于主街道旁侧或附近，且几乎是不封顶的明沟（渠），如鼓楼北街遗址 G2（图6-4），属于唐末扩筑罗城后回填子城护城河而修建的市政干渠设施，与大东门与大西门之间的主街道 L1 相配套，沟渠内为双水道结构，宽 2.5~3.2 米，两壁直墙主要用青砖错缝平砌，底部无铺砖，历经五代两宋间多次修葺和改造，至元代最终废弃；城守东大街遗址 G3 和 G7，均始建于唐末，与小东门与小西门之间的主街道 L3 相配套，口大底小，宽 1.6~2.1 米，两壁直墙亦主要用素面青砖错缝平砌，底部无铺砖，历经五代两宋间多次修葺和改造，至元末明初废弃。次级沟渠通常位于次级干道、坊内或坊间街道旁侧，建筑规模不等，但明显小于主干沟渠，且往往都是封顶后埋于地下的

图 6-4　鼓楼北街遗址的主干沟渠（G2）

暗沟（渠），规模较大者以正科甲巷遗址 G8 为代表（图 6-5），揭露长度 19.2
米，土圹部分口宽 2.76 米、底宽 2.02 米、残深 1.92 米，沟渠口宽 1.64 米、底
宽 1.14 米，两壁直墙主要用素面青砖错缝砌筑，逐层略有收分，底部为泥土硬
面，顶部使用青砖横联成券拱，砖缝之间用陶瓷片填塞加固。正科甲巷遗址 G8
继续往东南延伸，即与 1995 年大科甲巷利都商城工地发掘的砖砌沟渠相接，后
者的揭露长度 150 米，内宽 1.2~1.4 米，沟渠两侧散布有小型排水沟共 60 余条，
均通向主沟渠内，与附近民居宅院的兴废密切相关[1]；规模较小者以内姜街遗址
G1（图 6-6）及江南馆街遗址 G2、G8 为代表，前者内宽 1 米左右，券拱完整

1　成都市文物考古工作队：《成都市 1995 年田野考古工作概述》，《成都文物》1996 年第 1 期。

高度约2.25米，两壁直墙以平丁相杂砌筑，底部有一层铺砖；后者内宽0.5~1.02米、内高0.7~1.3米，两壁直墙主要用青砖错缝平砌，每层收分0.5~1厘米，底部为泥土硬面，顶部亦使用青砖横联成券拱，砖缝之间用陶瓷片填塞加固。小型沟渠散布于房屋院落间，普遍修筑工艺简陋，宽度多在0.3米左右，一般都为加盖平砖封顶的暗沟（渠），与主干沟渠或次级沟渠贯通相接，它们数量众多，分布密集，纵横交错，与市民生活最为息息相关，既有取水洗涤之便，又可排污，净化城市环境，诚如北宋席益《淘渠记》所言，"其余小渠，本起无所考，各随径术，枝分根连，同赴大渠，以流其恶"[1]。

从沟渠遗迹的分布状况能够看出，罗城东部的密集程度最高，至少有五条主干沟渠和次级沟渠，且都呈西北—东南走向的平行布局，说明城市给排水的主要出水口设置在罗城东垣及其外侧的新郫江（清远江），吴师孟《导水记》言："（水流）自西门循大逵而东注于众小渠，又西南隅至窑务前闸，南流之水自南铁窗入城。于是二渠既酾，股引而东，派别为四大沟……又东汇于东门，而入于江"[2]，文中的"东门"应包含了罗城的大东门和小东门，"江"指的是新郫江（清远江）。当时成都旧城（即唐宋罗城）西部的平均海拔为497~501米，旧城东部的平均海拔为490~493米，落差接近7米，这样的地形风貌决定了沟渠的水流必然遵循由西北往东南的规律，同时亦说明了文献记载与考古实证的高度吻合。

此外，宋代文献中还明确提到当时的成都城内存在着一批专业从事沟渠疏浚工作的人，名为"淘沙子"。黄休复《茅亭客话》载："伪蜀大东市有养病院，凡乞丐贫病者，皆得居之。中有携畚锸，日循街坊沟渠内淘泥沙，时获碎铜铁及诸物以给口食，人呼为淘沙子焉。"[3]

1　席益：《淘渠记》，载袁说友等编《成都文类》卷二十五，赵晓兰整理，第512页。

2　吴师孟：《导水记》，载袁说友等编《成都文类》卷二十五，赵晓兰整理，第511页。

3　黄休复：《茅亭客话》卷三，李梦生校点，第110页。

图 6-5 正科甲巷遗址的次级沟渠（G8）

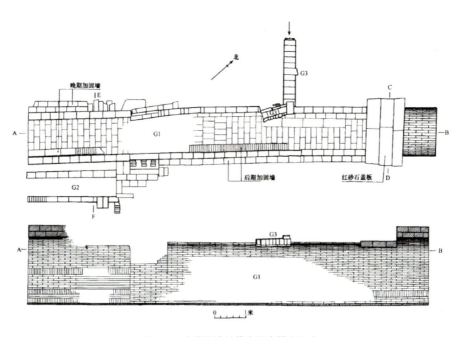

图 6-6 内姜街遗址的次级沟渠（G1）
（采自成都文物考古研究所：《成都市内姜街遗址发掘报告》，《成都考古发现》（2004），
第 371 页，图六）

第七章

城内的民居坊市

第一节

民居坊市的考古发现

　　成都旧城内的江南馆街、正科甲巷、城守东大街、下东大街、内姜街、鼓楼北街、指挥街、东丁字街、江汉路、西珠市街、君平街、上汪家拐街等地，都陆续发现过疑似民居坊市的遗址，兹选取几处典型遗址介绍如下：

江南馆街遗址

　　位于成都旧城东南的江南馆街北侧，东临纱帽街和大圣慈寺，西临红星路，2007—2008年开展考古发掘，揭露面积共4800平方米，清理出沟渠16条、铺砖道路4条、泥土支路4条及房址21座，发掘者推测遗址内涵与唐宋时期富春坊内的民居生活设施有关[1]。

图7-1　江南馆街遗址主街道两侧的房屋建筑群

　　1　成都市文物考古研究所：《成都江南馆街唐宋时期街坊遗址》，载国家文物局主编《2008中国重要考古发现》，第150-155页；成都市文物考古研究所：《成都江南馆街唐宋街坊遗址》，《成都文物》2009年第3期。

图 7-2　江南馆街遗址的部分房屋建筑

　　遗址可分作早、晚两期：早期相当于唐末至北宋，由于原址保护需要，只揭露出发掘区东、西部较小的范围，包括有房址 5 座、沟渠 3 条、土路 4 条（皆叠压于南宋道路下，只作了局部解剖）及较多的灰坑；晚期相当于南宋，为主体文化堆积，包括有房址 21 座、铺砖街道及支路 8 条、沟渠 16 条、小天井 6 个。其中 L2 为遗址内的铺砖主街道，西侧由南向北排列 9 座临街房址，东侧由南向北排列 5 座临街房址，东侧临街房后至少还有 5 座房址（图 7-1）。房屋大小面积不一，有单间或套间，均面向街道开门，部分室内有铺砖，墙基为砖砌，墙体多为木或竹，立柱下垫红砂石柱础（图 7-2）。

　　出土物以瓷器为主，常见青羊宫窑、琉璃厂窑、邛窑等本地产品，也有龙泉窑、定窑等外地产品，其中外来品的数量明显多于、质量明显高于成都同时期其他遗址出土的瓷器。

正科甲巷遗址

　　位于成都旧城东南的正科甲巷西侧，西与春熙路北段相接，东南与大科甲巷遗址毗邻，2014 年开展考古发掘，揭露面积约 800 平方米，清理出房址 11 座、大小沟渠 13 条、道路 2 条、灰坑 18 个、灶 4 个、水井 2 口等[1]。

1　资料现存成都文物考古研究院。

图 7-3 正科甲巷遗址主沟渠北侧的房屋建筑

图 7-4 正科甲巷遗址主沟渠及其相连的小型支沟

编号 G8 的大型砖砌沟渠为主体遗迹单位，始建于唐代晚期，沿用至元末明初，沟渠北侧发现有排列密集、相互叠压或打破的房址民居，保存情况较差，大多仅存柱础石或砖砌墙基（图 7-3），部分屋内可见砖砌灶坑（图 7-5），屋外分布有众多作为分支的小型排水沟（图 7-4），与主沟渠垂直交会。唐末至两宋时期的房屋垫土中，有埋藏瓷罐、壶的奠基现象（图 7-6），特别流行于唐末五代之际，具体做法为将罐、壶口朝上放置，罐口利用碗、盏、板瓦、砖等覆盖，个别罐内、外放置有铜钱。

图 7-5　正科甲巷遗址砖砌灶坑　　　　图 7-6　正科甲巷遗址房屋奠基现象

出土瓷器面貌与江南馆街遗址接近，从窑口组合看，除了本地的琉璃厂窑、邛窑、金凤窑、磁峰窑产品，还有相当比例的外地产品，可辨景德镇窑、龙泉窑、耀州窑、越窑等，器形包括有碗、盘、盏、罐、壶、瓶、炉、盆、盒等。

下东大街遗址

位于成都旧城东南的下东大街与纱帽街交会路口以东，东与南糠市街相邻，东北方向距大圣慈寺仅 200 余米，2007 年开展考古发掘，揭露面积约 400 平方米，清理出道路、砖墙、水井、灰坑等遗迹[1]。南宋时期的道路 L1 近南北走向，

1　成都文物考古研究所：《成都市下东大街遗址考古发掘报告》，载《成都考古发现》(2007)，第 452-539 页。

残长 4.1 米、宽 1.57 米，路基为灰褐色瓦砾层，路面微拱起，铺砖遭破坏不存，边缘处残存有丁砌的包边砖，路边还有砖砌散水。根据其方位和建筑规模推测，或为坊间或坊内街道。

出土瓷器中本地产品占据绝对比重，常见琉璃厂窑、邛窑、金凤窑、磁峰窑、玉堂窑等，外地窑口可辨景德镇窑、龙泉窑、耀州窑，数量很少。瓷器器形见有碗、盘、钵、盆、盏、罐、壶、杯、炉、盒、盂、急须等。

内姜街遗址

位于成都旧城中部的内姜街东侧，东临太升南路，北靠忠烈祠西街，1996年开展考古发掘，揭露面积 200 余平方米，清理出铺砖道路、土筑道路、沟渠、房址等 [1]。

编号 L1 的铺砖道路为主体遗迹单位，年代约在南宋至元代，道路北侧可见房址 2 座（F1、F2），残存柱洞、柱础石、墙基等（图 7-7），房址使用的柱础有红砂石质和青石质两种；F1 和 F2 均未发现下挖的墙基，但在房址的墙基边缘残存了一些丁砌的砖块。按柱洞和墙基的分布，推算 F1 进深约 5.2 米、宽 3.7 米，F2 进深约 5.2 米、宽 2.1 米。另外，在 F1 的中部发现有土质较为紧密细腻的垫土层，房内临道路的中央有一处凹陷，可能为门础石形成的坑。L1 下叠压土筑道路 L2，年代约在唐代晚期至北宋，道路南侧发现有房址 F3，残存柱洞和砖砌墙基，屋内有 3 个并排的灶坑。

出土物以本地瓷器为主，其中琉璃厂窑、邛窑产品最多，如碗、盘、碟、盏、盒、盆、急须、罐、盖、砚台等，还有一些金凤窑、瓦缸坝窑的黑瓷及磁峰窑白瓷，如碗、盏、罐等，基本上没有发现四川以外的瓷器。

---

1 成都文物考古研究所：《成都市内姜街遗址发掘报告》，载《成都考古发现》（2004），第 364-391 页。

鼓楼北街遗址

位于成都旧城中部的鼓楼北一街西侧，南临梵音寺街，北近白丝街，2017—2019 年开展考古发掘，揭露面积约 4000 平方米，清理出铺砖道路、土筑道路、沟渠、房址、水井、河道、灰坑等 [1]。

图 7-7　鼓楼北街遗址大型房基（F7）

图 7-8　鼓楼北街遗址房基（F6）的砖砌天井

1　资料现存成都文物考古研究院。

编号 L1 的道路为主体遗迹单位，存续时间从唐末五代至元代，同时期住宅院落分布于 L1 的南北两侧。道路南侧的规模较大者以 F7 为代表（图 7-7），残存磉墩、柱础、部分墙基及垫土，磉墩共 5 排，每排 7 个，为边长 1~1.1 米、深 0.5~0.9 米的方坑，推测为面宽 6 间、进深 4 间的结构。规模稍小的以 F6 为代表，平面现存南北共 5 排磉墩，每排 4 个，大致为边长 0.7~0.9 米、深 0.4~0.5 米的方坑，内填卵石、黄黏土，平面铺方砖成柱础石，推测最北一排及最南一排为廊房，中间两排为正屋，最南端为带天井的后院（图 7-8），天井排水口直接与主沟渠 G1 贯通。其余房屋住宅残损严重，一般只保存有天井、灶台、局部墙基和柱础，内部构造不完整，并且在不同位置发现多个用于奠基的瓷罐。道路北侧因发掘面积受限，仅小范围揭露，发现有大型住宅院落与道路相连接的砖砌斜坡踏道。

出土物以本地瓷器为主，其中琉璃厂窑产品最为丰富，如碗、盘、碟、盏、盒、盆、急须、罐、壶等，另有一些邛窑、磁峰窑、金凤窑产品，四川以外窑口的瓷器可见景德镇窑、龙泉窑、定窑等，数量较少。

指挥街遗址

位于成都旧城南的指挥街省人大宿舍工地，南距南河约 500 米，1986 年开展考古发掘，揭露面积近 340 平方米，清理出房址、水井、灰坑等遗迹[1]。房址较简陋，且保存状况差，灰坑中的 H4 和 H8 是两座典型的生活垃圾填埋坑，坑内出土大量的瓷、陶、漆、铜、铁、骨、棕、木、玉石、竹、麻器及砖瓦块、竹木碎片、果核、兽骨、石灰面、蛋壳、药渣等。出土瓷器以本地的邛窑、琉璃厂窑产品居多，器形极其丰富，见有碗、盘、碟、壶、罐、盆、盒、钵、杯、盏、擂钵、瓶、急须、灯台、炉、枕、铃、棋子、玩具模型等。

1　成都市博物馆、四川大学博物馆：《成都指挥街唐宋遗址发掘报告》，载四川大学博物馆、中国古代铜鼓研究学会编《南方民族考古》（第二辑），第 233-298 页。

第二节

民居坊市的主要特点

基于考古发掘情况观察，成都城内与坊市相关的民居住宅遗址主要呈现出如下特点：

1. 未见任何土筑或砖石垒砌的坊墙遗迹。

2. 房屋排列鳞次栉比，拥挤喧嚣，多沿街开门，规模较大或等级较高的建筑，有砌筑精美的踏道与街道相连接；部分手工业或商业用房，临街前屋往往开门经营卖货，后院则闭门生产制作，从而形成一种古老而传统的经营模式——前店后坊或前店后宅。

3. 屋内大小面积各异，有单间或套间，或自成院落；墙基通常为砖砌，墙体多为木骨或竹骨泥墙；普通建筑的立柱下直接垫柱础石，规模较大或等级较高的建筑，立柱下开挖有专门的磉墩；房屋垫土下流行埋藏罐、壶等瓷器，有的罐内放置铜钱，或系某种奠基或镇宅禳灾、祈福行为 [1]；房屋内还往往修筑有天井，作为室内散水的主要设施。

4. 房屋或院落之间分布有大量水井和纵横交错的小型排水沟，以汲取和导

1　唐五代敦煌文书记录的镇宅法有类似行为，如 P.4667va 提到的"五色石镇宅法"："庭中以青石十斤，青米一升，五谷各一升，五色绢各一尺，炭铁各二两，钱七文，七宝各一事，已（以）上物中庭镇之，已（以）上物以瓦器盛之"；P.4522va 载："凡人家虚耗钱财，失家口不健，官职不迁……用雄黄五两武都者，朱砂五两棣门神者，砂青五两不涷者，白石英五两，紫石英五两，右件等物，石函盛之，置中庭，以五色彩随埋之，深三尺，令人宅家（吉）"；同卷还谈及了"宅舍寅卯地有直街巷及开门冲者"的压胜之法："铁女七人，各长七寸，白石七两，虎头一具，用砖屋成（盛）之，用庚日埋于寅卯间，入土七尺，大吉。又法，取来赤石一枚，长五寸，钱五文，阳宅埋丑地，阴宅埋未（地），必迁官"；S.4534v 亦载："凡人初造基，欲得钱，二十五令著铜器中，向西地请舍贤精异著庭中安，凡盛之，但深三尺，家当千年无贫，吉利"；参见陈于柱：《敦煌写本宅经校录研究》，民族出版社，2007，第 374、430 及 476 页；金身佳：《敦煌写本宅经葬书研究》，甘肃文化出版社，2021，第 296-298 页。

泄饮用水、雨水、生活污水等，最后汇集入主干沟渠，亦即文献所载的"编户夹街之小渠"[1]。

5. 房屋外有放置个体较大的陶缸或陶瓮的做法，功能上应与防火救灾有关，即如《导水记》所言，"虽以瓮贮水为备，然器小而善坏，非应猝救焚之具，故水不足用"[2]。

6. 房屋拥挤不堪，居住人口密度大，甚至到了"户所占地不得过一床"[3]的地步，在缺乏有效、合理管理的情况下，极易诱发各种危及生命安全的重大事件，如瘟疫、水患、火灾、斗殴等，其中最为突出的问题便是灾害频发，如后蜀广政十五年（952）暴发的岷江水患，一次即"溺数千家"[4]。此外，火灾的破坏力亦令人惊骇，早在汉代，成都就曾订立"禁民夜作，以防火灾"[5]的制度；唐末，高骈为剑南西川节度使，分成都城为左、右厢，"厢有虞候，诘火督盗贼"[6]；南宋淳熙丁未年（淳熙十四年，1187）成都大火，"所爇七千家……居民栉比，一燎无遗"，又云："火作自某所至某所，延烧几万家，灾亦甚矣……第云所爇主户近二千，而僦居之家则以万计。"[7]尽管如此，灾后的重建速度却更让人咂舌，"丁未成都大火"后仅数月，"自锦江而北，绳引棋布，巷陌一新，洞达疏明，无复向来之旧矣。"[8]这些记载能够得到考古发现的印证，经发掘的多处民居建筑的垮塌堆积中，时常包含有过火后形成的大面积烧土瓦砾或灰烬残渣，而重建方式只不过是将垮塌堆积简单平整和夯压以作垫土，再于其上起建新的构筑物，如此反复。实际上，在中国南方的大部分城市，由于城圈面积狭小，人口稠密，房屋多为竹木结构，加之道路交通网多为小街小巷，

---

1 吴师孟：《导水记》，载袁说友等编《成都文类》卷二十五，赵晓兰整理，第 511 页。

2 同上。

3 欧阳修、宋祁：《新唐书》卷二百二十二中，第 6286 页。

4 王文才、王炎校笺《蜀梼杌校笺》卷四，第 388 页。

5 范晔：《后汉书》卷三十一，李贤等注，中华书局，2000，第 1103 页。

6 欧阳修、宋祁：《新唐书》卷二百二十四下，第 6393 页。

7 李心传：《建炎以来朝野杂记·乙集》卷八，徐规点校，中华书局，2000，第 639-641 页。

8 同上书，第 640 页。

都面临这样的困境[1]。

7. 生活器具中最常见的是瓷器，本地瓷器在城内各个民居住宅区普遍流行，面貌差异不大，其中琉璃厂窑、青羊宫窑的产品占比在七成以上，其余为成都周边的邛窑、磁峰窑、金凤窑、玉堂窑等的产品。外地瓷器总体占比不超过一成，当中又以景德镇窑的青白瓷器为主，定窑、越窑、龙泉窑、耀州窑、长沙窑等出土频率很低。相对而言，外地瓷器在城东南一带的民居住宅区发现稍多，或与该区域的业态氛围（商业、经营服务业发达）不无关联。

后文的专题部分（第十章第二节），还将结合文献记载和国内其他城址的考古成果，对唐宋时期成都城的里坊格局与形态问题进行考察。

1　谢和耐：《蒙元入侵前夜的中国日常生活》（插图本），刘东译，北京大学出版社，2008，第23–28页；包伟民：《宋代城市研究》，第387–390页。

Chapter 8

第八章

城外的乡里郊野

乡里位置与区划

成都城外的乡里分属成都县、华阳县，宋代称二县为"倚郭县"[1]，以下按县域分别叙述。

成都县

成都县地处成都府城西面，秦汉旧县，传扬雄著《蜀王本纪》载："蜀王据有巴蜀之地，本治广都樊乡，徙居成都，秦惠王遣张仪、司马错定蜀，因筑成都而县之。"[2] 唐贞观十七年（643），析县境之东偏置蜀县。武周垂拱二年（686），割县之西鄙置犀浦县。《太平寰宇记·剑南西道》："成都县，旧二十四乡，今十九乡。"[3]《元丰九域志·成都府路》："次赤，成都。一十六乡。渑江、蚕北二镇。"[4] 考出土志券及文献，明确提到过的有十三乡：建福、延福、安福、广平、广千、善政、金砂、金泉、文学、会仙、仙亭、阳（杨）侯、□水（表8-1、图8-1）。

1　李心传：《建炎以来朝野杂记·乙集》卷十一，徐规点校，第682页。

2　乐史：《太平寰宇记》卷七十二，王文楚等点校，第1463页。

3　同上书，第1465页。

4　王存：《元丰九域志》卷七，王文楚、魏嵩山点校，中华书局，1984，第308页。

表 8-1　成都县乡、里（村）建置一览表

唐代		前蜀		后唐及后蜀		北宋		南宋		今地理方位
乡	里（村）	乡	里（村）	乡	里（村）	乡	里（村）	乡	里（村）	
建福	草堂									金牛区茶店子、蜀汉路
						延福		延福		金牛区抚琴小区、营门口
				广千	望乡			安福		金牛区永陵路、花牌坊街
广平		广平	茂荆							
善政	肃清									青羊区苏坡乡金沙村
						金砂				青羊区苏坡乡西窑村
						金泉	濯锦			
		文学	□光					文学		高新区创业路、青羊区光华村
				会仙（仁）						金牛区磨盘山、成华区青龙乡石岭村
								仙亭		
				阳侯	巴州			阳（杨）侯		成都西北方向
									□水	三环路交大立交一带

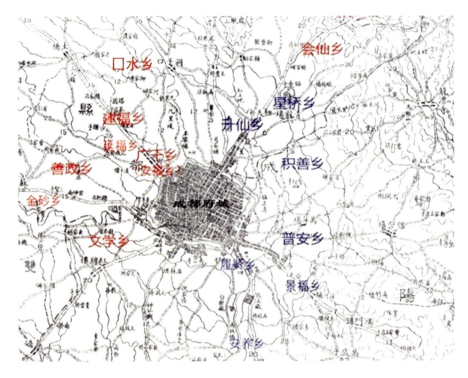

图 8-1　唐宋时期成都城郊各乡分布示意图
（以民国二十三年成都地图为底本绘制）

一、建福乡

成都市西郊出土唐元和九年（814）王武用墓志铭。志文载："公讳武用……元和甲午岁……殁□成都府龟城坊之私第……厝于成都县建福□□堂里之原。"[1]

成都市西郊出土唐开成二年（837）王武用夫人颜氏墓志铭。志文载："夫人琅琊颜氏……开成二年正月八日□□□□□县建福乡草堂里。"[2]

志文所谓"成都县建福乡草堂里"，约建置于唐代晚期，方位大致在今成都

1　刘雨茂、荣远大编著《成都出土历代墓铭券文图录综释》，第 131 页。

2　同上书，第 132 页。

市西郊。参考成都市西北郊红色村唐代砖室墓出土的元和十年（815）"王怀珍墓志铭"[1]，亦有"成都府犀浦县建福乡草堂里"的记载。《太平寰宇记·剑南西道》载犀浦县系"（武）周垂拱二年，割成都（县）之西鄙置，盖因李冰所造石犀以名县"。[2] 由此推测，唐宪宗元和九年（814）至唐文宗开成二年（837）的二十余年间，"建福乡草堂里"的行政隶属关系复杂多变，辗转于成都县与犀浦县之间，亦可知"成都县建福乡草堂里"的具体方位应在今成都市西北金牛区一品天下大街以西、茶店子路与蜀汉路之间的区域。

二、延福乡

成都文物考古研究所藏北宋熙宁七年（1074）杨氏买地券，出土地点不详。券文载："维熙宁七年岁次甲寅……杨氏地券生居城邑死安宅兆……宜于此成都县延福乡之原安厝。"[3]

成都文物考古研究所藏南宋绍兴六年（1136）李之元买地券，出土地点不详。券文载："……丙辰八月丙申朔二十五……李之元地券……宜于此成都县延福□福地之原安厝。"[4]

成都市西北郊抚琴小区金鱼村南宋砖室墓（M3）出土淳熙九年（1182）吕亨及夫人文氏买地券。券文载："大宋淳熙九年岁次壬寅……父吕亨母文氏顺娘地券生居城邑死安宅兆……宜于此成都县延福乡福地之原安厝。"[5]

成都市西北郊抚琴小区金鱼村南宋砖室墓（M9）出土淳熙九年（1182）吕忠庆镇墓券。券文载："大宋淳熙九年岁次壬寅……有奉道男弟子吕忠庆……于此成都县延福乡福地预造千年吉宅百载寿堂。"[6]

成都市西北郊抚琴小区金鱼村南宋砖室墓（M2）出土淳熙十五年（1188）古氏买地券。券文载："大宋淳熙十五年岁次戊申……古氏……地券生居城邑死

1　成都文物考古研究所：《成都市西郊红色村唐代王怀珍墓》，载《成都考古发现》（2005），科学出版社，2007，第301—307页。

2　乐史：《太平寰宇记》卷七十二，王文楚等点校，第1472页。

3　刘雨茂、荣远大编著《成都出土历代墓铭券文图录综释》，第300页。

4　同上书，第404页。

5　成都市文物考古工作队：《四川成都市西郊金鱼村南宋砖室火葬墓》，《考古》1997年第10期。

6　同上。

安宅兆……宜于此成都县延福乡福地。"[1]

成都市西北郊营门口乡化成村五组南宋石室墓出土开禧二年（1206）邓百瑞石真墓券。券文载："开禧二年岁次丙寅……今有男弟子邓百瑞福地在成都县延福乡预造千年吉宅百载寿堂。"[2]

成都市西北郊抚琴小区金鱼村南宋砖室墓（M5）出土绍定二年（1229）谢祖□买地券。券文载："……绍定二年太岁……谢祖地券……成都县延福乡福地。"[3]

成都市西北郊化成小区南宋砖室墓出土端平二年（1235）刘□颐买地券。券文载："大宋端平二□□岁乙未……刘□颐……地券生居城邑……宜此成都县延福乡福地。"[4]

成都市通锦路"中铁·通锦坊"项目工地宋代砖室墓 M11 出土买地券见有"成都县延福乡"等文字[5]。

延福乡是成都府城外重要的墓葬区。据券文内容可知，此乡迟至北宋中晚期已有建置，沿袭至南宋。其辖区范围较大，约在成都旧城西北、摸底河以东的区域，包括金牛区通锦桥路、抚琴小区和化成小区等，东南方向与成都县安福乡接壤，西北方向与唐代成都县（或犀浦县）的建福乡接壤。

三、安福乡

成都市永陵公园南宋砖室墓出土绍兴十三年（1143）佚名买地券。券文载："维绍兴十三年岁次壬戌……地券生居城邑……宜此成都县安福乡福地。"[6]

券文所谓"成都县安福乡"，地理位置大致在今成都市桃花江以南、一环路

1　成都市文物考古工作队：《四川成都市西郊金鱼村南宋砖室火葬墓》，《考古》1997 年第 10 期。

2　张勋燎、白彬：《中国道教考古》，线装书局，2006，第 1413–1415 页。

3　成都市文物考古工作队：《四川成都市西郊金鱼村南宋砖室火葬墓》，《考古》1997 年第 10 期。

4　成都市文物考古工作队：《成都市外化成小区南宋墓发掘简报》，载成都文物考古研究所编著《成都考古发现》（1999），第242–251页。

5　成都文物考古研究院：《成都市通锦路遗址隋唐至明代墓葬清理简报》，载《成都考古发现》（2015），第 655 页。

6　成都文物考古研究所：《2008 年度永陵公园古遗址发掘简报》，载《成都考古发现》（2008），第 406 页。

西三段以东的金牛区永陵路与花牌坊街之间区域，即唐宋成都府城西北外的附郭地带，往西北方向与成都县延福乡接壤。

四、广平乡

《民国华阳县志·金石》收录、传成都北郊出土唐贞元三年（787）邓公墓志铭。志文载："公讳琛……贞元三年……终于华阳县灵关里之私第……公之夫人……大历八年先公而逝葬于成都县广平乡之原。"[1]

成都永陵博物馆藏拓前蜀王公墓志铭，出土地点不详。志文载："以其月十五日葬于成都府成都县广平乡茂荆里。"[2]

志文所谓"成都县广平乡"，约建置于唐代中期，因缺乏更多线索，具体方位无考，仅知在今成都市以北。

五、广千乡

成都市永陵公园五代砖室墓出土后蜀广政二十六年（963）雷氏买地券。券文载："维广（政）二十六年岁次癸亥……雷氏地券文生居城邑死安宅兆……宜于成都县广千乡望乡里之原福位地安厝。"[3]

此地券与前述南宋绍兴十三年（1143）佚名买地券出土于同一地点，后者所记为"成都县安福乡"，可知南宋成都县安福乡的地理位置在后蜀时期称"成都县广千乡望乡里"，即广千乡的辖区范围是在成都府城西北外的附郭地带。

六、善政乡

四川博物院藏唐元和元年（806）辛府君墓志铭载："以元和元年五月十六日疾卒于成都私第，以其月廿七日，迁厝于善政乡之肃清岗。"[4]

成都市西郊金沙村唐代砖室墓出土唐大中四年（850）鲜腾墓志铭。志文载："□讳腾字顽之……大中四年二月……寝疾不瘳终于相如里之私第……安厝于本邑之西郊善政乡肃清里。"[5]

---

1 陈法驾、叶大锵等修，曾鉴、林思进等纂《民国华阳县志》卷三十一，王晓波、王会豪、郭建强校点，载成都市地方志编纂委员会、四川大学历史地理研究会整理《成都旧志》第 16 册，第 838 页。

2 刘雨茂、荣远大编著《成都出土历代墓铭券文图录综释》，第 187-188 页。

3 成都文物考古研究所：《2008 年度永陵公园古遗址发掘简报》，载《成都考古发现》（2008），第 405 页。

4 四川省文物管理局：《四川文物志》，巴蜀书社，2005，第 246 页。

5 成都市文物考古研究所：《成都市金沙村唐墓发掘简报》，《考古》2008 年第 3 期。

成都市清江东路张家墩南宋砖室墓（M1）出土绍兴六年（1136）王氏十二娘买地券、绍兴二十六年（1156）李丞贵买地券。前者券文载："维绍兴六年……王氏十二娘地券……宜于此成都县善政乡福地之原安厝。"后者券文载："维绍兴二十六年……李丞贵地券……宜于此成都县善政乡福地之原安厝。"[1]

成都市清江东路张家墩南宋砖室墓（M9）出土南宋乾道二年（1166）买地券。券文载："维乾道二年……（成都）县善政乡福地之原。"[2]

成都市清江东路张家墩南宋砖室墓（M10）出土绍熙元年（1190）口氏口娘买地券。券文载："大宋绍熙元年……大道女弟子口氏口娘……于成都县善政乡福地预造千年吉宅。"[3]

成都市清江东路张家墩南宋砖室墓（M68）出土庆元三年（1197）古氏四寿娘买地券、嘉定十年（1217）李氏买地券。前者券文载："大宋庆元三年……古氏四寿娘地券……宜于此成都县善政乡福地之原安厝。"后者券文载："大宋嘉定十年……故李……地券……善政乡福地。"[4]

志文所谓"成都县善政乡"，地理位置约在今成都市青羊区清江东路至青羊大道金沙遗址博物馆一带，其南界与成都县金砂乡接壤，北界与成都县（或犀浦县）的建福乡接壤。

七、金砂乡

成都市西郊苏坡乡西窑村七组"博瑞都市花园"工地北宋砖室墓（M26）出土宣和三年（1121）杨氏买地券，券文载："维大宋宣和三年太岁……杨氏相地券生居城邑死安宅地……宜于此成都县金砂乡福地之原安冢。"[5]

券文所谓"成都县金砂乡"，地理位置约在成都市青羊区苏坡乡西窑村一带，往北原为唐代成都县的善政乡，往东南与成都县文学乡接壤。此外，2017

1　四川大学考古系、成都文物考古研究院：《成都市清江东路张家墩隋唐至南宋砖室墓》，《考古》2018年第12期。

2　同上。

3　同上。

4　同上。

5　成都市文物考古研究所：《成都博瑞"都市花园"汉、宋墓葬发掘报告》，载《成都考古发现》（2001），第160页。

年成都市青羊区光华村街唐代砖室墓出土唐元和十四年（819）"勾龙仙龄墓志铭"，志文载："公讳仙龄……以己亥岁四月十日……奄从大化用其年四月廿三日庚午殡祔当川犀浦县金砂乡安业里之原。"[1] 按犀浦为成都府城西北的辖县，东与成都县接壤，武周垂拱二年（686）分成都县地置，盖以李冰所造石犀命名，唐五代因之，其地"地狭民繁多田"[2]，《太平寰宇记·剑南西道》又言"犀浦县，西二十七里。旧二十四乡，今二十乡"[3]。北宋熙宁五年（1072），省为镇，并入郫县，南宋范成大《吴船录》载犀浦县"今废，属郫，犹为壮镇"[4]。综上梳理可知，金砂乡在唐代曾一度隶属犀浦县，北宋晚期以后因犀浦县废，此地被划归成都县。

八、金泉乡

成都市东北郊圣灯乡 208 厂北宋砖室墓出土元祐八年（1093）张确及夫人杜氏墓志铭，张确志文载："武阳张府君……元丰七年十二月七日壬申葬君成都县金泉乡濯锦里祖茔之西……改葬于此……"[5]

南宋魏了翁《鹤山集·永康军通判杜君墓志铭》载："……（绍定）六年十月甲申奉德克与安人之丧合葬于成都县金泉乡坤山之原……"[6]

志文所谓"成都县金泉乡"，因出土信息不详，又无更多旁证材料补充，故具体方位无考。

九、文学乡

成都市西郊光华路小学五代砖室墓出土前蜀永平六年（916）石人地券。券文载："大蜀永平六年岁次丙子……成都县西市北团女弟子阿住置造寿堂宜于成都县文学□□光里福地……"[7]

1　成都文物考古研究院：《成都市青羊区唐代砖室墓》，载朱岩石主编《考古学集刊》（第 21 集），社会科学文献出版社，2018，第 59-72 页。

2　脱脱等：《宋史》卷四百六十三《张尧佐传》，第 13556 页。

3　乐史：《太平寰宇记》卷七十二，王文楚等点校，第 1472 页。

4　范成大：《范成大笔记六种》，孔凡礼点校，中华书局，2002，第 188 页。

5　翁善良、罗伟先：《成都东郊北宋张确夫妇墓》，《文物》1990 年第 3 期。

6　魏了翁：《鹤山集》卷八十二，载《四库全书》第 1173 册，影印本，第 267 页。

7　张勋燎、白彬：《中国道教考古》，第 1404-1406 页。

成都市西南郊创业路信息产业部三十研究所南宋砖室墓出土乾道六年（1170）任氏及喻氏买地券。券文载："维乾道六年太岁庚寅……任氏五娘喻氏六小娘地券生居城邑死安宅兆……宜于此成都县文学乡福地之原安厝……"[1]

成都市西南郊创业路信息产业部三十研究所南宋砖室墓出土嘉定三年（1210）喻仲安买地券。券文载："大宋嘉定三年岁次庚午……喻仲安……宜于成都县□学乡福地之原安厝……"[2]

成都市西南郊创业路信息产业部三十研究所南宋砖室墓出土嘉定十一年（1218）张氏买地券。券文载："大宋嘉定十一年太岁戊寅……张氏三娘地券生居城邑死安宅兆……宜于此成都县文学乡福地之原安厝……"[3]

据券文内容可知，文学乡迟至五代前蜀时期已有建置，沿袭至南宋。其西北界可达今成都市青羊区光华村一带，与成都县金砂乡接壤。东南界约在今成都市高新区创业路一带，与广都县政路乡接壤。关于文学乡的东北界，目前暂无出土材料可资参考，但从文献中可以找到一些线索，北宋吴师孟《大中祥符禅院记》载"大中祥符禅院者，唐元和圣寿寺三十院之一也……（寺产有）成都县文学乡附郭水田七顷，华阳县金城坊赁院一所，皆充常住"[4]，则乡之东北界应延伸至府城南面的附郭地带。

十、会仙（仁）乡

成都北郊磨盘山后蜀高祖孟知祥"和陵"出土后唐长兴三年（932）福庆长公主墓志铭。志文载："福庆长公主李氏……长兴三年十一月廿四日葬于成都县会仙乡……"[5]

北宋杨天惠《正法院常住田记》载："时伪（后蜀）节度使田钦全……尽捐所有土田，施诸正法寺……盖其田东起成都之会仁，折而南属之华阳升迁……"[6]

---

1 成都文物考古研究所：《信息产业部三十研究所南宋火葬墓的发掘》，载《成都考古发现》（2004），第 433-451 页。

2 同上。

3 同上。

4 吴师孟：《大中祥符禅院记》，载袁说友等编《成都文类》卷三十八，赵晓兰整理，第 748 页。

5 成都市文物管理处：《后蜀孟知祥墓与福庆长公主墓志铭》，《文物》1982 年第 3 期。

6 杨天惠：《正法院常住田记》，载袁说友等编《成都文类》卷三十九，赵晓兰整理，第 759 页。

此乡初名会仙，后改会仁，辖区范围大致在今成都北郊磨盘山一带，从磨盘山附近所出南宋嘉定六年（1213）陈氏墓买地券记载之"成都府成都县"等文字可知，该地直至南宋中期，行政区划上仍属成都县境内[1]。其往北与新都县化林乡[2]毗邻，往南、东南方向分别与华阳县升仙乡和华阳县星桥乡接壤。

十一、仙亭乡

成都文物考古研究所藏南宋绍兴三十年（1160）文志扬买地券，出土地点不详。券文载："维绍兴三□年岁次庚辰……文志扬地□生居城邑死安宅兆……宜于此成都县仙亭乡福地之原安□……"[3]。

志文所谓"成都县仙亭乡"，因出土信息不详，又无更多线索补充，故具体方位无考。

十二、阳（杨）侯乡

四川大学博物馆藏后唐天成四年（929）钱氏买地券，出土地点不详。券文载："维天成四年岁次己丑十一月……故钱氏地券……宜于犀浦县阳侯乡巴州里之原安厝……"[4]。

南宋朱熹《晦庵集·运判宋公墓志铭》载："公讳若水，字子渊，成都府双流县人……以（淳熙）十六年十二月某甲子葬公及张安人于成都县杨侯乡癸山先墓之次……"[5]。

南宋魏了翁《鹤山集·知嘉定府宋君之源墓志铭》载："……今将以（嘉定）十七年□月□日葬于成都县阳侯乡祖茔之侧……"[6]。

文中所谓"阳（杨）侯乡"，先隶犀浦县，后可能因犀浦县裁撤，改隶成都

---

1 成都市文物考古研究所：《成都市青龙乡石岭村宋墓发掘简报》，载《成都考古发现》（2003），第397-417页。

2 1996年成都北郊天回镇甘油村北宋砖室墓出土宣和六年（1124）"阎氏十八娘买地券"，券文载有"成都府新都县化林乡"等文字，参见成都市文物考古工作队：《成都北郊甘油村发现北宋宣和六年墓》，《四川文物》1999年第3期。

3 刘雨茂、荣远大编著《成都出土历代墓铭券文图录综释》，第437页。

4 张传玺主编《中国历代契约会编考释》，北京大学出版社，1995，第258-259页；鲁西奇：《中国古代买地券研究》，厦门大学出版社，2014，第211页。

5 朱熹：《晦庵集》卷九十三，载《四库全书》第1146册，影印本，第192页。

6 魏了翁：《鹤山集》卷七十二，载《四库全书》第1173册，影印本，第137页。

县，方位大约在成都县西北一带。

十三、□水乡

成都市金牛区欢乐谷工地南宋砖室墓出土绍兴六年（1136）唐升小四□买地券。券文载："维绍兴六年岁次丙辰……唐升小四□……死安宅兆……成都县□水乡福地之原安厝……"[1]

券文乡名不完整，且暂无同时期旁证材料。成都市通锦路出土明嘉靖十二年（1533）董氏墓买地券[2]、营门口出土明嘉靖二十九年（1550）江详买地券及出土地点不详的明正统十年（1445）顾谅买地券[3]，均提及各自葬地为"成都县汾水乡"[4]。按清《嘉庆成都县志·山川》言"都江水在府西四里，一名粉水，以此水作粉，鲜洁于他处"[5]，上述券文所谓"成都县汾水乡"疑即得名于"粉水"，大致位于成都县西，是都江堰之内江流经成都各段的不同称谓之一。根据唐升小四□买地券的出土位置可知，南宋时期的"□水乡"亦地处成都县西，是否与明代的"成都县汾水乡"存在沿革关系，有待进一步研究考证。

华阳县

华阳县地处成都府城东面，本汉广都县地，唐贞观十七年（643）析成都县之东偏置蜀县，乾元元年（758）玄宗幸蜀，驻跸成都，改华阳县，华阳本蜀国之号，因以为名。《太平寰宇记·剑南西道》："华阳县，旧二十乡，今十六乡。"[6]《元丰九域志·成都府路》："次赤，华阳。八乡。均窑一镇。"[7]考出土志券

1　成都文物考古研究所：《成都市金牛区欢乐谷宋墓发掘简报》，载《成都考古发现》（2010），科学出版社，2012，第583-584页。

2　成都文物考古研究院：《成都市通锦路遗址隋唐至明代墓葬清理简报》，载《成都考古发现》（2015），第675-677页。

3　刘志远：《成都三座坟明墓第一次清理报告》，《成都文物》1988年第2期。

4　刘雨茂、荣远大编著《成都出土历代墓铭券文图录综释》，第561-564页。

5　衷以壎等纂修《嘉庆成都县志》，李勇先点校，载成都市地方志编纂委员会、四川大学历史地理研究会整理《成都旧志》第10册，第12页。

6　乐史：《太平寰宇记》卷七十二，王文楚等点校，第1465页。

7　王存：《元丰九域志》卷七，王文楚、魏嵩山点校，第308页。

及文献，明确提到过的有十乡：履贤、普安、积善、星桥、升仙、景福、龙池、安养、居贤、晋安（表8-2）。

表8-2　华阳县乡、里（村）建置一览表

	唐代		前蜀		后唐及后蜀		北宋		南宋		今地理方位
	乡	里（村）	乡	里（村）	乡	里（村）	乡	里（村）	乡	里（村）	
华阳县							履贤	锦江	履贤		武侯区磨子桥、锦江区九眼桥
	普安	沙坎	普安	沙坎	普安	沙坎	普安	白土	普安	钦仁	成华区跳蹬河、万年场、双桥子、五桂桥，锦江区牛市口、沙河铺、三圣乡花果村
						白土				白土	
			积善	永宁			积善	常平	积善	永宁	成华区八里庄、十里店、麻石桥、杉板桥、二仙桥
								东庙			
								真松			
			星桥	清泉	星桥	清泉	星桥	清泉	星桥		成华区东林村、海滨村、保平村
				望乡							
	升仙	贺仙			升仙	暮二□(常)平	升仙	常平	升仙		成华区双水碾、西林村、驷马桥、羊子山、昭觉寺
						贺仙					
							景福				锦江区三圣乡上河村
	龙池	招贤									
							安养				锦江区琉璃乡及往南一带
							居贤				
							晋安				

一、履贤乡

成都市九眼桥省招飞办公室工地出土北宋治平三年（1066）房府君买地券。券文载："维治平三年……房府君地券……宜于此华阳县履贤乡之原安厝……"[1]

《民国华阳县志·古迹》收录北宋梁子中墓志铭。志文载："……宣和七年六月七日卒……年十二月二十二日葬于华阳县履贤乡锦江里……"[2]

四川大学博物馆藏南宋乾道七年（1171）赵世朝、熙朝买地券。券文载：

1　刘雨茂、荣远大编著《成都出土历代墓铭券文图录综释》，第278页。

2　陈法驾、叶大锵等修，曾鉴、林思进等纂《民国华阳县志》卷三十一，王晓波、王会豪、郭建强校点，载成都市地方志编纂委员会、四川大学历史地理研究会整理《成都旧志》第16册，第834页。

"维大宋乾道七年岁次辛卯十月壬寅朔二十日辛酉殁故赵世朝、熙朝地券……宜于此华阳县履贤乡福地之原安厝……"[1]

成都市太平横街 42 号四川大学职工宿舍基建工地南宋双室火葬墓出土将（蒋）文华买地券。券文载："□□元年□岁戊子……弟子将（蒋）文华地券……华阳县履贤乡……""元年戊子"据考证为绍定元年（1228）[2]。

成都市磨子桥东川音大厦工地南宋砖室墓（M9）出土嘉定十一年（1218）罗承之买地券。券文载："大宋嘉定十一年……卜此宜于华阳县履贤乡福地……"[3]

成都市磨子桥东川音大厦工地南宋砖室墓（M10）出土嘉定十一年（1218）□氏□娘买地券。券文载："大宋嘉定十一年……卜此宜于华阳县履贤乡福地……"[4]

成都市磨子桥东川音大厦工地南宋砖室墓（M11）出土嘉定十一年（1218）任世明、康八娘买地券。券文载："大宋嘉定十一年……卜此宜于华阳县履贤乡福地……"[5]

成都市磨子桥东川音大厦工地南宋砖室墓（M7）出土绍定元年（1228）张氏买地券、□氏八娘买地券。券文均载："绍定元年……卜此华阳县履贤乡预造千年吉宅……"[6]

据志券内容可知，履贤乡迟至北宋中期已有建置，沿袭至南宋。关于其地理位置，《民国华阳县志·古迹》言："（履贤乡）旧志谓今治东三里德元寺侧即其地。"[7]考上述出土买地券，乡之范围大致应在今成都市武侯区磨子桥至锦江区九眼桥一线，即唐宋成都府城东南外的附郭地带，往东与华阳县普安乡接壤。

---

1 张传玺主编《中国历代契约会编考释》，第 616–617 页；鲁西奇：《中国古代买地券研究》，第 459 页。

2 陈德富：《成都太平横街南宋墓出土陶器浅析》，《景德镇陶瓷》1984 年总第 26 期。

3 成都文物考古研究院：《成都市武侯区川音大厦工地唐宋墓葬发掘简报》，载《成都考古发现》（2015），第 591–641 页。

4 同上。

5 同上。

6 同上。

7 陈法驾、叶大镕等修，曾鉴、林思进等纂《民国华阳县志》卷二十七，王晓波、王会豪、郭建强校点，载成都市地方志编纂委员会、四川大学历史地理研究会整理《成都旧志》第 16 册，第 651 页。

二、普安乡

成都市牛市口出土唐乾符六年（879）魏师鲁墓志铭载："府君讳师鲁……乾符五年十月□日终……明年二月十五日葬于华阳县普安乡钦仁里……"[1]

四川大学藏唐天复元年（901）秦温买地券载："维大唐天复元年岁次辛酉……成都府华阳县灵关坊大道弟子秦温就当县界普安乡沙坎里……敬造千年之宅万岁石城……"[2]

成都市出土前蜀乾德四年（922）许璠墓志铭载："璠字韬光蔡州汝阳县阳安乡泉阴里人也……乾德四年……终于成都府华阳县万秀坊之私第……葬于成都府华阳县普安乡沙坎里卧龙山。"[3]

成都市龙泉驿区十陵镇双林村五代砖室墓出土后唐天成三年（928）许仁杰墓志铭。志文载："公讳仁杰字贯仪京兆长安人也……以（天成）三年……葬于成都府华阳县普安乡白土里东山。"[4]

四川博物院藏、成都东门外跳蹬河采集后蜀明德二年（935）任菩提买地券。券文载："维明德二年岁次乙未十一月壬辰朔四日乙未女弟子任菩提宜于华阳县普安乡沙坎里敬造千年之宅万岁石城……"[5]

成都市东郊保和公社光荣大队（今成都市成华区保和乡）五代砖室墓出土后蜀广政十一年（948）张虔钊墓志铭及买地券。志文载："以其年……葬于国之东郊华阳县普安乡白土里高原。"券文载："维广政十一年……宜于此华阳县普安乡白土里之原安厝。"[6]

四川博物院藏、成都东门外跳蹬河采集后蜀广政十四年（951）王府君买地券。券文载："维广政十四年岁次辛亥……王府君地券生居城邑死安宅兆……宜

1　资料现存成都文物考古研究院。

2　张勋燎、白彬：《中国道教考古》，第1404页。

3　陈法驾、叶大锵等修，曾鉴、林思进等纂《民国华阳县志》卷二十七，王晓波、王会豪、郭建强校点，载成都市地方志编纂委员会、四川大学历史地理研究会整理《成都旧志》第16册，第854页；刘雨茂、荣远大编著《成都出土历代墓铭券文图录综释》，第169页。

4　刘雨茂、荣远大编著《成都出土历代墓铭券文图录综释》，第194-195页。

5　四川省文物管理局：《四川文物志》，第355页。

6　成都市文物管理处：《成都市东郊后蜀张虔钊墓》，《文物》1982年第3期。

于普安乡白土里之原安厝……"[1]

成都市东郊五桂桥附近成都无缝钢管厂五代砖室墓出土后蜀广政十五年（952）徐铎墓志铭及买地券。志文载："公讳铎字宣武……维广政十五年岁次……葬于华阳县普安乡沙坎里之茔。"券文载："维广政十五年岁次壬子府君地券……宜于华阳县乡里之原安厝。"[2]

成都文物考古研究所藏北宋景祐四年（1037）周氏买地券，出土地点不详。券文载："维景祐四年……故周氏地券……宜于此华阳县普安乡福地之原安厝。"[3]

北宋文同《丹渊集·华阳县君杨氏墓志铭》载："宋治平二年……夫人以疾卒……明年正月……葬于普安乡沙坎里。"[4]

北宋吕陶《净德集·冲退处士章詧行状》载："蜀有知道君子章詧……熙宁元年……卒于冲退坊所居之第……葬于华阳县普安乡白土里。"[5]

成都东郊跳蹬河北宋砖室墓出土政和七年（1117）王道辅夫人朱氏墓志铭。志文载："朱氏世为眉山人……以政和七年……祔于先生之茔在成都府之普安乡白土里。"[6]

成都市东南郊三圣乡花果村北宋砖室墓出土靖康元年（1126）蔡氏小九娘子买地券。券文载："维靖康元年……故蔡氏小九娘子地券……宜于此华阳县普安乡福地之原安厝。"[7]

成都市锦江区沙河铺南宋砖室墓出土绍兴五年（1135）宋天成小大郎买地券。券文载："绍兴五年岁次乙卯十二月……故宋天成小大郎……宜于此华阳县

1　四川省文物管理局：《四川文物志》，第 355 页。

2　成都市博物馆考古队：《成都无缝钢管厂发现五代后蜀墓》，《四川文物》1991 年第 3 期。

3　刘雨茂、荣远大编著《成都出土历代墓铭券文图录综释》，第 260 页。

4　文同：《丹渊集》卷四十，载《四库全书》第 1096 册，影印本，第 299 页。

5　吕陶：《净德集》卷二十八，载《四库全书》第 1098 册，影印本，第 218-219 页。

6　刘雨茂、荣远大编著《成都出土历代墓铭券文图录综释》，第 363-365 页。

7　成都市文物考古研究所：《成都市成华区三圣乡花果村宋墓发掘简报》，载《成都考古发现》（2001），第 225-227 页。

普安乡（福）地之原安厝。"[1]

成都市龙泉驿区洪河乡三桥村四组与成都东郊保和乡交界处南宋砖室墓出土绍兴二十五年（1155）程氏六娘子买地券。券文载："维皇宋绍兴二十五年……（程）氏六娘子……地券……宜于此成都府华阳县普安乡钦仁里吉地之原安厝。"[2]

南宋洪适《盘洲文集·刘府君墓志》载："绍兴二十六年……成都刘府君卒于梁山……葬于华阳县普安乡白土里。"[3]

成都市双流县某地出土南宋乾道九年（1173）邵贵大郎买地券。券文载："维大宋乾道九年……本贯鄜州人事（氏）先考邵贵大郎地券……宜于此华阳县普安乡福地之原安厝。"[4]

成都市东南郊三圣乡花果村南宋砖室墓出土庆元六年（1200）杨氏四小娘买地券。券文载："大宋庆元六年……杨氏四小娘地券……华阳县普安乡□□□之原安厝。"[5]

普安乡是成都府城东郊的重要墓葬区。据志券内容可知，此乡早在唐代已有建置，沿袭至南宋，所辖见有沙坎、白土、钦仁三里。关于普安乡的辖区范围，从志券文字结合现代地图考察，可略作推测。

北界　属沙坎里。约在今成都市成华区跳蹬河至双桥子、五桂桥一线，这里同时也是沙坎里与白土里的交界处，往北与华阳县积善乡接壤。

南界　里名无考。约在今成都市驿都大道与成龙路之间、锦江区三圣乡花果村一带，与华阳县景福乡接壤。

东界　属白土里。约在今东三环路外侧的成都市成华区保和乡和龙泉驿区洪河乡一带，最远可达今成都市龙泉驿区十陵镇双林村，往东与灵池县强宗乡接壤。

———————

1　成都文物考古研究院：《成都市锦江区沙河堡宋墓发掘简报》，载《成都考古发现》（2017），科学出版社，2019，第399页。

2　成都市文物考古研究所、龙泉驿区文管所：《成都市龙泉驿区南宋宋兴仁夫妇墓清理简报》，《考古与文物》2002年增刊；刘雨茂、荣远大编著《成都出土历代墓铭券文图录综释》，第426—427页。

3　洪适：《盘洲文集》卷七十六，载《四库全书》第1158册，影印本，第758页。

4　刘雨茂、荣远大编著《成都出土历代墓铭券文图录综释》，第453页。

5　成都市文物考古研究所：《成都市成华区三圣乡花果村宋墓发掘简报》，载《成都考古发现》（2001），第228—229页。

西界　属钦仁里。约在今成都市锦江区牛市口一带，往西北可能延伸至府城的附郭地带，与履贤乡接壤。

西南界　存疑。按"许璠墓志铭"所载葬地为华阳县普安乡沙坎里卧龙山，《民国华阳县志》称此墓志系出土于成都市南郊红牌楼附近[1]，薛登《成都龙泉出土部分买地券汇辑》一文又言许璠墓在成都市东南簧门铺至沙河铺之间[2]。今红牌楼一带在地理方位上应属唐宋成都县文学乡辖地，且后蜀明德二年（935）"任菩提买地券"、广政十五年（952）"徐铎墓志铭及买地券"所载之普安乡沙坎里远在成都外东的跳蹬河、五桂桥附近，加之普安乡的西面又与履贤乡相接，则乡之西南界似不可能越过履贤乡远达于今红牌楼附近。

三、积善乡

成都市东北郊八里庄附近五代砖室墓出土前蜀乾德五年（923）晋晖墓志铭。志文载："太师讳晖……以乾德五年……薨于在京成都县碧鸡坊之私第……归窆于华阳县积善乡永宁里其原。"[3]

成都市东北郊麻石桥四川省抗生素研究所出土北宋熙宁二年（1069）郭氏墓志铭及买地券。志文载："治平四年六月……永寿县太君郭氏卒于玉泉坊之第熙宁二年正月癸酉葬于华阳县积善乡之先原……"券文载："维熙宁二年……永寿县太君郭氏地券……宜于此华阳县积善乡常平里名山祖茔福地之原安厝。"[4]

成都市东北郊建设北路北宋砖室墓出土元丰八年（1085）谢定买地券。券文载："维元丰八年……谢定地券……宜于此华阳县积善乡福地之原安厝。"[5]

成都市东北郊圣灯乡208厂北宋砖室墓出土元祐八年（1093）张确及夫人杜氏墓志铭。张确志文载："武阳张府君……元丰七年……葬君成都县金泉乡濯锦里祖茔之西……元祐七年……奉先妣丧葬于华阳县积善乡东庙里之吉兆……改葬于此。"杜氏志文载："元祐之庚午……卜得华阳县积善乡东庙里之兆……奉

1　陈法驾、叶大锵等修，曾鉴、林思进等纂《民国华阳县志》卷三十一，王晓波、王会豪、郭建强校点，载成都市地方志编纂委员会、四川大学历史地理研究会整理《成都旧志》第16册，第854页。

2　薛登：《成都龙泉出土部分买地券汇辑》（续），《成都文物》2008年第2期。

3　四川省文物管理委员会：《前蜀晋晖墓清理简报》，《考古》1983年第10期。

4　刘雨茂、荣远大编著《成都出土历代墓铭券文图录综释》，第285—287页。

5　刘骏：《成都北郊北宋谢定夫妇墓清理简报》，《成都文物》1995年第2期。

母氏之丧同穴而葬。"[1]

成都市东北郊十里店成都理工大学北宋砖室墓出土绍圣二年（1095）周氏墓志铭。志文载："夫人周氏成都人也……以绍圣二年……葬于华阳县积善乡真松里。"[2]

成都市建设南街成华广场工地南宋砖室墓出土绍兴十六年（1146）孙公及其夫人贾氏买地券，二人券文皆提及葬地为"华阳县积善乡"[3]。

成都市东北郊二仙桥东路 12 号路段南宋砖室墓出土绍兴二十二年（1152）任公及其夫人卫氏买地券。卫氏券文载："维绍兴二（年）……故卫氏地券……宜于□华阳县积善乡永宁里□地之原□厝。"[4]

成都市区出土南宋乾道五年（1169）张翱小九郎买地券。券文载："维大宋乾道五年……张翱小九郎……宜于此华阳县积善乡福地之原安厝。"[5]

成都市二仙桥公园南宋砖室墓出土绍定六年（1233）吴成大买地券。券文载："大宋绍定六年岁次癸巳正月……吴成大地券……宜于此华阳县积善乡壬山之原安厝。"[6]

积善乡是成都府城东北郊的重要墓葬区之一。据志券内容可知，此乡迟至五代前蜀时期已有建置，沿袭至南宋，所辖见有永宁、常平、东庙、真松四里。关于积善乡的辖区范围，从志券文字结合现代地图考察，可略作推测。

北界　属永宁里。约在今成都市成华区八里庄至二仙桥一线，邻近成渝铁路，往北与华阳县星桥乡清泉里接壤。

南界　属东庙里与常平里。约在今成都市成华区麻石桥至杉板桥一线，往南与华阳县普安乡沙坎里接壤。

东界　属真松里。约在今成都市成华区十里店成都理工大学附近，往东北与华阳县星桥乡接壤。

1　翁善良、罗伟先：《成都东郊北宋张确夫妇墓》，《文物》1990 年第 3 期。

2　刘雨茂、荣远大编著《成都出土历代墓铭券文图录综释》，第 338 页。

3　成都文物考古研究院：《成都市成华区成华广场宋墓发掘简报》，载《成都考古发现》（2015），第 706 页。

4　成都市文物考古研究所：《成都市二仙桥南宋墓发掘简报》，载《成都考古发现》（1999），第 219—220 页。

5　刘雨茂、荣远大编著《成都出土历代墓铭券文图录综释》，第 448 页。

6　成都文物考古研究院：《成都市二仙桥公园宋墓发掘简报》，载《成都考古发现》（2017），第 305 页。

西界　里名无考，方位不详。

四、星桥乡

成都市东北郊青龙乡东林村五代砖室墓出土前蜀天汉元年（917）李氏墓志铭。志文载："夫人姓李氏……以天汉元年……终于文翁坊之私第……葬于华阳县星桥乡清泉里之茔。"[1]

成都文物考古研究所藏前蜀（907—925）樊德邻墓志铭，出土地点不详，志文载："初名德邻……卒于龟城清贤坊之私第……□阳县星桥乡望乡里高原。"[2]

成都市东北郊十里店出土后蜀广政十九年（956）韦毅及夫人张氏墓志铭。韦毅志文载："府君讳毅字致文……（广政）二十一年……归就华阳县星桥乡清泉里。"张氏志文载："夫人字道华……越明年冬十月八日葬于成都府华阳县星桥乡清泉里。"[3]

成都市东北郊青龙乡海滨村年家院子五代砖室墓出土后蜀广政十九年（956）刘瑭买地券，券文载："广政十九年……故彭州就粮左定戎指挥使前守蓬州刺史刘瑭地券……宜于华阳县星桥乡望乡里之原安厝。"[4]

成都文物考古研究所藏北宋熙宁四年（1071）刘守谦买地券，出土地点不详，志文载："熙宁四年……刘守谦地券……于此华阳县星桥乡福地之□安厝。"[5]

成都市东北郊青龙乡海滨村四川省工贸学校北宋砖室墓（M5）出土绍圣元年（1094）刘起墓志铭及买地券。志文载："府君讳起字时夫其先长安人也……绍圣元年……葬于华阳县星桥乡清泉里"，券文载："□□元年……刘起地券……宜于此华阳县星桥乡福地之原安厝。"[6]

1　刘雨茂、荣远大编著《成都出土历代墓铭券文图录综释》，第 154 页。

2　同上书，第 191-192 页。

3　四川省文物管理局：《四川文物志》，第 355 页。

4　成都文物考古研究院：《四川成都海滨村五代后蜀墓发掘简报》，《文物》2019 年第 7 期。

5　刘雨茂、荣远大编著《成都出土历代墓铭券文图录综释》，第 291 页。

6　成都市文物考古研究所：《成都市青龙乡海滨村墓葬发掘简报》，载《成都考古发现》（2003），第 266-307 页。

成都市东北郊青龙乡海滨村四川省工贸学校北宋砖室墓（M4）出土绍圣二年（1095）刘观墓志铭及买地券。志文载："府君讳观字大醇其先长安人也……先于元丰五年卜葬于华阳县普安乡以地不利……绍圣二年……改葬于华阳县星桥乡清泉里。"[1]

成都市东北郊青龙乡海滨村四川省工贸学校北宋砖室墓（M1）出土元符二年（1099）刘起夫人张氏归祔志。志文载："先夫人姓张氏世家成都……元符二年……归祔于华阳县星桥乡清泉里。"[2]

成都东北郊龙潭寺保平村砖厂北宋砖室墓出土建中靖国元年（1101）宋构及夫人李氏墓志铭。宋构志文载："宋氏君……建中靖国元年……安宅于成都府华阳县星桥乡天公山之原。"李氏志文载："荣德县君李氏……元符三年……以疾终于成都府七星坊私第……建中靖国元年……合窆于华阳县星桥乡天公山之原。"[3]

成都东北郊龙潭寺保平村砖厂北宋砖室墓（M2）出土宣和七年（1125）宋京墓志铭及买地券。志文载："先考讳京字仲宏……宣和六年……以疾终……归葬于成都府华阳县星桥乡天公山之原。"[4]

成都东北郊龙潭寺保平村砖厂南宋砖室墓（M1）出土绍兴二十一年（1151）宋京夫人蒲氏墓志铭。志文载："绍兴二十年……终于成都府成都县清贤坊之里……华阳县之北星桥乡天公山之原……（绍兴）二十一年三月五日丙子开墓。"[5]

成都文物考古研究所藏南宋乾道九年（1173）宇文氏墓志铭，出土地点不详。志文载："宇文氏……明年（乾道九年）……葬于华阳县星桥乡。"[6]

星桥乡是成都府城东北郊的重要墓葬区之一。据志券内容可知，此乡迟至五

1　成都市文物考古研究所：《成都市青龙乡海滨村墓葬发掘简报》，载《成都考古发现》（2003），第266-307 页。

2　同上。

3　刘雨茂、荣远大编著《成都出土历代墓铭券文图录综释》，第 347-352 页。

4　成都市文物考古研究所：《四川成都北宋宋京夫妇墓》，《文物》2006 年第 12 期。

5　同上。

6　刘雨茂、荣远大编著《成都出土历代墓铭券文图录综释》，第 454-455 页。

代前蜀时期已有建置，沿袭至南宋，所辖见有清泉、望乡二里。星桥的称谓或取自汉晋时期成都二江七桥之传说，《华阳国志·蜀志》载："西南两江有七桥……长老传言：李冰造七桥，上应七星。故世祖谓吴汉曰：安军宜在七星间。"[1] 至南朝萧梁之际，已明确有七星桥之说，李膺《益州记》载："一曰长星；二曰员星；三曰玑星；四曰夷星；五曰尾星；六曰冲星；七曰曲星。"[2] 此说至宋代仍十分流行，《太平寰宇记·剑南西道》载："南江桥亦名安乐桥，在城南二十五步……此桥七星桥之一。万里桥在州南二里，亦名笃泉桥……成都七星桥之二。"[3]《舆地广记·成都府路》载："李冰沿水造桥，上应七星：曰冲理桥、曰市桥、曰江桥……曰长升桥。"[4] 关于星桥乡的辖区范围，从志券文字结合现代地图考察，可略作推测。

北界　望乡里。约在今成都市成华区海滨村至三环路成绵立交一线或稍北，往北与华阳县升仙乡常平里接壤。

南界　清泉里。约在今成都市成华区十里店至东林村、海滨村附近，往西南与华阳县积善乡永宁里接壤。

东界　天公山，里名无考。约在今东三环路一段及东风渠沿岸，即成都市成华区保平村一带。

西界　里名无考。约在今成都市成华区昭觉寺横路附近，往西与华阳县升仙乡贺仙里接壤。

五、升仙乡

《民国华阳县志·金石》收录、传成都北郊出土唐大历四年（769）韦津墓志铭。志文载："公讳津……大历四年……薨于成都府华阳县私第……葬于华阳县升迁乡之原。"[5]

1　刘琳校注《华阳国志校注》卷三，第227页。

2　邓少琴：《梁李膺＜益州记＞辑存》，载《邓少琴西南民族史地论集》，巴蜀书社，2001，第577页；孙琪华：《＜益州记＞辑注及校勘》，蒙默、黎明春整理，第4页。

3　乐史：《太平寰宇记》卷七十二，王文楚等点校，第1465页。

4　欧阳忞：《舆地广记》卷二十九，李勇先、王小红校注，第833页。

5　陈法驾、叶大锵等修，曾鉴、林思进等纂《民国华阳县志》卷三十一，王晓波、王会豪、郭建强校点，载成都市地方志编纂委员会、四川大学历史地理研究会整理《成都旧志》第16册，第837–838页。

成都北郊羊子山采集唐贞元十六年（800）李府君夫人程氏墓志铭。志文载："有唐贞元十六年岁次庚辰……华阳县李公孺人程氏于府之龙兴观以遘疾而终……窆于华阳县升迁里牛头原之连岗。"[1]

成都北郊羊子山 M53 出土唐永贞元年（805）张府君墓志铭。志文载："南阳张公谊……永贞元年……终于成都府私第……窆于华阳县升迁乡贺迁里。"[2]

《民国华阳县志·金石》收录、现藏于四川省博物馆、传成都北郊出土唐开成四年（839）崔协墓志铭。志文载："公讳协……开成四年……终于成都府私第……葬成都府华阳县升迁乡贺迁里。"[3]

成都北郊将军碑附近出土唐大中七年（853）杨氏墓志铭。志文载："大中之七载……弘农杨氏终于成都府开阳坊版图之官舍……葬成都府华阳县升迁乡。"[4]

四川博物院藏唐咸通十五年（874）盖巨源墓志铭，出土地点不详。志文载："府君讳巨源……咸通十四年……殁于成都府成都县花林坊之私第……来年……葬于成都府华阳县升迁乡贺迁里。"[5]

成都北郊站东乡双水碾五代墓出土后唐长兴三年（932）高晖墓志铭。志文载："尚书讳晖……唐长兴三年……终于成都府华阳县果园坊之私第……葬于华阳县升仙乡暮二里。"[6]

成都文物考古研究所藏后蜀明德四年（937）杨浔求买地券，出土地点不详。券文载："维明德四年……杨浔求生居城邑死安宅兆……宜于华阳县升迁乡□平里之原安厝。"[7]

成都北郊青龙乡西林村五代砖室墓出土后蜀广政十八年（955）孙汉韶内志。志文载："公讳汉韶字享天……广政十有八年……薨于成都县武担坊私

1　四川省文物管理局：《四川文物志》，第251页。

2　同上书，第355页。

3　陈法驾、叶大锵等修，曾鉴、林思进等纂《民国华阳县志》卷三十一，王晓波、王会豪、郭建强校点，载成都市地方志编纂委员会、四川大学历史地理研究会整理《成都旧志》第16册，第851页；四川省文物管理局：《四川文物志》，第355页。

4　刘雨茂、荣远大编著《成都出土历代墓铭券文图录综释》，第32-33页。

5　四川省文物管理局：《四川文物志》，第355页。

6　徐鹏章、陈久恒、何德滋：《成都北郊站东乡高晖墓清理简报》，《考古通讯》1955年第6期。

7　刘雨茂、荣远大编著《成都出土历代墓铭券文图录综释》，第71-72页。

第……以本官仪卫葬于华阳县升仙乡贺仙里之原。"[1]

成都北郊青龙乡东林村"东林花园"北宋砖室墓（M8）出土嘉祐七年（1062）赵世良墓志铭。志文载："府君讳世良……嘉祐七年……归葬于华阳县升仙乡常平里。"[2]

北宋文同《丹渊集·龙州助教郭君墓志铭》载："君讳友直……熙宁四年以疾卒……六年葬……华阳县升仙乡俱利里。"[3]

成都北郊青龙乡东林村"东林花园"北宋砖室墓（M4）出土元祐四年（1089）赵复及夫人黎氏墓志铭。赵复志文载："公姓赵氏……元祐四年……葬于华阳县升仙乡常平里。"[4]

成都北郊青龙乡红旗五队（今驷马桥一带）出土南宋绍兴十一年（1141）范元嘉夫人史氏墓志铭。志文载："先妣史氏……卒于绍兴三十二年（1162）……初先君葬华阳之升仙乡崧山……明年正月乙酉祔焉。"[5]

《民国华阳县志·金石》收录、传成都北郊出土南宋绍兴二十七年（1157）喻三娘地券。券文载："维绍兴二十七年……喻氏三娘地券……丘于此华阳县升仙乡福地。"[6]

成都文物考古研究院藏南宋隆兴二年（1164）佚名五娘买地券，出土地点不详。券文载："维隆兴二年……宋故□□□□五娘……生居城邑……华阳县升仙乡福田安厝。"[7]

成都文物考古研究院藏南宋淳熙十二年（1185）李尧臣墓志铭，出土地点不详。志文载："先府君讳尧臣……绍兴二十五年……葬于华阳县升仙乡之原其地不吉以淳熙十二年……改葬于此。"[8]

1　成都市博物馆考古队：《五代后蜀孙汉韶墓》，《文物》1991 年第 5 期。

2　刘雨茂、荣远大编著《成都出土历代墓铭券文图录综释》，第 127–129 页。

3　文同：《丹渊集》卷三十九，载《四库全书》第 1096 册，影印本，第 299 页。

4　同上书，第 183–185 页。

5　同上书，第 316–318 页。

6　陈法驾、叶大镕等修，曾鉴、林思进等纂《民国华阳县志》卷三十一，王晓波、王会豪、郭建强校点，载成都市地方志编纂委员会、四川大学历史地理研究会整理《成都旧志》第 16 册，第 857 页。

7　刘雨茂、荣远大编著《成都出土历代墓铭券文图录综释》，第 374–375 页。

8　同上书，第 402–403 页。

升迁（仙）乡是成都府城北郊的重要墓葬区。据志券内容可知，此乡至迟于唐代中叶已有建置，初名升迁，五代以后改名为升仙，沿袭至南宋，所辖见有贺仙（迁）、暮二、常平、俱利四里。升仙之名当与成都城北升仙山、升仙水和升仙桥有关，《华阳国志·蜀志》："城北十里有升仙桥，有送客观，司马相如初入长安，题市门曰不乘赤车驷马不过汝下也。"[1] 李膺《益州记》载："升仙水起自始昌堰，堰有两叉，中流即升仙。"[2]《蜀中广记》引《成都记》云："城北有升仙山，升仙水出焉。相传三月三日张伯子道成，得上帝诏，驾赤文於菟于此上升……升仙桥北，长林苍翠，曲涧潺湲，大非人世间境。"[3] 关于升仙乡的辖区范围，从志券文字结合现代地图考察，可略作推测。

西界　暮二里。约在今沙河与升仙湖以西、成都市成华区双水碾一带，往西与成都府成都县接壤。

南界　贺仙里。约在今成都市成华区西林村、驷马桥至羊子山一线，往南可能延伸至府城北面的附郭地带。

东北界　常平里。约在今成都市昭觉寺东北、成华区东林小区至三环路北四段一带，往北与成都县会仙乡接壤，往南与华阳县星桥乡清泉里接壤。

北界　里名无考，方位不详。

六、景福乡

成都市东郊三圣乡上河村北宋砖室墓出土熙宁二年（1069）曹氏买地券。券文载："维（熙）宁二年……曹氏地券……宜于此华阳县景福乡福地之原安厝……"[4]

券文所谓"华阳县景福乡"，地理位置约在今成都市驿都大道与成龙路之间、锦江区三圣乡上河村一带，与华阳县普安乡接壤。

1　刘琳校注《华阳国志校注》卷三，第 227 页。

2　邓少琴：《梁李膺 < 益州记 > 辑存》，载《邓少琴西南民族史地论集》，第 578 页；孙琪华：《< 益州记 > 辑注及校勘》，蒙默、黎明春整理，第 11 页。

3　曹学佺：《蜀中广记》卷三，第 35 页。

4　四川省文物管理委员会：《四川华阳县北宋墓清理简报》，《文物参考资料》1956 年第 12 期。

七、龙池乡

成都文物考古研究所藏唐大和五年（831）张氏墓志铭，出土地点不详。志文载："大和五年……夫人张氏卒……葬于成都府华阳县龙池乡招贤里。"[1]

志文所谓"华阳县龙池乡招贤里"，因出土地点不详，具体方位无考。唐末五代成都城内有龙池坊，1944年四川大学唐代砖室墓出土印本《陀罗尼经咒》首题："成都府成都县□龙池坊□□□近卜□□印卖咒本……"[2]，然此"龙池坊"明言属成都县，当在城内偏西北处，或与文献记载之"龙池""龙跃池"（即摩诃池）有关，故此"龙池坊"与志文中"华阳县龙池乡"无涉。

八、安养乡

成都市锦江区柳江街道琉璃厂古窑址北宋砖室墓出土宣和七年（1125）赵氏买地券。券文为墨书，字迹漫漶不清，可辨"宣和七年……故赵□文……（华阳）县安养乡"等文字[3]。

券文所谓"华阳县安养乡"，至明代仍有建置，如明《两溪文集》收录之《故武德将军成都护卫千户黄府君墓表》载："宣德九年……黄府君卒明年……其配宜人徐氏又卒卜以其年……合葬于华阳县安养乡之原。"[4] 又，《民国华阳县志·古迹》收录明蜀府长史郑楷《翰林学士承旨宋公墓志》言："濂孙恪负骨改葬……献王给路费，赐葬具……窆于华阳县安养乡。"[5] 明何宇度《益部谈资》曾认为蜀献王移葬宋濂之地在"成都东郊净居寺"[6]，《民国华阳县志》已指出此说有误，考证安养乡当在城东二十余里处[7]，这一结论与前述之北宋"赵氏买地券"出土位置大致相合。综上，宋明时期的华阳县安养乡约在今成都市区东南的琉璃乡及往南一带。

1　刘雨茂、荣远大编著《成都出土历代墓铭券文图录综释》，第142页。

2　冯汉骥：《记唐印本陀罗尼经咒的发现》，《文物参考资料》1957年第5期。

3　资料现存成都文物考古研究院。

4　刘球：《两溪文集》卷二十三，载《四库全书》第1096册，影印本，第299页。

5　陈法驾、叶大锵等修，曾鉴、林思进等纂《民国华阳县志》卷三十，王晓波、王会豪、郭建强校点，载成都市地方志编纂委员会、四川大学历史地理研究会整理《成都旧志》第16册，第766页。

6　何宇度：《益部谈资》卷中，上海古籍出版社，1993，第750页。

7　陈法驾、叶大锵等修，曾鉴、林思进等纂《民国华阳县志》卷三十，王晓波、王会豪、郭建强校点，载成都市地方志编纂委员会、四川大学历史地理研究会整理《成都旧志》第16册，第766页。

九、居贤乡

北宋吕陶《净德集》卷二六《吴府君墓志铭》载："府君讳拱之字宗象……（元丰）七年正月感疾……葬于华阳县居贤乡先兆之次。"[1]

志文所谓"华阳县居贤乡"，因无出土地点，具体方位无考。按前文所述成都县建福、延福、安福三乡，乡名均带"福"字，且地域相接，推测居贤乡的位置有可能与华阳县履贤乡邻近。

十、晋安乡

北宋吕陶《净德集》卷二七《仁寿县太君魏氏墓志铭》载："熙宁七年……仁寿县太君魏氏以疾卒……明年其子护丧而归卜……葬于华阳县晋安乡先茔之次。"[2]

志文所谓"华阳县晋安乡"，因无出土地点，具体方位无考。

纵观唐宋时期的数百年间，成都、华阳二县所辖乡里的建置面貌主要呈现出以下几个特点：

1. 乡一级的建置基本保持稳定，没有频繁的更迭和变化，如华阳县的普安乡和升仙乡均初设于唐代，沿袭至南宋，时代跨度长达四百余年[3]。

2. 里一级的存在也很稳定，与江南、淮南、两浙、福建等地的情况类似，并未如北方地区那样，逐步被"村"或"社"所取代[4]。

3. 乡里的地名含义或彰显德善孝友、仁礼道义，或寄托和谐福祉、吉祥安康，带有浓重的儒家礼教风化色彩[5]。

1　吕陶：《净德集》卷二十六，载《四库全书》第1098册，影印本，第210页。

2　同上书，第212页。

3　鲁西奇先生以宋代蕲州乡里区划与组织为例，认为这时期的乡已经成为较单纯的地域单元，类似于后世常见的东、南、西、北乡，主要是一种地理概念，而非行政区划，因此，乡的地域才表现出长期的稳定性，参见鲁西奇：《中国古代乡里制度研究》，北京大学出版社，2021，第545页。

4　但在成都周边的温江县、犀浦县、郫县等地，南宋时期县下有设置村的情况，如温江县惟新村、温江县□川村、犀浦县金砂下村、郫县善行村等。

5　从更大的时空范围看，儒家礼教地名已经普遍深入唐代以来的各地乡村，参见马强：《出土唐人墓志历史地理研究》，科学出版社，2020，第81—83页。

相关遗址的考古发现

除出土墓券和文献史料中直接涉及的乡里信息外，考古发掘的部分遗址材料也与乡里社会息息相关，现罗列如下：

金沙遗址雍锦湾地点

位于成都市金沙遗址路以北、摸底河以南，地望上约相当于唐代以来的成都县善政乡。2005 年发掘了 1300 余平方米，唐宋时期遗存除地层堆积外，只发现灰坑、灰沟和墓葬[1]，其中在灰坑 H046 内发现有埋藏瓷罐的奠基行为（图 8-2），推测原来的地表可能还有房屋建筑。出土瓷器主要来自琉璃厂窑，可见碗、盘、盏、盆、罐、壶、灯等，其次为邛窑、磁峰窑、金凤窑、玉堂窑等，另有零星来自景

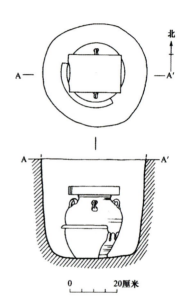

图 8-2　雍锦湾地点 H046 平剖面图（采自四川大学历史文化学院考古系等：《成都金沙遗址雍锦湾地点秦汉至明清遗存》，《南方民族考古》（第十四辑），第 11 页，图一〇）

1　成都文物考古研究所、四川大学考古学系：《成都金沙遗址雍锦湾地点出土唐宋瓷器》，《四川文物》2014 年第 6 期；成都文物考古研究院、四川大学历史文化学院考古系、四川大学考古学国家级实验教学示范中心：《成都金沙遗址雍锦湾地点秦汉至明清遗存》，载四川大学博物馆、四川大学考古学系、成都文物考古研究院编《南方民族考古》（第十四辑），科学出版社，2017，第 7–72 页。

德镇窑、龙泉窑、耀州窑的外地瓷器。

黄忠路遗址

位于成都市黄忠路以西、羊西线蜀汉路以南，地望上约相当于唐代以来的成都县善政乡至建福乡一带。2006 年发掘了约 4500 平方米，晚唐五代遗存发现有水井和墓葬。出土瓷器几乎都来自本地的琉璃厂窑和邛窑，可见碗、盘、钵、盏、罐、壶、盆、急须等。[1]

金鱼街遗址

位于成都市金鱼街，北临营门口路，东临一环路西三段，地望上约相当于北宋以来的成都县延福乡。1992 年清理了 1 座宋代砖井，出土瓷器均来自本地的琉璃厂窑，可见碗、罐、壶、碟、盖、杯等[2]。

青羊宫窑遗址

位于成都市十二桥路、一环路西二段至青羊宫一带，地望上约相当于罗城西南面的附郭地带。1955 年、1980—1981 年、1982—1983 年、1985—1986 年、1992 年、1997 年分别开展过多次调查和发掘工作，清理揭露了两晋至隋唐时期的窑炉和作坊建筑群，出土大量瓷器、陶器、窑具和建筑材料[3]。

1　资料现存成都考古研究院。

2　朱章义、古成吾：《金鱼街宋井清理简报》，《成都文物》1992 年第 4 期。

3　江学礼、陈建中：《青羊宫古窑址试掘简报》，《文物参考资料》1956 年第 6 期；黎佳：《青羊宫隋唐瓷窑遗址》，《成都文物》1983 年第 1 期；翁善良：《成都青羊宫窑址调查》，《景德镇陶瓷》1984 年总第 26 期；四川省文管会、成都市文管处：《成都青羊宫窑址发掘简报》，载《四川古陶瓷研究》编辑组《四川古陶瓷研究》（二），第 113–154 页；翁善良：《浅论近年来青羊宫窑址的发现》，《成都文物》1988 年第 4 期；王黎明、冯先成：《成都新一村小区试掘简报》，《成都文物》1988 年第 4 期；成都市文物考古工作队：《成都市 1992 年田野考古概况》，《成都文物》1993 年第 1 期；刘雨茂：《成都中医药大学晋至唐代烧瓷遗址》，载中国考古学会编《中国考古学年鉴 1998》，文物出版社，2000，第 223 页；四川省文物考古研究院、成都文物考古研究所：《成都十二桥》，第 163–203 页。

琉璃厂窑遗址

位于成都市锦华路以西、小沙河以东，北临科创路和琉璃一街，南临三环路南三段，地望上约相当于北宋以来的华阳县安养乡。2010 年、2018—2019 年分别开展过两次较大规模的发掘，清理揭露了五代至元明时期的窑炉和作坊建筑群（图 8-3），出土大量瓷器、陶器、窑具和建筑材料[1]。

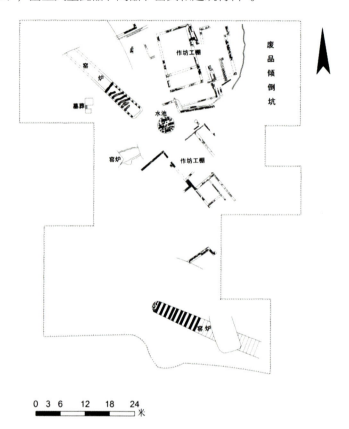

图 8-3 琉璃厂窑遗址窑炉及作坊建筑群平面图

---

1 成都文物考古研究所：《成都市琉璃厂古窑址 2010 年试掘报告》，载《成都考古发现》（2010），第 352-395 页；成都文物考古研究院：《四川成都五代至宋元琉璃厂窑遗址》，《大众考古》2019 年第 8 期。

砖瓦窑遗址

发现较多，规模大小不一，遍布于成都城周边，如金牛区沙湾瑞鑫商厦工地清理的宋代砖瓦窑炉，平面呈不规则椭圆形，保存有火膛、火门和窑室，长2.9~3.2米、宽1.86~2.1米，窑室内尚有排列整齐的砖坯[1]；四川大学西区3号楼工地清理的宋代砖瓦窑炉，残存窑室和烟道，窑床上多为红烧土和瓷片，并留有成排的半成品红砖[2]。

总体而言，唐宋时期的成都城外已经形成比较完备而成熟的基层行政区划体系。在乡里郊野之中，占地最广阔的自当是大量的农田和林盘，北宋吴师孟《大中祥符禅院记》提到"成都县文学乡附郭水田七顷"[3]，竟是被城南元和圣寿寺（宝应寺）所掌控的寺产，还有若干寺观（如正觉寺、净众寺、梵安寺、宝历寺、海云寺、多宝寺、昭觉寺、元中观、玉局观等）、手工业作坊（如瓷器和砖瓦窑场）、聚落居址点缀其中。此外，墓葬也是城郊社会生活的重要遗存之一，几乎在成都县和华阳县所辖的每乡均有分布，并且墓主大多"生居城邑"，它们与城市生活之间的互动与关联，仍有进一步研究的必要。商业贸易由于草市、墟市的出现，开始向城郭以外的乡里社会延展，广大农村居民通过草市、墟市等场所被卷入商贸活动，成为市场结构的底层群体。关于成都一带的草市，在《全唐文·彭州新置唐昌县建德草市歇马亭镇并天王院等记》中有详细描述，文载唐咸通年间（860—874），御史中丞吴行鲁出知彭州，"以唐昌县中界接导江郫城，东西绵远，不啻两舍。虽有村落，僻在荒塘。昔置邮亭，废毁将久。遂使行役者野食而泉饮，贸易者星往而烛归……"遂"于其心而置草市。因其乡名，便以建德为号。自此四来者旋踵而迤近，中望者举目而知归。老幼携挈，倏忽而至。万家欢笑，共事修营，不旬日而告就。今则百货咸集，蠢类莫遗。旗亭旅舍，翼张

1　成都市文物考古工作队：《1996年成都市田野考古概述》，《成都文物》1997年第1期。

2　成都市文物考古工作队：《成都市一九九八年田野考古工作概述》，《成都文物》1999年第1期。

3　吴师孟：《大中祥符禅院记》，载袁说友等编《成都文类》卷三十八，赵晓兰整理，第748页。

鳞次。榆杨相接，桑麻渐繁。"[1] 以乡里聚落出土瓷器的面貌为例，绝大多数都来自成都近郊窑场，产品制作粗朴耐用，档次较低，且器形组合相比于城区遗址显得简单，基本属于最常见的生活用具，加之近郊窑场运输成本低，通过贩夫走卒掌控的短途贸易，很容易以低廉的价格进入并抢占乡村市场。城外的个别地区还因商贸活动繁荣，政府于此设镇征税，如华阳县衡山（垍窑）镇本为同县安养乡地界，《宋会要辑稿》载该镇是成都府的酒税征收单位之一[2]，但镇既以窑为名，故可能还开征了窑业税，有学者考证"垍窑"即是成都琉璃厂窑在两宋时期的称谓[3]。

---

1 陈溪：《彭州新置唐昌县建德草市歇马亭镇并天王院等记》，载董诰等编《全唐文》卷八百四，第 3699 页。

2 徐松：《宋会要辑稿·食货一九》，刘琳、刁忠民、舒大刚、尹波等校点，第 6391 页。

3 易立：《衡山镇、均（垍）窑镇与琉璃厂窑》，教育部人文社会科学重点研究基地吉林大学边疆考古研究中心编《边疆考古研究》（第 13 辑），科学出版社，2013，第 255-262 页。

Chapter 9

第九章

出土遗物

成都城内出土的唐宋时期遗物十分庞杂，包括有瓷器、陶器、漆器、铁器、骨角器、竹木器、玉石器、建筑构件、钱币、动物骨骼、植物果核等。下文以出土频率最高、与日常生活关系最密切的瓷器和建筑砖瓦为例，作一介绍。

第一节

瓷　器

瓷器按产地可区分为本地瓷器和外地瓷器两类，本地瓷器无论数量或类型，都占据主导地位。

本地瓷器

本地瓷器基本产自成都平原一带，以青羊宫窑、琉璃厂窑、邛窑、磁峰窑产品为典型代表。

一、青羊宫窑瓷器

胎体厚重，胎色较深偏红褐或紫色，釉色有青黄、黄、酱青、青灰等。出土频率较高的有碗、盘、杯、碟、钵、盘口壶、带系罐、研磨器、砚台等，分别介绍如下：

1. 碗

按口沿及腹部形态的差异分为四型。

A 型　直口，圆弧腹，按足部形态差异分为二式。

I 式　小饼足，足底内凹。天府广场东北侧遗址 H64：12，灰胎，青黄釉。

口径 15.9 厘米、底径 4.8 厘米、高 7.2 厘米（图 9-1，1）。

Ⅱ式　大饼足、玉璧足或圈足，饼足底略微内凹。通锦路净众寺园林遗址 C1⑤：1，灰黑胎，挂粉黄色化妆土，釉面脱落。口径 15.6 厘米、底径 7.4 厘米、高 6 厘米（图 9-1，2）。

B 型　侈口，深弧腹。天府广场东北侧遗址 H2：7，红褐胎，挂灰白色化妆土，青黄釉。口径 15 厘米、底径 5 厘米、高 8.6 厘米（图 9-1，3）。

C 型　侈口，上腹内曲，下腹折内收。通锦路净众寺园林遗址 G2②：8，浅褐胎，挂粉白色化妆土，釉面脱落。口径 16 厘米、底径 7.8 厘米、高 5.8 厘米（图 9-1，4）。

D 型　敞口，斜直腹，按口沿形态差异分为二亚型。

Da 型　口部有一周折沿。通锦路净众寺园林遗址 C1④：79，红褐胎，挂粉黄色化妆土，青黄釉。口径 18.6 厘米、底径 8 厘米、高 6.5 厘米（图 9-1，5）。

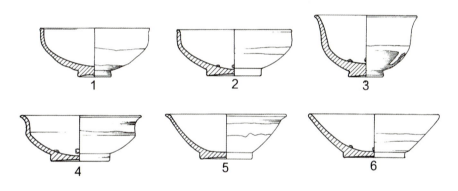

图 9-1　青羊宫窑碗

1. A 型Ⅰ式（天府广场东北侧遗址 H64：12）　2. A 型Ⅱ式（通锦路净众寺园林遗址 C1⑤：1）
3. B 型（天府广场东北侧遗址 H2：7）　4. C 型（通锦路净众寺园林遗址 G2②：8）　5. Da 型（通
　锦路净众寺园林遗址 C1④：79）　6. Db 型（通锦路净众寺园林遗址 C1④：38）

Db 型　口部无折沿。通锦路净众寺园林遗址 C1④：38，灰褐胎，挂粉白色化妆土，釉面脱落。口径 19 厘米、底径 8.8 厘米、高 6 厘米（图 9-1，6）。

2. 盘

按足部形态的差异分为二型。

A 型　平底。成都博物馆遗址 T0306 ⑪:115,红褐胎,青黄釉。口径 15.6 厘米、底径 6.6 厘米、高 3.2 厘米（图 9-2，1）。

B 型　底部带喇叭形圈足。天府广场东北侧遗址 TN03W03 ⑤:11,红褐胎,乳浊状黄釉。口径 15.3 厘米、底径 9.3 厘米、高 6.5 厘米（图 9-2，2）。

3. 杯

按腹部及足部形态的差异分为三型。

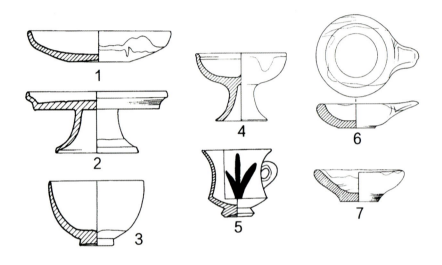

图 9-2　青羊宫窑盘、杯、碟

1. A 型盘（成都博物馆遗址 T0306 ⑪:115）　2. B 型盘（天府广场东北侧遗址 TN03W03 ⑤: 11）　3. A 型杯（成都博物馆遗址 T0206 ⑪:6）　4. B 型杯（天府广场东北侧遗址 H52: 2）　5. C 型杯（十二桥遗址 IIT40 ④: 10）　6. A 型碟（通锦路净众寺园林遗址 C1 ③: 92）　7. B 型碟（天府广场东北侧遗址 TN03E01 ⑤: 3）

A 型　深弧腹,小饼足,足底内凹。成都博物馆遗址 T0206 ⑪:6,红褐胎,青釉。口径 9 厘米、底径 3.2 厘米、高 5.8 厘米（图 9-2，3）。

B 型　圆弧腹,底部带喇叭形圈足。天府广场东北侧遗址 H52: 2,灰胎,青黄釉。口径 8.6 厘米、底径 4.8 厘米、高 6.2 厘米（图 9-2，4）。

C 型　腹部内曲,小饼足,足底内凹。十二桥遗址 IIT40 ④: 10,灰胎,青黄釉,外壁绘草叶纹。口径7.4厘米、底径3.4厘米、高7厘米(图9-2,5)。

4. 碟

常见厚圆唇,敞口,浅斜直腹,平底,按是否带柄分为二型。

A型　口沿一侧带柄。通锦路净众寺园林遗址C1③:92,灰胎,挂粉黄色化妆土,釉面脱落。口径9厘米、底径4.4厘米、高2.7厘米(图9-2,6)。

B型　口沿无柄。天府广场东北侧遗址TN03E01⑤:3,红褐胎,青黄釉。口径9.2厘米、底径4.1厘米、高3.6厘米(图9-2,7)。

5. 钵

常见敛口,按腹部及底足形态差异分为三型。

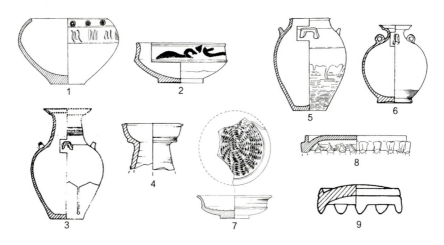

图9-3　青羊宫窑钵、盘口壶、带系罐、研磨器及砚台

1. A型钵(十二桥遗址ⅡT38④:7)　2. B型钵(通锦路净众寺园林遗址C1③:169)　3. Ⅰ式盘口壶(青羊宫窑遗址QYT11②:3)　4. Ⅱ式盘口壶(通锦路净众寺园林遗址G2①:80)　5. A型带系罐(十二桥遗址ⅡT52③:25)　6. B型带系罐(天府广场东北侧遗址J4:2)　7. 研磨器(通锦路净众寺园林遗址C1④:1)　8. A型砚台(天府广场东北侧遗址采:4)　9. B型砚台(十二桥遗址ⅡT52③:48)

A型　鼓腹,腹部较深,平底。十二桥遗址ⅡT38④:7,红胎,酱青釉,外壁带模印的花瓣纹和刻划的线条。口径20.5厘米、底径11.6厘米、高16.5厘米(图9-3,1)。

B 型 折腹，底部带饼足。通锦路净众寺园林遗址 C1③：169，红褐胎，挂粉黄色化妆土，青黄釉，外壁带褐彩装饰。口径 16.6 厘米、底径 8.4 厘米、高 7.2 厘米（图 9-3，2）。

6. 盘口壶

按盘口形态的差异分为二式。

I 式 口沿外侈，盘口较浅。青羊宫窑遗址 QYT11②：3，紫红胎，青釉，颈部刻划弦纹。口径 10 厘米、底径 8 厘米、高 24 厘米（图 9-3，3）。

II 式 口沿微敛，盘口变深。通锦路净众寺园林遗址 G2①：80，灰黑胎，釉面脱落，颈部刻划弦纹。口径 10.6 厘米、残高 7.6 厘米（图 9-3，4）。

7. 带系罐

肩部常带对称的双系或四系，按颈部、腹部及系部差异分为二型。

A 型 短颈内斜，倒卵形腹，肩部带桥形系。十二桥遗址 IIT52③：25，紫灰胎，青釉。口径 7.8 厘米、底径 6.2 厘米、高 17 厘米（图 9-3，5）。

B 型 束颈，椭圆腹，肩部带双股耳形系。天府广场东北侧遗址 J4：2，黄褐胎，乳浊状黄釉。口径 5.8 厘米、底径 6.1 厘米、高 13.1 厘米（图 9-3，6）。

8. 研磨器

基本形制与 C 型碗相同，内壁有密集的戳孔。通锦路净众寺园林遗址 C1④：1，深褐胎，挂粉黄色化妆土，酱青釉。口径 14.8 厘米、底径 6 厘米、高 4.5 厘米（图 9-3，7）。

9. 砚台

常见辟雍砚，按足部形态的差异分为二型。

A 型 底部一周排列密集的蹄足。天府广场东北侧遗址采：4，红褐胎，酱黄釉。直径 26.8 厘米、残高 3.5 厘米（图 9-3，8）。

B 型 底部带水滴足。十二桥遗址 IIT52③：48，紫灰胎，青灰釉。直径 4.7 厘米、高 1.5 厘米（图 9-3，9）。

二、琉璃厂窑瓷器

胎体厚重，胎色较深偏红褐、暗红或紫红色，釉色有青黄、酱、酱黄、褐、白等。出土频率较高的有碗、盘、盏、碟、盆、盘口壶、带系罐、注壶、急须、炉、瓶、盖等，分别介绍如下：

1. 碗

按口沿、腹部及足部形态的差异分为四型。

A 型　侈口，圆弧腹，腹部较浅，饼足。下同仁路遗址 H3：144，暗红胎，青黄釉。口径 22.8 厘米、底径 8.4 厘米、高 7.3 厘米（图 9-4，1）。

B 型　敞口，口部有一周折沿，斜直腹，饼足。天府广场东北侧遗址 TN01E03⑤：7，红褐胎，乳浊状青黄釉。口径 19.5 厘米、底径 7.4 厘米、高 7.1 厘米（图 9-4，2）。

C 型　敞口，斜直腹，近底部内折，饼足。金河路遗址 H4：336，紫灰胎，挂米黄色化妆土，青黄釉。口径 17.8 厘米、底径 8.3 厘米、高 6.8 厘米（图 9-4，3）。

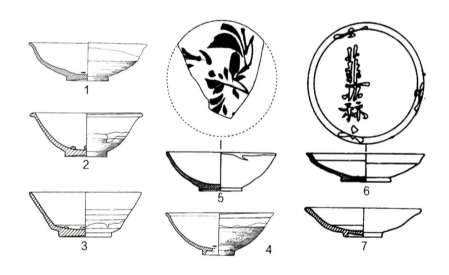

图 9-4　琉璃厂窑碗、盘

1. A 型碗（下同仁路遗址 H3：144）　2. B 型碗（天府广场东北侧遗址 TN01E03⑤：7）
3. C 型碗（金河路遗址 H4：336）　4. D 型 I 式碗（下同仁路遗址 H10：17）
5. D 型 II 式碗（下东大街遗址 T3⑤b：8）　6. I 式盘（指挥街遗址 T5④：49）
7. II 式盘（江南馆街遗址 96CJ④：7）

D 型　敞口，斜弧腹，圈足。按足部形态的差异分为二式。

I 式　圈足较高。下同仁路遗址 H10：17，暗红胎，挂化妆土，青釉。口径 17 厘米、底径 5 厘米、高 6.4 厘米（图 9-4，4）。

II 式　矮圈足。下东大街遗址 T3 ⑤ b：8，棕胎，青黄釉，内壁用褐彩饰花草纹。口径 21.6 厘米、底径 8.4 厘米、高 7.2 厘米（图 9-4，5）。

2. 盘

常见折腹盘，按腹部及足部形态差异分为二式。

I 式　腹部转折处靠上，底部带饼足。指挥街遗址 T5 ④：49，红褐胎，青黄釉，内壁用酱黄釉书"韭蒜"二字。口径 17.4 厘米、底径 7.4 厘米、高 4 厘米（图 9-4，6）。

II 式　腹部转折处靠下，底部带圈足。江南馆街遗址 96CJ ④：7，红胎，酱釉。口径 14.1 厘米、底径 4.7 厘米、高 3.5 厘米（图 9-4，7）。

3. 盏

按口部及足部形态差异分为二型。

A 型　敞口，口沿下内束，底部带饼足。内姜街遗址 T4 扩 ⑥：2，红胎，褐釉。口径 7.8 厘米、底径 3.3 厘米、高 3.4 厘米（图 9-5，1）。

B 型　即斗笠盏，敞口，底部带圈足。琉璃厂窑遗址 H3：78，棕灰胎，白釉偏米黄色，口沿一周施青黄釉。口径 12 厘米、底径 4.2 厘米、高 4.1 厘米（图 9-5，2）。

4. 碟

流行敞口，浅斜直腹，按唇部形态差异分为三式。

I 式　厚圆唇。金河路遗址 H4：1537，紫灰胎，酱釉。口径 10.4 厘米、底径 4.6 厘米、高 3.6 厘米（图 9-5，3）。

II 式　厚方唇。通锦路净众寺园林遗址 H8：10，暗红胎，酱黄釉。口径 11.6 厘米、底径 4.4 厘米、高 3.5 厘米（图 9-5，4）。

III 式　薄方唇。内姜街遗址 G1 ③：24，紫红胎，酱黄釉。口径 7.8 厘米、底径 3.3 厘米、高 3.4 厘米（图 9-5，5）。

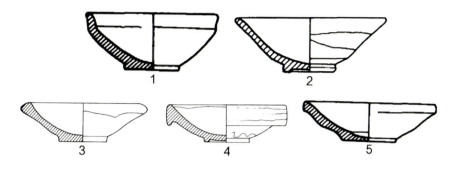

图9-5 琉璃厂窑盏、碟

1.A型盏（内姜街遗址 T4 扩⑥：2）　2.B 型盏（琉璃厂窑遗址 H3：78）　3.I 式碟（金河路遗址 H4：1537）　4.II 式碟（通锦路净众寺园林遗址 H8：10）　5.III 式碟（内姜街遗址 G1 ③：24）

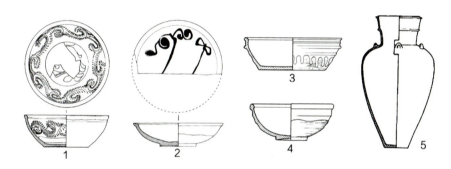

图9-6 琉璃厂窑盆、盘口壶

1.A型盆（成都博物馆遗址 T0307⑨A：11）　2.B型盆（下东大街遗址 T2⑥：51）　3.C型盆（下同仁路遗址 H3：155）　4.D型盆（下同仁路遗址 H3：157）　5.盘口壶（杜甫草堂遗址 H27：2）

5. 盆

按口沿及腹部形态差异分为四型。

A 型　敞口，斜直腹。成都博物馆遗址 T0307⑨A：11，暗红胎，青釉绿彩，内壁刻划花卉纹。口径34厘米、底径18厘米、高12.6厘米（图9-6，1）。

B 型　敞口，圆弧腹。下东大街遗址 T2⑥：51，暗红胎，青黄釉，内壁用褐彩饰卷草纹。口径21.6厘米、底径8.4厘米、高7.2厘米（图9-6，2）。

C 型　敛口，口沿下外壁带凸棱，斜直腹。下同仁路遗址 H3：155，棕胎，挂化妆土，青黄釉。口径 26 厘米、底径 10.2 厘米、高 6.6 厘米（图 9-6，3）。

D 型　敛口，深弧腹。下同仁路遗址 H3：157，暗红胎，挂化妆土，酱釉。口径 26.4 厘米、底径 10.3 厘米、高 11.1 厘米（图 9-6，4）。

6. 盘口壶

体型较大，盘口略内束，颈部短粗。杜甫草堂遗址 H27：2，紫褐胎，酱黄釉。口径 22.8 厘米、底径 13 厘米、高 68 厘米（图 9-6，5）。

7. 带系罐

肩部对称带双系或四系，按颈部及腹部形态差异分为六型。

A 型　短直颈，鼓腹，腹部矮胖。按颈部形态差异分为二亚型。

Aa 型　颈部带凸棱。金河路遗址 H4：167，紫灰胎，挂米黄色化妆土，青

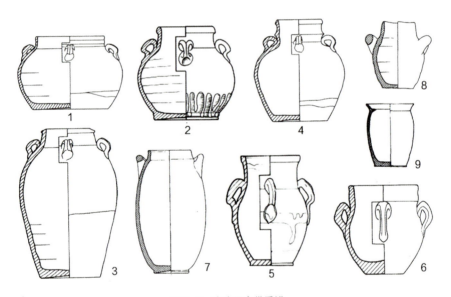

图 9-7　琉璃厂窑带系罐

1. Aa 型（金河路遗址 H4：167）　2. Ab 型（下同仁路遗址 H3：216）
3. B 型（金河路遗址 H4：160）　4. C 型（金河路遗址 H4：310）　5. D 型 I 式（东丁字街遗址 TN01E01 ③：1）　6. D 型 II 式（成都博物馆遗址 T0106 ⑩：1）　7. Ea 型（杜甫草堂遗址 J2：10）　8. Eb 型（内姜街遗址 G1 ②：6）　9. F 型（指挥街遗址 H4：171）

灰釉。口径18厘米、底径20.1厘米、高18.5厘米（图9-7，1）。

Ab型　颈部无凸棱。下同仁路遗址H3：216，棕胎，酱釉。口径8.7厘米、底径9.4厘米、高13.5厘米（图9-7，2）。

B型　短直颈，倒卵形腹。金河路遗址H4：160，紫红胎，酱釉。口径9厘米、底径12厘米、高29厘米（图9-7，3）。

C型　短束颈，鼓腹，腹部矮胖。金河路遗址H4：310，紫灰胎，挂米黄色化妆土，青灰釉。口径10.4厘米、底径13.5厘米、高24厘米（图9-7，4）。

D型　体型较小，口大于底，鼓腹。按颈部形态差异分为二式。

I式　束颈。东丁字街遗址TN01E01③：1，褐胎，挂粉黄色化妆土，酱青釉。口径8.2厘米、底径6厘米、高14.2厘米（图9-7，5）。

II式　颈部不明显，与腹部几乎连为一体。成都博物馆遗址T0106⑩：1，灰胎，灰釉。口径8厘米、底径4.4厘米、高9.8厘米（图9-7，6）。

E型　短直颈，腹部呈椭圆形。按体型大小分为二亚型。

Ea型　体型较大。杜甫草堂遗址J2：10，紫褐胎，青黄釉。口径8.6厘米、底径9.4厘米、高27厘米（图9-7，7）。

Eb型　体型较小。内姜街遗址G1②：6，紫红胎，黑褐釉。口径3.1厘米、底径3.1厘米、高6.5厘米（图9-7，8）。

F型　双唇罐，短直颈外敞，腹部瘦高。指挥街遗址H4：171，黑褐胎，内壁施青釉，外壁无釉。口径8.9厘米、底径6厘米、高11.5厘米（图9-7，9）。

8. 注壶

按流部、颈部及腹部形态差异分为六型。

A型　盘口，细长颈，曲流较短。指挥街遗址T5④：297，褐胎，青釉。口径7.6厘米、底径9厘米、高21.4厘米（图9-8，1）。琉璃厂窑遗址H1：34，暗红胎，釉面脱落。口径3.5厘米、底径3.4厘米、高8厘米（图9-8，2）。

B型　喇叭口，束颈，带较长的曲流。金河路遗址H4：226，紫红胎，酱釉。口径4厘米、底径3.5厘米、高8.1厘米（图9-8，3）。

C型　直颈，颈部较粗带凸棱，短直流。琉璃厂窑遗址TN02W03⑤：134，棕灰胎，青黄釉，外壁饰绿釉卷草纹。口径10厘米、底径11.2厘米、高

27.4 厘米（图9-8, 4）。

D型　短直颈，短直流。金河路遗址H4：201，紫红胎，挂米黄色化妆土，青灰釉。口径9厘米、底径10.1厘米、高17.2厘米（图9-8, 5）。

E型　颈部圆粗内斜，带较长的曲流。下同仁路遗址J1：3，暗红胎，挂化妆土，黄釉。口径9.5厘米、底径10.2厘米、高28.1厘米（图9-8, 6）。

F型　无颈，卵形腹，带曲流。杜甫草堂遗址J1：2，紫褐胎，酱釉。口径5.4厘米、底径7.8厘米、高16.4厘米（图9-8, 7）。

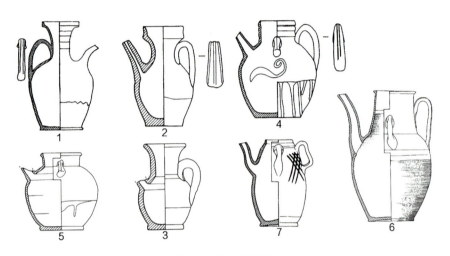

图9-8　琉璃厂窑注壶

1. A型（指挥街遗址T5④：297）　2. A型（琉璃厂窑遗址H1：34）
3. B型（金河路遗址H4：226）　4. C型（琉璃厂窑遗址TN02W03⑤：134）　5. D型（金河路遗址H4：201）　6. E型（下同仁路遗址J1：3）　7. F型（杜甫草堂遗址J1：2）

9. 急须

口沿一侧都带"U"形流，按口沿及腹部形态差异分为二型。

A型　侈口，上腹内曲，下腹内收。金河路遗址H4：255，紫灰胎，青灰釉。口径14厘米、底径6.8厘米、高8.8厘米（图9-9, 1）。

B型　敛口，深弧腹。内姜街遗址T4扩⑦：3，紫胎，褐釉。口径7.4厘米、底径3.4厘米、高4.7厘米（图9-9, 2）。

10. 炉

常见折沿，筒形腹，按底部形态差异分为二型。

A 型　底部带五只蹄足。按足部形态差异分为二式。

I 式　蹄足较长。金河路遗址 H4：203，红胎，青黄釉。口径 14.2 厘米、高 8.7 厘米（图 9-9，4）。

II 式　蹄足较短。杜甫草堂遗址 H18：21，红胎，青黄釉。口径 12.6 厘米、高 6.4 厘米（图 9-9，6）。

B 型　底部带喇叭形器座。金河路遗址 H4：287，紫红胎，青灰釉。口径 13.8 厘米、底径 12.5 厘米、高 8.6 厘米（图 9-9，5）。

11. 瓶

束口，颈部短粗，腹部瘦长呈鸡腿状，肩部带方桥系。下同仁路遗址 J1：1，暗红胎，酱釉。口径 7.4 厘米、底径 9.2 厘米、高 34.6 厘米（图 9-9，7）。

12. 盖

流行斜面平顶，顶部带圆钮的大盖。内姜街遗址 T4 扩⑥：7，红胎，挂黄色化妆土，褐釉，盖面绘草叶纹。直径 16.8 厘米、高 7.6 厘米（图 9-9，3）。

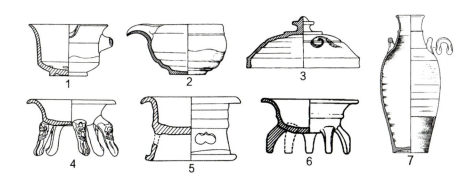

图 9-9　琉璃厂窑急须、炉、盖

1. A 型急须（金河路遗址 H4：255）　2. B 型急须（内姜街遗址 T4 扩⑦：3）　3. 盖（内姜街遗址 T4 扩⑥：7）　4. A 型 I 式炉（金河路遗址 H4：203）　5. B 型炉（金河路遗址 H4：287）　6. A 型 II 式炉（杜甫草堂遗址 H18：21）　7. 瓶（下同仁路遗址 J1：1）

三、邛窑瓷器

胎体较轻薄，胎色偏灰或灰黑，釉色有青、天青、青黄、黄、绿、酱等。出土频率较高的有花口碗、花口盘、注壶、渣斗、带系罐、杯、炉、盒、盖等，分别介绍如下：

1. 花口碗

口沿呈多曲花瓣状，腹壁出筋，按腹部形态的差异分为二型。

A 型　斜弧腹。天府广场东北侧遗址 H4：14，灰胎，乳浊状青黄釉。口径20.2 厘米、底径 7.9 厘米、高 6.6 厘米（图 9-10，1）。

B 型　斜直腹。下同仁路遗址 H6：135，灰胎，乳浊状天青釉。口径 20.8厘米、底径 7.9 厘米、高 8.7 厘米（图 9-10，2）。

2. 花口盘

口沿呈多曲花瓣状，常见折腹，按腹部及足部形态的差异分为二型。

A 型　腹部转折处居中，底部带饼足。下同仁路遗址 H6：93，灰胎，青黄釉。口径 17.2 厘米、底径 5.2 厘米、高 4.6 厘米（图 9-10，3）。

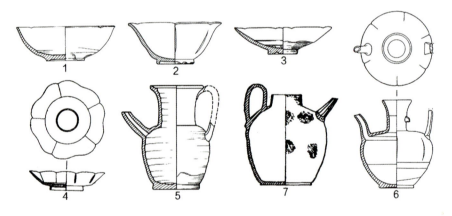

图 9-10　邛窑花口碗、花口盘及注壶

1．A 型花口碗（天府广场东北侧遗址 H4：14）　2．B 型花口碗（下同仁路遗址 H6：135）
3．A 型花口盘（下同仁路遗址 H6：93）　4．B 型花口盘（指挥街遗址 H4：133）
5．A 型注壶（下同仁路遗址 H3：177）　6．B 型注壶（金河路遗址 H4：120）
7．C 型注壶（指挥街遗址 H4：109）

B 型　腹部转折处偏下，底部带较高的圈足。指挥街遗址 H4：133，褐胎，低温黄釉。口径 18.4 厘米、底径 8.2 厘米、高 4.4 厘米（图 9-10，4）。

3. 注壶

腹部多呈倒卵形，按口沿、颈部及腹部形态差异分为三型。

A 型　喇叭口，颈部较粗。下同仁路遗址 H3：177，灰胎，挂化妆土，乳浊状青灰釉。口径 8 厘米、底径 7 厘米、高 15.1 厘米（图 9-10，5）。

B 型　喇叭口，长束颈，腹部呈瓜棱状。金河路遗址 H4：120，紫灰胎，青黄釉。口径 5.3 厘米、底径 6.6 厘米、高 15.9 厘米（图 9-10，6）。

C 型　直口，短颈，腹部较矮胖。指挥街遗址 H4：109，红胎，低温黄釉，外壁饰点状彩绘。口径 4 厘米、底径 7 厘米、高 12.3 厘米（图 9-10，7）。

4. 渣斗

宽展沿，短束颈，底部带饼足。金河路遗址 H4：54，紫灰胎，青灰釉。口径 16.3 厘米、底径 7.5 厘米、高 10.6 厘米（图 9-11，1）。天府广场东北侧遗址 H2：5，黄褐胎，青黄釉。口径 16.3 厘米、底径 7.2 厘米、高 9.1 厘米（图 9-11，2）。

5. 带系罐

肩部常带对称的双系或四系，按系部差异分为二型。

A 型　肩部带双股耳形系。下同仁路遗址 H3：220，灰胎，挂化妆土，淡青釉。口径 8.4 厘米、底径 6 厘米、高 10.8 厘米（图 9-11，3）。

B 型　肩部带桥形系。天府广场东北侧遗址 TS01W01 ⑤：22，灰胎，乳浊状青釉。口径 6.1 厘米、底径 4.5 厘米、高 8.7 厘米（图 9-11，4）。

6. 杯

侈口，深弧腹，底部带喇叭形高足，按口沿及足部形态差异分为二式。

I 式　圆口，足部有节突。成都博物馆遗址 T0206 ⑪：7，红胎，青黄釉，外壁饰彩绘。口径 8.2 厘米、底径 4.4 厘米、高 8 厘米（图 9-11，5）。

II 式　花口，足部无节突。指挥街遗址 H8：84，褐胎，低温黄釉，外壁饰带状彩绘。口径 11.6 厘米、底径 6.4 厘米、高 10.1 厘米（图 9-11，6）。

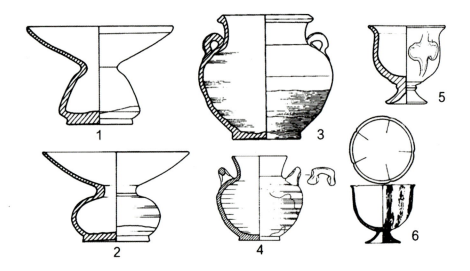

图9-11　邛窑渣斗、带系罐、杯

1.渣斗（金河路遗址H4：54）　2.渣斗（天府广场东北侧遗址H2：5）　3.A型带系罐（下同
仁路遗址H3：220）　4.B型带系罐（天府广场东北侧遗址TS01W01⑤：22）　5.Ⅰ式杯（成都
博物馆遗址T0206⑪:7）　6.Ⅱ式杯（指挥街遗址H8：84）

7. 炉

常见折沿，筒形腹，底部带五只模印兽面纹的蹄足。下同仁路遗址H3：42，
灰白胎，低温绿釉。口径10.6厘米、高6.4厘米（图9-12，1）。

8. 盒

均为子口，按腹部及底部形态差异分为二型。

A型　上腹近垂直，下腹内收，底部带足。下同仁路遗址H3：178，灰白
胎，低温绿釉。口径4.4厘米、底径3.1厘米、高2.8厘米（图9-12，2）。

B型　直腹，圜底。金河路遗址H4：75，紫灰胎，青灰釉。口径14.2厘
米、高8.7厘米（图9-12，3）。

9. 盖

常见盒盖，盖面隆起。指挥街遗址H8：181，乳白胎，低温青绿釉，盖面
模印凤鸟、云彩纹。直径5.2厘米、高1.8厘米（图9-12，4）。

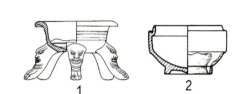

图9-12　邛窑炉、盒、盖

1．炉（下同仁路遗址 H3：42）　2．A型盒（下同仁路遗址 H3：178）
3．B型盒（金河路遗址 H4：75）　4．盖（指挥街遗址 H8：181）

四、磁峰窑瓷器

胎体较轻薄，胎质较细，偏灰白或灰色，几乎只见白釉一种，釉面光泽度较差。出土频率较高的有碗、盘等，分别介绍如下：

1．碗

流行圈足，按腹部形态差异分为二型。

A型　斜直腹。按口沿形态差异分为二亚型。

Aa型　侈口。下东大街遗址 T4⑥：3，灰白胎，挂化妆土，白釉，内壁分格刻划莲花纹。口径 21.5 厘米、残高 6.5 厘米（图9-13，1）。

Ab型　敞口。东丁字街遗址 TN04W01③：51，灰白胎，挂化妆土，白釉偏灰。口径 19 厘米、底径 7.4 厘米、高 6.2 厘米（图9-13，2）。

B型　深弧腹。江汉路遗址 T1⑤：36，白胎，白釉，外壁刻划莲瓣纹。口径 12.8 厘米、底径 6.8 厘米、高 8.1 厘米（图9-13，3）。

2．盘

按腹部及底足形态差异分为二型。

A型　斜直腹，圈足。清安街城墙遗址 Q3：32，灰白胎，挂化妆土，白釉偏黄，内壁模印凤鸟和缠枝团花，外壁刻划莲瓣纹。口径 18 厘米、底径 8.2 厘米、高 3.5 厘米（图9-13，4）。

B型　折腹，平底。东丁字街遗址 TN04W01③：40，白胎，白釉偏黄。

口径 13 厘米、底径 4.8 厘米、高 2.1 厘米（图 9-13, 5）。

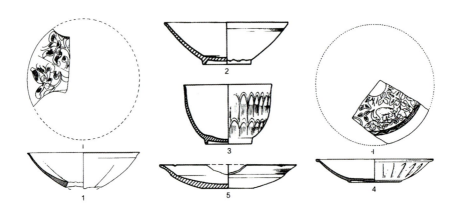

图 9-13　磁峰窑瓷器

1. Aa 型碗（下东大街遗址 T4 ⑥：3）　2. Ab 型碗（东丁字街遗址 TN04W01 ③：51）
3. B 型碗（江汉路遗址 T1 ⑤：36）　4. A 型盘（清安街城墙遗址 Q3：32）
5. B 型盘（东丁字街遗址 TN04W01 ③：40）

外地瓷器

外地瓷器中，南北窑口皆有，典型代表有景德镇窑、邢窑、定窑、长沙窑、耀州窑、龙泉窑、越窑等产品。

一、景德镇窑瓷器

数量较少，均为细白胎，胎体轻薄，青白釉，流行刻划花或印花装饰，器形可辨碗、盏、盘、洗、盖、盒等。

1. 碗

常见底部带高圈足的碗。东丁字街遗址 TN04W01 ③：52，白胎，青白釉，内底模印花草纹。底径 5 厘米、残高 4.8 厘米（图 9-14, 1）。

2. 盏

常见斗笠盏，底部带小饼足或小圈足。东丁字街遗址 TN05W03 ③：6，白胎，青白釉。口径 14.2 厘米、底径 2.8 厘米、高 6 厘米（图 9-14, 2）。下同仁路遗址J1：12，灰白胎，青釉，足底朱书"唐"字。口径11厘米、底径3.8厘米、高3.5厘米（图9-14，3）。

3. 盘

侈口，折腹，饼足。指挥街遗址J2：16，白胎，青白釉，内壁模印牡丹花。口径14.4厘米、底径3.8厘米、高3.8厘米（图9-14，4）。

图9-14　景德镇窑瓷器

1. 碗（东丁字街遗址TN04W01③：52）　2. 盏（东丁字街遗址TN05W03③：6）
3. 盏（下同仁路遗址J1：12）　4. 盘（指挥街遗址J2：16）　5. 洗（宾隆街遗址T1④：28）
6. 盖（宾隆街遗址T1④：35）　7. A型盒（成华广场M1E：1）
8. B型盒（成华广场M1W：12）

4. 洗

直口，弧腹，平底略内凹。宾隆街遗址 T1 ④：28，白胎，青白釉，腹部模印云气和缠枝花卉纹。口径 6.8 厘米、底径 4.1 厘米、高 3.4 厘米（图 9-14，5）。

5. 盖

盖面隆起，带折沿。宾隆街遗址 T1 ④：35，白胎，青白釉，盖面刻划莲瓣纹。口径 10.5 厘米、残高 2.3 厘米（图 9-14，6）。

6. 盒

子母口，按盒身形态差异分为二型。

A 型　盒身呈瓜棱形。成华广场 M1E：1，白胎，青白釉。口径 5.5 厘米、高 3.4 厘米（图 9-14，7）。

B 型　盒身呈六边形。成华广场 M1W：12，白胎，青白釉，盖面模印花瓣纹。口径 4 厘米、高 3 厘米（图 9-14，8）。

二、邢窑及定窑瓷器

数量较少，均为青釉，细白胎，一般无化妆土，釉色有偏黄的现象，器形以碗、盘为主。

1. 碗

常见斜直腹，按口沿、腹部及足部形态的差异分为三型。

A 型　敞口，凸唇，斜直腹，腹部较浅，玉璧足。天府广场东北侧遗址 TS01W06⑤：15，白胎，白釉。口径 15.4 厘米、底径 6.6 厘米、高 4.6 厘米（图 9-15，1）。通锦路净众寺园林遗址 C1 ③：120，白胎，白釉泛青。口径 15.6 厘米、底径 6.4 厘米、高 4.2 厘米（图 9-15，2）。

B 型　敞口，斜直腹，口沿一周呈花瓣状，圈足。东丁字街遗址 J1：37，白胎，白釉。口径 16 厘米、底径 5.6 厘米、高 5 厘米（图 9-15，3）。

C 型　敞口，斜弧腹，口沿一周呈花瓣状，圈。天府广场东北侧遗址 TN01W03⑤：2，白胎，白釉。口径 13.6 厘米、底径 5.2 厘米、高 4.4 厘米（图 9-15，4）。

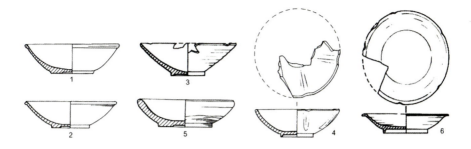

图 9-15 邢窑及定窑瓷器

1. A型碗（天府广场东北侧遗址 TS01W06⑤：15） 2. A型碗（通锦路净众寺园林遗址 C1③：120） 3. B型碗（东丁字街遗址 J1：37） 4. C型碗（天府广场东北侧遗址 TN01W03⑤：2） 5. A型盘（天府广场东北侧遗址 TN01E03⑤：11） 6. B型盘（东丁字街遗址 TN04W01④：23）

2. 盘

按口沿及足部形态差异分为二型。

A 型 敞口，胎体较厚，玉璧足。天府广场东北侧遗址 TN01E03⑤：11，白胎，白釉偏黄。口径 14 厘米、底径 7.8 厘米、高 3.7 厘米（图 9-15，5）。

B 型 侈口，口沿一周呈花瓣状，大圈足。东丁字街遗址 TN04W01④：23，白胎，白釉。口径 15.8 厘米、底径 8 厘米、高 3.2 厘米（图 9-15，6）。

三、长沙窑瓷器

数量较少，均为青釉，胎色灰或粉黄，有挂化妆土的做法，釉面玻璃质感强，器形有碗、注壶、盖等。

1. 碗

流行玉璧足，按腹部形态差异分为二型。

A 型 斜直腹。通锦路净众寺园林遗址 C1③：70，灰胎，挂灰白色化妆土，淡青釉。口径 14.4 厘米、底径 5.4 厘米、高 4.1 厘米（图 9-16，1）。

B 型 斜弧腹。通锦路净众寺园林遗址 C1⑥：19，灰胎，青灰釉。口径 20.8 厘米、底径 7.2 厘米、高 7 厘米（图 9-16，2）。

2. 注壶

喇叭口，长颈，倒卵形腹，流部短直。通锦路净众寺园林遗址 G2①：1，灰胎，青黄釉，肩部带贴饰。口径 12.8 厘米、残高 20 厘米（图 9-16，3）。杜甫草堂遗址 H3：227，浅灰胎，淡青釉，肩部贴饰模印的坐狮图案，施褐釉。残高 14.8 厘米（图 9-16，4）。

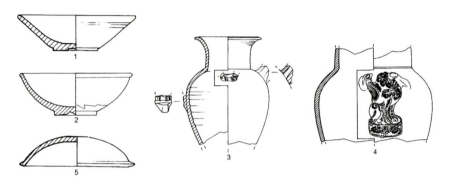

图 9-16　长沙窑瓷器

1. A 型碗（通锦路净众寺园林遗址 C1③：70）　2. B 型碗（通锦路净众寺园林遗址 C1⑥：19）
3. 注壶（通锦路净众寺园林遗址 G2①：1）　4. 注壶（杜甫草堂遗址 H3：227）
5. 盖（通锦路净众寺园林遗址 C1④：166）

3. 盖

盖面隆起，无钮。通锦路净众寺园林遗址 C1④：166，粉黄胎，青黄釉。直径 14.1 厘米、高 3.5 厘米（图 9-16，5）。

四、耀州窑瓷器

数量极少，均为灰胎或灰白胎，青釉，釉面玻璃质感强，流行印花装饰，器形有碗、盘、盏托、盖等。

1. 碗

敞口，斜弧腹，圈足。下同仁路遗址 J1：18，灰白胎，青釉。口径 18.2~19 厘米、底径 5.8 厘米、高 9.4 厘米（图 9-17，1）。

2. 盘

敞口，斜弧腹。清安街城墙遗址 Q2：31，灰胎，青釉，内壁刻划卷草纹。

口径 17.6 厘米、残高 2.8 厘米（图 9-17，2）。

3. 盏托

花瓣口，托台低矮，下接圈足。清安街城墙遗址 Q2：30，灰胎，青釉。口径 16 厘米、残高 2.6 厘米（图 9-17，3）。

4. 盖

盖面隆起，带折沿。东丁字街遗址 TN01W01 ③：17，灰白胎，青黄釉。口径 16.6 厘米、直径 12 厘米、残高 3 厘米（图 9-17，4）。

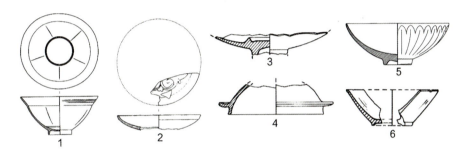

图 9-17　耀州窑、龙泉窑及越窑瓷器

1．耀州窑碗（下同仁路遗址 J1：18）　2．耀州窑盘（清安街城墙遗址 Q2：31）
3．耀州窑盏托（清安街城墙遗址 Q2：30）　4．耀州窑盖（东丁字街遗址 TN01W01 ③：17）
5．龙泉窑碗（下东大街遗址 T3 ⑤ a：27）　6．越窑碗（东丁字街遗址 TN04W01 ③：45）

五、龙泉窑瓷器

数量极少，几乎只有敞口，斜弧腹，底部带圈足的碗。下东大街遗址 T3 ⑤ a：27，灰白胎，青翠釉，外壁刻划莲瓣纹。口径 17.3 厘米、底径 4.6 厘米、高 6.5 厘米（图 9-17，5）。

六、越窑瓷器

数量极少，几乎只有斜直腹，底部带圈足或玉璧足的碗。东丁字街遗址 TN04W01 ③：45，灰胎，青灰釉。口径 16.6 厘米、底径 7.2 厘米、高 6 厘米（图 9-17，6）。

第二节

建筑砖瓦

成都城内出土的建筑砖瓦类型有筒瓦、板瓦、瓦当、滴水、砌墙砖、铺地砖等，其中瓦当和铺地砖因带有丰富的纹饰图案，最具代表性。

瓦当

按当面纹饰的不同，可分作兽面纹瓦当和莲花纹瓦当两类。

一、兽面纹瓦当

均为圆形，无明显的当心，通常边轮低于纹饰部分，按兽面特征差异分为三型。

A型　兽面纹较大，占据当面主体，表现有浓密的鬃毛。按兽口特征及有无联珠纹分为三式。

I式　兽口呈元宝状，无联珠纹。奎星楼街遗址 T1③：2，泥质灰陶。直径15.7厘米、厚1.9厘米（图9-18，1）。奎星楼街遗址 T1③：5，直径14.6厘米、厚2.4厘米。下同仁路遗址 H6：111，泥质灰陶，带黑色陶衣。直径12.6厘米、厚2.4厘米（图9-18，2）。

II式　兽口呈元宝状，兽面外联珠纹排列稀疏。下同仁路遗址 H6：113，泥质灰陶，带黑色陶衣。直径13.9厘米、厚2.1厘米（图9-18，3）。东华门摩诃池池苑遗址 C1南②：2，泥质红陶，表面施绿釉。直径12.9厘米、厚1.8厘米（图9-18，4）。

III式　兽口扁长，兽面外绕联珠纹或弦纹，联珠纹排列密集。东华门摩

诃池池苑遗址 TN01W01 ④：1，泥质灰陶。直径 12.7 厘米、厚 1.5 厘米（图
9-18，5）。成都博物馆遗址 T0207 ③：1，直径 11.8 厘米（图 9-18，6）。

　　B 型　兽面纹较大，占据当面主体，无浓密的鬓毛。下同仁路遗址 T4 ③：
20，泥质灰陶。直径 18.1 厘米、厚 2.1 厘米（图 9-18，7）。

　　C 型　兽面纹表现有浓密的鬓毛，但构图较小，在当面中没有 A、B 型突出。
按兽面外附加纹饰的差异分为二亚型。

　　Ca 型　兽面外附加一周弦纹和联珠纹。分为二式。

　　I 式　兽面刻划较精细。下同仁路遗址 H6：47，泥质灰陶，带黑色陶衣。

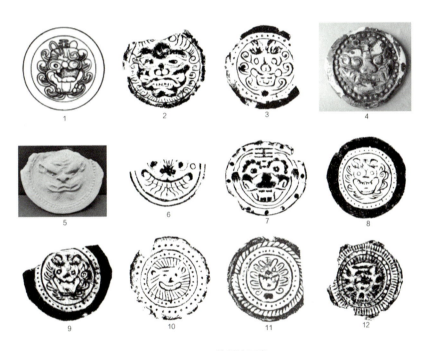

图 9-18　兽面纹瓦当

　　1．A 型 I 式（奎星楼街遗址 T1 ③：2）　2．A 型 I 式（下同仁路遗址 H6：111）
　3．A 型 II 式（下同仁路遗址 H6：113）　4．A 型 II 式（东华门摩诃池池苑遗址 C1 南②：2）
　5．A 型 III 式（东华门摩诃池池苑遗址 TN01W01 ④：1）　6．A 型 III 式（成都博物馆遗址
T0207 ③：1）　7．B 型（下同仁路遗址 T4 ③：20）　8．Ca 型 I 式（下同仁路遗址 H6：47）
9．Ca 型 I 式（通锦路净众寺园林遗址 C1 ②：18）　10．Ca 型 II 式（清安街城墙遗址 Q2：17）
　11．Cb 型（下同仁路遗址 H3：194）　12．Cb 型（通锦路净众寺园林遗址 TN06E04 ③：5）

直径 13.7 厘米、厚 2 厘米（图 9-18，8）。通锦路净众寺园林遗址 C1 ②：18，泥质灰陶。直径 14 厘米、厚 2.6 厘米（图 9-18，9）。金河路遗址 H4：1510，泥质灰陶。直径 14 厘米、厚 2.2 厘米。

II 式　兽面刻划简略粗糙。清安街城墙遗址 Q2：17，泥质灰陶，直径 17 厘米（图 9-18，10）。

Cb 型　兽面纹附加一周弦纹、联珠纹和放射线纹。下同仁路遗址 H3：194，泥质灰陶，带黑色陶衣。直径 13.9 厘米、厚 1.9 厘米（图 9-18，11）。通锦路净众寺园林遗址 TN06E04 ③：5，泥质灰陶。直径 13.6 厘米、厚 2.8 厘米（图 9-18，12）。

二、莲花纹瓦当

大多为圆形，并且以圆钮为当心，莲瓣围绕当心呈放射状排列，边轮一般低于纹饰部分，按莲花纹构图差异分为八型。

A 型　当心为大圆钮，莲花纹外绕一周弦纹，莲瓣之间以倒三角和短线间隔。按莲瓣形态差异分为二亚型。

Aa 型　莲瓣较宽肥。东华门摩诃池池苑遗址 C1 南⑤：15，泥质灰陶。直径 13.3 厘米、厚 2.3 厘米（图 9-19，1）。

Ab 型　莲瓣较尖瘦。东华门摩诃池池苑遗址 C1 南⑤：11，泥质灰陶。直径 12.1 厘米、厚 1.9 厘米（图 9-19，2）。

B 型　当心为小圆钮，莲瓣饱满呈剑状，以"Y"形纹间隔，外绕弦纹和联珠纹。天府广场东北侧遗址 H64：80，泥质灰陶。直径 13.1 厘米、厚 1.2 厘米（图 9-19，3）。东华门摩诃池池苑遗址 H29：18，泥质灰陶。直径 12.7 厘米、厚 1.9 厘米（图 9-19，4）。

C 型　当心为莲蓬，莲瓣短小，无纹饰间隔，外绕弦纹和联珠纹。东华门摩诃池池苑遗址 G2：2，泥质灰陶。直径 14 厘米、厚 2.2 厘米（图 9-19，5）。

D 型　当心为小圆钮，莲瓣瘦小，瓣顶分叉，莲瓣之间以"T"形纹间隔，外绕弦纹和联珠纹。通锦路净众寺园林遗址 C1 ④：247，泥质灰陶。直径 13.2 厘米、厚 2 厘米（图 9-19，6）。通锦路净众寺园林遗址 G2①：3，泥质灰陶。直径 12.2 厘米、厚 1.2 厘米（图 9-19，7）。

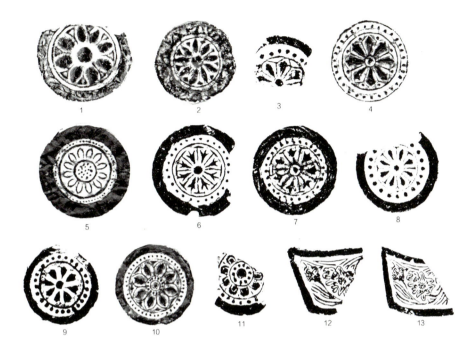

图 9-19 莲花纹瓦当

1. Aa 型（东华门摩诃池池苑遗址 C1 南⑤：15） 2. Ab 型（东华门摩诃池池苑遗址 C1 南⑤：11）
3. B 型（天府广场东北侧遗址 H64：80） 4. B 型（东华门摩诃池池苑遗址 H29：18）
5. C 型（东华门摩诃池池苑遗址 G2：2） 6. D 型（通锦路净众寺园林遗址 C1 ④：247）
7. D 型（通锦路净众寺园林遗址 G2①：3） 8. Ea 型（天府广场东北侧遗址 TN01W01 ⑤：10）
9. Eb 型（通锦路净众寺园林遗址 C1 ③：326） 10. F 型（东华门摩诃池池苑遗址 TN01W04 ⑤：30）
11. G 型（通锦路净众寺园林遗址 C1 ③：246） 12. H 型（下同仁路遗址 H10：30）
13. H 型（下同仁路遗址 H10：31）

　　E 型　当心为小圆钮，莲瓣瘦小呈水滴状，外绕弦纹和联珠纹。按莲瓣之间有无纹饰间隔分为二亚型。

　　Ea 型　莲瓣之间以 T 形纹间隔。天府广场东北侧遗址 TN01W01 ⑤：10，泥质灰陶。直径 13.3 厘米、厚 1.2 厘米（图 9-19，8）。

　　Eb 型　莲瓣之间无纹饰间隔。通锦路净众寺园林遗址 C1 ③：326，泥质灰陶。直径 13.1 厘米、厚 1.8 厘米（图 9-19，9）。

　　F 型　当心为小圆钮，宝装莲花，莲瓣饱满以倒三角间隔，外绕弦纹和联珠纹。东华门摩诃池池苑遗址 TN01W04⑤：30，泥质灰陶。直径 16 厘米、厚 2.1 厘米（图 9-19，10）。

G 型　当心为小圆钮，宝装莲花，莲瓣短小以短线间隔，外绕弦纹和联珠纹。通锦路净众寺园林遗址 C1③：246，泥质灰陶。厚 1.7 厘米（图 9-19，11）。

H 型　通体作较宽的长条形，无明显的当心，莲花与草叶相搭配，构图较凌乱。下同仁路遗址 H10：30，泥质灰陶。残宽 10.5 厘米、残高 9.6 厘米、厚 1.6 厘米（图 9-19，12）。下同仁路遗址 H10：31，泥质灰陶。残宽 10.7 厘米、残高 8.9 厘米、厚 1.6 厘米（图 9-19，13）。

铺地砖

踩踏面模印花纹，按平面形制分为二型。

A 型　平面近正方形。按纹饰差异分为二亚型。

Aa 型　中心为莲花纹，外绕牡丹花、联珠和弦纹，四角饰牡丹花，四边饰卷草纹带。指挥街遗址 J1：16，泥质灰陶，直径 40 厘米、厚 4 厘米（图 9-20，1）。

Ab 型　中心为立体牡丹花，四角饰蝴蝶，四边饰卷草纹带。东华门摩诃池池苑遗址 C1 北②：2，泥质灰陶，直径 40 厘米、厚 4 厘米（图 9-20，2）。

B 型　平面呈长方形。通锦路净众寺园林遗址 G3：6，泥质褐陶，饰莲花纹和菱形纹。厚 5 厘米（图 9-20，3）。

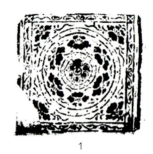

图 9-20　铺地砖
1. Aa 型（指挥街遗址 J1：16）　2. Ab 型（东华门摩诃池池苑遗址 C1 北②：2）
3. B 型（通锦路净众寺园林遗址 G3：6）

Chapter 10

第十章

专题研究

第一节

城 垣

唐代罗城城垣与城门构筑

迄今为止，已有不少学者对唐代成都罗城的城垣开展过细致的考察分析，涉及的对象包括修筑缘由与经过、四至范围、周长里数、施工技术、附属设施、用时与人工等[1]，相关认识和结论大多已经比较成熟，兹不重复赘述。尽管取得了较为丰硕的成果，但仍有若干问题未予关注或重视不够，笔者拟结合文献与考古材料，对此补充一些个人见解。

一、筑基与夯土加固

从各地的考古发现看，唐代城垣的筑基方式主要有两种：第一种为平地直接起建，如唐扬州罗城（北墙和东墙）[2]、唐润州罗城（东墙）[3]、唐明州子城

1　这些方面的代表性研究成果有王文才：《成都城坊考》，第12-14、33-36页；四川省文史研究馆：《成都城坊古迹考（修订版）》，第42-50页；严耕望：《唐五代时期之成都》，载《严耕望史学论文选集》，第185-187页；雷玉华：《唐宋明清时期的成都城垣考》，《四川文物》1998年第1期；冯汉镛：《高骈扩展的成都城墙》，《文史杂志》1998年第6期；孙华：《唐末五代的成都城》，载《宿白先生八秩华诞纪念文集》编辑委员会编《宿白先生八秩华诞纪念文集》，第273-277页；谢涛：《成都唐宋时期城市考古》，载何一民、王毅、蒋成主编《文明起源与城市发展研究》，第158-161页；张蓉：《先秦至五代成都古城形态变迁研究》，第230-247页；李明斌：《唐末成都罗城城垣的考古学观察》，《中国国家博物馆馆刊》2017年第9期。

2　中国社会科学院考古研究所、南京博物院、扬州市文物考古研究所：《扬州城——1987~1998年考古发掘报告》，文物出版社，2010，第67-70页。

3　镇江六朝唐宋古城考古队：《江苏镇江市花山湾古城遗址1991年发掘简报》，《考古》1999年第3期。

（西墙）[1]、唐广州城（西墙）[2]、唐北庭古城[3]、唐邛州临溪县城[4]等；第二种为下挖基槽，基槽宽度通常应大于或等于墙体底部，如唐长安城（大明宫宫墙）[5]、唐洛阳城（皇城、宫城城墙）[6]、唐扬州罗城（西墙和南墙）[7]、唐五代晋阳城[8]、渤海上京城（宫墙）[9]等。成都罗城的筑基方式采用了第二种，如中同仁路豪斯地点，城垣下开挖有深 0.25~0.29 米的基槽（图 10-1）[10]；中同仁路汉星地点，城垣下开挖有深 0.3~0.4 米的基槽（图 10-2）[11]；羊皮坝街（今锦里中路）36 号工地，城垣下开挖有深 0.5~0.6 米的基槽[12]；滨江路滨江饭店工地，城垣下开挖有深 0.5 米的基槽[13]。这些基槽的深度较之《营造法式》所定"城基开地深五尺"[14]的要求浅了许多，也远低于长安、洛阳、晋阳等北方城址普遍 1.5~3 米的基槽深度。除成都外，扬州罗城的城垣亦筑基较浅（约 0.4 米），这大概是受扬州、镇江间在上古时代曾经是很宽的江面，蜀岗下则长期是随潮汐涨落的泥泽滩地等自然条件的制约。同样的道理，成都罗城选址在江河纵横的冲积平原带，地下水位较高，或许也是造成城垣基槽不能深挖的缘故。这种筑基方式在蜀地的历史非

1　宁波市文物考古研究所：《浙江宁波市唐宋子城遗址》，《考古》2002 年第 3 期。

2　广州市文物考古研究所：《广州市西湖路光明广场唐代城墙遗址》，载广州文物考古研究所编《羊城考古发现与研究》（一），文物出版社，2005，第 175 页。

3　中国社会科学院考古研究所新疆工作队：《新疆吉木萨尔北庭古城调查》，《考古》1982 年第 2 期。

4　成都文物考古研究所、蒲江县文物保护管理所：《蒲江"残城址"遗址试掘简报》，载成都文物考古研究所编著《成都考古发现》（2006），科学出版社，2008，第283页。

5　中国社会科学院考古研究所西安唐城队：《西安市唐长安城大明宫丹凤门遗址的发掘》，《考古》2006 年第 7 期。

6　中国社会科学院考古研究所：《隋唐洛阳城：1959~2001 年考古发掘报告》，文物出版社，2014，第 155-157、704-707、883-884 页。

7　中国社会科学院考古研究所、南京博物院、扬州市文物考古研究所：《扬州城——1987~1998 年考古发掘报告》，第 73-80 页。

8　山西省考古研究所、太原市文物考古研究所、晋源区文物旅游局：《晋阳古城一号建筑基址》，科学出版社，2016，第 24-31 页。

9　黑龙江省文物考古研究所：《渤海上京城》，文物出版社，2009，第 628 页。

10　成都市文物考古研究所：《成都市中同仁路城墙遗址发掘简报》，载《成都考古发现》（2002），第 271 页。

11　成都市文物考古研究所：《成都市中同仁路城墙遗址第二次发掘简报》，载《成都考古发现》（2003），第 422 页。

12　谢涛：《成都市 1994~1995 年城垣考古》，《四川文物》2001 年第 1 期。

13　谢涛：《府南河沿岸城垣遗址分布状况》，《成都文物》1994 年第 4 期。

14　梁思成：《中国古建筑典范——<营造法式>注释》，三联书店（香港）有限公司，2017，第60页。

常悠久，除了见于汉末三国绵竹城遗址[1]，晚至明代蜀王府的宫墙营建中也有应用，基槽做成规整的倒梯形，深度可达 2 米以上[2]，更有观点认为其技术渊源甚至可追溯至 4500 年前的宝墩文化时期[3]。

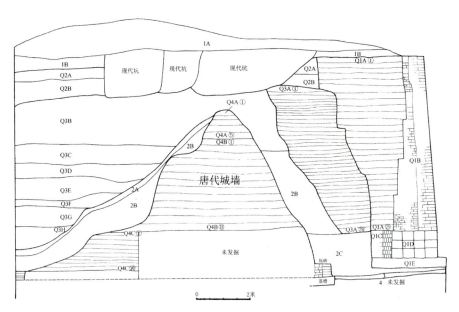

图 10-1　中同仁路豪斯地点唐代城墙（Q4）剖面
（采自成都市文物考古研究所：《成都市中同仁路城墙遗址发掘简报》，
《成都考古发现》（2002），第 270 页，图四）

　　成都罗城的基槽虽开挖较浅，一定程度上会对城垣的稳定性造成不利影响，但槽内的填筑方式却很扎实考究，如中同仁路豪斯地点，槽内先填一层夯土，为红烧土块和少量灰土，并夹杂碎砖瓦和零星黑色木炭，厚 0.11~0.12 米，其上再夯实一层黄泥夹卵石，包含少量碎瓦砾，厚 0.14~0.17 米；又如羊皮坝街 36 号

1　四川省文物考古研究院、德阳市文物考古研究所、旌阳区文物保护管理所：《2004 年四川德阳"绵竹城"遗址调查与试掘》，《四川文物》2008 年 3 期。
2　成都文物考古研究所：《成都天府广场东北侧古遗址发掘报告》，第 248-250 页。
3　李明斌：《唐末成都罗城城垣的考古学观察》，《中国国家博物馆馆刊》2017 年第 9 期。

工地，槽内用黄泥分层作水平夯打，可分6层，每层厚0.1~0.15米，夯层之间再夹杂一层直径约0.05~0.1米的小卵石。类似的做法在《营造法式》中同样有所描述，既讲了筑基时土、碎砖瓦石的配比，还有具体的夯筑步骤及尺寸要求："凡开基址……用碎砖瓦石扎等，每土三分内填碎砖瓦等一分"，又"筑基之制，每方一尺，用土二担，隔层用碎砖瓦及石扎等，亦二担……每布土厚五寸，筑实厚三寸。每布碎砖瓦及石扎等厚三寸，筑实厚一寸五分"[1]。相较于北方地区城址自北宋以后才在城垣筑基中逐步应用夯土与砖石瓦砾层交替叠压之法（如北宋东京内城北墙）[2]，成都早在唐末罗城营建中已出现，后者工程技术之先进与超前自不待言。

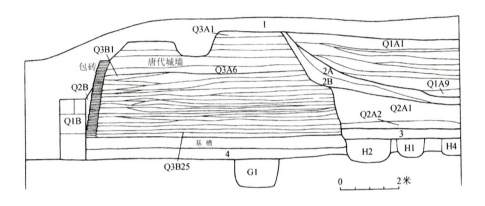

图 10-2　中同仁路汉星地点唐代城墙（Q3）剖面
（采自成都市文物考古研究所：《成都市中同仁路城墙遗址第二次发掘简报》，
《成都考古发现》（2003），第 420 页，图三）

罗城城垣的夯土内，还有一种被称作"穿洞"的特殊痕迹，仍以中同仁路豪斯地点为例，穿洞存在于Q4B、Q4C（Q4为唐代城垣编号）两个大夯层的局部小层内，长3.3~4.7米，断面为椭圆形，横径8~12厘米，竖径5.5~11厘米，

1　梁思成：《中国古建筑典范——〈营造法式〉注释》，第 59 页。
2　李合群：《中国古代夯土城墙基础加固技术》，《北方文物》2017 年第 4 期。

有的呈平行分布，间距约 0.9 米。此外，在同地点的宋代城垣（编号 Q3）夯土内也有发现，其中一层共保存 5 列，方向基本平行，间距 1.16 米，断面亦为椭圆形，横径 15~16 厘米，竖径 11~12 厘米，长 2.25 米（图 10-3）。鉴于这类"穿洞"的长度较短，且两端未见木板、版块等痕迹，故可以排除是夯土版筑所遗留的穿棍，其性质推测或与夯土墙内添加纤木有关，即《营造法式》所谓"抽纤墙"[1]，"每筑高五尺，横用纤木一条"[2]，目的是加固夯土，使之具有整体性，减少崩塌危险。筑城使用纤木，是中国古代较为普遍的工程技术手段，目前年代最早的例子见于陕西神木石峁城址，如皇城台的第二阶护墙就排列有纤木洞 74个，上排 34 个，下排 40 个，间距 0.22~0.93 米，在 14 个纤木洞内残存棕褐色侧柏朽木，部分朽木还裸露出洞口[3]。历史时期城址则在临淄齐故城[4]、汉魏洛阳城[5]、大夏统万城[6]、唐长安城[7]、唐五代晋阳城[8]等都有发现，洞痕内多残留木棍的朽木灰和树皮组织，齐故城夯层内的木棍还曾用芦苇草绳牵拉、捆绑固定。南宋范成大《三月二日北门马上》诗自注："少城，张仪所筑子城也。土甚坚，横木皆朽，有穿眼，土相着，不解散"[9]，可知此项技术很早已运用到成都的筑城活动中。罗城的情况与各地考古所见几无二致，纤木桩（棍）填埋于夯土层内，因年久朽烂而仅剩轮廓，最终形成空腔，如下同仁路市水表厂地点的宋代城垣夯土内，就见有直径 0.25 米、尚存树节残痕的穿洞（图 10-4）[10]。

1　潘谷西、何建中：《＜营造法式＞解读》，东南大学出版社，2005，第 207 页。

2　梁思成：《中国古建筑典范——＜营造法式＞注释》，第 60 页。

3　陕西省考古研究院、榆林市文物考古勘探工作队、神木县石峁遗址管理处：《陕西神木县石峁城址皇城台地点》，《考古》2017 年第 7 期。

4　山东省文物考古研究所：《临淄齐故城》，文物出版社，2013，第 70-72 页。

5　中国社会科学院考古研究所洛阳汉魏城队：《汉魏洛阳故城城垣试掘》，《考古学报》1998 年第 3 期。

6　陕西省文管会：《统万城城址勘测记》，《考古》1981 年第 3 期。

7　中国社会科学院考古研究所：《唐长安城大明宫》，科学出版社，1959，第 16-29 页；傅熹年：《唐长安大明宫玄武门及重玄门复原研究》，载《傅熹年建筑史论文集》，文物出版社，1998，第 207-229 页。

8　山西省考古研究所、太原市文物考古研究所、晋源区文物旅游局：《晋阳古城一号建筑基址》，第 30-31 页。

9　杨慎编《全蜀艺文志》卷十七，刘琳、王晓波点校，第 440-441 页。

10　成都文物考古研究所：《成都市下同仁路城墙遗址发掘简报》，载《成都考古发现》（2012），第 499 页。

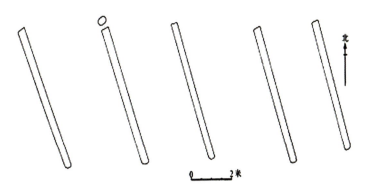

图 10-3　中同仁路豪斯地点宋代城墙内的穿洞痕迹
（采自成都市文物考古研究所：《成都市中同仁路城墙遗址发掘简报》，
《成都考古发现》（2002），第 273 页，图七）

图 10-4　下同仁路市水表厂地点宋代城墙内的穿洞痕迹
（采自成都文物考古研究所：《成都市下同仁路城墙遗址发掘简报》，
《成都考古发现》（2012），图版二〇，2）

二、城壁收分

城壁收分是为了增强墙体的承载力，古文献对此有明确定制。《通典·守据法》和《神机制敌太白阴经》是唐代两部记录城防设施较详细的著作，其有关筑城法的内容大致雷同，说城的断面"高五丈，下阔二丈五尺，上阔一丈二尺五寸"[1]，则城的宽高之比为 1:2，每面城壁的收分坡度为高 10 收 1.25，约 83度。此外，据《武经总要》"凡城，高五丈，底阔五丈，上收二丈，尤坚固矣"[2]之语句，可估算出坡度合 79 度，另一部北宋官书《营造法式》要求筑城收分比例应按 4:1，即坡度约 76 度[3]。隋唐东都洛阳宫城出土有专用的砌城砖，有长边抹斜和短边抹斜两种，表面斜度为 1:3.2[4]，表明洛阳宫墙两面的收分坡度均为高3.2 收 1，即 16:5，约合 72 度，较之《营造法式》所载略缓。刘妍女士认为唐长安、洛阳城墙的砌筑收分与《营造法式》高 4 收 1 的做法大体相符，有可能是后者继承了唐代官式做法的传统[5]。扬州蜀岗上的隋唐子城，使用斜面砖砌筑的城壁皆呈 80 度的倾斜角[6]；蜀岗下的罗城 8 号西门两侧均保留有夯土墙体，内外壁的倾斜面亦控制在 75~80 度之间[7]；宋大城西门遗址发掘的两座五代时期马面，城壁由下至上形成收分，每高 1 米，内收 0.2 米，坡度约 79 度[8]，此三处的收分坡度已同文献规定极为接近。这一收分坡度直到明清时期依然变化不大，如北京城的内城城墙坡度可达约 81 度[9]。

关于唐末成都罗城的城壁收分状况，已公布的发掘资料均语焉不详，仅简单描述作"包砖逐层内收"或"向上略有收分"等文字，谢涛在《成都唐宋时期城市考古》一文中指出"墙体坡度大约为 60 度"[10]。若按此数值，成都罗城的城壁远较文献规定和洛阳、扬州等地唐城约 70~80 度的收分坡度平缓，这似乎可

1　杜佑：《通典》卷一百五十二，王文锦、王永兴、刘俊文等点校，第 3893 页；李筌：《神机制敌太白阴经》卷五，中华书局，1985，第 105 页。

2　曾公亮等：《武经总要》（上），陈建忠、黄明珍点校，商务印书馆，2017，第 175 页。

3　梁思成：《中国古建筑典范——＜营造法式＞注释》，第 60 页。

4　中国科学院考古研究所洛阳发掘队：《隋唐东都城址的勘查和发掘》，《考古》1961 年第 3 期。

5　刘妍：《隋—宋扬州城防若干复原问题探讨》，硕士学位论文，东南大学，2009，第 90 页。

6　中国社会科学院考古研究所、南京博物院、扬州市文物考古研究所：《扬州城——1987~1998 年考古发掘报告》，第 258 页。

7　同上书，第 81 页。

8　同上书，第 104 页。

9　参考瑞典学者喜仁龙 20 世纪 20 年代初的测量数据计算而得，见喜仁龙：《北京的城墙与城门》，邓可译，北京联合出版公司，2017，第 36~38 页。

10　谢涛：《成都唐宋时期城市考古》，载何一民、王毅、蒋成主编《文明起源与城市发展研究》，第 159 页。

理解为是受制于"蜀土散恶"[1]、"蜀地土惟涂泥,古难版筑"[2]等客观自然条件的无奈之举,工程设计时刻意追求墙体坡度的相对平缓,以达到重心稳固、土层不易崩塌的效果。然而,这样过缓的收分坡度势必会严重弱化墙体的防御功能,难以应对攻方士兵的徒手攀爬和飞梯、云梯等登城辅助器械的挑战。事实情况亦非如此,如 2018 年发掘的通锦桥 105 号青羊国投工地唐代城墙,外壁每层包砖的收分宽度约 1~2 厘米不等,经测量的收分数据共有 4 组,分别为高 50 收 9 厘米、高 60 收 8.5 厘米、高 110 收 10 厘米、高 110 收 11 厘米,折合倾斜角度为 80~84 度(图 10-5)。其他如 1994 年发掘的中同仁路豪斯地点和 2002 年发掘的中同仁路汉星地点,二者均处在唐末成都罗城西垣的中段,前者探沟(94THT4)南壁的西侧保留有一段残高 0.4 米的外墙包砖,墙根部的坡度已超过 80 度(图 10-1、图 10-6);后者探沟(02CTHT1)北壁的西侧保留有一段残高 2.5 米的外墙包砖,其中墙根部的坡度接近 80 度,1.7 米以上的包砖倾斜度开始明显减缓,但仍达到 70 度左右(图 10-2)。此外,张蓉参考《创筑罗城记》的文字内容,也得出了成都罗城两面坡度为 3.25:1(约合 73 度)的结论,并认为其城壁收分采用了唐洛阳宫城的技术值[3]。由此看来,至少就考古发现而言,唐末成都罗城的城壁收分仍然遵循了筑城之制的一般做法,并无特殊之处,并且收分数值偏小,城壁趋向陡峭,表明建造者在对收分的控制和处理上显得较为成熟,或与该地区城壁包砖做法兴起较早(约始于汉末三国)、技术积淀深厚有关[4]。

值得注意的是,洛阳、扬州两地在解决城壁的收分问题时,均使用了特制的斜面城砖(图 10-7),而成都罗城则未见,所用城砖几乎都为普通的长方形平头砖,有素面和花纹砖两种,尺寸不一(见表 10-1),以错缝平铺、平丁交错

---

1 刘昫等:《旧唐书》卷一百八十二,第 4703 页。

2 段全纬:《城隍庙记》,载董浩等编《全唐文》卷七百二十一,第 3289 页。

3 张蓉:《先秦至五代成都古城形态变迁研究》,第 238 页。

4 有关蜀地汉末三国时期的城砖材料,可参见四川省文物考古研究院、德阳市文物考古研究所、旌阳区文物保护管理所:《2004 年四川德阳"绵竹城"遗址调查与试掘》,《四川文物》2008 年 3 期;陈显丹:《广汉县发现古"雒城"砖》,《四川文物》1984 年第 3 期;高文:《四川汉代地名砖考》,《四川文物》2007 年第 3 期。

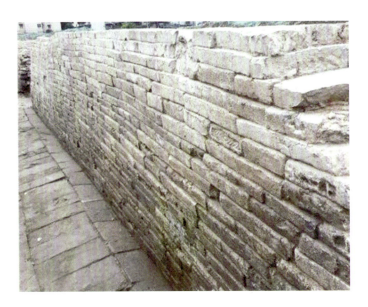

图 10-5　通锦桥 105 号唐代城墙收分状况

图 10-6　中同仁路豪斯地点唐代城墙收分状况
（采自袁庭栋：《成都街巷志》，第 21 页）

等方式垒筑，收分做法主要以"露龈砌"来实现，包砖与夯土之间的空隙填塞碎砖瓦。这样的情况，应与当时工期紧迫（仅百余日），财力和资源有限（所费"皆由智计，不破上供"[1]），大量城砖取自前代墓葬或塔基废址等因素有关。

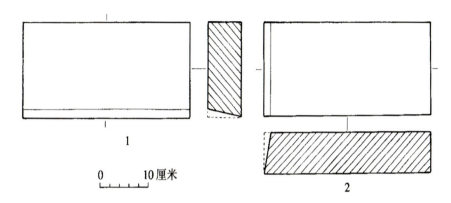

图 10-7　扬州隋唐子城使用的斜面城砖
（采自中国社会科学院考古研究所、南京博物院、扬州市文物考古研究所：
《扬州城——1987～1998 年考古发掘报告》，第 26 页，图一八）

表 10-1　唐代成都罗城用砖类型与尺寸规格统计表　　　　单位：厘米

城墙地点	用砖类型		长度	宽度	厚度
	素面	花纹			
中同仁路豪斯地点	√	√	28.8~40	14.3~20	3.5~5.8
中同仁路汉星地点	√	√	33~35	16.5~17	4~6
中同仁路市国税局地点	√	√	不详	不详	不详
庆宪街青羊国投地点	√		30~40	15.5~26	3.5~7.5
东南里 1 号地点	√		31~38.6	15.2~19.2	3.2~4
外南人民路 135 号地点	√	√	32~37	16~18	4~5

1　崔致远：《桂苑笔耕集》卷十六，商务印书馆，1935，第 154 页。

三、城垣宽度

史料中涉及成都罗城的城垣宽度，主要有如下两条：

王徽《创筑罗城记》："高下盖二丈有六尺，其广又如是，其上袤丈焉。"[1]

崔致远《桂苑笔耕集·西川罗城图说》："西川罗城四仞高，三寻阔。"[2]

前文落款为中和四年（884），上距罗城完工（876）仅数年，是僖宗皇帝避难西蜀时，为笼络权臣高骈而遣人所作的颂德碑文，宣扬拔高意味浓重，据说后来还加以镌刻立于成都琴台，但因其为本朝人记本朝事，作者王徽曾任大明宫留守、京畿安抚制置修奉使，负责维护京城秩序，修缮宫阙，对土木营造之事有所涉猎，故仍具备一定的可信度。后者成文时间稍早（中和三年，883），作者崔致远于高骈镇淮期间担任帐下幕僚，所作《桂苑笔耕集》保留了许多两《唐书》和《通鉴》中失载的有关高骈的原始文书，具重要参考价值。

罗城 1、2 号门址的发掘者蒋成先生认为："1 号门址两侧的夯土门墩宽度为 8.8 米，加上包砖的厚度则为 10 米左右。以唐代一尺为 30 厘米计，二丈六尺约为 7.8 米，考虑到门墩的宽度应略大于城垣宽度，那么城垣的宽度应与记载（此处指《创筑罗城记》，笔者注）相符。"[3] 自罗城 1、2 号门址以后，尽管针对唐末城垣的考古工作又屡次组织开展，遍布东、南、西各面，但大多遭晚期城垣和其他构筑物损毁严重，残留部分已无法完整地反映墙体的真实面貌，仅个别点位保存较好：中同仁路豪斯地点的墙根内、外保存有包砖，底宽 11.6 米；中同仁路汉星地点的墙体保存有夯土大部和外侧包砖，残底宽 8.75 米；迎曦下街锦江公安分局地点的墙体内、外均保存有整齐的包砖，墙宽 7.4 米[4]。此外，1993 年在外南人民路 125 号基建工地清理罗城西南水道时，也曾发现南垣的夯土墙体，墙宽 8.1 米[5]。据以上实测数据折算，中同仁路豪斯地点的城垣底宽值最大，合三丈九尺，汉星地点的墙体虽不完整，但底宽超过三丈应没有太大

1　王徽：《创筑罗城记》，载董诰等编《全唐文》卷七百九十三，第 3683 页。

2　崔致远：《桂苑笔耕集》卷十六，第 154 页。

3　蒋成：《论成都唐宋罗城 1、2 号门址》，载成都市博物馆编《文物考古研究》，第 263-271 页。

4　成都市文物考古工作队：《成都市一九九八年田野考古工作概述》，《成都文物》1999 年第 1 期。

5　谢涛：《府南河沿岸城垣遗址分布状况》，《成都文物》1994 年第 4 期。

问题，外南人民路 125 号及迎曦下街锦江公安分局地点的底宽分别合二丈七尺和二丈五尺。由此看来，罗城城垣的尺寸规格并不统一，中同仁路所在的西垣一线明显更加宽厚，南垣和东垣的平均值则基本与《创筑罗城记》相符（二丈六尺），但超过了《西川罗城图说》（三寻即二丈四尺，约 7.2 米）。有意思的是，西垣修筑上的特殊细节还不止于此，其基槽内先筑一层杂色夯土（红烧土、灰土、瓦砾、木炭），再填黄泥夹卵石以及用纴木加固夯土的做法，就不见于别处。有唐一代，剑南西川的军事威胁主要来自西边的南诏与吐蕃，作为首府的成都自然是重点攻略目标：文宗大和三年（829），南诏军入寇西川，"留成都西郭十日……大掠子女、百工数万人及珍货而去"[1]，至懿宗咸通十一年（870）又一度围城月余之久。僖宗乾符元年（874），节度使牛丛因恐蛮兵将至，仓促焚毁城外，酿成"民居荡尽"的惨剧[2]。此外，成都平原的洪患多自西北方向岷江水系而来，至五代后蜀年间仍有"大水漂城"圮坏罗城小西门（延秋门）的事件发生[3]。相比于其他几面，罗城的西垣格外厚实坚固，或是规划设计之初考虑到城西一带战争、洪灾等隐患较严峻的结果。

成都罗城的底宽从二丈五尺至三丈九尺不等，在唐代地方城市中约居偏上水准，略低于扬州罗城（北墙底宽 13 米，合四丈三尺）和润州罗城（东墙底宽 12.2 米，超过四丈）。然而，与底宽数据尚能对照出土和文献资料不同，由于城垣上部最容易损毁，顶面设施往往得不到保存，故顶宽的复原只能依靠文献。成都罗城"上袤丈焉"，即顶宽 3 米左右，空间颇显局促，与之顶、底宽度接近者，如京兆府华原县罗城，"上阔七尺，下阔三丈"[4]；京兆府奉天县子城，"上阔一丈，下阔二丈二尺"[5]。20 世纪 80 年代调查新疆吉木萨尔唐北庭古城时，于地表发现有较完整的外城城垣，其顶部最窄处亦仅 2 米[6]。此外，在

1　司马光编著《资治通鉴》卷二百四十四，胡三省音注，"标点资治通鉴小组"校点，第 7868 页。

2　同上书，第 8173 页。

3　王文才、王炎校笺《蜀梼杌校笺》卷四，第 388 页。

4　宋敏求、李好文：《长安志·长安志图》卷十九，辛德勇、郎洁点校，三秦出版社，2013，第 571 页。

5　同上书，第 564 页。

6　中国社会科学院考古研究所新疆工作队：《新疆吉木萨尔北庭古城调查》，《考古》1982 年第 2 期。

前述《通典·守据法》和《神机制敌太白阴经》中还能见到一种顶面狭窄、体型竖高的城垣，"上阔一丈二尺五寸"，有学者认为是战争态势下的临时筑城之制，有别于都城和州府城[1]，敦煌莫高窟盛唐217窟的壁画上，就绘制有这种单薄、陡高城垣的唐代土城形象（图10-8）[2]。

图10-8　敦煌217窟壁画中的唐代土城
（采自张驭寰：《中国城池史》，第86页）

据说成都罗城顶部的构筑物鳞次栉比、气势恢宏，除了睥睨（女墙）、栏

1　傅熹年主编《中国古代建筑史：第二卷　三国、两晋、南北朝、隋唐、五代建筑》，中国建筑工业出版社，2001，第378页。

2　张驭寰：《中国城池史》，中国友谊出版公司，2015，第86页。

杆，还"建楼橹廊庑，凡五千六百八间"[1]，"兽头帖出，雁翅排成，覆瓦烟青"[2]，屋宇密度如此之大，估计一是出于防御守备目的，二是避免夯土部分被雨水淋湿浸透而遭受破坏。但是，由于顶部的可利用空间十分有限，这就会面临一个无法回避的困境，即如何能在宽度仅3米的一圈狭小范围内，排列、安置多达5600余间楼橹廊庑？更勿论作战时的兵员集结与物资输送。要对此疑问作进一步阐释和解答，我们可举成都羊马城为例：羊马城筑于后唐天成二年（927），是加设在罗城外围壕内、增加防御纵深的一圈矮薄土墙，史载该城"周围凡四十二里，竦一丈七尺，基阔二丈二尺，其上阔一丈七尺……构覆城白露舍四千九百五十七间"[3]。又《武经总要》："白露屋，以江竹或榆柳条编如穹庐状，外涂石灰，有门有窍，中容一人，以为候望。"[4]不仅于此，这类设施在高骈自己的邀功奏表（《筑罗城成表》）中即有提及："白露屋之凌空，跻攀莫及。"[5]《全唐文》卷819亦载昭宗大顺年间新创抚州南城县罗城，"周回一十三里，阔一丈六尺……露屋一千一百三十间"[6]。此外，据《续资治通鉴长编》卷17："（太平兴国元年，976）壬子，毁江南诸州城上白露屋"[7]，《嘉泰吴兴志》卷2："湖州罗城……旧有白露舍，太平兴国三年（978），奉敕同子城皆拆毁"[8]，可知白露屋在唐末五代南方地区州城上普遍存在。据此推测，成都罗城上的5600余间楼橹廊庑，很可能大都属于白露屋（舍）、战棚等体积规模较小且易于组装或拆除的设施，也只有这些小型构筑物，才能在顶部空间颇显局促的城垣上作短时间大量布置。同时，这一点也反映出《创筑罗城记》等文献中，存在着不少经过夸大美化后的不实内容，对其引用时应予甄别、辨证。

1　王徽：《创筑罗城记》，载董诰等编《全唐文》卷七百九十三，第3683页。

2　高骈：《筑罗城成表》，载董诰等编《全唐文》卷八百二，第3736页。

3　李昊：《创筑羊马城记》，载袁说友等编《成都文类》卷二十四，赵晓兰整理，第503-504页。

4　曾公亮等：《武经总要》（上），陈建忠、黄明珍点校，第175-177页。

5　高骈：《筑罗城成表》，载董诰等编《全唐文》卷八百二，第3736页。

6　刁尚能：《唐南康太守汝南公新创抚州南城县罗城记》，载董诰等编《全唐文》卷八百十九，第3823页。

7　李焘：《续资治通鉴长编》卷一十七，上海师范大学古籍整理研究所、华东师范大学古籍整理研究所点校，第387页。

8　谈钥：《嘉泰吴兴志》卷二，湖州市地方志编纂委员会办公室整理，浙江古籍出版社，2018，第15页。

四、城门设置

由于目前罗城的城门大多未经考古发掘，复原工作多只能基于古文献和近现代地图，致使数量、方位等问题长期存有争议。北宋张唐英《蜀梼杌》卷上记述了武成元年（908）王建称帝、诏令罗城诸门改名一事："万里桥门为光夏门，笮桥门为坤德门，大东门为万春门，小东门为瑞鼎门，大西门为乾正门，小西门为延秋门，北门依旧大玄门"[1]，严耕望[2]、李思纯[3]、孙华[4]等学者皆依据此条，考证罗城为七门，即东、南、西三面各二门，北面一门（图10-9至图10-11）。王文才先生的意见稍有差异，他认为北面太玄门之西尚有朝天门，即罗城为八门（图10-12），四面各二门，依据是南宋陆游《出朝天门缭长堤至刘侍郎庙由小西门归》一诗[5]。四川省文史馆编修的《成都城坊古迹考》亦持"罗城八门"说，与王氏不同的是，书中《唐季扩筑罗城图》将多出来的一门标注在了城东南（图10-13），即小东郭门[6]。清人顾祖禹《读史方舆纪要》谓高骈筑罗城开十门："上皆有楼。西南曰小市桥门，东南曰小东郭门，又有东闉、西闉等门"[7]，后为刘琳等学者所沿用[8]。此外，任乃强先生早年复原有《成都唐城平面示意图》，但所绘罗城仅东、西二门[9]，且城圈方位、形制颇显怪异，恐不足信。

尽管八门说和十门说看似都有一定的合理性，但考虑到时代变迁等因素，同门异名的情况往往不可避免，如小东郭门为小东门、西闉门为小西门均属于

1　王文才、王炎校笺《蜀梼杌校笺》卷一，第84页。

2　严耕望：《唐五代时期之成都》，载《严耕望史学论文选集》，第192–193页。

3　陈廷湘、李德琬主编《李思纯文集：未刊论著卷》，第521–523页。

4　孙华：《唐末五代的成都城》，载《宿白先生八秩华诞纪念文集》编辑委员会编《宿白先生八秩华诞纪念文集》，第276–277页。

5　王文才：《成都城坊考》，第33–35页。

6　四川省文史研究馆：《成都城坊古迹考》（修订版），第48页。

7　顾祖禹：《读史方舆纪要》卷六十七，贺次君、施和金点校，中华书局，2005，第3137页。

8　刘琳：《高骈与成都罗城》，《成都文物》1984年第3期。

9　任乃强：《成都城址变迁考》（四），《成都文物》1985年第1期。

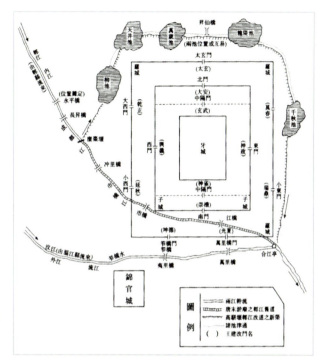

图 10-9 严耕望复原之成
都罗城图
（采自严耕望：《唐五代时
期之成都》，《严耕望史学
论文选集》，第 231 页）

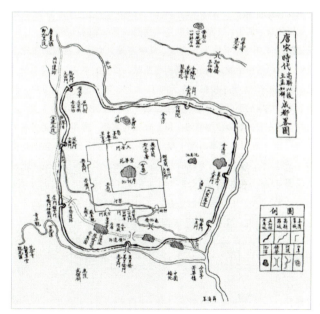

图 10-10 李思纯复原之成
都罗城图
（采自袁庭栋：《成都街巷
志》，第 19 页）

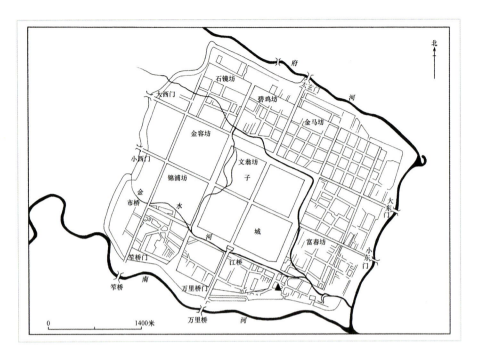

图 10-11　孙华复原之成都罗城图

（采自孙华：《唐末五代的成都城》，《宿白先生八秩华诞纪念文集》，第 278 页，图七）

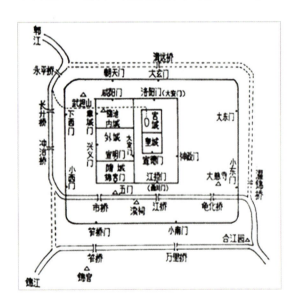

图 10-12　王文才复原之成都罗城图

（采自王文才：《成都城坊考》，书首附图）

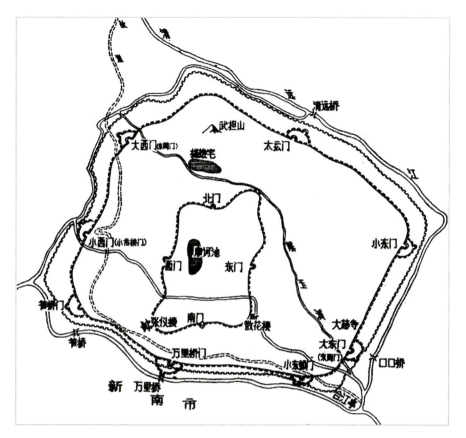

图10-13 《成都城坊古迹考》复原之成都罗城图
（采自四川省文史研究馆：《成都城坊古迹考》（修订版），第48页，图7）

此，故在没有进一步考古证据支持之前，笔者仍然遵循"罗城开七门"的主流观点，即东面为大东门和小东门，南面为万里桥门（又名小南门）和笮桥门（又名大南门）（图10-14），西面为大西门和小西门，北面为太玄门。自两汉以来，长安、洛阳都开十二门，加上《考工记》王城"旁三门"的记载，设十二门遂成为都城专用的制度，其他城市则不得开设十二门[1]。成都罗城开七

---

1 傅熹年主编《中国古代建筑史：第二卷 三国、两晋、南北朝、隋唐、五代建筑》，第375页。

图 10-14　成都市区出土"大南门"铭文南宋城砖

门，少于扬州罗城（十二至十四门）[1]和幽州城（八门）[2]，但仍不失为唐代地方城市中开门较多的例子。

　　这些城门中，方位最明确的是罗城西南的笮桥门，20 世纪 90 年代初共发掘了两座门址。其中 1 号门址修筑于唐代晚期，为一门一道的砖砌券拱式结构，门宽 6.6~6.7 米，复原后进深约 10 米，走向为南偏西 30 度，夯土门

　　1　中国社会科学院考古研究所、南京博物院、扬州市文物考古研究所：《扬州城遗址考古发掘报告：1999~2013 年》，科学出版社，2015，第 290 页；汪勃：《晚唐杨吴两宋时期扬州城城门之发掘与研究》，载中国社会科学院考古研究所、内蒙古自治区文物考古研究所，巴林左旗旗委、人民政府编著《东亚都城和帝陵考古与契丹辽文化国际学术研讨会论文集》，科学出版社，2016，第 259 页。

　　2　脱脱等：《辽史》卷四十，中华书局，1974，第 494 页。

墩外砌包砖，包砖下置一列石条作为基础。门扉位于门道中部，向内开启，发现有门础石、门砧石、门框石，木质门扉钉以铁皮且装饰门泡。门道中间平铺一层砖作为路面，门道内出土大量红烧土块、碎砖、石灰片等。发掘简报已指出，1号门址于北宋初年因遭受战火而被废弃、封堵，随后在其西北附近新开一门，即2号门址，采用了两壁立排叉柱的过梁式结构，且仍为一门一道，经多次加固修缮后一直沿用至南宋或更晚（图10-15）[1]。对于两座门址的关系，孙华先生曾提有一种较为独特的见解，他认为两座门址或"都始建于晚唐，到了宋初，当1号门址由于某种原因毁于火以后，就封堵了该门道，仅修复和继续使用了2号门道。因为1、2号门址相距很近，它们对应的街道也应当一样，如果当时仅有一个门道，毁坏的门道就地重建应当是最方便的，也最能与街道对齐"[2]。不过，从唐宋时期的城门考古情况看，一门二道的形制极为罕见，已知的都城材料大约只有唐长安城大明宫的含耀门和昭庆门，二者虽为含元殿东、西两侧出入宫城的主要通道，面积却比有些一门一道的门址还要小，只是因位置重要，出于礼仪性考虑而作出一门二道的形制，属于特例[3]。二道城门又见于敦煌莫高窟壁画，主要表现在毗耶离城或其他占幅面较大的城（盛唐148窟、晚唐85窟等）[4]，南宋静江府府衙正门（图10-16）[5]、南宋重庆府谯楼（老鼓楼遗址F1）[6]的门道亦为此种形象。从文献记载看，唐代地方州府似乎存在使用一门二道的做法，大约见于中晚唐时期，如德宗贞元十四年（798）钟陵建子城正门，符载为此作《新

1　成都市博物馆考古队：《成都罗城1、2号门址发掘简报》，载四川大学博物馆、中国古代铜鼓研究学会编《南方民族考古》（第三辑），第369-379页。

2　孙华：《唐末五代的成都城》，载《宿白先生八秩华诞纪念文集》编辑委员会编《宿白先生八秩华诞纪念文集》，注释65。

3　徐龙国：《中国古代都城门道研究》，《考古学报》2015年第4期。

4　孙毅华、孙儒涧主编《敦煌石窟全集·建筑画卷》，商务印书馆（香港）有限公司，2001，第156页；萧默：《敦煌建筑研究》，中国建筑工业出版社，2019，第159页。

5　张益桂：《南宋<静江府城池图>简述》，《广西地方志》2001年第1期；周长山、漆招进：《图说靖江王城史》，广西师范大学出版社，2012，第19页。

6　袁东山、胡立敏：《从谯楼到鼓楼——考古视野下八百年重庆府的历史镜像》，重庆考古微信公众号，2020年12月9日。老鼓楼遗址F1发掘简报见重庆市文化遗产研究院：《渝中区老鼓楼衙署遗址高台建筑F1发掘简报》，《江汉考古》2018年增刊。

广双城门颂》，称其门"岩岩四扉" [1]；懿宗咸通元年（860）楚州修子城南门，"划为双门，出者由左，入者由右" [2]。尽管一门二道不乏旁证，但终归不入主流，当时地方城市的城门仍以一门一道最常见，如扬州罗城所见城门均为一门一道，门道宽度在 5~6 米，门外多修建有瓮城 [3]；润州罗城的北门"新开门"为一门一道，门道宽度约 5 米 [4]；吉木萨尔北庭古城的北门现存为一宽 8 米的豁口，推测亦为一门一道，门外有曲折的瓮城包围 [5]。退一步讲，即便笮桥门为一门二道，其 1 号门道采用券拱结构，2 号门道采用过梁式结构，同门而异形，也是十分让人费解的做法。所以，孙先生的上述推论恐难成立。

　　就罗城城门的整体布局来看，太玄门与万里桥门、大东门与大西门、小东门与小西门彼此对应，连接这些城门之间的主街道相互平行或垂直交会，实际上体现了中国古代城市规划思想中的井田模式和九州模式 [6]。相比而言，笮桥门的方位则显得很特殊，其夹在小西门和万里桥门之间、偏置于城垣西南，往东北方向的北垣一线却并未配置对应的城门，布局上似有不协调之感。我们知道，罗城南面的万里桥门和笮桥门，均以其南面检江上的二桥命名，因而城门与桥之间的距离是很近的。笮桥又名夷里桥，是横跨于郫江、检江两岸的七桥之一，《华阳国志·蜀志》："（蜀）郡四出大道，道实二十里有衢"，又言"夷里桥南岸道东边起文学，有女墙，其道西城，故锦官也……西又有车官城" [7]。蒙文通先生认为，笮桥南岸之道"应即出石牛门（少城西南门）之道，南去直通广都（双流）……吴汉伐蜀，由外水（岷江）来，至广都，进战于市桥；桓温伐蜀，亦从外水，是与吴汉同出一道，而进战于笮桥。笮桥、市桥为自广都来北入石牛门

1　符载：《新广双城门颂》，载董诰等编《全唐文》卷六百八十八，第 3120 页。

2　郑吉：《楚州修城南门记》，载董诰等编《全唐文》卷五百六十三，第 3515 页。

3　中国社会科学院考古研究所、南京博物院、扬州市文物考古研究所：《扬州城遗址考古发掘报告：1999~2013 年》，第 287~289 页；汪勃：《晚唐杨吴两宋时期扬州城城门之发掘与研究》，载中国社会科学院考古研究所，内蒙古自治区文物考古研究所，巴林左旗旗委、人民政府编著《东亚都城和帝陵考古与契丹辽文化国际学术研讨会论文集》，第 255~265 页。

4　镇江博物馆：《江苏镇江花山湾古城遗址 2010 年发掘简报》，《江汉考古》2012 年第 2 期。

5　中国社会科学院考古研究所新疆工作队：《新疆吉木萨尔北庭古城调查》，《考古》1982 年第 2 期。

6　孙华：《中国城市考古概说》，载中国社会科学院考古研究所，内蒙古自治区文物考古研究所，巴林左旗旗委、人民政府编著《东亚都城和帝陵考古与契丹辽文化国际学术研讨会论文集》，第 35~39 页。

7　任乃强校注《华阳国志校补图注》，第 153 页。

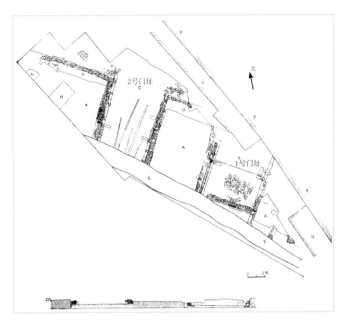

图 10-15　罗城笮桥门遗址平、剖面图
（采自成都市博物馆考古队：《成都罗城 1、2 号门址发掘简报》，《南方民族考古》（第三辑），
第 372 页，图三）

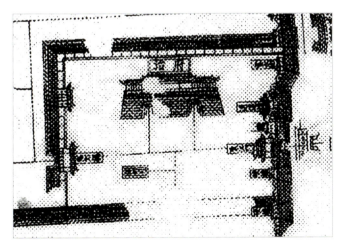

图 10-16　南宋静江府府衙正门
（采自周长山、漆招进：《图说靖江王城史》，第 19 页）

之道，此决然无疑者"[1]。到了晚唐咸通十一年（870），南诏入蜀围困成都，进退皆经双流，可证这条路线仍十分畅通活跃[2]。由笮桥、笮桥门出入城，可视作秦汉以来成都西南交通路线上的重要环节，在成都城市史上亦具有极为突出的地位，其影响力一直延续至明初[3]。

事实上，罗城南面的正门也是笮桥门而非万里桥门，关于这一点，宋人吴曾《能改斋漫录》载蜀守张咏不礼中贵，要南出成都前往峨眉山烧香的内侍"请于小南门（即万里桥门）出去"，也就是让他走偏僻的街道出城，以免"使民惊扰"[4]，这个故事形象地说明了罗城南面两座城门之间的关系[5]。其次，笮桥一带的成都西南郊，自汉代以来即为繁荣发达的工商业聚集区，除南市外，还有锦官城、车官城等小城，著名的司马相如宅和琴台亦在此附近。至唐代风貌依旧，杜甫《春水生二绝》说："南市津头有船卖"[6]，韦皋任节度使时，又在万里桥"隔江创置新南市，发掘坟墓，开拓通街，水之南岸，人逾万户"[7]。笮桥既处交通咽喉要道，周边亦人烟稠密，在此开设城门以便出行往来，自当是合乎情理的。

南宋罗城铭文城砖

本书第二章第一节已对成都龙江路、羊市街、青莲上街等地出土的南宋铭文城砖作了介绍，以下将着重讨论其生产性质、产地来源、烧制背景与动因等问题。

---

1 蒙文通：《成都二江考——附论大城、少城、七桥、十八门》，载《蒙文通全集》（四），第463页。

2 按照严耕望先生的考证，这条路线当属于唐代川滇西道的一段，参见严耕望：《唐代交通图考》第四卷《山剑滇黔区》，上海古籍出版社，2007，第1180页。

3 《正德四川志》："大明洪武初，都指挥使赵清等，因宋元旧城而增修之……城东门龙泉路曰迎晖，南门双流路曰中和，西门郫路曰清远，北门新都路曰大安。其小西门旧延秋者，洪武二十九年塞之。"笮桥门未见提及，可知其最迟于明初已封堵不存。参见熊相：《正德四川志》（据明正德刻嘉靖增补本抄录）卷五，载马继刚主编《四川大学图书馆馆藏珍稀四川地方志丛刊续编》，四川大学出版社，2015，第321—322页。

4 吴曾：《能改斋漫录》卷十二，上海古籍出版社，1979，第343页。

5 孙华：《唐末五代的成都城》，载《宿白先生八秩华诞纪念文集》编辑委员会《宿白先生八秩华诞纪念文集》，第289页，注释67。

6 彭定求等编《全唐诗》卷二百二十六，第2349页。

7 张君房纂辑《云笈七签》卷一百二十一，蒋力生等校注，华夏出版社，1996，第763页。

一、生产性质

这批城砖的平面均呈长方形，宽度和厚度的尺寸较统一，砖面铭文外的边框特征亦完全相同，故它们的制作年代应一致。南宋的成都地区仍然大量使用晚唐五代以来流行的长方形薄砖，与城砖年代接近者，如成都青龙乡石岭村嘉定六年（1213）墓，用砖规格有两种，分别为 33×17~3.5 厘米和 36×18~3.5 厘米[1]；创业路信息产业部三十所嘉定十一年（1218）墓，用砖规格为 34×18~4厘米[2]；高新西区双柏村嘉定十七年（1224）墓，用砖规格为 30×15~3 厘米[3]；内姜街遗址 L1 为南宋早期以来铺设的砖砌道路，用砖多残断，规格不等，统计结果以 3 或 3.5 厘米厚的素面青砖为主[4]。城砖的尺寸特别是厚度，明显大于同时代的普通建筑砖材，可见它们之间的生产标准有别。

城砖铭文的结尾处中多次出现"制干"二字，是一个值得注意的现象。所谓"制干"，系制置使司与制置大使司干办公事之省称，为制置二司幕僚，协办本司公事[5]。南宋四川制置使司初设于绍兴元年（1131），张深为首任四川制置使，隶属川陕宣抚司管辖。绍兴五年（1135）以后，四川制置使改由成都守臣兼任，故在南宋末年以前，制司治所皆固定在成都府[6]，其间唯嘉定二年（1209）安丙任四川制置大使兼知兴元府（汉中）、嘉定十一年（1218）董居谊移司利州（广元）、嘉定十二年（1219）聂子述置司利州（广元），是为例外。终南宋一代，相比于国土内的京湖、江淮等其他区域，四川境内或有制置使之置，或有宣抚使之置，或二使并存，其稳定性和连续性都是比较突出的。清代学者钱大昕及后来的吴廷燮、陈世松等学者都曾著文详细考证绍兴以后历任四川制置使的姓名和任期，为我们勾勒了南宋四川制置的大致面貌[7]。

1　成都市文物考古研究所：《成都市青龙乡石岭村宋墓发掘简报》，载《成都考古发现》（2003），第398页。

2　成都文物考古研究所：《信息产业部三十研究所南宋火葬墓的发掘》，载《成都考古发现》（2004），第436页。

3　成都文物考古研究所：《成都市高新西区双柏村宋、明墓发掘简报》，载《成都考古发现》（2013），第610页。

4　成都文物考古研究所：《成都市内姜街遗址发掘报告》，载《成都考古发现》（2004），第388-391页。

5　龚延明：《宋代官制辞典》，中华书局，1997，第456页。

6　淳祐二年（1242）以后，四川制置使司移驻重庆府。

7　陈世松：《南宋四川历任制置使》，《西南师范学院学报（社会科学版）》1982年第3期。

总体而言，宣抚、制置二使同为四川军政长官，但前者偏军事，后者侧重民政。故有学者在概括两宋制置使的主要职掌时，除了涉及军事方面，还着重强调了管制通货、调控物价、干预赋税、赈鬻劝耕、遴选州县、按察地方等经济、人事领域的内容[1]。尽管如此，出于申警边备的军事考虑，对辖境内的城池营垒进行必要的缮葺，仍是制置使任内的重要职责之一。如神宗朝的著名宦官李宪，元丰年间（1078—1085）曾任泾原经略安抚制置使，"（宪）以兰州乃西人必争地，众数至河外而相羊不进，意必大举，乃增城守堑壁，楼橹具备"[2]。又如两宋时期四川官方对成都城垣的数次增筑和整修，大多也是在制置使的领导下完成的，其中高宗绍兴年间（1131—1162）的四川安抚制置使李璆，以"成都旧城多毁圮"，首先下令修筑城墙，"俄水大至，民赖以安"[3]。

其次，龙江路出土的个别城砖（如M5：14）铭文内容提到有"修城所"，这一机构在宋代文献中即有明确提及，《续资治通鉴长编》载北宋熙宁八年（1075），东京城进行大规模的兴修，神宗皇帝为此专门组建了用于修治东京城垣的厢军，"应缘修城役使犯杖以下，令提辖修城所决之"[4]，又《宋会要辑稿·方域·行在所临安府》载："（绍兴二十八年）措置修城所言：契勘新城添置便门，今欲移用'利涉'为名，所有旧利涉门系于园墙大路修盖，乞别立门名"[5]，可知其应属于宋代中央或地方具体负责城郭营缮工程的机构。

基于以上分析可知，这批城砖中的大部分应是在四川制置使司的监督管理下，由修城所专门定烧的建筑材料。

1　姚建根：《宋朝制置使制度研究》，博士学位论文，复旦大学，2007，第34-69页。

2　脱脱等：《宋史》卷四百六十七《李宪传》，第13639页。

3　同上书，第11655页。

4　李焘：《续资治通鉴长编》卷二百六十七，上海师范大学古籍整理研究所、华东师范大学古籍整理研究所点校，第6552页。

5　徐松：《宋会要辑稿》，刘琳、刁忠民、舒大刚、尹波等校点，第9282页。

二、产地来源

由于宋代城郭用砖往往耗费巨大，如南宋末年李曾伯等人修筑桂州城，前后四次的用砖量高达两千零六十三万五千二百八十二块（片）[1]，故地方政府常采用摊派的方式来筹措砖材等物资。神宗元丰元年（1078）二月，转运司言："建昌军近因廖恩惊劫，乘此人情思保聚之际，可以修城，令计工料以闻。今相度物料、人工，若坊郭民户出办不足，即更令南丰两县三等以上户等第出备，又不足，即给省钱。"[2] 无论是"坊郭民户出办"，还是"三等以上户等第出备"，都为典型的摊派做法。扬州宋大城西门出土的北宋和南宋城砖模印有"庐州""宣州""饶州""海州""洪州""江州""歙东""镇江府"等字样（图10-17），显然其产地来源复杂[3]。成都城区出土的这批南宋城砖，有的表面记有"新繁县""郫县""广都县""新都县"等地名，说明它们中的一部分是摊派于成都府周边部分属县的砖瓦窑场烧制的[4]。除摊派周边属县外，其余所需城砖也可能就近由成都府城外的各窑场提供，此类以生产砖瓦为主的宋代窑址历年来考古发掘较多，规模大小不一，遍布成都市区的东、南、西、北各区域，有的窑室内尚残留有排列整齐的半成品砖坯[5]。史载北宋成都罗城的西南隅附近设有"窑务"[6]，此"窑务"既毗邻城墙，或许就与附近烧造建筑材料的砖瓦作坊有关。此外，编号2016CWLM5：13的砖面隐约可辨"米细行纳"四字，推测当地（新繁县）与粮食物资有关的行会也曾参与修城砖的供应环节。众所周知，宋代的"行"是在疏导商品流通、垄断批发市场、应付官府科索、联络同业人之间的关系诸方面

1　桂林市文物管理委员会：《南宋＜桂州城图＞简述》，《文物》1979年第2期。

2　李焘《续资治通鉴长编》卷二百八十八，上海师范大学古籍整理研究所、华东师范大学古籍整理研究所点校，第7041页。

3　中国社会科学院考古研究所、南京博物院、扬州市文化局扬州城考古队：《扬州宋大城西门发掘报告》，《考古学报》1999年第4期。

4　早在20世纪30年代，华西协合大学在成都华西坝清理了一座南宋嘉定十四年（1221）墓，墓葬用砖表面即印有"嘉定十二年灵泉县烧造"字样，亦说明有大量周边郊县生产的砖材流入成都市场。参见《华北日报》1934年12月7日。

5　成都市文物考古工作队：《1996年成都市田野考古概述》，《成都文物》1997年第1期；成都市文物考古工作队：《成都市一九九八年田野考古工作概述》，《成都文物》1999年第1期。

6　吴师孟：《导水记》，载袁说友等编《成都文类》卷二十五，赵晓兰整理，第511页。

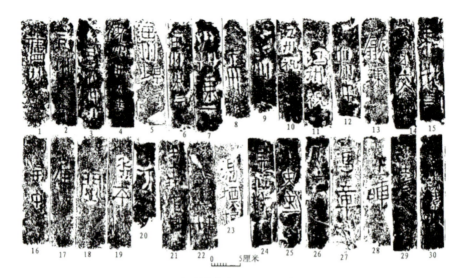

图 10-17　扬州宋大城西门出土北宋城砖拓片

（采自《考古学报》1999 年第 4 期，第 506 页，图二○）

都发挥重大作用的工商业行业组织[1]，宋代文献中即明确提到过成都市井社会上的
"行"，如陆游《老学庵笔记》："（成都）席帽行范氏，自先世贫而未仕，则
卖白龙丸，一日得官，止不复卖"[2]，邛崃龙兴寺遗址南宋印文板瓦上所见的"众
屠行"（图 10-18）[3]，估计也可理解为当地的一种行会组织。

　　还有不少城砖的铭文中明确记录了生产者的姓名，如"窑户王福孙""窑户
贾长二""窑户费……""费祖四""许通一"等，估计一是便于统计何窑、何
人完成的烧砖数量，二为便于当时或日后检验他们提供的砖材质量是否符合工程
要求。从赣州古城墙出土的宋砖中，间杂发现有"虔州于都县作头李成造""虔
州虔化县陈二""赣县官砖朱小三""窑户黄金""徐五""徐小十一""徐
四十六""徐八十六"等铭文内容[4]，即为此种做法。《宋会要辑稿·方域·扬
州城》又载宁宗庆元五年（1199）六月十六日，枢密言"修治扬州城壁，其诸

1　魏天安：《宋代行会的特点论析》，《中国经济史研究》1993 年第 1 期。

2　陆游：《老学庵笔记》卷九，李剑雄、刘德权点校，第 113 页。

3　成都文物考古研究所、邛崃市文物管理局：《四川邛崃龙兴寺 2005~2006 年考古发掘报告》，文物出版
社，2011，第 171 页。

4　赣南地方历史文化研究室：《赣州古城墙铭文城砖简介》，《南方文物》2001 年第 4 期。

州起发砖灰，恐有计嘱弊，幸诏今殿前司将来兴工砖坯，仰督责合干人务要坚实，仍于砖侧模印官司某军烧造，其受纳去处，委官点校交纳，以备不测"[1]。此条材料明言，为了保证砖材的质量，在砖的侧面印记生产单位和生产者的名称，其目的在于明确责任，以备检查[2]。此外，以"窑户王福孙""窑户贾长二""窑户费"等为代表的群体，与宋代四川磁峰窑中以"窑户牟士良"[3]为代表的群体相同，都属于当时砖瓦、制瓷业的作坊主，是生产、销售与再生产的主要组织者，这些窑户的相互聚集构建了一个窑场的整体生产[4]。

图10-18　邛崃龙兴寺遗址南宋印文板瓦拓片

（成都文物考古研究所、邛崃市文物管理局：《四川邛崃龙兴寺2005~2006年考古发掘报告》，第171页，拓片一九-1）

附带一提，宋代蜀地的费氏家族分作两支，有居广都（隶成都府）者，有居沙渠镇（隶邛州）者，据元人费著《氏族谱》载："蜀有费旧矣……王氏伪蜀有曰（费）宗陶……宗陶之后为广都房……宗陶生曰顺初，顺初有族子曰黄裳，举孟蜀进士第一……皆后先登第"[5]，可知广都费氏作为宋代蜀地望族，约兴起于五

1　徐松：《宋会要辑稿》，刘琳、刁忠民、舒大刚、尹波等校点，第9282页。

2　黄登峰：《宋代城池建设研究》，博士学位论文，河北大学，2007，第64页。

3　1953年在四川彭州城北金山寺曾出土一件磁峰窑的白瓷碗，外壁口沿下刻写铭文一周："彭州金城乡窑户牟士良施埦堞壹料永充进盏供献售用祈愿神明卫护合家安泰"；2000年在磁峰窑瓷库坪区域的发掘中，又出土了一片铭刻"窑户牟"的白瓷片（DT39④:335）。参见陈丽琼、魏达议、丁祖春：《四川彭县瓷峰窑调查与试掘的收获》，载文物编辑委员会编《中国古代窑址调查发掘报告集》，文物出版社，1984，第307页；成都市文物考古研究所、彭州市博物馆：《2000年磁峰窑发掘报告》，载成都文物考古研究所编著《成都考古发现》（2000），科学出版社，2002，第218页。

4　关于宋代成都平原制瓷业的生产形态和窑户问题，参见黄晓枫：《成都平原宋代瓷业生产形态与瓷业税初识》，《江汉考古》2013年第1期。

5　费著：《氏族谱》，载杨慎编《全蜀艺文志》卷五十五，刘琳、王晓波点校，第1656页。

代之际[1]，费祖四等人当为广都费氏家族中的砖瓦业从事者。

三、烧制背景与动因

北宋初年以来，为惩唐末五代地方割据分权之弊，加强中央集权，统治者采取"强干弱枝"的政策，对地方州县的城墙修筑多持消极态度，时人王禹偁之论述颇为精辟："太祖、太宗，削平僭伪，天下一家……毁城隍、收兵甲、彻武备者，二十余年……名为郡城，荡若平地。虽则尊京师而抑郡县，为强干弱枝之术，亦匪得其中道也。"[2]同时，鉴于蜀地战祸和起事兵变频发的教训，守益州者对修治城池一事亦十分避讳，"以嫌，多不治城堞"[3]，导致两川之境"惟益、梓、眉、遂有城可守"[4]。但自北宋中期开始，这一情况得到明显改观。关于宋代成都的筑城活动，史料中明确记录的共计七次[5]：第一次为仁宗皇祐五年（1053），益州知州程戡"完城浚池自固"[6]；第二次亦发生在仁宗时期，"有西南夷邛部川首领者，妄言蛮贼侬智高在南诏，欲来寇蜀……发民筑城，日夜不得休息，民大惊扰，争迁居城中"[7]，后因谣言破除而作罢；第三次为高宗建炎元年（1127），成都知府卢法原"奉诏修罗城……城周二十五里

1　然而若从整个蜀地观察，费氏家族早在唐代已颇为活跃，如高宗上元三年（676）《大唐故内侍省内仆局令费府君墓志铭》载志主费智海"蜀郡犍为人……因宦攸居，今为邛州安仁县人也……曾祖君群，后周□□郡守……祖怡，隽州□藜县令……父朗，皇朝本州博士"；敦煌文书S.2052《新集天下姓望氏族谱一卷并序》亦载："益州蜀郡出五姓，郗、文、费、任、郐"，有学者考证其成书年代约在玄宗天宝初至肃宗至德二年之间（742—757）。参见周绍良、赵超主编《唐代墓志汇编续集》，上元〇二一，上海古籍出版社，2001，第223页；唐耕耦、陆宏基：《敦煌社会经济文献真迹释录》（一），书目文献出版社，1986，第97页；华林甫：《<新集天下郡望氏族谱>写作年代考》，《敦煌研究》1991年第4期。

2　脱脱等：《宋史》卷二百九十三《王禹偁传》，第9823页。

3　脱脱等：《宋史》卷二百九十二《程戡传》，第9756页。

4　魏了翁：《简州见思堂记》，《重校鹤山先生大全文集》卷四十二，载四川大学古籍整理研究所编《宋集珍本丛刊》，线装书局，2004，第77册，第157页。不过，魏氏另一篇《论州郡削弱之弊》则记为"惟陵、梓、眉、遂有城可守"，参见《重校鹤山先生大全文集》卷十五，载四川大学古籍整理研究所编《宋集珍本丛刊》，第76册，第729页。

5　《元史·刘黑马传》："丁巳，入觐，请立成都以图全蜀，帝从之。"宋濂：《元史》卷一百四十九，第3517页。《牧庵集·兴元行省瓜尔佳公神道碑》："丁巳，诏与故刘忠惠公哈玛尔立成都，七日而楼堞隍堑皆具。"姚燧：《牧庵集》卷十六，商务印书馆，1936，第154页。此修筑成都城之事发生在蒙古宪宗七年（南宋宝祐五年，1257），而彼时成都已为蒙古军所占，故不在统计之列。

6　脱脱等：《宋史》卷二百九十二《程戡传》，第9756页。

7　苏轼：《张文定公墓志铭》，载邓立勋编校《苏东坡全集》（中）第十三卷，第336页。

三百六步，高二丈二尺，广二丈八尺，用工四十六万有奇"[1]；第四次为高宗绍兴（1131—1162）中，四川制置使李璆以"成都旧城多毁圮，首命修筑"[2]；第五次为高宗绍兴二十九年（1159），四川制置使、成都知府王刚中修缮罗城，"城比旧凡周四千六百丈有畸，雉堞严壮，沟池深阻，气象环合，顿成雄奥"[3]；第六次为孝宗乾道（1165—1173）中，范成大帅蜀，"亦复营葺"[4]，淳熙（1174—1189）中又修补子城[5]；最后一次发生在宋元战争爆发后，遭受丙申之陷，成都全城已破败不堪，理宗淳祐元年（1241）春，新任四川制置使陈隆之在旧城基础上"复立其城"[6]。这批嘉定年间城砖的发现，从实证角度弥补了文献对宋代成都城池建设史的缺漏记载。

四川地区使用城砖的历史悠久，考古资料表明，早在东汉三国时期，蜀地境内的一些重要城市已出现用砖来包砌夯土墙体的做法。如绵竹为成都平原北部之兵冲要害，两汉时郡都尉常驻于此，并曾作过益州牧的驻扎地，亦为汉晋益州的头等大县。"绵竹城"土将台地点的北城墙的包砖残存四层，为错缝平砌，用砖大小规格不一，有"绵竹城"铭文砖（图10-19，1）、双阙纹砖、钱纹砖、八字纹砖、菱形纹砖、楔形砖等[7]。雒县曾长期为两汉益州州治所在，广汉南门外导航站地点发现的东汉城墙系用泥土夯筑，外部用文字砖包砌，砖上多印有"雒城""雒官城墼"等铭文（图10-19，2）[8]。此外，四川资阳也出土过"资中城墼"铭文砖（图10-19，3）[9]。成都为蜀郡郡治，东汉末益州牧迁驻于此，随后又成

1　李心传：《建炎以来系年要录》卷十三，中华书局，1956，第292页。

2　脱脱等：《宋史》卷三百七十七《李璆传》，第11655页。

3　冯特行：《罗城记》，载袁说友等编《成都文类》卷二十四，赵晓兰整理，第505页。

4　顾祖禹：《读史方舆纪要》卷六十七，贺次君、施和金点校，第3137页。

5　熊相：《正德四川志》（据明正德刻嘉靖增补本抄录）卷五，载马继刚主编《四川大学图书馆藏珍稀四川地方志丛刊续编》，第231页。此事又见南宋陆游《筹边楼记》，参见袁说友等编《成都文类》卷二十七，赵晓兰整理，第542页。

6　胡聘之：《山右石刻丛编》卷二十四，载中国东方文化研究会历史文化分会《历代碑志丛书》第16册，江苏古籍出版社，1998，第8页。

7　四川省文物考古研究院、德阳市文物考古研究所、旌阳区文物保护管理所：《2004年四川德阳"绵竹城"遗址调查与试掘》，《四川文物》2008年第3期。

8　陈显丹：《广汉县发现古"雒城"砖》，《四川文物》1984年第3期。

9　高文：《四川汉代地名砖考》，《四川文物》2007年第3期。

为蜀汉国都，其城垣包砖亦在情理之中。唐末高骈扩筑罗城，以"蜀之土恶，成都城岁坏……易以砖甓"[1]，由于工期紧、任务重、砖料短缺，不少城砖除系直接开掘城郊墓葬得来外[2]，甚至还有部分取自寺院内废弃的塔基[3]。如 1994 年发掘的中同仁路红旗纸箱厂地点唐代罗城西墙，其包砖均为平砌，以一顺一丁为多，间有二顺一丁、三顺一丁，无规律性且逐渐内收。用砖多素面，其余为汉六朝时期流行的花纹砖，有菱形纹、玉璧纹、联璧纹、花卉纹、变体叶脉纹等[4]，这些砖材显然取自年代较早的墓葬。

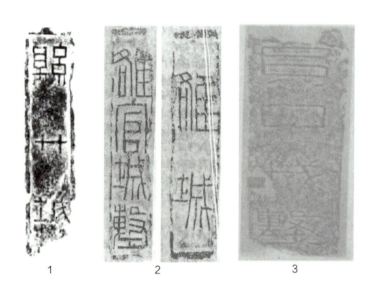

图 10-19　四川地区出土的东汉三国铭文城砖

（分别采自《四川文物》2008 年第 3 期，第 25 页，图八-1；《四川文物》1984 年第 3 期，第 50 页；
《四川文物》2007 年第 3 期，第 78 页，图一二）

1　欧阳修、宋祁：《新唐书》卷二百二十四下，第 6393 页。

2　何光远：《鉴诫录》卷二："西川高相公骈版筑罗城日，遣诸指挥分擘地界，开掘古冢，取砖甓城"，参见傅璇琮、徐海荣、徐吉军主编《五代史书汇编》，第 5882 页。

3　黄辉：《重建万佛寺碑记》："唐无相禅师建塔，镇佛者万，寺以故名。后塔毁，高节度骈取修罗城，而名今犹之"，参见冯任修、张世雍等纂《天启新修成都府志》卷五十三，载中国地方志集成编委会编《中国地方志集成：四川府县志辑》，第 75 页。

4　成都市文物考古研究所：《成都市中同仁路城墙遗址发掘简报》，载《成都考古发现》（2002），第 266—276 页。

随着宋室的南迁，城郭使用砖材的情形大为普遍，砖城占了很大的比重，遍及全国十一路。南宋时代之所以出现许多以砖包砌的城郭，原因是多方面的：斯波义信认为江南雨多，土质疏松，易于塌坏，加上社会较富裕，有足够的经济力支持大规模的烧砖筑城活动[1]；黄宽重先生考虑到战争形态的改变问题，指出宋金战争爆发以来，火炮投入战场，产生了相当的破坏力，传统的土垣难以在庞大的兵力和强大的火力攻击下发挥防守效果。以砖包砌的城壁，聚合力强，可以承受顶部的防御设施，而且砖块坚硬，敌人不易掘墙，因此防御功能比土垣更好[2]。杭侃先生也认为，武器的发展、地理环境与气候条件的影响、经济实力的制约是决定城墙是否用砖的重要因素[3]。从近年来合川钓鱼城、奉节白帝城均出土铁雷等遗物的情况看[4]，火药武器在南宋末年的四川战场上已得到较为广泛的应用。

南宋成都为"西南大都会"[5]，经济上"繁盛与京师同"[6]，其筑城活动在此阶段尤为频繁，是与当时的政治、军事背景密切相关的。赵宋朝廷偏安一隅，全国的政治和经济重心移向东南，西面的川陕防区对于保护宋室的安全至关重要，而成都作为川陕防区之根本，其战略地位显得更加突出，诚如时人所识："东南立国，吴、蜀相依……不能保蜀，何以固吴？"[7]值得注意的是，嘉定十年（1217）至十一年（1218），正值宋金关系史上的重要转折点之一：嘉定十年（1217）四月，金廷以宋不纳岁币为由，悍然发动了侵夺宋长江以北疆土的战争，以弥补其被蒙古攻占的北方领地。其中在西线，金军进犯川陕边境上的大散关等据点，欲打开进入四川的通道。宋宁宗为稳定四川局势，旋即诏令四川制置使董居谊"酌量缓急，便宜行事"[8]。至十一月，金陕西行省胥鼎兵分三路由秦

1　斯波义信：《宋代の都市城郭》，载《中岛敏先生古稀纪念事业会纪念论集》编辑委员会编《中岛敏先生古稀纪念论集》，汲古书院，1981，第289~318页。

2　黄宽重：《宋代城郭的防御设施及材料》，载《南宋军政与文献探索》，新文丰出版股份有限公司，1990，第195~196页。

3　杭侃：《中国古代城墙的用砖问题》，《文物季刊》1998年第1期。

4　重庆市文化遗产研究院：《重庆市合川区钓鱼城范家堰南宋衙署遗址》，《中国文物报》2019年3月9日第5版。

5　李焘：《贡院记》，载袁说友等编《成都文类》卷四十六，赵晓兰整理，第888页。

6　周密：《癸辛杂识·癸辛杂识续集上》，吴企明点校，第141页。

7　脱脱等：《金史》卷九十八《完颜匡传》，中华书局，1975，第2170页。

8　脱脱等：《宋史》卷四十《宁宗四》，第767页。

州、巩州、凤翔府南进。十二月，陕西金军已攻破宋天水军、白环堡等地。次年（嘉定十一年）二月，又取大散关，拔皂角堡，南宋军民死者数万人。三月，宋军收复皂角堡。此后，两军在大散关一线来回拉锯，互有胜负，陷入胶着状态，战事延续长达七年之久[1]。在被动防御的境况下，加强成都府城一带的防御，缮葺城池营垒无疑成为当时的紧急军务。这批嘉定年间的城砖，或许就是在这样的背景和需求下烧制出来的。

宋元战争爆发后，成都一带长期为两军争夺之焦点。自南宋理宗景定元年（1260）至度宗咸淳九年（1273）的十三年间，退保嘉定（今四川乐山）的宋军曾前后七次进攻成都，并在最后一次进攻中给元朝统治者以较沉重的打击，一度攻入成都外城，俘获居民数千[2]。此次对宋作战的失利引起元世祖忽必烈的高度重视，其遣人向李忽兰吉问及成都失利的原因和今后的措置之方，李忽兰吉奏曰："初立成都，惟建子城，军民止于外城，别无城壁。宋军乘虚来攻，失于不备，军官皆年少不经事之人，以此失利。西川地旷人稀，宜修置城寨，以备不虞。"[3]透过这些史料可知，成都府城在南宋末年的战火中损毁严重，屋倾楼覆、残垣断壁，"昔之通都大邑，今为瓦砾之场"[4]，废弃散落的城砖直到元明时期才因建造墓室和市政沟渠而被再次利用。

综上所述，成都龙江路和羊市街等地出土的这批铭文城砖，应是在南宋宁宗嘉定十年至十一年（1217—1218），受四川制置使司（主政者为董居谊）具体办事官员的监督和管理，由成都府下辖的新繁县、郫县、广都县、新都县等地的砖瓦窑场烧制，并交付成都府开展罗城修葺工程而使用的。其直接动因或与当时金军在西线边境发动的大规模军事入侵有关，是紧急形势下采取的城防措施之一。它们的发现，对于探索南宋时期成都的城市面貌和政治、军事状况具有极为重要的参考价值。

---

1 粟品孝等：《南宋军事史》，上海古籍出版社，2008，第200-204页。

2 陈世松：《宋元争夺中的成都（续）——元代成都史之二》，《成都文物》1988年第2期。

3 宋濂：《元史》卷一百六十二《李忽兰吉传》，第3794页。

4 黄淮、杨士奇等：《历代名臣奏议》卷一百《经国》，第1373页。

第二节

居住空间

摩诃池钩沉

本节将基于前文所述摩诃池的发掘收获，结合文献史料，着重就历史沿革、地理方位、开凿缘由与背景、五代前后蜀之池苑盛况、四至范围等几个方面的问题予以考察。

一、历史沿革概述

关于摩诃池之得名，历史上曾存在两种说法：第一种说法认为是南北朝的陈朝名将萧摩诃（532—604）所开，如北宋《太平寰宇记》："（摩诃池）昔萧摩诃所置"[1]，明人所编《蜀中广记》亦谓："摩诃池，一名污池，陈人萧摩诃所开也"[2]。然而，考萧摩诃生平，其从未与成都发生过交集，陈朝的统治疆域亦不曾覆盖至蜀地，故此说难以成立。另一说认为池乃隋代蜀王杨秀（573—618）展筑成都子城的取土处，得名自梵语，如南宋《方舆胜览》："隋蜀王秀取土筑广子城，因为池。有胡僧见之曰：'摩诃宫毗罗。'盖胡僧谓摩诃为大宫，毗罗为龙，谓此池广大有龙耳"[3]，又《资治通鉴》胡三省注："隋蜀王秀取土筑广子城因为池，有胡僧见之曰'摩诃宫毗罗。'盖胡僧谓'摩诃'为大，

1　乐史：《太平寰宇记》卷七十二，王文楚等点校，第 1463 页。

2　曹学佺：《蜀中广记》卷四，第 39 页。

3　祝穆：《方舆胜览》卷五十一，祝洙增订，施和金点校，第 909 页。

'宫毗罗'为龙，谓此池广大有龙耳。因名摩诃池"[1]。从近年来的考古发现看，此说较为可信，考虑到杨秀出镇益州是在文帝开皇十二年以后[2]，故理论上池之开凿时间不会早于公元 592 年。

唐代中叶以后，此池声名渐起，已为城内一大胜景，是众多达官显贵、文人墨客的宴饮和游玩去处，如《太平广记》载唐蜀郡人符载"有奇才……韦皋镇蜀（785—805），辟为支使……于时陪饮于摩诃池，载离席盥漱，命小吏十二人捧砚，人分两题，缓步池间，各授口占"[3]，诗文中与摩诃池相关的代表作尚有：李白（701—762）《登锦城散花楼》[4]、杜甫（712—770）《晚秋陪严郑公摩诃池泛舟》、武元衡（758—815）《摩诃池宴》及《摩诃池送李侍御之凤翔》、薛涛（768—832)《摩诃池赠萧中丞》、畅甫（生卒年不详)《偶宴西蜀摩诃池》、高骈《残春遣兴》等，而上述所提到的严武、韦皋、武元衡、高骈等人，皆出任过剑南（西川）节度使。

除却衙署园林景观的功能外，摩诃池亦在战时或紧要关头，为成都全城提供了必不可少的生活用水保障，如《新唐书》载懿宗咸通十一年（870），南诏军入寇西川，"故蜀孺老得扶携悉入成都。阎里皆满，户所占地不得过一床，雨则冒箕盎自庇。城中井为竭，则共饮摩诃池，至争捽溺死者，或筥沙取滴饮之"[5]，此事在《资治通鉴》中所记略同："西川之民闻蛮寇将至，争走入成都。时成都但有子城，亦无壕，人所占地各不过一席许，雨则戴箕盎以自庇。又乏水，取摩诃池泥汁，澄而饮之"[6]。

五代前蜀立国于成都，王建改摩诃池为龙跃池，北宋《蜀梼杌》载：（天复七年，907）"九月，（王建）僭即伪位，号大蜀，改元武成……十月，下伪诏

1 司马光编著《资治通鉴》卷二百五十二，胡三省音注，"标点资治通鉴小组"校点，第 8153 页。

2 魏征、令狐德棻：《隋书·杨秀传》"庶人秀，高祖第四子也……（开皇）十二年，又为内史令、右领军大将军。寻复出镇于蜀"，中华书局，1973，第 1242 页。

3 李昉等编《太平广记》卷一百九十八，第 1489 页。

4 《李太白集分类补注》引《成都记》："散花楼在摩诃池上，蜀王秀所建。"参见杨齐贤集注，萧士赟补注《李太白集分类补注》卷二十一，载《四库全书》第 1066 册，影印本，第 671 页。

5 欧阳修、宋祁：《新唐书》卷二百二十二中《南蛮传》，第 6286 页。

6 司马光编著《资治通鉴》卷二百五十二，胡三省音注，"标点资治通鉴小组"校点，第 8153 页。

改堂宇厅馆为宫殿……摩诃池为龙跃池。"[1] 王衍又名宣华池、宣华苑，大兴土木，环池修建宫殿，一度成为皇家园林，（天汉元年，917）"十二月，拜永陵。诏以来年正月有事于南郊，改明年为乾德元年。以龙跃池为宣华池，即摩诃池也……（乾德三年，921）三月，衍还成都。五月，宣华苑成……土木之功，穷极奢巧"[2]，"衍年少荒淫……起宣华苑……日夜酣饮其中"[3]。至后蜀孟昶在位时，于宣华苑广植牡丹，故又名"牡丹苑"[4]。

两宋时期，摩诃池的范围已开始缩减，如南宋陆游《摩诃池》诗自注："蜀宫中旧泛舟入此池，曲折十余里。今府后门虽已为平陆，然犹号水门。"[5] 尽管如此，其仍不失为城中一大盛景，名士往来者依旧络绎不绝，相关诗词代表作如宋祁（998—1061）《过摩诃池二首》、陆游（1125—1210）《摩诃池》《夏日过摩诃池》《水龙吟（春日游摩诃池）》《登子城新楼遍至西园池亭》《花时遍游诸家园》《宴西楼》，以及范成大（1126—1193）《晚步宣华旧苑》等。

明洪武十五年（1382），太祖朱元璋诏令建蜀王府，"非壮丽无以示威仪"[6]，遂填池以作基础，如清人顾祖禹《读史方舆纪要》："明以其地（摩诃池）填为蜀藩正殿，西南尚有一曲水光涟漪。"[7] 王士禛《陇蜀余闻》言："故蜀王宫，王衍宣华苑也，今为贡院。正殿基，即摩诃池。"[8] 又吕潜夫所作《悼蜀王故宫》："摩诃但有支机石，尚共铜驼卧草根。"[9]

1　王文才、王炎校笺《蜀梼杌校笺》卷一，第83—84页。

2　同上书，第161、168页。

3　欧阳修：《新五代史》卷六十三，徐无党注，中华书局，1974，第793页。

4　胡元质：《牡丹谱》，载杨慎编《全蜀艺文志》卷五十六，刘琳、王晓波点校，第1691页。

5　陆游：《摩诃池》，载杨慎编《全蜀艺文志》卷八，刘琳、王晓波点校，第1页。

6　熊相：《正德四川志》（据明正德刻嘉靖增补本抄录）卷四，载马继刚主编《四川大学图书馆藏珍稀四川地方志丛刊续编》，第209页。

7　顾祖禹：《读史方舆纪要》卷六十七，贺次君、施和金点校，第3137页。

8　李玉宣等修，衷兴鉴等纂《同治成都县志》卷二，庄剑校点，载成都市地方志编纂委员会、四川大学历史地理研究会整理《成都旧志》第11册，第75页。

9　吕潜夫：《悼蜀王故宫》，《同治成都县志》卷十一，载成都市地方志编纂委员会、四川大学历史地理研究会整理《成都旧志》第11册，第544页。

二、地理方位的记载与考证

有关摩诃池的地理方位，历来众说纷纭，莫衷一是，且往往语焉不详。概言之，北宋以前的文献皆载池位于城内，如《元和郡县图志》："在州中城内"[1]；《成都记》："在张仪子城内"[2]。北宋以降的文献则多言池位于城外，如《太平寰宇记》："在锦城西"[3]；《方舆胜览》："在成都县东南十二里"[4]；《资治通鉴》胡三省注："在成都县东南十二里"[5]；《正德四川志》："在府治东南二十里"[6]；《嘉靖四川总志》："在府城东南三十里"[7]；《天启新修成都府志》既言"在府城东南二十里"，又言"昭觉（寺）乃孟蜀宣华宫故址"[8]；《康熙成都府志》："在府城东南二十里"[9]；《蜀輶日记》："（在）今成都北门外十里之昭觉寺"[10]。值得一提的是，明人曹学佺《蜀中广记》和清人顾祖禹《读史方舆纪要》并没有沿袭明清时期的流行说法，仍将池之方位考证在府城内[11]。

自 20 世纪初以来，摩诃池逐步引起现代历史学界的关注，其中就涉及方位问题，然依旧龃龉不断。傅崇矩先生在《成都通览·古迹》中收录了摩诃池，称"相传在今皇城内"[12]。李思纯先生详细论证了摩诃池与宣华苑的历史沿革，认

1　李吉甫：《元和郡县图志》卷三十一，贺次君点校，第 765 页。

2　司马光编著《资治通鉴》卷二百五十二，胡三省音注，"标点资治通鉴小组"校点，第 8153 页。

3　乐史：《太平寰宇记》卷七十二，王文楚等点校，第 2442 页。

4　祝穆：《方舆胜览》卷五十一，祝洙增订，施和金点校，第 909 页。

5　司马光编著《资治通鉴》卷二百五十二，胡三省音注，"标点资治通鉴小组"校点，第 8153 页。

6　熊相：《正德四川志》（据明正德刻嘉靖增补本抄录）卷九，载马继刚主编《四川大学图书馆馆藏珍稀四川地方志丛刊续编》，第 518 页。

7　刘大谟、杨慎等：《嘉靖四川总志》卷三，载北京图书馆古籍出版编辑组编《北京图书馆古籍珍本丛刊》，书目文献出版社，1988，第 64 页。

8　冯任修，张世雍等纂《天启新修成都府志》卷二，载中国地方志集成编委会编《中国地方志集成：四川府县志辑》，第 47 页。

9　佟世雍修，何如伟等撰《康熙成都府志》卷三，李勇先点校，载成都市地方志编纂委员会、四川大学历史地理研究会整理《成都旧志》第 9 册，第 8 页。

10　陶澍：《陶澍集·蜀輶日记》，岳麓书社，1998，第 503 页。

11　曹学佺：《蜀中广记》卷四，第 39 页；顾祖禹：《读史方舆纪要》卷六十七，贺次君、施和金点校，第 3137 页。

12　傅崇矩：《成都通览》，第 27 页。

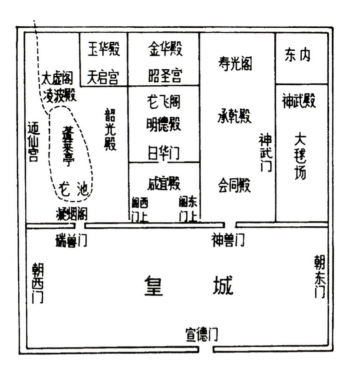

图 10-20　王文才复原之蜀宫及摩诃池位置
（采自王文才：《成都城坊考》，书首附图）

为池址即明代蜀藩府正殿及附近，并绘制了详细位置图[1]。李劼人先生持类似观点，他认为明蜀藩府修建在五代前后蜀宫苑之上，即摩诃池的东边[2]。王文才先生指出摩诃池与宣华苑皆在大城（隋唐子城）内，相当于明代蜀藩府邸、清代贡院处，具体在前后蜀宫的偏东位置（图 10-20）[3]。后来，四川省文史馆在《成都城坊古迹考》一书中，对摩诃池方位的考证作了进一步细化："（摩诃池）故址在大城西接近新城方位，即明蜀王府所在地，今为成都人民南路之四川展览

1　李思纯：《论宣华苑与摩诃池》，载陈廷湘、李德琬主编《李思纯文集：未刊论著卷》，第 566–572 页。位置图见袁庭栋：《成都街巷志》，四川教育出版社，2010，第 19 页。

2　曾智中、尤德彦：《李劼人说成都》，第 12 页。

3　王文才：《成都城坊考》，第 16–25 页。

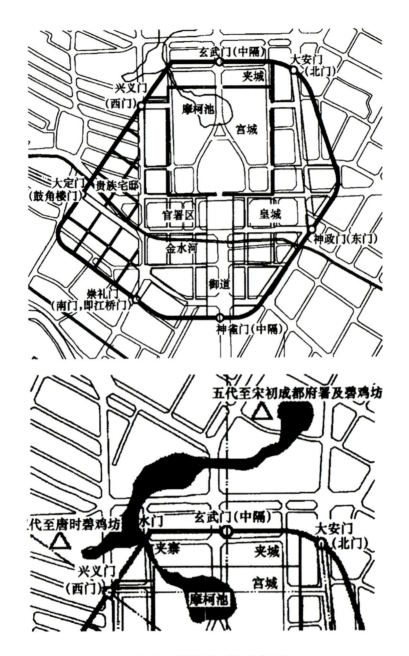

图 10-21 张蓉复原之摩诃池位置图

（采自张蓉：《先秦至五代成都古城形态变迁研究》，第 271-272 页，图 8-3、图 8-4）

馆及其四周一带。"[1] 温少锋、孙卫瑄两位先生提出的看法较为独特，他们认为《资治通鉴》胡三省注"（池）在县东南十二里"，其中的"十"为衍文，应作二里，则池之位置当在"今市中心体育场北端，即隋城北半部偏东侧"，并对摩诃池在内的隋代成都城进行了细致的复原标定[2]。杨伟立先生根据宣华苑"延袤十里""十顷隋家旧凿池"等记载，推测从今成都市中心的人民南路四川省展览馆到青羊宫一线，都属于池苑范围[3]。李金彝先生将摩诃池定位在少城区域，即清代的成都将军衙门（今将军街）一带[4]。袁庭栋先生认为摩诃池范围广大，主体在今后子门，北面可达王家塘街、白家塘街等地[5]。此外，张蓉女士认为摩诃池原本在隋唐子城的西北外，前蜀王衍于子城西北筑夹寨，引池水入宫城大内，奠定了后来宣华苑的基本格局，她还利用现代测绘手段，复原出摩诃池与两蜀皇城、宫城的地理位置图（图 10-21）[6]。

三、开凿缘由与背景

历史上的主流说法认为，摩诃池系由隋代蜀王杨秀主持开凿，此点无甚可疑，但据称主要目的是取土扩展成都子城，则有商榷、辨证余地，理由如下：

其一，摩诃池所在的成都旧城中心一带，土壤类型上属于岷江水系冲积形成的黏质砂土或粉砂质黏土，绵软疏松，可塑性较差，故秦汉以来于此地筑城，多取土于他处。其中秦筑成都城使用的夯土原料，据说是从城北 5 公里外的学射山（今凤凰山）一带运来，所以工程持续了相当长的时间，如《搜神记》载："秦惠王二十七年，使张仪筑成都城，屡颓"[7]，《华阳国志·蜀志》亦说："惠王二十七年，仪与若城成都……其筑城取土，去城十里，因以养鱼，今万岁池是也。"[8] 到了唐代，这一情况依然存在，如《城隍庙记》载："蜀

1　四川省文史馆：《成都城坊古迹考》，第 350 页。

2　温少峰、孙卫瑄：《成都古城址的复原标定与论证》，1987 年 6 月 4 日印刷（内部资料）。

3　杨伟立：《前蜀后蜀史》，第 85—86 页。

4　李金彝：《隋唐五代时期的成都》，《成都大学学报（社会科学版）》1992 年第 11 期。

5　袁庭栋：《成都街巷志》，第 957 页。

6　张蓉：《先秦至五代成都古城形态变迁研究》，第 269-273 页。

7　干宝：《搜神记》卷十三，汪绍楹校注，中华书局，1979，第 161 页。

8　刘琳校注《华阳国志校注》卷三，第 196 页。

地土惟涂泥，古难版筑"[1]；《创筑罗城记》载："惟蜀之地，厥土黑黎而又墝埆，版筑糜就"。[2]唐人崔致远《桂苑笔耕集·西川罗城图说》记唐末高骈创筑罗城前，僚佐对筑城之举多有异议，"但以曩筑子城，犹资客土，九年方就，百代所难（自注：蜀无土，昔张仪筑子城，辇土于学射山……）"[3]，后高骈不得不"甃之以砖甓。"[4]从考古发现看，唐代以后直至明代，成都城墙夯土的主要原材料都取自城北、城东一带浅丘上的暗黄色黏土（即成都黏土），土质密实不透水。

其二，杨秀系隋文帝杨坚与文献皇后独孤伽罗第四子、隋炀帝杨广同母弟，自幼居于深宫，"有胆气，容貌瑰伟，美须髯，多武艺，甚为朝臣所惮"[5]。早在隋文帝建大兴城之时，杨秀宅邸即占有归义坊全坊，面积达54.5公顷（约合817亩）[6]，甚至超过了明代耗费近十年时间营建的蜀王府的内城（宫殿区）总面积。开皇元年（581），杨秀立为越王，不久改封蜀王，领上柱国、益州刺史、益州总管，都督二十四州诸军事，生活更加奢靡腐化，并且为人好大喜功，性格残暴。《隋书·杨秀传》载杨秀镇蜀初时，言行举止尚能受佐臣元岩等人阻挠劝束，岩卒之后"渐奢侈，违犯制度，车马被服，拟于天子"[7]。仁寿二年（602），杨秀被朝廷调回京师，文帝历数其罪状："庸、蜀要重，委以镇之……诈称益州龙见，托言吉兆。重述木易之姓，更治成都之宫……辄造白玉之珽，又为白羽之箭，文物服饰，岂似有君"[8]，《隋书·元岩传》又载"蜀王性好奢侈，尝欲取獠口以为阉人，又欲生剖死囚，取胆为药……又共妃出猎，以弹弹人，多捕山獠，以充宦者，僚佐无能谏止"[9]。《全唐文·隋故益州总管府司马裴君碑

1　段全纬：《城隍庙记》，载董诰等编《全唐文》卷七百二十一，第3289页。

2　王徽：《创筑罗城记》，载董诰等编《全唐文》卷七百九十三，第3683页。

3　崔致远：《桂苑笔耕集》卷十六，第154页。

4　刘昫等：《旧唐书》卷一百八十二，第4703页。

5　魏征、令狐德棻：《隋书》卷四十五，第1241页。

6　宋敏求、李好文：《长安志·长安志图》卷十，辛德勇、郎洁点校，第339页。

7　魏征、令狐德棻：《隋书》卷四十五，第1242页。

8　同上书，第1243页。

9　同上书，第1475页。

铭并序》亦言："蜀王年止胜衣，童心未改，文武佐吏，多非正人。"[1] 上面所提到的"成都之宫"，在其他一些唐宋时期的文献中，亦有迹可循，如北宋《太平御览》引唐《成都记》："隋蜀王秀尝造一殿，飞鸟不止其上"[2]；《蜀梼杌》述王建改堂宇厅馆为宫殿之事，提到"（改）蜀王殿为承乾殿"[3]；《新唐书·南蛮传》又载唐懿宗咸通十一年（870），南诏军围困成都，"蛮以三百骑负幄幕来，大言曰：供帐隋蜀王听事，为骠信行在"[4]；《资治通鉴·唐纪六十八》对此事所载略同："（南诏骠信）其仪以王者自处，语极骄慢。又遣人负彩幕至城南，云欲张陈蜀王厅以居骠信。"胡三省注曰："隋蜀王秀镇蜀，起厅事，极为宏壮。"[5]

其三，从中国古代池苑园林的发展轨迹看，秦咸阳城东部已开凿了兰池，并于其旁修建了宫殿，这一工程是秦始皇东巡大海，遍访神山的象征。到了汉长安城的未央宫沧池、建章宫太液池，实际是将秦都城之旁的兰池迁入汉都宫城之内，这样使皇帝更便于随时"入海求仙"，以实现长生不老。而宫城内开池、筑台制度得到进一步发展，历经魏晋南北朝的沿袭，至隋唐时期已十分成熟，成为都城宫殿区、苑囿区不可或缺的要素单元[6]。如著名的隋东都之上林西苑，总体布局以人工开凿的广阔水域"北海"为中心，海的东面有曲池塘和曲水殿，是"上巳饮禊之所"。海的北面有水道即"龙鳞渠"，渠宽二十步，曲折萦回地流经"十六院"而注入海，又"置四品夫人十六人，各主一院"，院外龙鳞渠环绕，三门皆临渠，渠上跨飞桥。所谓十六院即十六组建筑群，它们之间以水道串联成完整的水系，提供水上游览和交通运输的方便[7]。此外，隋大兴宫（唐太极宫）内配置有四海池、山水池（图10-22），唐大明宫内配置有太液池、

1　李百药：《隋故益州总管府司马裴君碑铭并序》，载董诰等编《全唐文》卷一百四十三，第638页。

2　李昉等：《太平御览》卷一百七十五，中华书局，1960，第854页。

3　王文才、王炎校笺《蜀梼杌校笺》卷一，第84页。

4　欧阳修、宋祁：《新唐书》卷二百二十二中《南蛮中》，第6286页。

5　司马光编著《资治通鉴》卷二百五十二，胡三省音注，"标点资治通鉴小组"校点，第8172页。

6　刘庆柱主编《中国古代都城考古发现与研究》，社会科学文献出版社，2016，第673–674页。

7　周维权：《中国古典园林史》，清华大学出版社，2008，第193–194页。

龙首池，唐兴庆宫内配置有龙池，隋唐东都宫内配置有九洲池（图10-23）、石池，东都宫的安福殿为隋炀帝之寝殿，殿前亦建大池。其中的太液池和九洲池都为考古发掘所证实，太液池由东池和西池两部分组成，总面积约14万平方米，池西岸、南岸和东南岸均发现有道路、廊房、殿址、亭址、干栏式廊道、水榭、排水沟、进水渠及其挡水设施、景石假山等建筑，池内分布有数座人造岛屿[1]；九洲池总面积亦接近14万平方米，约占隋唐洛阳城西隔城的五分之二，所发现的建筑遗迹主要是池岸建筑和岛屿建筑，前者在北岸、东岸和西岸皆有分布，园林周边还探明有纵横交错的水系网络[2]。

综上不难推测，杨秀长期囿于深宫生活，养尊处优，加上性格喜好，其作为蜀王到成都就藩，除了要对当时狭小拥挤的城池开展必要的修缮和扩建外，更迫切的工程，必定是营造规模宏大、富丽堂皇的宫室府邸及附属池苑设施。摩诃池正是在这样的历史背景下开凿的，而与取土筑城的关联不强。需要特别说明的是，鉴于摩诃池曾作为隋代蜀王宫的重要组成部分，并且所见石子路（L3）在工艺、形制方面与年代稍晚的唐东都上阳宫（667年建）园林石子路[3]十分接近，应考虑前者采用了隋唐官式建筑传统做法的可能性，其设计摹本、施工技术源头甚至工匠本身或都直接来自当时的政治中心——长安、洛阳宫廷。

四、五代前后蜀之池苑盛况

由前述历史沿革情况可知，五代前后蜀时期是摩诃池园林的鼎盛阶段，池苑内生态环境优越，尤以动植物资源丰富而茂密，如文献中提及的动物有鹦鹉、秃

---

1 中国社会科学院考古研究所、日本独立行政法人文化财研究所奈良文化财研究所联合考古队：《唐长安城大明宫太液池遗址发掘简报》，《考古》2003年第11期；中国社会科学院考古研究所、日本独立行政法人文化财研究所奈良文化财研究所联合考古队：《唐长安城大明宫太液池遗址考古新收获》，《考古》2003年第11期；中国社会科学院考古研究所、日本独立行政法人文化财研究所奈良文化财研究所联合考古队：《西安唐大明宫太液池南岸遗址发现大型廊院建筑遗存》，《考古》2004年第9期；中国社会科学院考古研究所、日本独立行政法人文化财研究所奈良文化财研究所联合考古队：《西安市唐长安城大明宫太液池遗址》，《考古》2005年第7期；中国社会科学院考古研究所、日本独立行政法人文化财研究所奈良文化财研究所联合考古队：《西安唐长安城大明宫太液池遗址的新发现》，《考古》2005年第12期。

2 中国社会科学院考古研究所：《隋唐洛阳城：1959~2001年考古发掘报告》，第766-828页；韩建华：《唐宋洛阳宫城御苑九洲池初探》，《中国国家博物馆馆刊》2018年第4期。

3 中国社会科学院考古研究所洛阳唐城队：《洛阳唐东都上阳宫园林遗址发掘简报》，《考古》1998年第2期；姜波：《唐东都上阳宫考》，《考古》1998年第2期；中国社会科学院考古研究所：《隋唐洛阳城：1959~2001年考古发掘报告》，第940-941页。

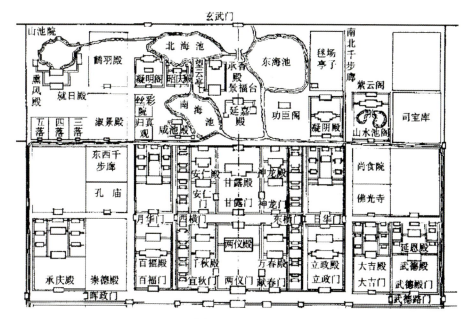

图 10-22　隋大兴宫（唐太极宫）北部池苑

（采自傅熹年：《中国古代建筑史：第二卷　三国、两晋、南北朝、隋唐、五代建筑》，

第 385 页，图 3-2-2）

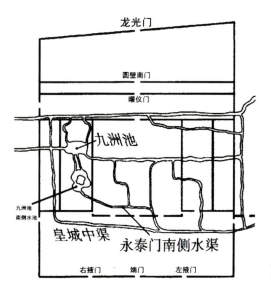

图 10-23　隋唐东都宫城九洲池位置图

（采自中国社会科学院考古研究所：《隋唐洛阳城：1959~2001 年考古发掘报告》，第 13 页，图 1-8）

鹭、沙鸥、白鹭、鹤、龟、锦鲤、鸳鸯、鸭、蜻蜓、蝉等，植物则可见柳树、桃树、梧桐树、海棠树、樱桃树、牡丹、芍药、荷花、木香花、海石榴、红杏、红豆、荇藻等十余种。此外，环池沿岸营建的殿宇亭台鳞次栉比，十分华美壮丽，有名可考的建筑物或宫廷机构即包括了韶光殿（重光殿）、会真殿、太清殿、延昌殿、凌波殿（八卦殿）、清和宫、迎仙宫、降真亭、蓬莱亭、丹霞亭、流杯亭、沉香亭、怡神亭、太虚阁、翔鸾阁（飞鸾阁）、三清台、彩亭（楼）缯山、小毬（球）场、狮子门（神兽门）、枝（栀）子园、宣徽院（掌郊祀、朝会、宴享供帐之仪）、酒库、御沟等，大多属于明确的观景游玩或娱乐宴饮之场所。《五国故事》载前蜀后主王衍荒淫酒色，宴乐于彩亭（楼）缯山中，"逾旬不下"，又"列以金银锜釜之属，取御厨食料，烹燀于其间……谓之当面厨"[1]。除彩亭（楼）缯山外，怡神亭亦是多次宫廷宴会的举办地，王衍曾与众狎客、妇人日夜酣饮其中，引来嘉王宗寿涕泣劝诫，却反被同宴佞臣谐谑取笑，只得怏怏作罢[2]。前蜀国师杜光庭还曾言及摩诃池畔、大厅（王建改会同殿）西面有一神迹，名"龙井，甚灵，人不可犯"[3]。

发掘现场揭露的部分遗迹和遗物，也能够反映当时摩诃池作为皇家禁苑的极致奢华和特殊地位。如编号 F11 的殿基，带大型磉墩、踏道和精美的拼花卵石活动面，且两面临水，当属极具休闲功能的水殿或凉殿设施，恰与后蜀主孟昶《避暑摩诃池上作》："冰肌玉骨清无汗，水殿风来暗香暖"[4] 所描绘的意境颇为契合。编号 G20 的大型沟渠由东北往西南延伸，推测为连接摩诃池主水面的行船通道，可能即文献所载的"御沟"。《锦里耆旧传》载前蜀乾德三年（921）春三月，"筑子城西北夹寨堤，引水入大内御沟"[5]。花蕊夫人亦有宫词云："杨柳阴中引御沟""御沟春水碧于天""御沟春水浸成霞"[6]。御沟的修筑一方面解决了皇宫的水源问题，另一方面更将朝寝宫殿区与池苑园

1　佚名：《五国故事》卷上，载傅璇琮、徐海荣、徐吉军主编《五代史书汇编》，第 3186 页。
2　欧阳修：《新五代史》卷六十三，徐无党注，第 791–792 页。
3　李昉等编《太平广记》卷四百二十五，第 3457 页。
4　彭定求等编《全唐诗》卷八，第 80 页。
5　句延庆：《锦里耆旧传》卷六，储铃铃校点，载傅璇琮、徐海荣、徐吉军主编《五代史书汇编》，第 6037 页。
6　徐式文笺注《花蕊宫词笺注》，第 113、144、168 页。

林区紧密相连，使得二者更加有机地融为一体。史载蜀主王衍宴毕由御沟乘小龙舟夜归，"令宫女秉蜡炬千余居前船，却立照之，水面如昼"[1]，"歌乐之声沸于渠上"[2]。

　　出土遗物则有四类引人注目：第一类为绿釉琉璃兽面联珠纹瓦当（图10-24），目前在成都旧城区的考古发掘中，仅见于摩诃池园林遗址，其他地点出土的同时期同类型瓦当，均为普通的泥质灰陶；第二类为带模印纹饰的铺地砖，制作精美，表面主体饰花卉、对蝶等图案，外绕一周卷草纹（图10-25），与广州南汉国宫殿遗址出土的花草、对蝶纹铺地砖[3]有异曲同工之处；第三类为邛窑低温釉瓷器（图10-26），器形可辨碗、盏、盘、樽等，这类瓷器除部分生活遗址外，只在极个别的高等级墓葬内出现过，如前蜀高祖王建永陵[4]、龙泉驿区洪河大道南延线M1（推测为帝陵级别）[5]、成都北郊双水碾后唐御史大夫上柱国高晖墓[6]等，故有学者研究指出这类产品属于专为前后蜀宫廷机构烧造的高档器具[7]。第四类是一批邢（定）窑白瓷器和越窑青瓷器（图10-27），尤其是后者，在五代时期时常因价值不菲而被用作官方交聘礼品，如《锦里耆旧传》记蜀主王建报谢信物中，即有"金棱碗、越瓷器"等各类宝物，"皆大梁皇帝降使赐贶"[8]；后蜀花蕊夫人宫词亦载："帘畔玉盆盛净水，内人手里剖银瓜"[9]。

1　司马光编著《资治通鉴》卷二百七十一，胡三省音注，"标点资治通鉴小组"校点，第8861页。

2　佚名：《五国故事》卷上，载傅璇琮、徐海荣、徐吉军主编《五代史书汇编》，第3186页。

3　南越王宫博物馆筹建处、广州市文物考古研究所：《南越宫苑遗址》（下），文物出版社，2008，第189页；南越王宫博物馆：《南越王宫署遗址：岭南两千年中心地》，广东人民出版社，2010，第144-146页。

4　冯汉骥：《前蜀王建墓发掘报告》，第64页。

5　成都市文物考古研究所、龙泉驿区文物保管所：《成都市龙泉驿区洪河大道南延线唐宋墓葬发掘简报》，载成都文物考古研究所编《成都考古发现》（2001），第171页。

6　徐鹏章、陈久恒、何德滋：《成都北郊站东乡高晖墓发掘简报》，《考古通讯》1955年第6期。

7　易立：《试论邛窑低温釉瓷器的几个问题》，载教育部人文社会科学重点研究基地吉林大学边疆考古研究中心边疆考古与中国文化认同协同创新中心编《边疆考古研究》（第18辑），科学出版社，2015，第247-263页。

8　句延庆：《锦里耆旧传》卷六，储铃铃校点，载傅璇琮、徐海荣、徐吉军主编《五代史书汇编》，第6036页。

9　徐式文笺注《花蕊宫词笺注》，第82-83页。

图 10-24　五代绿釉琉璃兽面联珠纹瓦当

图 10-25　五代模印花卉、对蝶纹铺地砖

1　　　　　　　　2　　　　　　　　3　　　　　　　　4

图 10-26　五代邛窑低温釉瓷器
1.黄釉碗　2.黄釉绿彩盏　3.黄釉褐绿彩樽　4.绿釉盘

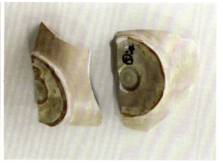

图 10-27　邢（定）窑及越窑瓷器（左：邢（定）窑白瓷碗　右：越窑青瓷碗）

　　这一时期的摩诃池，虽外表光鲜亮丽，但仍不免成为宫廷内斗和血腥杀戮的黑暗场所。前蜀永平三年（913）秋，皇太子王元膺杀太子少保唐道袭，举兵反叛，蜀主王建诏中书令王宗侃等讨乱，"与（徐）瑶、（常）谦战于会同殿前，杀数十人，余众皆溃……太子奔龙跃池，匿于舰中……太子出就舟人丐食，舟人以告蜀主……已为卫士所杀……元膺左右坐诛死者数十人，贬窜者甚众"[1]。更有陆游《老学庵笔记》传言李顺为孟蜀亡后，自宫中出逃、弃于摩诃池畔之遗孤："有李顺者，孟大王之遗孤。初蜀亡，有晨兴过摩诃池上者，见锦箱、锦衾覆一襁褓婴儿，有片纸在其中，书曰：国中义士，为我养之人。知其出于宫中，因收养焉，（李）顺是也"[2]。

　　五代前后蜀时期言及摩诃池，还往往习惯性称作"龙池"，如花蕊夫人宫词"龙池九曲远相通""龙池凤苑夹城中""宣使龙池更凿开"[3]等。有意思的是，20世纪40年代四川大学唐墓出土的纸本陀罗尼经咒上提到有"龙池坊"，写作："成都府成都县龙池坊……近卞……印卖咒本……"[4]发掘者冯汉骥先生认为，此坊可能在成都罗城东北部，后来王文才先生据《华阳

1　司马光编著《资治通鉴》卷二百六十八，胡三省音注，"标点资治通鉴小组"校点，第8775页。

2　陆游：《老学庵笔记》卷九，李剑雄、刘德权点校，第112页。

3　花蕊宫词中提及"龙池"凡七处，参见徐式文笺注《花蕊宫词笺注》，第26、28、42、45、97、101、155页。

4　冯汉骥：《记唐印本陀罗尼经咒的发现》，《文物参考资料》1957年第5期。

国志》"去城十里，因以养鱼，今万岁池是也……城北又有龙坝池"[1]之记载，考证唐人所称"龙池"即成都城北学射山（今凤凰山）下万岁池，坊亦在此[2]。除川大唐墓的纸本经咒外，前蜀魏王、中书令王宗侃墓志记载："乾德五年七月十三日薨于龙池坊之私第"[3]，可知其府邸即在龙池坊内。王宗侃位高权重，并且与王建、王衍父子关系密切，其府邸不大可能远离城外，而应与政治中心——蜀宫——毗邻，是当时的高等级居住区。关于这一点，可以从唐长安城的里坊布局中得到启示，如长安城的东北、西北地区，因靠近宫城大内，所以皇亲贵胄第宅密集，如入苑坊有玄宗十六王宅，胜业坊有薛王李业宅、宁王李宪山池院，崇仁坊有太宗女东阳公主宅、中宗女长宁公主宅，休祥坊和金城坊皆有中宗女安乐公主宅，醴泉坊有武则天女太平公主宅等。通过以上的讨论，可以形成四点意见：1. 参照《唐六典》有关"两京及州县之郭内分为坊，郊外为村"的条文[4]，且唐宋时期的成都城郊一般以乡、里作行政区划，则龙池坊当在城内，与城北学射山下的万岁池无涉；2. 龙池之名，当为前蜀高祖武成元年（908）十月下诏改摩诃池为龙跃池后的省称；3. 坊既以龙池为名，显然与摩诃池毗邻，其方位应在子城内偏西北、靠近皇宫大内的区域，并且属于五代成都城内的高等级住宅区；4. 川大唐墓的年代或许要晚至五代前后蜀时期。

令人颇感疑惑的是，贵为高等级住宅区的龙池坊，竟然会存在着贩售普通佛教经咒的店肆，另据《茅亭客话·苏推官》载："伪蜀子城西南隅，有道士开卜肆"[5]，而早在前蜀建国之初，王建已改子城为皇城，并且移成都府于子城外。此外，花蕊夫人宫词亦云："傍池居住有渔家""隔花催唤打鱼人"[6]。以上这几条线索，是否意味着前后蜀的皇宫禁苑附近混杂、散布有普通民居？该如何理

1 刘琳校注《华阳国志校注》卷三，第196页。

2 王文才：《成都城坊考》，第68页。

3 成都文物考古研究所、龙泉驿区文物保护管理所：《成都市龙泉驿五代前蜀王宗侃夫妇墓》，《考古》2011年第6期。

4 李林甫等：《唐六典》卷三，陈仲夫点校，中华书局，1992，第73页。

5 黄休复：《茅亭客话》卷二，李梦生校点，第107页。

6 徐式文笺注《花蕊宫词笺注》，第33、135页。

解这种社会现象？尚有待更多的证据和材料予以补充。

北宋平蜀后，朝廷任命吕余庆知成都府，移府治于子城内，"取伪册勋府为治所"[1]，摩诃池继续成为官府园林。但不久之后的太宗淳化五年（994），成都全城遭受战火荼毒，"危楼坏屋，比比相望"。至道三年（997），张咏知益州（成都府降格为益州），为"平僭伪之迹，合州郡之制"，下令改造蜀宫，"毁逾制将颠之屋……平屹然台殿之址"[2]，于是"因孟氏文明厅为设厅……王氏西楼为后楼，楼前有堂，堂有挟室，室前回廊。廊南暖厅，次南凉厅"[3]，这里面所称的楼、堂、室、厅等，都是对孟蜀宫名、殿名的贬称[4]。南宋陆游《渭南文集·铜壶阁记》亦载："（成都）府又无台门，与他郡国异。考其始，盖自孟氏国除，矫霸国之僭侈而然。"[5]经过此次改造，包括摩诃池园林在内的整个宫室苑囿遭受大面积的破坏，考古所见摩诃池遗址普遍存在五代末至宋初的建筑坍塌废弃堆积，且两宋时期建筑的数量、规模和工艺等多不及前代。这些现象，与当时的历史背景是相吻合的。值得一提的是，摩诃池之局部至宋代或又名西园，如《蜀中广记》引宋人吴中复《西园十咏》诗序载："成都西园楼、榭、亭、池、庵、洞最胜者凡十所，又于其间胜绝者西楼"[6]，陆游《登子城新楼遍至西园池亭》诗言："一支春水入摩诃"[7]。另据陈光表先生考证，成都府西楼在五代蜀宫宣华苑，北临摩诃池，与众熙亭、竹洞、方物亭、翠柏亭、圆通庵、琴坛、流杯池、乔楠亭、锦亭等十处构成了豪华的景观系列[8]，其中西楼更为"成都台榭之冠"[9]。

1　张咏：《益州重修公宇记》，载袁说友等编《成都文类》卷二十六，赵晓兰整理，第520页。

2　同上书，第521页。

3　同上。

4　至南宋时，似又将设厅之名改回文明厅，如陆游《老学庵笔记》卷五："成都有一株，在文明厅东廊前，正与制置司签厅门相直"陆游、《老学庵笔记》卷五，李剑雄、刘德权点校，第67页。《昭忠录·王翊》："元兵步骑十万至成都，入自东门，二太子（阔端）坐府衙文明厅。"载王云五主编《丛书集成初编：昭忠录及其他二种》，第6页。

5　陆游：《铜壶阁记》，载马亚中、涂小马校注《渭南文集校注》卷十八，浙江古籍出版社，2015，第228页。

6　曹学佺：《蜀中广记》卷四，第54页。

7　钱仲联校注《剑南诗稿校注》卷七，第567页。

8　陈光表：《成都西楼考辨》，《成都文物》1986年第1期。

9　吴师孟：《重修西楼记》，载袁说友等编《成都文类》卷二十六，赵晓兰整理，第525页。

五、摩诃池四至范围的初步推测

1. 北界

在今羊市街至西玉龙街一线。定位理由是摩诃池在隋唐子城（五代皇城）内，子城北墙依据前述考证，大致可以确定在今青龙街至白丝街以南的区域。此外，近年来在对羊市街东口等地基建工地开展发掘工作时，亦未见到与摩诃池相关的遗迹或回填堆积。

2. 西界

在今东城根上街一线。定位理由是这条控制线以西虽为清代满城，但大部分街道依旧保持了秦汉以来成都城的基本轴向（北偏东 25 度左右），其以东的街道则呈正南北或正东西走向，属于明代以来因修建蜀王府而确立的城市格局。此外，唐宋子城的西墙据前述考证，大约也在今商业街与东城根街相交处。

3. 西南界

在今天府广场西侧的成都博物馆一带。2008 年，成都博物馆基建工地发掘揭露了一处编号 K1 的坑状遗迹，坑体位于遗址北部，平面形状不规则，分布面积广，北、东、西三端均未找到边界，叠压于编号第 8 层的夯土之下，该夯土层的性质判断与明初洪武年间（1368—1398）修建、位于蜀王府皇城西南的山川社稷坛有关。发掘者已经注意到，坑内堆积为含大量鹅卵石夹杂砂粒板结，属于典型的湖相沉积，包含物如瓷片和砖石瓦砾等均有一定的磨圆度，推测 K1 可能为摩诃池南端的一部分[1]。针对这一发现，可初步将明代以前摩诃池水域的西南界定位于此。

4. 东南界

在今天府广场东北侧、四川大剧院一带。2012 年，四川大剧院基建工地发掘揭露了一处编号 H13 的坑状遗迹[2]，坑体位于遗址西北部，现象特征与成都博物馆 K1 比较接近，平面形状不规则，分布面积广大，主体往北和西北方向继续延伸，坑内堆积主要为黑色或黑灰色淤积土，有经过人工夯筑的痕迹，包含物最

1　成都市文物考古研究所：《成都市博物馆新址发掘简报》，载《成都考古发现》（2009），第 329-416 页。

2　成都市文物考古研究所：《成都天府广场东北侧古遗址发掘报告》，第 154 页。

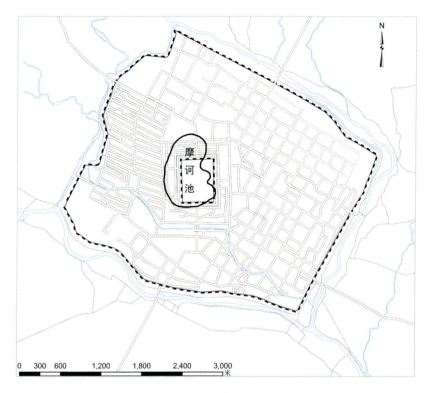

图 10-28　摩诃池范围复原参考图
（以民国二十二年成都街市图为底本绘制）

晚为元至明初瓷器，推测可能为明初回填摩诃池东南岸并夯筑的王府地基。

综上考证，可初步确定摩诃池位于隋唐子城（五代皇城）的偏西北部（图 10-28），东西跨度约 650 米，南北跨度近 900 米，总占地面积 710 余亩，与宋祁《过摩诃池二首》诗所言"十顷隋家旧凿池"[1] 的规模（合今 500 亩）存在较大出入。此外，根据花蕊夫人宫词"太虚高阁凌虚殿，背倚城墙面枕池"[2]，可知摩诃池池岸的某些位置，与皇宫城墙之间的距离是很近的。

1　宋祁：《过摩诃池二首》，载袁说友等编《成都文类》卷三，赵晓兰整理，第 54 页。
2　徐式文笺注《花蕊宫词笺注》，第 43 页。

唐宋时期成都城的里坊格局与形态

众所周知，"里"是西周至秦汉城邑民居的基本组织单位，东汉后期至两晋逐渐出现"坊"的概念，然多限于宫室或贵族住处。北魏时期，使用范围进一步扩大，开始对都城内的"里"称"坊"，或二者通用，隋炀帝改"坊"为"里"，唐又改"里"为"坊"。但也有学者认为唐代的"里"与"坊"有着明确的区分，里、乡完全由人户决定，不受地域局限，坊则是面积大小固定的、服务于城市建筑的建筑区划，坊与户数之间没有一定的对应关系[1]。

总体而言，里坊制在唐代以后的都会城市中普遍流行开来。标准的里坊平面通常呈方形，周围设有坊墙，坊墙四周的正中辟门，坊内以大十字街等分为四个街区，每个街区之下又有小十字街分为四个更小的街区。这样划分的坊鳞次栉比，结构井然，有封闭的坊墙和定时启闭的坊门，从而实现强化城市管理的目的。学者们以往普遍相信，自宋代开始的"中世纪城市革命"，以封闭式坊墙的倒塌为主要特征，使得城市街道布局趋于自由，坊制逐步走向崩溃[2]。

唐代以来，许多地方城市中都存在里坊的设置，如幽州城有卢龙、燕都等25坊[3]，苏州城有通波、三让等60坊[4]，扬州城也有瑞芝、布政等近30

1　赵超：《唐代洛阳城坊补考》，《考古》1987年第9期。

2　这方面的代表作品有加藤繁：《宋代都市的发展》，载《中国经济史考证》第一卷，吴杰译，商务印书馆，1959，第277页；施坚雅：《导言：中华帝国的城市发展》，载《中华帝国晚期的城市》，叶光庭、徐自立、王嗣均等译，陈桥驿校，中华书局，2000，第24页。其论说的提出与演变，还可参见宁欣、陈涛：《"中世纪城市革命"论说的提出和意义——基于"唐宋变革论"的考察》，《史学理论研究》2010年第1期。

3　北京市文物研究所：《北京考古四十年》，燕山出版社，1990，第128-130页；李孝聪：《唐代城市的形态与地域结构——以坊市制的演变为线索》，载《唐代地域结构与运作空间》，上海辞书出版社，2003，第266页。

4　陆广微：《吴地记》，曹林娣校注，江苏古籍出版社，1986，第101页。

坊[1]，敦煌城有儒风、永宁等 10 余坊[2]，襄阳城内外有靖安、旌孝等近 10 坊（里）[3]。有关成都城的里坊面貌，不少学者已从数量、名称、方位、规划等角度，开展过细致深入的讨论，如王文才先生收集了文献记载的坊名"约三十余处"，并将其按城南、城西、城北、城东四个区域分别叙述[4]；张蓉女士参考成都罗城周回 25 里，以 1 里为单位规划网格，推算出罗城相当于 25 个单位网格，对应 25 个坊[5]。此外，宿白先生、孙华先生借助近现代地图、以考古学方法开展的复原研究应是目前最具影响力的两项成果：宿白先生在《隋唐城址类型初探（提纲）》一文中依据成都旧城东部保留的唐末里坊痕迹，推测当时的府城面积相当于十六个坊，属于唐代州府中最大的类型[6]。后来孙华先生的《唐末五代的成都城》一文继承和发展了这一观点，认为成都的罗城内部存在有两条较明确的基线，"向东西两侧和南面推移，每四列或四行小街区间画一条线作为唐末五代成都城坊与坊之间的分界线，这样每十六个小街区作为一个坊……至少可以划分出十二个整齐的坊，另在城南或城东靠近罗城郭墙的位置，可能还有一些周围坊墙不甚整齐的坊……这些坊每个约 700 米见方，相当于唐代一里一百零六步，这个尺度比唐洛阳城的坊要大，相当于唐长安城最小坊的规模"。随后，他又在此基础上复原了文翁、锦浦、金容、石镜等 8 个坊的地理位置（图 10-29）[7]。换言之，宿白和孙华两位学者主要参照了隋唐长安城和洛阳城的里坊体系，是以传统的里坊制概念来看待唐代成都城的内部结构。本节试以既往研究成果为基础，借助文献和考古发现，对此问题再作一探索。

1　朱江：《对扬州唐城遗址及有关问题的管见》，《文博通讯》1978 年第 7 期；蒋忠义：《隋唐宋明扬州城的复原与研究》，载中国社会科学院考古研究所编著《中国考古学论丛：中国社会科学院考古研究所建所 40 年纪念》，科学出版社，1993，第 445-462 页；陈彝秋：《唐代扬州城坊乡里考略》，《扬州大学学报（人文社会科学版）》2000 年第 2 期；李孝聪：《唐代城市的形态与地域结构——以坊市制的演变为线索》，载《唐代地域结构与运作空间》，第 266-267 页；鲁西奇：《唐代地方城市中的里坊制及其形态》，载《人群·聚落·地域社会：中古南方史地初探》，厦门大学出版社，2012，第 128 页。

2　姜伯勤：《敦煌社会文书导论》，新文丰出版股份有限公司，1992，第 172 页。

3　鲁西奇：《城墙内外：古代汉水流域城市的形态与空间结构》，中华书局，2011，第 180-187 页。

4　王文才：《成都城坊考》，第 55-80 页。

5　张蓉：《先秦至五代成都古城形态变迁研究》，第 256-264 页。

6　宿白：《隋唐城址类型初探（提纲）》，载北京大学考古系编《纪念北京大学考古专业三十周年论文集》，第 279-285 页。

7　孙华：《唐末五代的成都城》，载《宿白先生八秩华诞纪念文集》编辑委员会编《宿白先生八秩华诞纪念文集》，第 280-283 页。

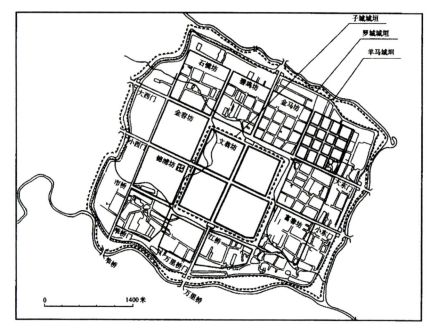

图 10-29　孙华复原之唐末五代成都城里坊图

（采自孙华：《唐末五代的成都城》，《宿白先生八秩华诞纪念文集》，第 278 页，图七）

一、史料和墓铭券文中所见的成都坊市

1. 里坊

成都古城，传说有一百二十坊[1]。唐末创筑罗城，城区面积成倍扩张，里坊的数量理应随之增加。通过梳理古史文献和地下出土的墓铭券文材料，将各里坊分别考述如下：

（1）碧鸡坊

此坊在成都诸坊中知名度位列前茅，景色优美，尤以海棠为盛。南宋陆游《花时遍游诸家园》曰："走马碧鸡坊里去，市人唤作海棠颠。"[2]《病中久止酒有怀成都海棠之盛》曰："碧鸡坊里海棠时，弥月兼旬醉不知。"[3]范成大《醉落

1　邓少琴：《梁李膺＜益州记＞辑存》，载《邓少琴西南民族史地论集》，第 578 页。

2　钱仲联校注《剑南诗稿校注》卷六，第 538 页。

3　同上书，第 856 页。

魄·海棠》曰："碧鸡坊里花如屋，燕王宫畔花成谷。"[1]周辉《清波别志》曰："巴蜀风物之盛，或者言过其实……然海棠富艳，江浙无之。成都燕王宫碧鸡坊尤名奇特。"[2]其历史沿革亦十分久远，梁李膺《益州记》载："成都之坊百有二十，第四曰碧鸡坊"[3]。唐杜甫《西郊》诗也有"时出碧鸡坊，西郊向草堂"的句子[4]。唐五代名人贵胄寓此者颇多，如女诗人薛涛[5]、唐末当权宦官田令孜[6]、前蜀中书令及弘农郡王晋晖[7]、前蜀永泰军节度使鹿虔扆[8]、后蜀燕王孟贻邺[9]等。历史上对于坊之位置，曾有城西、城北两种不同说法，绍风通过梳理材料并加以详细论证，得出了坊在城西北、武担山东南的金丝街一带，与金马坊呈南北对峙之势的结论[10]，可以参考。此外，张蓉女士还提出了另外一种看法，她认为唐末以前的碧鸡坊沿用了蜀汉新宫的旧址，约在少城北部的中心区域。唐末以后，坊随成都府署迁至子城以北、武担山东南一带，坊内以官署园林和民居私园相混杂[11]。总体而言，以上几说都仅仅是推测，真实面貌还需要今后相关的考古材料来还原。

（2）文翁坊

唐何赞《书事》云："阔步文翁坊里月，闲寻杜老宅边松。"[12]又南宋李焘《续资治通鉴长编》载真宗咸平三年（1000），宋将雷有终平王均之乱，由城北攻略成都城，"有终登楼下瞰，贼犹以余众塞于天长观前，密设架于

1　杨慎编《全蜀艺文志》卷二十五，刘琳、王晓波点校，第 672 页。

2　周辉：《清波杂志附别志》，中华书局，1985，第 122 页。

3　邓少琴：《梁李膺＜益州记＞辑存》，载《邓少琴西南民族史地论集》，第 578 页。但据孙琪华、蒙默等整理研究，此条文献并不确定出自梁李膺《益州记》，参见孙琪华：《＜益州记＞辑注及校勘》，蒙默、黎明春整理，第 91 页。

4　彭定求等编《全唐诗》卷二百二十六，第 2433 页。

5　费著：《笺纸谱》，载杨慎编《全蜀艺文志》卷二十五，刘琳、王晓波点校，第 1677 页。

6　欧阳修、宋祁：《新唐书·田令孜传》，第 5884 页。

7　刘雨茂、荣远大编著《成都出土历代墓铭券文图录综释》，第 47 页。

8　黄休复：《茅亭客话》卷三，李梦生点校，第 113 页。

9　绍风：《蜀燕王和蜀燕王宫——成都史零札之一》，《成都文物》1986 年第 3 期。

10　绍风：《碧鸡坊故址考——附论金马坊所在》，《成都文物》1986 年第 4 期。

11　张蓉：《先秦至五代成都古城形态变迁研究》，第 219～222 页。

12　彭定求等编《全唐诗》卷七百六十九，第 8734 页。

文翁坊"[1]，与《宋史·雷有终传》所记人物事迹基本一致。唐末五代达官显贵多寓此坊，如前蜀光禄大夫兼左领军卫大将军李鞸[2]、前蜀普慈公主之女李氏[3]等。关于坊之位置，学界尚存争议：《民国华阳县志》的修撰者认为坊在华阳县境东南[4]；王文才先生考证坊在子城南，与文翁学堂邻近[5]；孙华先生据《宋史·雷有终传》所载宋军攻城路线，推测坊在子城西北、府署治地一带[6]。按文翁石室故址经由东御街汉代石碑出土证实，约在今天府广场东南侧一带[7]，坊既以文翁为名，似在子城南，与石室学堂邻近较为合理。

（3）灵关里（坊）

坊名最早见于唐贞元三年（787）邓琛墓志铭。志文载："春秋八十有二……贞元三年……终于华阳县灵关里之私第。"[8]此外，唐天复元年（901）秦温买地券亦有提及，券文曰："维大唐天复元年岁次辛酉……成都府华阳县灵关坊大道弟子秦温……"[9]此坊于唐末创筑罗城前已存在，隶华阳县，可知约在子城东或东南，其余信息暂不可考。

（4）龟城坊

坊名见于唐元和九年（814）王武用墓志铭。志文载："元和甲午岁十二月丁丑殁……成都府龟城坊之私第。"[10]龟城为子城之别名，如宋人高惟几《杨子

1　李焘：《续资治通鉴长编》卷四十七，上海师范大学古籍整理研究所、华东师范大学古籍整理研究所点校，第1012页。

2　任锡光：《四川华阳县发现五代后蜀墓》，《考古通讯》1957年第4期；《成都市志》编纂委员会编《成都市志·文物志》，四川辞书出版社，2000，第146页。

3　刘雨茂、荣远大编著《成都出土历代墓铭券文图录综释》，第38页。

4　陈法驾、叶大锵等修，曾鉴、林思进等纂《民国华阳县志》卷二十七，王晓波、王会豪、郭建强校点，载成都市地方志编纂委员会、四川大学历史地理研究会整理《成都旧志》第16册，第662页。

5　王文才：《成都城坊考》，第58页。

6　孙华：《唐末五代的成都城》，载《宿白先生八秩华诞纪念文集》编辑委员会编《宿白先生八秩华诞纪念文集》，第281页。

7　张勋燎：《成都东御街出土汉碑为汉代文翁石室学堂遗存考——从文翁石室、周公礼殿到锦江书院发展史简论》，载四川大学博物馆、四川大学考古系、成都文物考古研究所《南方民族考古》（第八辑），第107-172页。

8　陈法驾、叶大锵等修，曾鉴、林思进等纂《民国华阳县志》卷二十七，王晓波、王会豪、郭建强校点，载成都市地方志编纂委员会、四川大学历史地理研究会整理《成都旧志》第16册，第838页。

9　张勋燎、白彬：《中国道教考古》，第1404页。

10　刘雨茂、荣远大编著《成都出土历代墓铭券文图录综释》，第20页。

云宅辨碑记》："宅在州城西北二里二百八十步……今州子城，乃龟城也，亦（张）仪所筑。"[1] 又，唐元和九年时尚未创筑罗城，故此坊当在子城范围内。

（5）龙池坊

为五代时期高等级住宅区，王宗侃、赵廷隐等先后寓居此坊。20世纪40年代，成都东南郊府河畔川大唐墓出土的纸本陀罗尼经咒记："成都府成都县龙池坊……近卞……印卖咒本"[2]；1997—1998年，成都市龙泉驿区十陵镇青龙村发掘了前蜀魏王、中书令王宗侃墓，墓志载："乾德五年七月十三日薨于龙池坊之私第"[3]。冯汉骥先生认为，此坊位于成都罗城东北部，后来王文才据《华阳国志》"去城十里，因以养鱼，今万岁池是也……城北又有龙坝池"[4]之记载，考证唐人所称"龙池"即成都城北学射山（今凤凰山）下万岁池，坊亦在此[5]。据前述所考，龙池即摩诃池之别名，则此坊当在子城内偏西北部，与摩诃池毗邻。又据王宗侃夫人张氏墓志载："乾德四年六月廿四日寝疾薨于成都府成都县净德坊龙池里之私第"[6]，张氏早王宗侃一年薨逝，可知龙池坊原名龙池里，前蜀乾德五年（923）或稍早由净德坊析出而设。此外，《太平广记·草木》言："伪蜀主当僭位，诸勋贵功臣，竞起甲第。独伪中令赵廷隐，起南宅北宅，千梁万拱，其诸奢丽，莫之与俦"[7]，此处的"北宅"当指赵氏的龙池坊宅第。

（6）锦城坊

坊名见于唐长庆二年（822）姚偁墓志铭。志文载："唐长庆二年夏六月四日……姚君卒于成都府华阳县锦城坊之私第。"[8] 锦城为成都之别名，如《新唐书·陈敬瑄传》载："帝更以（王）建为西川行营招讨制置使……建好谓军

1　高惟几：《杨子云宅辨碑记》，载袁说友等编《成都文类》卷四十二，赵晓兰整理，第805页。

2　冯汉骥：《记唐印本陀罗尼经咒的发现》，《文物参考资料》1957年第5期。

3　成都文物考古研究所、龙泉驿区文物保护管理所：《成都市龙泉驿五代前蜀王宗侃夫妇墓》，《考古》2011年第6期；刘雨茂、荣远大编著《成都出土历代墓铭券文图录综释》，第54页。

4　刘琳校注《华阳国志校注》卷三，第196页。

5　王文才：《成都城坊考》，第68页。

6　成都文物考古研究所、龙泉驿区文物保护管理所：《成都市龙泉驿五代前蜀王宗侃夫妇墓》，《考古》2011年第6期；刘雨茂、荣远大编著《成都出土历代墓铭券文图录综释》，第55—56页。

7　李昉等编《太平广记》卷四百九，第3323页。

8　刘雨茂、荣远大编著《成都出土历代墓铭券文图录综释》，第25页。

中曰：'成都号花锦城，玉帛子女，诸儿可自取。'"[1] 又，唐长庆二年时尚未创筑罗城，仅有子城，加之墓主人姚偁生前曾以太子宾客的身份出任剑南西川节度右随身将，故其私第所处之锦城坊或在子城内与节度使署衙毗邻的位置。

（7）锦官坊

南宋李焘《贡院记》载："爰议改作，度隙地于锦官坊直府治之南，其袤九十一丈，广五十一丈四尺。"[2] 北宋至道三年（997）以后，成都府治迁至子城内孟昶旧宫，南宋沿袭未改，又据张勋燎先生考证，南宋及以前的成都府学皆位于今天府广场南面的东御街一带[3]。南宋成都府学和新作之贡院，都在府治之南，很可能两地相距不远，故锦官坊亦可定位在今天府广场南面一带。

（8）锦浦里（坊）

《太平广记·报应》载："蜀锦浦坊民李贞家，养狗名黑儿，贞因醉，持斧击杀之。"[4] 又《太平广记·冢墓》引杜光庭《录异记》曰："乾宁三年丙辰，蜀州刺史节度参谋李思恭埋弟于成都锦浦里北门内西回第一宅，西与李冰祠邻。"[5] 上文之锦浦坊、锦浦里当为同一地名的不同称谓，王文才、严耕望、孙华等先生都曾著文述及此坊，其中孙华先生认为坊在罗城西部偏南，往北与锦浦坊相望，二坊以兴义门外宽阔的石门街和石笋街相隔[6]。

（9）金城坊

北宋吴师孟《大中祥符禅院记》载："大中祥符禅院者，唐元和圣寿寺三十院之一……成都县文学乡负（附）郭水田七顷，华阳县金城坊赁院一所，皆充常住。"[7] 坊隶华阳县，约在城东或东南，其余信息暂不可考。

---

1 欧阳修、宋祁：《新唐书·陈敬瑄传》，第6395页。

2 李焘：《贡院记》，载袁说友等编《成都文类》卷四十六，赵晓兰整理，第888页。

3 张勋燎：《成都东御街出土汉碑为汉代文翁石室学堂遗存考——从文翁石室、周公礼殿到锦江书院发展史简论》，载四川大学博物馆、四川大学考古学系、成都文物考古研究所编《南方民族考古》（第八辑），第107—172页。

4 李昉等编《太平广记》卷一百三十三，第951页。

5 同上书，第3119页。

6 王文才：《成都城坊考》，第71—72页；严耕望：《唐五代时期之成都》，载《严耕望史学论文选集》，第194页；孙华：《唐末五代的成都城》，载《宿白先生八秩华诞纪念文集》编辑委员会编《宿白先生八秩华诞纪念文集》，第281—282页。

7 吴师孟：《大中祥符禅院记》，载袁说友等编《成都文类》卷三十八，赵晓兰整理，第748页。

（10）金马坊

坊因金马碧鸡祠而得名，《蜀中广记》引《舆地纪胜》云："金马碧鸡祠在金马坊前"[1]。《资治通鉴·后唐纪》云："王宗弼称蜀君臣久欲归命……又责文思殿大学士、礼部尚书、成都尹韩昭佞谀，枭于金马坊门"，胡三省注曰："金马坊在成都城中，以有金马碧鸡祠，因而名坊"[2]。宋人薛田《成都书事百韵诗》云："院锁玉溪留好景，坊题金马促繁弦。"[3]明代文献皆言坊在成都北门内，如何宇度《益部谈资》云："金马碧鸡祠，在北门内金马坊侧"[4]，曹学佺《蜀中名胜记》云："按今北门内石马巷，有石马足陷入地，金马祠在巷内。"[5]王文才、孙华两位先生据前述《资治通鉴·后唐纪》之记载，认为坊在城北太玄门内，地处通衢要冲，孙华先生更进一步指出是在成都罗城北门内偏东处，西与碧鸡坊对望[6]。

（11）金容坊

唐末创筑罗城以前已存在，位于子城西门附近。唐杜甫《石笋行》云："益州城西门，陌上石笋双高蹲。"诗自注："成都子城西金容坊有石二株，挺然耸峭，高丈余。"[7]南宋郭知达《九家集注杜诗》引杜光庭《石笋记》云："成都子城西曰兴义门，金容坊有通衢，几百五十步，有石二株，挺然耸峭，高丈余，围八九尺。"[8]王文才、严耕望、孙华等先生都曾著文述及此坊，其中孙先生认为坊在罗城西部偏北，往南与锦浦坊相望，二坊以兴义门外宽阔的石门街和石笋街相隔[9]。

1　曹学佺：《蜀中广记》卷三，第 34 页。

2　司马光编著《资治通鉴》卷二百七十四，胡三省音注，"标点资治通鉴小组"校点，第 7868 页。

3　薛田：《成都书事百韵诗》，载袁说友等编《成都文类》卷二，赵晓兰整理，第 33 页。

4　何宇度：《益部谈资》卷中，第 19 页。

5　曹学佺：《蜀中名胜记》卷三，刘知渐点校，重庆出版社，1984，第 36 页。

6　王文才：《成都城坊考》，第 72 页；孙华：《唐末五代的成都城》，载《宿白先生八秩华诞纪念文集》编辑委员会编《宿白先生八秩华诞纪念文集》，第 282 页。

7　杨慎编《全蜀艺文志》卷十八，刘琳、王晓波点校，第 448－449 页。

8　郭知达编注《九家集注杜诗》卷七，载洪业、聂崇岐、李书春等编纂《杜诗引得》，第 102 页。

9　王文才：《成都城坊考》，第 64－66 页；严耕望：《唐五代时期之成都》，载《严耕望史学论文选集》，第 194 页；孙华：《唐末五代的成都城》，载《宿白先生八秩华诞纪念文集》编辑委员会编《宿白先生八秩华诞纪念文集》，第 282 页。

（12）开阳坊

坊名见于唐大中七年（853）杨氏墓志铭。志文载："大中之七载分巡史巡官王公就夫人弘农杨氏终于成都府开阳坊版图之官舍。"[1]唐大中七年时尚未创筑罗城，仅有子城，故坊必在子城内。又，杨氏卒于官舍，墓志首题记杨氏之夫为"唐户部山剑三川分巡院巡官"，可知"唐户部山剑三川分巡院"官舍即在开阳坊。如此，该坊可能在子城内较核心的地带。

（13）宣阳坊

坊名见于北宋嘉祐七年（1062）田世中墓中方炼度真文券。券文载："今有剑南西川成都府华阳县宣阳坊居住小兆臣田世中……"[2]坊隶华阳县，约在城东或东南，其余信息暂不可考。

（14）花林坊

唐末西川节度使盖巨源、陈敬瑄及前蜀平章事韦庄等人皆寓此坊。唐咸通十五年（874）盖巨源墓志铭载："府君讳巨源……咸通十四年……殁于成都府成都县花林坊之私第……"[3]北宋句延庆《锦里耆旧传》载："大顺二年秋，城内粮尽。八月庚寅，陈敬瑄、田令孜开城门，携牌印出降……放陈太师归花林坊。"[4]又《唐诗纪事·韦庄》载："是岁卒于花林坊，葬于白沙。"[5]《十国春秋·韦庄传》亦载："武成三年卒于花林坊，葬白沙之阳。"[6]据王文才先生考证，坊在浣花草堂附近，且以梅林闻名，后被王建收为别苑[7]。但此坊于创筑罗城前已存在，可知当在唐代子城内。

（15）七星坊

坊名最早见于唐乾符六年（879）魏师鲁墓志铭。志文载："公筑室锦官城

1　刘雨茂、荣远大编著《成都出土历代墓铭券文图录综释》，第33页。

2　成都市文物考古研究所：《成都市龙泉驿区青龙村宋墓发掘简报》，载《成都考古发现》（1999），第290页；刘雨茂、荣远大编著《成都出土历代墓铭券文图录综释》，第139页。

3　四川省文物管理局：《四川文物志》，第355页。

4　句延庆：《锦里耆旧传》卷六，储铃铃校点，载傅璇琮、徐海荣、徐吉军主编《五代史书汇编》，第6027页。

5　计有功：《唐诗纪事》卷六十八，上海古籍出版社，1987，第1020页。

6　吴任臣：《十国春秋》卷四十，徐敏霞、周莹点校，中华书局，1983，第592页。

7　王文才：《成都城坊考》，第61页。

东……乾符五年十月□日终于成都府华阳县七星坊之私第，享年七十有二。"[1]
又见北宋建中靖国元年（1101）宋构夫人李氏墓志铭，志文载："元符三年六月五日以疾终于成都府七星坊私第，享年六十……"[2]七星之名或取自汉晋时期成都二江七桥之传说，《华阳国志·蜀志》载："西南两江有七桥……长老传言：李冰造七桥，上应七星。故世祖谓吴汉曰：安军宜在七星间。"[3]至南朝萧梁之际，已明确有七星桥之说，李膺《益州记》载："一曰长星；二曰员星；三曰玑星；四曰夷星；五曰尾星；六曰冲星；七曰曲星。"[4]此说至宋代仍十分流行，《太平寰宇记·剑南西道》云："南江桥亦名安乐桥，在城南二十五步……此桥七星桥之一。万里桥在州南二里，亦名笃泉桥……成都七星桥之二。"[5]《舆地广记·成都府路》载："李冰沿水造桥，上应七星：曰冲理桥、曰市桥、曰江桥……曰长升桥。"[6]魏师鲁卒于乾符五年（878），享年七十二岁，时间相距乾符三年（876）高骈扩筑罗城最多不过两年，并且志文明言魏氏早年筑室"锦官城东"，地属"华阳县七星坊"，故七星坊大概率位于子城东部一带。

（16）万秀坊

坊名见于前蜀乾德四年（922）许璠墓志铭。志文载："乾德四年岁次壬午五月庚辰……终于成都府华阳县万秀坊之私第。"[7]许璠为王建称帝之功臣，累至检校太保，封开国子，其住所当与王宗侃等人一样，居于子城内核心区域，又坊隶华阳县，约在城东或东南，其余信息则不可考。

（17）净德坊

坊名见于前蜀乾德五年（923）王宗侃夫人张氏墓志铭。志文载："乾德四

1　资料现存成都文物考古研究院。

2　刘雨茂、荣远大编著《成都出土历代墓铭券文图录综释》，第234页。

3　刘琳校注《华阳国志校注》卷三，第227页。

4　邓少琴：《梁李膺＜益州记＞辑存》，载《邓少琴西南民族史地论集》，第577页；孙琪华：《＜益州记＞辑注及校勘》，蒙默、黎明春整理，第4页。

5　乐史：《太平寰宇记》卷七十二，王文楚等点校，第1465页。

6　欧阳忞：《舆地广记》卷二十九，李勇先、王小红校注，第833页。

7　刘雨茂、荣远大编著《成都出土历代墓铭券文图录综释》，第44页。

年六月廿四日寝疾薨于成都府成都县净德坊龙池里之私第”[1]，由前述王宗侃墓志内容推测，净德坊当与龙池坊相邻，位于子城内偏西北处。

（18）林亭坊

坊名见于北宋绍圣元年（1094）刘起墓中方镇墓真文券。券文载："大宋剑南西川成都府成都县林亭坊住故刘起行年四十四岁……"[2]坊隶成都县，约在城西或西北，其余信息暂不可考。

（19）武担坊

坊名见于后蜀广政十八年（955）孙汉韶墓志铭。志文载："广政十有八年岁次乙卯秋八月丁酉……薨于成都县武担坊私第。"[3]坊之得名应与成都武担山有关，且相距不远，《三国志·蜀书·先主传》载："（刘备）即皇帝位于成都武担之南……臣松之案：武担，山名，在成都西北，盖以乾位在西北，故就之以即阼。"[4]《资治通鉴·魏纪》载："（黄初二年）夏四月丙午，汉中王即皇帝位于武担之南。胡三省注：……杜佑曰：武担山在蜀郡西。"[5]《元和郡县图志·剑南道》载："武担山，在县北一百二十步。"[6]又《太平寰宇记·剑南西道》载："武担山，在府西北一百二十步……武担山，俗曰石笋，在郭内州城西门之外大街中。"[7]据此推测，坊之方位约在成都罗城西北一带。

（20）石镜坊

坊名见于后蜀广政十三年（950）袁氏解伏连券。券文载："……大蜀国西川成都府成都县石镜坊……杨景瑭妻袁氏行年卅九岁……"[8]北宋薛田《成都书

1　成都文物考古研究所、龙泉驿区文物保护管理所：《成都市龙泉驿五代前蜀王宗侃夫妇墓》，《考古》2011年第6期；刘雨茂、荣远大编著《成都出土历代墓铭券文图录综释》，第55–56页。

2　成都市文物考古研究所：《成都市青龙乡海滨村墓葬发掘简报》，载《成都考古发现》（2003），第266页；刘雨茂、荣远大编著《成都出土历代墓铭券文图录综释》，第209页。

3　成都市博物馆考古队：《五代后蜀孙汉韶墓》，《文物》1991年第5期；刘雨茂、荣远大编著《成都出土历代墓铭券文图录综释》，第88页。

4　陈寿：《三国志》卷三十二，陈乃乾校点，第889页。

5　司马光编著《资治通鉴》卷六十九，胡三省音注，"标点资治通鉴小组"校点，第7868页。

6　李吉甫：《元和郡县图志》卷三十二，贺次君点校，第803页。

7　乐史：《太平寰宇记》卷七十二，王文楚等点校，第1463页。

8　刘雨茂、荣远大编著《成都出土历代墓铭券文图录综释》，第79页。

事百韵诗》亦言："金华巷陌遗三品，石镜伽蓝露一拳。"[1]又南宋陆游《初春出游戏作》云："铜壶阁下闲欹帽，石镜坊前戏坠鞭。"[2]石镜为成都武担山上的大石，《华阳国志·蜀志》云："（武都妃卒）蜀王哀之，乃遣五丁之武都担土为妃作冢，盖地数亩，高七丈，上有石镜，今成都北角武担是也。"[3]故武担山又名石镜山，如南宋陆游《春残》云"石镜山前送落晖"[4]。王文才、孙华两位先生都将此坊考证在罗城西北武担山一带[5]，想来不会大错。此外，因石镜坊与武担坊并存于后蜀广政年间，故同坊异名的可能性很小，推测二坊位置应邻近。

（21）可封坊

坊名见于南宋隆兴二年（1164）某五娘墓买地券。券文载："维隆兴二年甲申二月丙辰……河东路太原府清源县梗阳乡东余庄人事（氏）寄居成都府华阳县可封坊……"[6]坊隶华阳县，约在城东或东南，其余信息暂不可考。

（22）清贤坊

坊名最早见于前蜀（907—925）成都府司录参军兼御史中丞樊德邻墓志铭。志文载："……卒于龟城清贤坊之私第。"[7]此外，南宋绍兴二十一年（1151）宋京夫人蒲洁墓志铭亦有提及，文曰："绍兴二十年冬十一月二十日壬辰终于成都府成都县清贤坊之里舍。"[8]参考前文，龟城为成都子城之别称，则此坊或位于子城内。

（23）安福坊

坊名最早见于北宋靖康元年（1126）蔡氏小九娘子墓敕告文券。券文载："……今有本府成都县安福坊居住蔡氏小九娘子……以宣和元年……行年四十四岁……"[9]又见南宋绍兴五年（1135）宋天成墓敕告文券，券文载："……成都县安福坊……

1　薛田：《成都书事百韵诗》，载袁说友等编《成都文类》卷二，赵晓兰整理，第33页。

2　钱仲联校注《剑南诗稿校注》卷九，第759页。

3　刘琳校注《华阳国志校注》卷三，第188页。

4　钱仲联校注《剑南诗稿校注》卷七，第553页。

5　王文才：《成都城坊考》，第69—70页；孙华：《唐末五代的成都城》，载《宿白先生八秩华诞纪念文集》编辑委员会编《宿白先生八秩华诞纪念文集》，第282页。

6　刘雨茂、荣远大编著《成都出土历代墓铭券文图录综释》，第375页。

7　同上书，第63页。

8　同上书，第280页。

9　同上书，第292页。

故宋天成享年三十五岁……"[1]坊隶成都县，约在城西或西北，其余信息暂不可考。

（24）悲田坊

悲田坊又名悲田养病坊、养病坊或养病院，严格意义上属于政府主导的贫民救济机构，自武周长安年间（701—704）以来即已设置。《唐会要·病坊》载："会昌五年十一月，李德裕奏云：悲田出于释教，并望改为养病坊……其两京望给寺田十顷，大州镇望给田七顷，其他诸州，望委观察使量贫病多少给田五顷，以充粥食……敕：悲田养病坊，缘僧尼还俗，无人主持，恐残疾无以取给。两京量给寺田拯济，诸州府七顷至十顷，各于本置选耆寿一人勾当，以充粥料。"[2]因武宗会昌排佛，僧侣被敕令还俗，悲田养病坊也受到很大的打击。官方将"悲田"两字去掉，改称养病坊，并将其改隶两京及各州管理，任命地方耆老掌理其事，分配寺田作为经费来源。成都城内之东、西二市皆设置有悲田养病坊之类的慈善机构，如《酉阳杂俎·支诺皋》载："成都乞儿严七师，幽陋凡贱，涂垢臭秽不可近，言语无度，往往应于未兆，居西市悲田坊。"[3]又《茅亭客话·淘沙子》载："伪蜀大东市有养病院，凡乞丐贫病者，皆得居之。"[4]王文才先生考证西市悲田坊在城外[5]，因缺乏更多线索，此说是否成立尚待明确。

（25）富春坊

南宋周辉《清波杂志》云："成都富春坊，群倡所聚。"[6]元费著《岁华纪丽谱》云："唐明皇上元京师放灯甚盛，叶法善奏曰：'成都灯亦盛。'遂引帝至成都，市酒于富春坊。"[7]明曹学佺《蜀中广记》载："郑刚中（1088—

1　成都文物考古研究院：《成都市锦江区沙河堡宋墓发掘简报》，载《成都考古发现》（2017），第400页。

2　王溥：《唐会要》卷四十九，第1003页。

3　段成式：《酉阳杂俎》续集卷三，曹中孚校点，第140页。

4　黄休复：《茅亭客话》卷三，李梦生校点，第110页。

5　王文才：《成都城坊考》，第67页。

6　周辉：《清波杂志》卷八，秦克校点，上海古籍出版社，2012，第122页。

7　费著：《岁华纪丽谱》，载杨慎编《全蜀艺文志》卷五十八，刘琳、王晓波点校，第1709-1710页。

1154）镇蜀，眷妓曰阎玉，所居富春坊。"[1] 明陈耀文《花草粹编》载："富春坊，好景致，两岸尽是、歌姬舞妓。"[2] 王文才、孙华两位先生都曾著文述及此坊，前者认为坊在城东，疑与大圣慈寺邻近[3]；后者推测坊在罗城东南角，有郫江故道经流[4]。从历年来成都旧城东南一带的考古发现看，以唐末五代至宋元时期的遗存最为丰富，市井商业气息十分浓厚，多与商铺、食店、酒垆等服务性场相关，可能即富春坊之一部分[5]。《旧五代史·唐书·明宗纪》引《柳氏家训》序云："中和三年癸卯夏……在蜀之三年也……阅书于重城之东南，其书多阴阳杂记、占梦相宅、九宫五纬之流"[6]，文中所言也可能指的是商业活动兴盛的富春坊一带，故书铺、书目众多。此外，明人曹学佺《蜀中广记》引南宋《方舆胜览》云："成都，古蚕丛之国，其民重蚕事，故一岁之中，二月望日鬻花木、蚕器，号蚕市。五月鬻香、药，号药市。冬月鬻器用者，号七宝市。俱在大慈寺前。"[7] 富春坊东与大圣慈寺毗邻，亦可证此处商贸繁荣。

（26）小蛮坊

北宋张君房《云笈七签·灵验部》："成都龙兴观……基址广袤，四面通街……有王峰者，事颍川王，于小蛮坊创置私第，以基地卑湿，乃使力役者剧观门土墙，及广掘观地，取土数千车，筑基址。土木未毕，已数口凋亡。"[8] 龙兴观在五代成都名气颇盛，《益州名画录》《茅亭客话》等屡有提及，《宝刻类编》收录有前蜀光天元年（918）立、庞延翰撰《重修龙兴观碑》[9]。由《云笈七签·灵验部》所记文字可知，小蛮坊与龙兴观毗邻而处，王文才先生考证此坊在

1　曹学佺：《蜀中广记》卷一百三，第652页。

2　陈耀文辑《花草粹编》卷十二，龙建国、杨有山点校，河北大学出版社，2007。

3　王文才：《成都城坊考》，第75页。

4　孙华：《唐末五代的成都城》，载《宿白先生八秩华诞纪念文集》编辑委员会编《宿白先生八秩华诞纪念文集》，第283页。

5　如成都江南馆街遗址的发掘者即推断，遗址处于富春坊的东北隅区域。参见成都市文物考古研究所：《成都江南馆街唐宋街坊遗址》，《成都文物》2009年第3期。

6　薛居正等：《旧五代史》卷四十三，第587页。

7　曹学佺：《蜀中广记》卷二，第24页。

8　张君房纂辑《云笈七签》卷一百一十七，蒋力生等校注，第737页。

9　佚名：《宝刻类编》卷七，第234页。

城西青羊肆一带[1]，因缺乏更多线索，此说是否成立尚待明确。

（27）书台坊

《太平广记·井鱼》引杜光庭《录异记》云："成都书台坊武侯宅南，乘烟观内古井中有鱼，长六七寸，往往游于井上，水必腾涌，相传井中有龙。"[2]北宋宋京《书台·蜀事补亡》云："黄冠所居门第改，只有坊名今尚在。"[3]王文才先生据南宋魏了翁《朝真观记》之有关内容，考证坊以武侯宅读书台为名，地在城西少城章城门外[4]，因缺乏更多线索，此说是否成立尚待明确。

（28）果园坊

杜甫《诣徐卿觅果栽》云："石笋街中却归去，果园坊里为求来。"[5]又《寄崔录事》云："邛州崔录事，闻在果园坊。"[6]此外，后唐长兴三年（932）高晖墓志铭亦有提及。志文载："唐长兴三年岁次壬辰……终于成都府华阳县果园坊之私第。"[7]此坊见于杜诗，可知唐末创筑罗城以前已存在，应在子城或周邻地带。王文才先生考证在子城西外[8]，然而高晖墓志明言坊隶华阳县，则当在城东或东南，其具体方位等信息尚待更多材料予以补证。

（29）修德坊

北宋张君房《云笈七签·灵验部》云："尹言者，修德坊居。与明道大师尹嗣玄为宗姓之弟，常崇道慕善，孜孜不倦。"[9]因无其他更多线索，坊之方位等信息暂不可考。

（30）延寿坊

北宋张君房《云笈七签·灵验部》云："（张处厚）在延寿坊居。家有巨业，

1　王文才：《成都城坊考》，第 60 页。

2　李昉等编《太平广记》卷四百二十五，第 3458 页。

3　宋京：《书台·蜀事补亡》，载袁说友等编《成都文类》卷八，赵晓兰整理，第 159 页。

4　王文才：《成都城坊考》，第 66 页。

5　郭知达编注《九家集注杜诗》卷二十二，载洪业、夏崇岐、李书春等编纂《杜诗引得》，第 367 页。

6　同上书，第 404 页。

7　徐鹏章、陈久恒、何德滋：《成都北郊站东乡高晖墓清理简报》，《考古通讯》1955 年第 6 期。

8　王文才：《成都城坊考》，第 62 页。

9　张君房纂辑《云笈七签》卷一百一十九，蒋力生等校注，第 752 页。

儿女皆存，记其小字，年几一一明了。"[1] 因无其他更多线索，坊之方位等信息暂不可考。

（31）忠义坊

元费著《氏族谱·杜氏》云："杜翊世以死节显，蜀旧守名其居曰忠义坊。"[2] 杜翊世为杜甫十一世孙，北宋绍圣年间（1094—1098）进士，官至朝议大夫，通判怀德军，靖康年间在与西夏战事中阵亡。王文才先生考证坊在城南[3]，因缺乏更多线索，此说是否成立尚待明确。

（32）节义坊

元费著《氏族谱·北刘氏》云："刘再思以御史从僖宗，自蜀还京师，其子孟温成都……家城北……范公成大榜其所居节义坊。"[4] 据此可知坊在城北，其余信息暂不可考。

（33）德意坊

坊名见于前蜀乾德六年（924）京兆郡太夫人杜氏墓志铭。志文载："乾德六年八月二十七日终于华阳县德意坊之私第。"[5] 坊隶华阳县，约在城东或东南，其余信息暂不可考。

（34）玉泉坊

坊名见于北宋熙宁二年（1069）永寿县太君郭氏墓中方黄帝炼度镇墓真文券。券文载："大宋国剑南道成都府华阳县玉泉坊居住故永寿县太君郭氏行年七十五岁……"[6] 坊隶华阳县，约在城东或东南，其余信息暂不可考。

（35）芳林坊

坊名见于北宋元祐八年（1093）韩继元买地券。券文载："大宋国剑南道成都府华阳县芳林坊居住男弟子韩继元行年八十岁……"[7] 坊隶华阳县，约在城

1 张君房纂辑《云笈七签》卷一百一十九，蒋力生等校注，第752页。
2 费著：《氏族谱》卷二，载杨慎编《全蜀艺文志》卷五十四，刘琳、王晓波点校，第1636页。
3 王文才：《成都城坊考》，第57—58页。
4 费著：《氏族谱》卷二，载杨慎编《全蜀艺文志》卷五十四，刘琳、王晓波点校，第1638—1639页。
5 资料现存成都文物考古研究院。
6 刘雨茂、荣远大编著《成都出土历代墓铭券文图录综释》，第158页。
7 资料现存成都文物考古研究院。

东或东南，其余信息暂不可考。

（36）新兴坊

坊名见于南宋绍兴十年（1140）安氏买地券。券文载："维绍兴十年岁次……（华）阳县新兴坊居位南□亡人安……"[1]坊隶华阳县，约在城东或东南，其余信息暂不可考。

此外，各坊设有坊正，如《酉阳杂俎·支诺皋》载："蜀郡有豪家子……（成都）坊正张和，大侠也……异日，谒豪家子，偕出西郭一舍，入废兰若。有大像岿然，与豪家子升像之座。坊正引手扪佛乳，揭之，乳坏成穴如碗，即挺身入穴。"[2]坊之出入口或有坊门、牌楼等标志性设施，如宋人薛田《成都书事百韵诗》云："坊题金马促繁弦"[3]，《太平广记·冢墓》引杜光庭《录异记》载城西锦浦里（坊）有北门[4]，《资治通鉴·后唐纪》亦曾提到王宗弼枭首成都尹韩昭于金马坊门[5]。

2. 市场

成都城内的主要市场包括南市、新南市、西市、北市、新北市、东市、大东市，关于它们的设置状况，目前只能从传世文献和出土的买地券材料中获得少量信息，尚无明确的考古遗址能与之对应。

（1）南市

杜甫《春水生二绝》云："南市津头有船卖，无钱即买系篱旁。"[6]《佛祖统纪》云："上皇驻跸成都，内侍高力士奏：城南市有僧英干，于广衢施粥以救贫馁。"[7]《茅亭客话》云："庚子岁，天兵讨益部，贼突围宵遁……南市渠中有一盲女，年七八岁……为饥渴所逼，不知无家，但怨呼父母兄嫂，且夕不

1　陈思洁：《成都成华区双成五路唐宋墓葬初步研究》，硕士学位论文，四川大学，2022，第88页。
2　段成式：《酉阳杂俎》续集卷三，曹中孚校点，第140页。
3　薛田：《成都书事百韵诗》，载袁说友等编《成都文类》卷二，赵晓兰整理，第33页。
4　李昉等《太平广记》卷三百九十，第3119页。
5　司马光编著《资治通鉴》卷二百七十四，胡三省音注，"标点资治通鉴小组"校点，第7868页。
6　彭定求等编《全唐诗》卷二百二十六，第2349页。
7　释道法校注《佛祖统纪校注》卷四十一，第955页。

缀。”[1] 薛田《成都书事百韵诗》云："南市醉过攒帜队，西楼欢坐列琼筵。"[2] 陆游《海棠》云："金鞭过南市，红烛宴西楼。"[3]

（2）新南市

《云笈七签》载："太尉、中书令南康王韦皋节制成都，于万里桥，隔江创置新南市。"[4]

（3）西市

《酉阳杂俎·支诺皋》载："成都乞儿严七师，幽陋凡贱，涂垢臭秽不可近，言语无度，往往应于未兆，居西市悲田坊。"[5]《北梦琐言》云："西川孔目官勾伟……因复还魂，见冥官谓曰：我即勾孔目也，家在成都西市，曾负人钱三万未偿。汝今归去，为我言于家人也。"[6]《鉴诫录·妖惑众》云："王蜀有杨廷郎叔杨勋者，自号仆射，能于空中请自然还丹，其丹立降……及折其一足，西市斩之，药亦无征，术亦无验，尸骸臭秽，观者笑焉。"[7]《茅亭客话·陈损之》载："伪蜀王氏时，有郎官陈损之，至孟氏朝年已百岁，妻亦九十余……后圣朝克复，至太平兴国中，老妇犹存，仅一百二十岁。远孙息辈住西市造花为业，供侍稍给。"[8]又成都市西郊光华路小学五代砖室墓出土前蜀永平六年（916）石人地券，券文载："大蜀永平六年岁次丙子……成都县西市北团女弟子阿住置造寿堂宜于成都县文学□□光里福地……"[9]

1　黄休复：《茅亭客话》卷七，李梦生校点，第 133 页。

2　薛田：《成都书事百韵诗》，载袁说友等编《成都文类》卷二，赵晓兰整理，第 35 页。

3　钱仲联校注《剑南诗稿校注》卷十四，第 454 页。

4　张君房纂辑《云笈七签》卷一百二十一，蒋力生等校注，第 763 页。

5　段成式：《酉阳杂俎》续集卷三，曹中孚校点，第 140 页。

6　孙光宪：《北梦琐言》卷七，林艾园校点，第 53 页。

7　何光远：《鉴诫录》卷三，刘石校点，载傅璇琮、徐海荣、徐吉军主编《五代史书汇编》，第 5892 页。

8　黄休复：《茅亭客话》卷四，李梦生校点，第 117 页。

9　张勋燎、白彬：《中国道教考古》，第 1404–1406 页。此处所言北团，当指市场内不同的团体或组织，如南宋耐得翁《都城纪胜·诸行》："又有名为团者，如城南之花团，泥路之青果团，江下之鲞团，后市街之柑子团是也"，参见灌圃耐得翁：《都城纪胜》，载《南宋古迹考（外四种）》，浙江人民出版社，1983，第 81 页。

（4）北市

《续资治通鉴长编》载："（杨）怀忠旋军，出北门，石普始至，夺均首驰归成都，枭于北市。"[1]《宋史·雷有终传》所载略同："（杨）怀忠旋军出北门，石普之众方至，夺均首驰归成都，枭于北市。"[2]

（5）新北市

《太平广记》引《录异记》曰："新北市是景云观旧基，有一巨石，大如柱础。人或坐之蹋之，逡巡如火烧。应心烦热，因便成疾，往往致死。"[3]《云笈七签》载："成都景云观，旧在新北市内，节度使崔公安潜置新市，迁于大西门之北，观有三将军堂。"[4]

（6）东市

《酉阳杂俎·金刚经鸠异》载："韦南康镇蜀，时有左营伍伯，于西山行营与同火卒学念《金刚经》……家在府东市，妻儿初疑其鬼，具陈来由。"[5]《野人闲话》载："击竹子，不言姓名，亦不知何许人，年可三十余，在成都酒肆中以手持二竹节相击……一旦，自诣东市，买生药黄氏子家。"[6]

（7）大东市

《茅亭客话》载："伪蜀大东市有养病院，凡乞丐贫病者，皆得居之。"[7]

上述市场，以南市、西市、北市、东市的设置时间最早，可追溯至唐代中期或更早，新南市为韦皋镇蜀间（785—805）置于万里桥南，约在子城外的郫江南岸，新北市置于崔安潜镇蜀间（878—880），彼时罗城已筑，故当在罗城北门一带，后来王均遭枭首之处即在此。至于大东市的记载，反映的是前后蜀时期的情况，或在罗城东北的大东门附近。

1　李焘：《续资治通鉴长编》卷四十七，上海师范大学古籍整理研究所、华东师范大学古籍整理研究所点校，第1027–1028页。

2　脱脱等：《宋史》卷二百七十八《雷有终传》，第9455页。

3　李昉等编《太平广记》卷三百九十八，第3194页。

4　张君房纂辑《云笈七签》卷一百二十二，蒋力生等校注，第769页。

5　段成式：《酉阳杂俎》续集卷七，曹中孚校点，第168页。

6　耿焕：《野人闲话》，陈尚君辑校，载傅璇琮、徐海荣、徐吉军主编《五代史书汇编》，第5996页。

7　黄休复：《茅亭客话》卷三，李梦生校点，第110页。

二、考古视野下成都里坊的基本形态

表 10-2　成都城内有方位可考之里坊一览表

城圈	方位				
	城东	城南	城西	城北	不确定
子城	七星坊	锦官坊		文翁坊 碧鸡坊	龟城坊 锦城坊
	灵关坊 果园坊 万秀坊		龙池坊 净德坊		开阳坊 花林坊 清贤坊
罗城	富春坊		锦浦里（坊） 金容坊 小蛮坊	金马坊	
			武担坊 石镜坊		

　　从前文梳理情况看，子城的里坊相对分布密集（见表 10-2），至少容纳了文翁、碧鸡、灵关、龟城、龙池、锦城、锦官、开阳、花林、净德、清贤、果园、万秀、七星 14 个，考虑到子城周回仅八里（一说十里），其内还需要安置规模庞大的宫室、衙署机构和摩诃池池苑，所以这些坊的占地面积可能都很小，难以等同于标准里坊的概念。过去有学者曾提出，里坊是以户口控制为目的而编组的基层行政单元，因此在有子城、罗城两重城郭的城市里，一般只在罗城内分置里坊，子城内并不区划里坊[1]。然而从成都城的情况看，这一看法至少并不全面。一般而言，子城是军政机构的集中地，普通百姓不得居住其内，如唐罗隐《杭州罗城记》云："余始以郡之子城，岁月滋久，基址老烂，狭而且卑，每至点阅士马，不足回转，遂与诸郡聚议，崇建雉堞，夹以南北，矗然而峙，帑藏得以牢固，军士得以帐幕。"[2]《宋会要辑稿》又载景德元年（1004），"（朝廷）

　　1　鲁西奇：《唐代地方城市中的里坊制及其形态》，载《人群·聚落·地域社会：中古南方史地初探》，第 127 页。

　　2　罗隐：《杭州罗城记》，载董诰等编《全唐文》卷八百九十五，第 4144 页。

修筑蒲阴城为祁州……欲广蒲阴县城西、北面各三里，以旧城墙为子城，其旧城百姓并令于新城及草市内分布居止"[1]。成都子城的里坊，多达官显贵寓其内，充分显示了这一区域在城市居住空间中的特殊地位[2]。相对而言，罗城属唐末以后新扩建的城区，里坊的数量和空间面积理应超过子城，但大多名称失载或缺乏方位信息，难以一一考证、标定。

在所有构建标准里坊的设施中，坊墙是一大关键要素。但从现有的考古资料看，全国范围内数量众多的唐五代城址中，仅在长安、洛阳、渤海上京等极少数都城遗址发现过坊墙痕迹，虽保存较差，但仍具备一定的参考价值。如洛阳城明教坊的西、北两面均保存有一部分坊墙（图10-30），墙体为泥土夯筑，其中北墙残宽1.4米，西墙宽约2米；从政坊发现有东、南、北三面的夯土坊墙各一段，其中东墙宽1.5~1.8米，南墙宽1.6米，北墙宽2米；宁人（仁）坊的坊墙也系泥土夯筑，夯层中无包含物，表面不见夯窝。墙体仅存基槽，其中南墙宽1.3~1.45米，西墙宽1.3~1.6米[3]。长安城的里坊以皇城南面四列（三十六坊）及东西两市左右的四坊保存较好，范围清楚，如金光门南侧之群贤、怀德二坊的坊墙大部分尚有墙基，皇城南之长兴坊的南墙及西墙亦保存了一部分墙基，墙基的宽度大致相同，约2.5~3米。各坊的围墙都临近各街的沟边，大都距离沟边2米多，有的距离更近些，如怀德坊的墙基距街侧沟边仅1.5米[4]。渤海上京城第1号街的东坊墙基址底部开挖有宽1.65米、深0.25~0.3米的基槽，墙体剖面近梯形，残高0.9~1.1米、底宽2.35米，主体用土垒筑，两侧垫护坡，墙根底部再放置玄武岩石块进一步加固；西坊墙基址的墙体无存，底部基槽宽约2.3米、深约0.6米[5]。据此得知，唐五代时期坊墙的基本面貌是：墙体为普通的泥土夯筑，外

---

1 徐松：《宋会要辑稿·方域八》，刘琳、刁忠民、舒大刚、尹波等校点，第9433页。

2 除上述里坊例证外，《分门古今类事》引《成都集记》云："徐延琼，伪蜀王衍之舅，于兴义门造宅，宅内有二十余院，皆雕檐峻宇，高台深池，奇花异木，丛桂小山，山川珍物，无不毕集"，按兴义门即子城西门，徐延琼为后主王衍之舅，兼中书令，封赵国公，食邑五千户，其宅第位于子城西门一带，亦可证子城住宅区的特殊地位。参见佚名：《新编分门古今类事》卷十四，中华书局，1985，第168页。

3 中国社会科学院考古研究所：《隋唐洛阳城：1959~2001年考古发掘报告》，第84~87页。

4 中国科学院考古研究所西安唐城发掘队：《唐代长安城考古纪略》，《考古》1963年第11期。

5 黑龙江省文物考古研究所：《渤海上京城第1号街考古钻探与发掘简报》，《北方文物》2015年第1期。

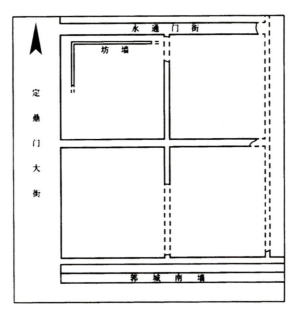

图 10-30　隋唐洛阳郭城明教坊坊墙位置示意图
（采自中国社会科学院考古研究所：《隋唐洛阳城：1959~2001 年考古发掘报告》，
第 85 页，图 2-50）

表未包砌砖石，底部开挖有基槽，宽度通常不超过 3 米。

　　与长安、洛阳、渤海上京这类预先经过周密规划而新建的都城不同，成都属于古今重叠型的地方城市，唐末以前的城区（子城）基本延续了秦汉六朝大城的平面布局，直到高骈任节度使期间才加以扩筑，并且与其他南方地区相似，城区的布局和规划还往往要受到地形地貌、河流走势等诸多因素的限制，因此很难形成与长安、洛阳一样预先统一划定、整齐规范的坊。关于这一点，卢海鸣先生对六朝建康里坊的研究很有借鉴和启示意义，他认为流经建康城区的秦淮河南北皆有闾里存在，虽经专门规划，又设有专职官员管理，但由于受到主观条件和客观条件的制约，仍不免与市场混杂，了无章法。各里坊内涵不一，面积各异，分布范围广，布局自由散漫[1]。从郭湖生、郭黎安等学者复原的六朝建康城平面图（图 10-31）看，

　　1　卢海鸣：《六朝建康里坊制度辨析》，《南京社会科学》1994 年第 6 期。

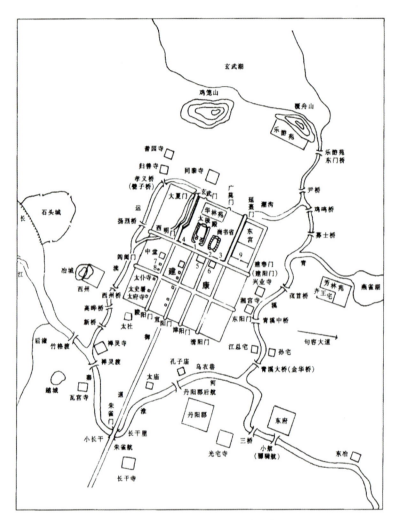

图 10-31　郭湖生复原之六朝建康城图

（采自《文物》1999 年第 5 期，第 67 页，图一）

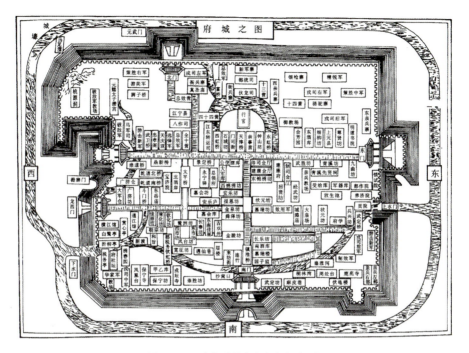

图 10-32　南宋《景定建康志府城图》
（采自周应合：《景定建康志》，第 72 页）

以乌衣巷、长干里为代表的民居里坊皆散布于秦淮河南北两岸[1]。

　　与此同时，不少学者都质疑地方城市的里坊是否为封闭的方正形态，如成一农先生主张唐代地方城市中的坊应当与宋代地方城市中的坊类似，坊的概念有时直接等同于街巷，属于线性单元，关于这种坊的形态，从南宋《景定建康志府城图》《平江府图碑》《淳熙严州图经·建德府内外城图》中可以得到清晰的反映（图 10-32、图 10-33、图 10-34），"在这种情况下……只需在坊（街道）的两端筑门即可……其坊墙可能就是居民住宅的墙，只需要求居民住宅将门开在坊内就可以形成封闭的'坊'……由于这种坊墙形式简单，可能就是居民住宅的墙，因此就不会存在单独的地基；同时坊门结构简单，有的可能也是篱笆，其

　　1　郭湖生：《台城辩》，《文物》1999 年第 5 期；郭黎安：《六朝建康》，香港天马图书有限公司，2002。

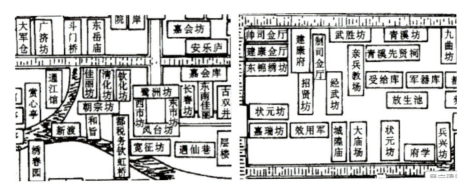

图 10-33 南宋《景定建康志府城图》局部放大
（采自周应合：《景定建康志》，第 72 页）

逐渐消失或者拆除，并不需要太多的工程，也不会引起太多的注意，在文献中缺乏记载也是可以理解的"[1]。鲁西奇先生认为唐代前中期，绝大部分的州县治所城内主要为官署、军营等军政设施所占据，只有少量居民，这些城市或沿用旧城垣，或根本没有城郭，使得它们既无充分必要，也不太可能在未经总体规划、全面改造的情况下，在城内设置坊墙，形成封闭式的里坊布局[2]。齐东方先生也指出，两京以外的地方城市可能绝少有坊墙，宋元方志在记载大规模城市拆除改造时，几乎没有提及坊墙[3]。我们以唐代扬州城的考古发现为例，扬州罗城是以纵横街道来划分里坊的，而坊外未发现墙垣[4]。又《唐律疏议·卫禁》载："诸州及镇、戍之所，各自有城。若越城及武库垣者，各合徒一年。越县城，杖九十。纵无城垣，篱栅亦是……越官府廨垣及坊市垣篱者，杖七十。侵坏者，亦如之。"[5]可见在唐代地方城市中，不一定存在坊墙，即使有，也不见得是土垣

1　成一农：《走出坊市制研究的误区》，载荣新江主编《唐研究》（第十二卷），北京大学出版社，2006，第 314–317 页；成一农：《古代城市形态研究方法新探》，第 88 页。

2　鲁西奇：《唐代地方城市中的里坊制及其形态》，载《人群·聚落·地域社会：中古南方史地初探》，第 124–125 页。

3　齐东方：《魏晋隋唐城市里坊制度——考古学的印证》，载荣新江主编《唐研究》（第九卷），北京大学出版社，2003，第 72 页。

4　中国社会科学院考古研究所、南京博物院、扬州市文物考古研究所：《扬州城——1987~1998 年考古发掘报告》，第 260 页。

5　长孙无忌等：《唐律疏议》卷八，刘俊文点校，中华书局，1983，第 170 页。

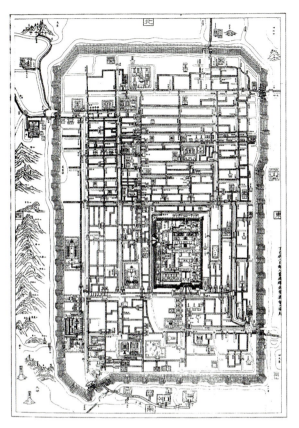

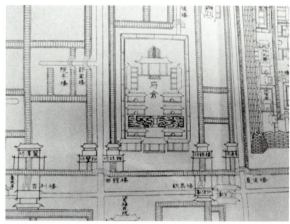

图 10-34　南宋《平江府图碑》及局部放大
（采自钱经纬：《苏州旧影·老地图·平江图》）

或砖墙，可能就是简易的栅栏或篱笆。此外，唐末扩筑成都罗城正值封闭式里坊衰落瓦解的阶段，这一因素也可能直接导致新扩建的城区虽有比较清晰的大小十字街等里坊格局，但却没有构筑如隋唐长安城、洛阳城一样的坊墙等闭合设施。

总结前面的分析，同时参考第七章第一节中城内民居坊市遗址的考古发现，我们大致能够将唐宋时期成都城的里坊刻画成这样的面貌：

1. "里"的概念有两种情况：其一等同于"坊"，即里、坊并用，如灵关里（坊）、锦浦里（坊），此种现象在唐代其他城市亦不鲜见，如东都洛阳之思顺里（坊）、履信里（坊）、乐城里（坊）、建春里（坊）等[1]；其二隶属于"坊"，以净德坊龙池里为代表，或可理解为坊内所辖的不同社区，唐代长安城个别人口较多的坊，除了总的设坊正一人，坊正之下还设有十多个或几十个里正[2]，当即同一现象。

2. 子城内的里坊因毗邻衙署和宫苑，大多属于高等级社区，但面积各异且都比较狭小，或仅等同于后世的街巷或胡同（图10-35）[3]。

3. 由于罗城属新扩建区域，这一带里坊的数量和空间面积理应超过子城，虽然并非完全规整的四面平直见方，但在个别里坊内存在比较清晰的大小十字街格局（如罗城东北部）。

4. 坊与坊之间不存在传统意义上的封闭式坊墙，通常以纵横街道来区分边界，坊之出入口或有坊门、牌楼等标志性设施。

5. 各坊设有坊正，坊内居住密度大，有住宅、商业、官府、宗教场所交相混杂的现象（如富春坊、开阳坊、小蛮坊等）。

1 陈久垣：《唐东都洛阳城坊里之考证——从唐代墓志看东都坊里名称及数目》，载中国考古学会编辑《中国考古学会第五次年会论文集1985》，文物出版社，1988，第118页。

2 杨宽：《中国古代都城制度史研究》，上海古籍出版社，1993，第221页。

3 成都城内里坊多为线性单元，还可以从文献记载中找到线索。如《鉴诫录·瑞应谶》言："王蜀后主元舅徐太师延琼，于锦水应圣桥西创置大第，状若宫室，横亘数坊"，按唐末五代成都全城周回仅25里，若比照长安、洛阳之标准形态来划分城内里坊，则"横亘数坊"的徐延琼宅第所占城区面积势必过重，显然是不合常理的。参见何光远《鉴诫录》卷一，刘石校点，载傅璇琮、徐海荣、徐吉军主编《五代史书汇编》，第5869页。

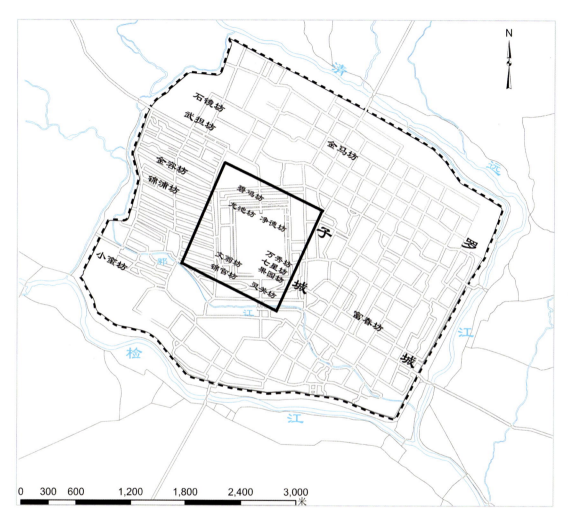

图 10-35　成都城内部分里坊方位推测示意图
（以民国二十二年成都街市图为底本绘制）

城市遗址内的镇宅现象及有关问题

川渝地区唐宋遗址的部分房屋建筑下，以往曾发现有一些埋藏陶瓷器或钱币的做法，研究者通常将其跟窖藏、奠基行为挂钩，或笼统以祭祀坑定义之。本节以考古发现为基础，结合相关文献记载，试对它们的具体年代、功能、性质、流行背景及与敦煌的联系等问题进行考察。

一、发现情况

这类遗迹目前在成都、邛崃、蒲江、大邑、江油、石棉和重庆云阳一带都有发现，以成都市区最为集中。

1. 成都正科甲巷遗址 [1]

位于成都市正科甲巷西侧的第一人民医院旧址，2014—2015 年开展考古发掘，揭露面积约 800 平方米，为一处唐宋时期的坊市民居遗址。其中部分房屋建筑的垫土下都有开挖土坑后埋设瓷罐、碗、盏、壶的做法：房屋 F5 的天井北侧有一圆坑，斜壁平底，口径 0.66 米、深 0.72 米，坑内放置 1 件瓷六系罐，罐口覆盖青砖（图 10-36）；房屋 F7 的南墙柱础石下有一圆坑，斜壁圜底，口径 0.26 米、深 0.3 米，坑内放置 1 件瓷四系罐；房屋 F9 内现存大小不等的 3 个坑，编号 K1—K3，K1 平面近椭圆形，长 1.38 米、宽 1 米左右，坑内放置 5 件瓷盘口罐，罐口都倒扣有瓷碗，K2 和 K3 平面近圆形，口径 0.46~0.54 米，坑内亦放置盘口罐（图 10-37）；房屋 F11 的中部有一圆坑，直壁平底，口径 0.25 米、深 0.28 米，坑内放置 1 件瓷四系罐，罐口倒扣瓷碗（图 10-38）。此外，在房屋 F10 的垫土下也清理发现有瓷双系小罐、注壶。这些罐内大多有填土，有的还放有零星的"开元通宝"钱币。

2. 成都城守东大街遗址 [2]

位于成都市城守东大街北侧、红星路三段西侧，西北距正科甲巷遗址仅 200

---

1 成都市文物考古工作队：《成都市 2014 年田野考古工作纪要》，《成都文物》2015 年第 1 期。

2 发掘资料现存成都文物考古研究院。

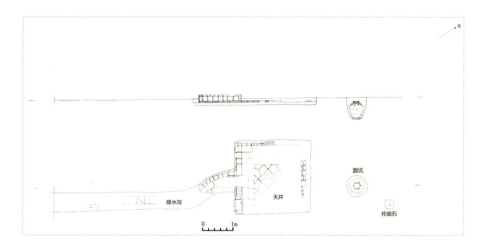

图 10-36　成都正科甲巷 F5
（资料现存成都文物考古研究院）

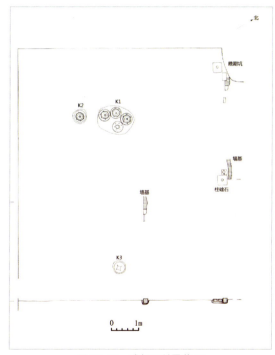

图 10-37　成都正科甲巷 F9
（资料现存成都文物考古研究院）

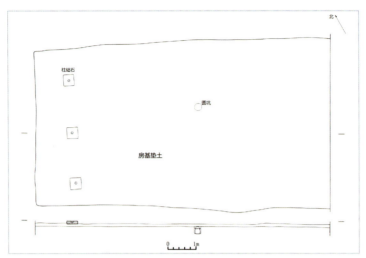

图 10-38　成都正科甲巷 F11
（资料现存成都文物考古研究院）

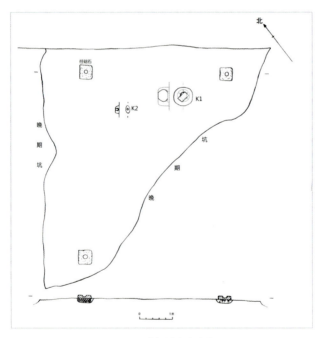

图 10-39　成都城守东大街 F6
（资料现存成都文物考古研究院）

米，2018年开展考古发掘，揭露面积约1000平方米，为一处唐宋时期的坊市民居遗址。房屋F6垫土下开挖一椭圆形坑，斜壁平底，长0.23米、深0.12米，坑内埋藏1件瓷双系罐，罐内放置1件小型瓷坐兽，罐口覆盖青砖（图10-39）。

3. 成都西御河沿街遗址 [1]

位于成都旧城中部的西御河沿街北侧，东邻人民中路，北靠羊市街，2019—2020年开展考古发掘，揭露面积约6600平方米，清理了隋唐至宋元时期的街道、沟渠、房址、水池、水井、台基、灰坑等大批城市生活遗迹。房屋F12垫土开挖2个椭圆形坑，编号K1和K2，斜壁平底，长0.55米、深0.15—0.23米，坑内各埋藏1件瓷四系罐，其中K1的罐口倒扣数层瓷碗，碗与碗之间放置铁块，铁块锈蚀严重，形制难辨（图10-40、图10-41）。

4. 成都杜甫草堂博物馆遗址 [2]

位于成都市青华路杜甫草堂博物馆北门附近，2002年开展考古发掘，揭露面积约1000平方米，为一处主体年代为唐五代的生活遗址。在第Ⅱ发掘区共发现5个窖坑，编号K1—K5。K1叠压于第2层下，打破第3层下开口的房屋F4，平面呈圆形，口径0.75米、深0.5米，坑内放置1件陶缸，缸口略微冒出坑口，缸口径0.54米，口部用几块青砖覆盖，缸内填土为深褐色，土质湿润松软，含烧土颗粒和草木灰，缸底见有2枚"开元通宝"钱币；K2叠压于第2层下，打破第3层下开口的房屋F5，平面呈圆形，口径0.65米、深0.4米，坑内放置1件陶缸，缸口略微冒出坑口，缸口径0.55米，口部未见覆盖物，缸内填土为黄褐色，清理出1件残碗和少许瓷片，缸底部出土2枚钱币，钱文不清；K3叠压于第3层下开口的房屋F8的垫土下，平面呈圆形，口径0.46米、深0.35米，坑内放置1件陶盆，盆口径0.41米、底径0.3米、高0.19米，盆倒扣另一件大小相同的陶盆，盆内填土为黑褐色，湿润松软，含烧土颗粒和草木灰，盆底出土2枚"开元通宝"钱币；K4叠压于第3层下开口的房屋F5的垫土下，平面呈圆形，坑口径0.75米、深0.67米，坑内放置1件陶缸（图10-42），

1　发掘资料现存成都文物考古研究院。

2　成都市文物考古研究所、成都杜甫草堂博物馆：《成都杜甫草堂唐—宋遗址发掘报告》，载成都文物考古研究所编著《成都考古发现》（2002），第226页。

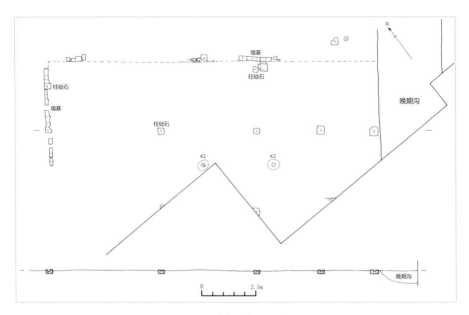

图 10-40　成都西御河沿街 F12

（资料现存成都文物考古研究院）

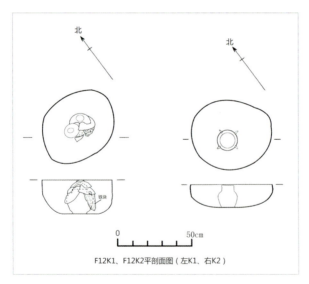

F12K1、F12K2平剖面图（左K1、右K2）

图 10-41　成都西御河沿街 F12　K1、K2

（资料现存成都文物考古研究院）

缸口略低于坑口，缸口径 0.39 米、高 0.55 米，口部用青砖覆盖，缸内填土为褐色，湿润带黏性，含烧土颗粒、瓷片、砖块和骨头，缸底部出土 2 枚钱币，钱文不清；K5 叠压于第 3 层下，平面呈圆形，口径 0.5 米、残深 0.22 米，坑内放置 1 件陶缸，缸口残损，其内填土为褐色，土质湿润含草木灰。

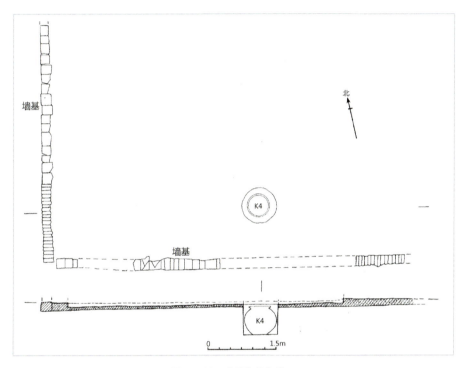

图 10-42　成都杜甫草堂 F5
（采自《成都考古发现》（2002），第 221 页，图九）

5. 大邑石虎村遗址 [1]

位于大邑县新场镇石虎村，2009 年开展考古发掘，揭露面积约 110 平方米，为一处主体年代从唐代晚期延续至南宋的生活遗址，其性质可能与《元丰九域

1　成都文物考古研究所、大邑县文物管理所：《四川大邑县新场石虎村唐宋遗址试掘简报》，载成都文物考古研究所编著《成都考古发现》（2009），第 425 页。

志》等文献所载的"思安寨"有关。发掘区南部出土一坑状遗迹,编号 H5,平面近圆形,口径 0.9 米、深 0.45 米,坑底放置 1 件铁锅,内填土,上部倒扣 1 件瓷盆。

6. 蒲江残城址遗址 [1]

位于蒲江县西来镇白马村,2010 年开展考古发掘,揭露面积 200 平方米,为一处唐代至南宋的城市聚落遗址,性质可能与《元和郡县志》《太平寰宇记》等记载的"临溪县"治所有关。发掘区内仅清理房屋建筑 1 座,编号 F1,在 F1 的门道处出土 1 件瓷坐兽,形体小巧,高 7.3 厘米,装于小罐中,罐口覆盖 1 件倒扣的瓷碗(图 10-43)。

7. 邛崃十方堂窑址 [2]

位于邛崃市临邛镇十方堂村,1984—1989 年对五号窑包开展了考古发掘,揭露面积近 3000 平方米,清理大量唐五代建筑群和窑炉遗迹,其中在房屋建筑 F1、F2、F3 之间的区域发现 2 个坑状遗迹,编号 JC1、JC2;F3 西墙散水下发现 1 个坑状遗迹,编号 JC3;排水沟 G9 南侧发现 1 处坑状遗迹,编号 JC4。各坑内分别放置大小不等的青瓷罐,罐内盛装钱币,并用黄黏土密封,以 JC4 的体量最大,出土钱币最多。JC1、JC4 共计出土钱币 3968 枚,均为铜钱,包括秦半两、西汉半两、西汉五铢、东汉五铢、剪轮五铢、王莽货泉、北周布泉、西魏小五铢、开元通宝、乾元重宝等,以开元通宝的占比最大。

8. 江油小溪坝阴平遗址 [3]

位于江油市小溪坝镇阴平村,2001 年开展考古发掘,揭露面积约 250 平方米,为一处主体年代从唐代晚期至南宋的城市聚落遗址,推测为阴平郡(县)治所的组成部分。发掘区内的房屋建筑 F2 下叠压一坑状遗迹,编号 H6,平面近椭圆形,长 1.16 米、宽 0.94 米、深 0.76 米,坑壁和坑底用黄黏土涂抹加工,坑内放置 1 件带流陶缸,周围用较纯净的黄黏土填实。

1　成都文物考古研究所、蒲江县文物管理所:《四川蒲江"残城址"2010 年度发掘简报》,载成都文物考古研究所编著《成都考古发现》(2010),第 400 页。
2　黄晓枫:《邛崃十方堂窑遗址五号窑包的建筑、窑炉遗迹》,《江汉考古》2012 年第 4 期。
3　四川省文物考古研究所、江油市文物管理所:《江油小溪坝阴平遗址发掘报告》,《四川文物》2004 年增刊。

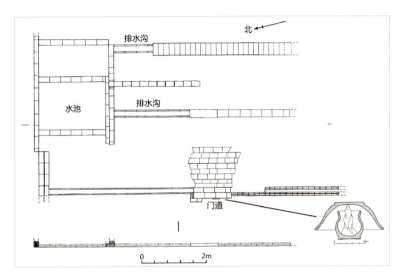

图 10-43　蒲江残城址 F1

（采自《成都考古发现》（2010），第 400 页，图五）

9. 石棉三星遗址[1]

位于石棉县丰乐乡三星村的大渡河北岸台地，2006 年开展考古发掘，揭露面积约 350 平方米，清理了宋代石构房屋建筑 1 座，编号 F4，房屋内分布有 2 个坑状遗迹，编号 K1、K2（图 10-44）。K1 位于 F4 西墙下，平面呈长方形，长 1.1 米、宽 0.4 米、深 0.2 米，填土为灰黑色，土质疏松，含有草木灰和红烧土，出土钱币 1 枚，钱文不可辨；K2 位于 F4 中东部，平面呈长方形，长 1.2 米、宽 0.35 米、深 0.2 米，填土为灰黑色，土质疏松，含有草木灰和红烧土，出土"太平通宝"钱币 2 枚。

1　四川省文物考古研究院、雅安市文物管理所、石棉县文物管理所：《四川石棉三星遗址宋代遗存发掘简报》，《四川文物》2010 年第 2 期。

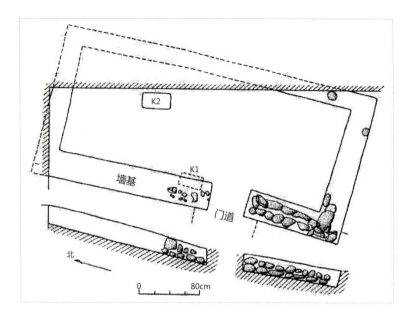

图 10-44　石棉三星遗址 K1、K2
（采自《四川文物》2010 年第 2 期，第 20 页，图三、图四）

10. 云阳明月坝遗址 [1]

位于重庆市云阳县高阳镇走马村，2000—2003 年开展考古发掘，揭露面积
27000 平方米，清理出寺庙、衙署、民居、道路、墓葬等遗迹，主体年代从唐末
五代至北宋初，编号 01F13 的建筑基址现存台基、磉墩、踏道、散水等部分，
在踏跺石下埋藏有碗、盘相扣的邢窑白瓷器。

根据埋藏方式的差异，可将上述遗迹归纳作三类：

A 类：一般开挖有圆坑，坑内放置瓷质、陶质或铁质的罐、缸、锅等容器，
以瓷罐最常见，内部见有泥土、钱币、骨头、铁块、坐龙等，口部覆盖或密封，
主要分布于成都及周边的大邑、邛崃、蒲江等地。

B 类：开挖方坑，坑内填土，夹杂零星钱币，目前仅见石棉三星遗址。

1　四川大学历史文化学院考古学系、重庆市云阳县文物管理所：《重庆市云阳县明月坝唐宋寺庙遗址发掘简报》，《文物》2006 年第 1 期。

C 类：未开挖明显的坑，瓷器直接埋藏于房屋的门道下，见于蒲江残城址和云阳明月坝遗址。

二、年代讨论

由于出土遗迹皆未见直接的纪年材料，我们主要依据瓷器和钱币对其年代问题进行考察。A 类遗迹方面，正科甲巷 F5 的瓷六系罐颈部短斜，饰数周凸棱，系部呈双股耳状，与成都洪河大道南延线 M10[1] 出土的瓷罐相仿，墓葬年代为五代至北宋早期。正科甲巷 F7 的瓷四系罐（F7：5）与成都西窑村后蜀广政年（938—965）墓[2]、永陵公园后蜀广政二十六年（963）墓[3] 出土的瓷四系罐相同；正科甲巷 F10、城守东大街 F6 的瓷双系小罐（F10：4、F6：1）与四川彭山后蜀广政十八年（955）宋琳墓[4] 出土的瓷双系小罐接近。正科甲巷 F10 的瓷注壶（F10：2）则与成都指挥街遗址灰坑 H4[5] 出土的瓷注壶相同，H4 叠压于第 4B 层下，该层出土的钱币最晚为唐武宗会昌年间（841—846）铸造的"开元通宝"，则灰坑的形成年代上限不会早过公元 841 年。正科甲巷 F11 的瓷四系罐（F11：5）与成都海滨村后蜀广政十九年（956）墓[6] 出土的瓷双系罐形态接近，瓷碗（F11：4）则与成都十陵镇前蜀乾德五年（923）王宗侃墓[7] 出土的瓷碗相同。城守东大街 F6 的瓷坐兽（F6：2）与广汉烟堆子 M3[8] 出土的镇墓兽相同，该墓随葬的最晚钱币为前蜀乾德元年（919）铸造的乾德元宝，故墓葬年代为五代。杜甫草堂 K1—K4 未发表器物线图，但发掘者认为 K3、K4"应与第 3 层下的 F8、F5 同时，从 K3 陶盆的器形特点观察与成都青羊宫隋唐窑址出土的

1　成都市文物考古研究所、龙泉驿区文物保管所：《成都市龙泉驿区洪河大道南延线唐宋墓葬发掘简报》，载成都文物考古研究所编著《成都考古发现》（2001），第 170 页。

2　成都市文物考古研究所：《成都西郊西窑村唐宋墓葬发掘简报》，《东南文化》2003 年第 7 期。

3　成都文物考古研究所：《2008 年度永陵公园古遗址发掘简报》，载《成都考古发现》（2008），第 398 页。

4　四川省博物馆文物工作队：《四川彭山后蜀宋琳墓清理简报》，《考古通讯》1958 年第 5 期。

5　成都市博物馆、四川大学博物馆：《成都指挥街唐宋遗址发掘报告》，载四川大学博物馆、中国古代铜鼓研究学会编《南方民族考古》（第二辑），第 248 页。

6　成都文物考古研究院：《四川成都海滨村五代后蜀墓发掘简报》，《文物》2019 年第 7 期。

7　成都文物考古研究所、龙泉驿区文物保护管理所：《成都市龙泉驿五代前蜀王宗侃夫妇墓》，《考古》2011 年第 6 期。

8　四川省文物考古研究院、德阳市文物考古研究所、广汉市文管所：《2004 年广汉烟堆子遗址晚唐、五代墓地发掘简报》，《四川文物》2005 年第 3 期。

II 式陶盆相近，其时代应为唐代后期"[1]。大邑石虎村 H5 出土的瓷盆及内壁所饰卷草纹，分别与成都琉璃厂窑址第一期遗存（五代至北宋早期）中的 H 型、I 型青釉瓷盆相似[2]。邛崃十方堂五号窑包 JC1—JC4 都叠压于第 3 层下，故就层位关系而言，它们的埋藏时间可能相距不久，第 3 层的共存遗物包括 6 件带纪年题记的印模，分别为"乾德二年"（920）、"乾德六年"（924）、"明德三年"（936）、"广政元年"（938）、"广政四年"（941）和"广政十一年"（948）[3]，均属于前后蜀时期。此外，JC1—JC4 内出土钱币占比最多的开元通宝早晚混杂，品种丰富，最晚为会昌开元，铸行于唐武宗会昌年间（841—846）。综合考虑，JC1 至 JC4 的埋藏时间应在唐末五代。B 类遗迹方面，石棉三星遗址 F4 的 K2 出土了 2 枚太平通宝，铸行于宋太宗太平兴国年间（976—984），年代属于北宋早期。C 类遗迹方面，蒲江残城址遗址 F1 根据发掘者判断，"叠压于第 3 层下，打破第 4 层，而第 3 层时代为南宋，第 4 层时代为北宋至南宋初，所以 F1 的时代不会晚于南宋、早于北宋"，罐内出土的小型坐兽与蒲江杨柳村北宋治平四年（1067）墓[4]随葬小罐内的辟邪几乎一致，因此 F1 的年代可进一步精确到北宋中期左右。云阳明月坝 01F13 出土的白瓷花口碗、盘分别与河北曲阳涧磁村五代墓[5]、辽宁阜新海力板辽代早期墓[6]出土的定窑白瓷碗、盘相同，年代相当于 10 世纪上半叶。

总体来看，A 类遗迹的出现时间最早，上限可至唐代晚期，集中盛行于唐末五代；C 类遗迹的出现略晚于 A 类，为五代至北宋中期；B 类遗迹的出现时间最晚，为北宋早期。

---

1 成都市文物考古研究所、成都杜甫草堂博物馆：《成都杜甫草堂唐—宋遗址发掘报告》，载成都文物考古研究所编著《成都考古发现》（2002），第 263 页。

2 成都文物考古研究院：《成都琉璃厂窑址：2018~2019 年考古发掘报告》，文物出版社，2021，第 76 页。

3 陈显双、尚崇伟：《邛窑古陶瓷简论——考古发掘简报》，载耿宝昌主编《邛窑古陶瓷研究》，中国科学技术大学出版社，2002，第 135—221 页。

4 成都文物考古研究院、蒲江县文物管理所：《四川蒲江县杨柳村宋墓发掘简报》，《四川文物》2019 年第 5 期。

5 河北省文化局文物工作队：《河北曲阳涧磁村发掘的唐宋墓葬》，《考古》1965 年第 10 期。

6 辽宁省文物考古研究所：《阜新海力板辽墓》，《辽海文物学刊》1991 年第 1 期。

三、功能与性质

关于它们的功能与性质，过去一般认为跟窖藏、奠基行为有关，或笼统以祭祀坑定义之，但笔者认为镇宅的可能性更加值得重视。古代民众的住宅，在居住过程中难免遇到各种祸患或不尽如人意之事，因"宅者人之本，人以宅为家，居若安即家代昌吉，若不安即门族衰微"[1]，故而催生出了镇宅禳灾的技术与方法，人们相信镇宅术有若药品医治病痛一样有效。这部分内容在唐宋时期的敦煌文书中多有保存，在许多写卷中有所记载，至少包括 P.2615a、P.2964、P.3281vb、P.3594、P.4522v、P.4667va、S.4534v 等，有的书写了标题，如《凡四邻造作及自家泥垒犯触转为福法》（P.2964）、《用石镇宅法》（P.3594）、《推镇宅法第十》（P.4522v）、《镇宅法第六》（P.4667va）、《石镇法第七》（P.4667va）、《治宅谢厌解法第八》（S.4534v）等，并且成书年代相对比较明确，如 P.2615a "应抄写于天复四年或八年之间的张氏归义军初期，是当时州学或州阴阳学教学的遗物"[2]，P.3281vb "当抄于咸通八年之后的晚唐时期"[3]，P.4667va "应抄在咸通六年前后"[4]，P.3594 "内有从开元十二年甲子入下元语，则应为晚唐著作"[5]，P.4522v "大致为晚唐之抄本"[6]，S.4534v "为敦煌陷蕃（781—848）间所录"[7]。在这些文书的记载中，运用于镇宅术的镇宅物种类繁多，除四角神、四面墙神、四大天王等守护神外，还有石、土、泥、桃板、炭、铁、钱、瓦器、雄黄、水银、农作物、丝织物、獐子、角、牛羊骨、秽物（蚕沙）、符、铁女、虎头等灵物和辅助物。其中，涉及土、泥的见于 P.3281vb："凡人家长欲得举无恶相梦，取子午卯酉中变取土一升，令埋宅东、西下，大吉利，急急如律令"[8]。涉及钱

1　《黄帝宅经》卷上，载上海书店出版社编《道藏》第 4 册，文物出版社，1988，第 979 页。

2　陈于柱：《敦煌写本宅经校录研究》，第 49 页。

3　郑炳林：《敦煌写本解梦书校录研究》，民族出版社，2005，第 223 页。

4　金身佳：《敦煌写本宅经葬书研究》，甘肃文化出版社，2021，第 15 页。

5　敦煌研究院编《敦煌遗书总目索引新编》，中华书局，2000，第 288 页。

6　陈于柱：《敦煌写本宅经校录研究》，第 62 页。

7　关长龙：《敦煌本堪舆文书研究》，中华书局，2013，第 396 页。

8　同上书，第 346 页。

币的见于三处，P.4522v 云："又法：取赤石一玫（枚），长五寸，钱五文，阳宅埋丑地，阴宅埋未□，必迁官"[1]；P.4667va 云："炭铁各二两，钱七文，七宝各一事，已上物中庭镇之"，并强调"以瓦器盛之"[2]；S.4534v1 + S.9434v + S.4534v2 云："凡人初造基，欲得钱廿五入著铜器中，向酉地请令贤精灵著庭中，安瓦盛之，埋深三尺，家富，千年无贫，大吉"[3]。涉及牛羊骨的见于 P.4667va："獐角一具，鹿肝少多，牛骨一具，羊骨、角一具，鹿鼻一，已上物各分半，镇四角"[4]。涉及铁的除了在 P.4667va 谈到，还有 P.4522v 针对"宅舍寅卯地有直街巷及开门冲者"，推荐的镇宅方法为："铁女七人，各长七寸，白石七两，虎头一具，用砖屋成之，用庚日埋于寅卯间，入土七尺，大吉"[5]，所谓"铁女"可能是用铁制作的人偶模型。此外，《太平广记》引唐代张读《宣室志》载："（长安）新昌里尚书温造宅，桑道茂尝居之。庭有二柏树甚高，桑生曰：'夫人之所居，古木蕃茂者，皆宜去之，且木盛则土衰，是居人有病者，乃土衰之致也'。于是以铁数十钧，镇于柏树下，既而告人曰：'后有居，发吾所镇之地者，其家长当死'。唐大和九年，温造居其宅，因修建堂宇，遂发地，得桑生所镇之铁。后数日，造果卒。"[6] 说明在古人心目中，铁确实具有镇压土衰的功能。

这几类用于献祭场合的镇宅物在川渝地区都有对应的发现，其中成都正科甲巷、杜甫草堂的罐、缸内填充有较多泥土，个别还夹杂了骨头残渣，这些罐、缸的口部往往都有青砖覆盖或碗、盆等倒扣，可以排除是经年累月水土冲刷沉积的淤土，故应当是人为有意填充的；成都西御河沿街所见的铁块安放在碗与碗之间，显然也是有意为之；成都正科甲巷、杜甫草堂、邛崃十方堂、石棉三星等地的罐、缸或坑内都有埋藏钱币的做法，通常为零星的一至两枚，但也有数量多达三四千枚的，《旧唐书·李义府传》记高宗朝阴阳占候人杜元纪为权

1　关长龙：《敦煌本堪舆文书研究》，第 207 页。

2　同上书，第 340 页。

3　同上书，第 400 页。

4　同上书，第 339 页。

5　同上书，第 207 页。

6　李昉等编《太平广记》卷一百四十四，第 1035 页。

臣李义府望气，"云所居宅有狱气，发积钱二千万乃可厌胜，义府信之，聚敛更急切"[1]，可作一旁证。需要特别关注的是，成都城守东大街、蒲江残城址瓷罐内放置的小型坐兽，在敦煌宅经类文书中同样有所提及，如前引P.2615a专设有"推宅内土公、伏龙、飞廉、地囊日法"条，其"伏龙法"云："正月、二月、八月在灶，四月、五月在大门，六月、七月在墙离（篱），九月在房，十月在台，十一、十二月在堂。又一法：伏龙年年之中移经八处，每正月一日庭中起，周而复始。伏龙正月移在中庭，去堂六尺，六十日。三月一日移在堂门内，一百日。六月十一日移在东垣，六十日。八月十一日移在四（西）隅，一百日。十一月廿一日移在灶内，卅日，周还。正月一日在堂（庭）也。"[2]S.2404《后唐同光二年甲申（924）具注历日并序》云："凡宅内伏龙游法：正月一日在中庭，去堂六尺，六十日；三月一日移在堂门内，一百日；六月十一日移在东垣，六十日；八月十一日移在西隅，一百日；十一月廿一日移在灶内，卅日。"[3]S.0612《宋太平兴国三年戊寅岁（978）应天具注历日》又云："宅龙：正月、二、三、八月在灶，四月、五月在大门，六月、七月在墙，九月在房，十月在室，十一月、十二月在堂。"[4]此外，P.3594亦载"推伏龙法"，文字表述大同小异，尤为关键的是，在"推伏龙法"四字下还绘有一条龙，龙头正视前方，龙身作蹲坐状（图10-45）[5]，尾部上翘，通体形象与城守东大街出土的坐兽十分接近，后者的真实属性据此可订正为"伏龙"，结合成都洪河大道南延线M12（图10-47）[6]、广汉烟堆子M3（图10-48）[7]、新津老君山M1

1　刘昫等：《旧唐书》卷八十二，第2765页。

2　关长龙：《敦煌本堪舆文书研究》，第306页。

3　邓文宽：《敦煌天文历法文献辑校》，江苏古籍出版社，1996，第376页。

4　同上书，第519页。

5　P.3602vc的"宅内伏龙法"条下亦绘有一条龙，体态特征与P.3594相近，但为四肢站立状，参见关长龙：《敦煌本堪舆文书研究》，第380页。

6　成都市文物考古研究所、龙泉驿区文物保管所：《成都市龙泉驿区洪河大道南延线唐宋墓葬发掘简报》，载成都文物考古研究所编著《成都考古发现》（2001），第174页。

7　四川省文物考古研究院、德阳市文物考古研究所、广汉市文管所：《2004年广汉烟堆子遗址晚唐、五代墓地发掘简报》，《四川文物》2005年第3期。

图 10-45　P.3594 "推伏龙法" 描绘的伏龙形象
（采自关长龙：《敦煌本堪舆文书研究》，第 380 页）

图 10-46　P.3602vc "宅内伏龙法" 描绘的伏龙形象
（采自关长龙：《敦煌本堪舆文书研究》，第 380 页）

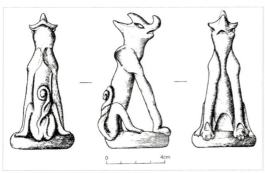

图 10-47　成都洪河大道南延线 M12 出土的瓷坐兽
（采自《成都考古发现》（2001），第 174 页，
图一〇）

图 10-48　广汉烟堆子 M3 出土的
瓷坐兽

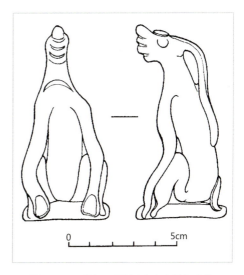

图 10-49　新津老君山 M1 出土的铜坐兽
（采自《成都文物》2010 年第 3 期，
第 13 页，图五）

图 10-50　蒲江五显坡 M1 出土的瓷坐兽
（采自《成都考古发现》（2010），第 542 页，
图一八，1）

（图10-49）[1]、蒲江五显坡M1（图10-50）[2]等一批唐末五代墓出土的同类坐兽，可知这一信仰还曾渗透到了丧葬活动中[3]。伏龙是中国古代修造禁忌中的传统神煞，每年定期在宅院各处行走和潜伏，每处的停留时间从四十日至百日不等，"伏龙所在之处，不可动土穿地，若犯者，则伤家长"[4]，"犯之灭门，慎之"[5]，因而推算当日伏龙所在的"推伏龙法"亦是镇宅术中的重要内容。

　　陈于柱先生指出，镇宅禳灾是道教实践中习惯施展的法术之一，敦煌文书"镇宅术"与道教法术在某些技术细节上是互通共享的，如被道家认为可以通神、通灵的各种矿物质（水银、雄黄、丹砂、曾青等），就经常被镇宅术所利用（如P.4522v《推镇宅法第十》）；道教咒语中最常见的语言，在格套上一般是首呼神将名，中间嘱神将施行内容，最后以"如律令"来催召，而敦煌文书的很多"镇宅术"咒语同样是以"急急如律令"来结尾的[6]。此外，P.2615a和P.3358还绘有镇宅符，前者附文字解说："凡人家宅不安，朱书此符，皆长一尺二寸，以一丈竿子头县（悬）之庭中，皆令大吉，急急如律令"[7]；后者名《护宅神历卷》，在镇宅四角符处附文字解说："病患，此神符镇四角，除云（去）百鬼，万恶逍（消）除"[8]，这些无疑都是明确的道教文化产物。川渝地区是道教的发祥地，自东汉以来长盛不衰，该地区发现的这批镇宅遗迹虽未直接透露道教因素，但文献史料中却不乏唐末五代蜀地流行道教镇宅术的线索。如杜光庭《嘉州王仆射五符镇宅词》云："其或葺修之地，土木兴功，暗犯神灵，明干禁忌，皆凭秘篆，以镇方隅。臣顷以所居，须资揆构，臣功既毕，辄备焚修。启黄箓之坛

<hr>

1　新津县文物管理所：《新津美好老君山185住宅基建工地唐末五代时期砖室墓发掘简报》，《成都文物》2010年第3期。

2　成都文物考古研究所、蒲江县文物管理所：《蒲江县鹤山镇五显坡五代、宋墓发掘简报》，载成都文物考古研究所编著《成都考古发现》（2010），第542页。

3　1995年在敦煌佛爷庙湾发掘了编号M121的一座盛唐时期墓葬，在墓室及甬道的铺地砖上模印有蹲坐状的"伏龙"形象，可知这一信仰也延伸到了该地区的丧葬活动中。参见甘肃省博物馆：《敦煌佛爷庙湾唐代模印砖墓》，《文物》2002年第1期。

4　邓文宽：《敦煌天文历法文献辑校》，第519页。

5　关长龙：《敦煌本堪舆文书研究》，第369页。

6　陈于柱：《敦煌写本宅经校录研究》，第226-227页。

7　关长龙：《敦煌本堪舆文书研究》，第303页。

8　金身佳：《敦煌写本宅经葬书研究》，第297页。

场，广申忏拔；展五符之醮酌，遍用镇安。"[1] 又《汉州王宗夔尚书安宅醮词》云：
"圬墁云毕，土木告周。窃虑畚锸所兴，或违禁忌，功用之际，或犯神灵，乖五
姓之宜，亏二宅之要。或侵伤地脉，或穿凿冈原，或污渎吉神，或镇压凶位，因
成灾咎，曾未忏陈……辟斥凶恶，安复龙神，谢过延恩，祛灾请福。"[2] 余欣先
生认为文中所言的"龙神"即指宅神伏龙，而非四象中的青龙[3]。杜氏是唐末五
代著名的道士和道教学者，早在青年时代即追随僖宗皇帝入蜀，后又受到前蜀两
代君主的赏识，奉为帝佐国师，一生中更是有三分之二的时光都在蜀地度过，致
力于道教神话、理论、方术、斋醮科仪的研究，《全唐文》收录其与镇宅术相关
的文本尚有《胡贤常侍安宅醮词》《黔南李令公安宅醮词》《军容安宅醮词》等，
或许都是他在蜀中行迹的反映。此外，《旧五代史》引《柳氏家训·序》言："中
和三年癸卯夏，銮舆在蜀之三年也。余为中书舍人，旬休，阅书于重城之东南，
其书多阴阳杂记、占梦相宅、九宫五纬之流"[4]，同样证明晚唐时期的成都流行
相宅类的占卜活动。

四、流行背景

无论从某些实施方式还是流行时间看，川渝地区考古所见的镇宅遗迹都能够
与敦煌文书记载的镇宅术相对应，这一现象绝非巧合。事实上，唐末五代宋初的
蜀地与敦煌之间存在着十分密切的交往：敦煌文书 P.3718《张清通写真赞并序》
清晰地记录了唐末中和年间（881—885），地处河西走廊边缘的敦煌归义军使
人在关中地区因黄巢之乱社会动荡的情形下，历经艰难险阻到达西川，朝见当时
避难于成都的僖宗皇帝，完成使命后返回[5]。有学者考证使团回程的具体路线是
从成都府北出至剑门关，途经兴元府，沿着当时从兴元府前往关中地区最主要的
通道"褒城—散关"栈道到达宝鸡、凤翔，然后经由连接关中与河陇的交通线，

1　杜光庭：《嘉州王仆射五符镇宅词》，载董诰等编《全唐文》卷九百四十二，第 4342 页。

2　杜光庭：《汉州王宗夔尚书安宅醮词》，载董诰等编《全唐文》卷九百四十，第 4337 页。

3　余欣：《神道人心：唐宋之际敦煌民生宗教社会史研究》，中华书局，2006，第 204 页。此外，成都市
光华路小学前蜀永平六年（916）墓出土生坟券载："大蜀国成都县西市北团女弟子阿住置造寿堂……左青龙，
右白虎，前朱雀，后玄武，及五方龙神"，这里的龙神也有可能是指宅神伏龙，出土资料参见张勋燎、白彬：《中
国道教考古》，第 1404 页。

4　薛居正等：《旧五代史》卷四十三，第 587 页。

5　郑炳林：《敦煌碑铭赞辑释》，甘肃教育出版社，1992，第 441–442 页。

取道陇关、萧关折向西北到达河西走廊最东端的凉州，最终平安抵达敦煌[1]。S.2589《肃州防戍都状》记录了中和四年（884）某月，敦煌归义军派出的使人宋输略等一众沿着河西走廊东行，经凉州进入关中，再翻越秦岭蜀道至成都府朝见僖宗，返回途中因遇藩镇交恶、党项劫掠，不得不绕道秦州、河州等地，翻越祁连山辗转返回凉州和敦煌[2]。天祐二年（905），归义军节度使张承奉不尊唐朝正朔，自称白衣天子，建号"西汉金山国"，还在蜀地招募人才，P.2864 有诗云："楼成白壁耸仪形，蜀地求才赞圣明。自从汤（唐）帝升霞（遐）后，白雀无因宿帝庭。"[3] 有意思的是，张承奉的"西汉金山国"带有鲜明的五行谶纬色彩（按照五行理论，西方属金，色尚白），显是道教一路。这反映出张承奉很可能并不信奉佛教，而是在敦煌统治阶层属于异类的道教徒，但至于他在蜀地招募的人才里面是否包含道家方士，并不得而知。北宋景德四年（1007），归义军节度使曹宗寿派遣使团入贡宋廷，并请求赐予金字经一藏，宋真宗"诏益州写金银字经一藏赐之"[4]，似能想见，由雕版印刷业发达的益州所写印的这部大藏经，大概率是归义军派专人至益州再迎奉回敦煌的。

　　除官方人士外，我们同样能找到许多商贸旅客、僧侣信众的踪影，如巴中南龛 4 号龛龛外左侧下方有题记一则："凉商冯明正重彩"；南龛第 16 号龛右侧壁题："凉商童□装彩"；南龛第 17 号龛外龛右侧壁题："凉商周邦秀装修"。这里的"凉商"应是泛指来自河西地区的商人，自然包括了敦煌商人，他们装彩的造像多属盛唐时期，可估算其重装时间大约在唐代中晚期[5]。P.2292《维摩诘讲经文》的卷首为《正月某日普贤院主比丘靖通起居状》，卷尾跋文："广政十年八月九日，在西川静真禅院写此第廿卷文书……不知如何到乡地去"及"年四十八岁，于州中应明寺开讲，极是湿热"，龙晦先生认为它显然是在后蜀西川

　　1　王使臻：《晚唐五代宋初川陕甘之间的交通与文化交流——以敦煌文献为主的考察》，《成都大学学报（社会科学版）》2014 年第 4 期。

　　2　荣新江：《归义军史——研究唐宋时代敦煌历史考索》，上海古籍出版社，2015，第 303-304 页。

　　3　龙晦：《敦煌与五代两蜀文化》，载《龙晦文集》，巴蜀书社，2009，第 373 页。

　　4　徐松：《宋会要辑稿·藩夷五》，刘琳、刁忠民、舒大刚、尹波等校点，第 9836 页。

　　5　姚崇新：《试论广元、巴中两地石窟造像的关系——兼论巴中与敦煌之间的古代交通》，《四川文物》2004 年第 4 期。

静真禅院抄写后流传到敦煌去的，并从训诂、音韵及蜀中民俗、文学多个角度论证，指出《维摩诘讲经文》的创作者可能是当时的四川人[1]。写作年代约在曹氏归义军时期（五代宋初）的敦煌插图本《佛说十王经》，有的卷首题"成都府大圣慈寺沙门藏川述"，被认为是传自成都的伪经[2]。此外，中国国家图书馆藏敦煌文献1192《维摩诘经卷中》题记："大周广顺八年岁次七月十一日，西川善兴大寺西院法主"，表明此卷佛经本属西川僧人，约在958年经由蜀道传入敦煌。国图0670《大菩萨藏经卷第三》所列参与译经工作的僧人中，则有来自"简州福众寺"的沙门靖迈[3]。与此同时，蜀地与敦煌之间的宗教文化交流也反映在两地的部分造像特征和题材上，以毗沙门天王为例，姚崇新先生基于毗沙门天王与西北地区的特殊因缘，结合唐代巴中与河西之间的交往线索，推测巴中石窟毗沙门天王造像的粉本可能就源自敦煌[4]；霍巍先生也注意到中唐以降直至北宋初年，益州一带的寺院、石窟、壁画出现了大量单体的毗沙门天王像，从中可以观察到西域风格和敦煌样式两方面的影响与融合[5]。

蜀地与敦煌之间的联系，值得一提的还有民间印刷品的传播，最著名的首推敦煌藏经洞出土的《剑南西川成都府樊赏家历》（翟目8100）[6]，该历日已残，现存高26厘米、宽8厘米，卷首墨书"如有人要借用请知送回"等文字，第二行雕印"剑南西川成都府樊赏家历"，第三行雕印"中和二年具注历日凡三百八十四日太岁壬寅"，第四行雕印"推男儿九曜星图"，下横排"行年"二字；另一件《乾符四年丁酉岁具注历日》（翟目8099），是敦煌出土字数最多、内容最丰富的历日，宿白先生认为可能也是成都的印本[7]。此外，敦煌还出有十多卷据"西川印出本"（P.2094）、"西川真印本"（S.5450）、"西川过家

1　龙晦：《敦煌与五代两蜀文化》，载《龙晦文集》，第375-378页。

2　杜斗成：《敦煌本<佛说十王经>校录研究》，甘肃教育出版社，1989，第146-147页。

3　李军、赵青山：《<唐五代佛寺辑考>续补——以敦煌吐鲁番文献为中心》，《西北大学学报（哲学社会科学版）》第40卷第4期。

4　姚崇新：《试论广元、巴中两地石窟造像的关系——兼论巴中与敦煌之间的古代交通》，《四川文物》2004年第4期。

5　霍巍：《从于阗到益州：唐宋时期毗沙门天王图像的流变》，《中国藏学》2016年第1期。

6　宿白：《唐宋时期的雕版印刷》，文物出版社，1999，第123页。

7　同上书，第3页。

真印本"（北京图书馆有字 9 号，S.5446、5451、5534、5544、5669、5965、6726，P.2876、3398、3493）传抄的《金刚经》，抄写时间从唐末天复二年（902）至五代后晋天福八年（943）[1]。

以上不厌其烦地罗列只为说明，唐末五代宋初的蜀地与敦煌之间不仅有官方接触、商贸往来和技术传布，更有频繁的宗教和文化交流，流行于两地的镇宅术或许正是这一背景下的产物。

1　宿白：《唐宋时期的雕版印刷》，第3–4页。

第三节

佛寺遗存

唐代净众寺的地理方位与空间布局

　　净众寺为唐代益州名寺，并且在唐代禅宗史上占据着十分重要的地位，是净众保唐禅派的发源地。从唐代四川州府高僧驻锡的统计数据看，来自净众寺的就有无相、神会、辩贞、僧绒、归信等人，超过福感、圣寿、大慈等传统名寺，居成都全府之首[1]。

　　因其久负盛名，颇得官宦权贵阶层的青睐：天宝初年，剑南节度使章仇兼琼请无相"开禅法，居净众寺，化导众生"[2]；后任节度使韦皋晚年"归心南宗禅道，学心法净众寺神会禅师"[3]，神会即无相弟子，史载韦皋"最归心于会。及卒，哀咽追仰……为立碑，自撰文并书，禅宗荣之"[4]，对神会尊崇备至。甚至还曾有吐蕃、天竺等地僧人专程至成都，学心法于净众寺无相和神会禅师[5]。唐武宗会昌（841—846）灭法，毁天下佛寺，净众寺虽未能幸免[6]，但很快得以恢复，节度使杜悰"起净众等寺门屋"[7]，1951年出土的尊胜陀罗尼经幢刻记"大

1　郑涛：《唐宋四川佛教地理研究》，博士学位论文，西南大学，2013，第148-151页。

2　佚名：《历代法宝记》，载大藏经刊行会编《大正新修大藏经》第五十一册，第179页。

3　赞宁：《宋高僧传》卷十九，范祥雍点校，第481页。

4　同上书，第210页。

5　霍巍：《藏东吐蕃摩崖造像与唐蕃交流视野下的剑南益州》，《藏学学刊》2017年第1期；曹学佺：《蜀中广记》卷八十二，第361页。

6　赞宁：《宋高僧传》卷十九，范祥雍点校，第488页。

7　黄休复：《益州名画录》卷上，秦岭云点校，第5页。

图 10-51　净众寺唐大中元年尊胜
陀罗尼经幢拓片
（采自刘志远、刘廷壁：《成都万
佛寺石刻艺术》，第 2 页）

唐大中元年……于净众寺再建立尊胜幢一所"等文字（图 10-51）[1]，皆可补证这段历史。此寺于大中年间（847—860）再度兴旺的场景，尚可从《太平广记》所载成都人李琚率百余家于寺内造西方功德的故事中得到反映[2]。僖宗乾符五年（878），有惠廉禅师再次重修寺院[3]。至前后蜀，寺内不仅增绘图画，更有赵廷隐等官宦权贵创置禅院[4]，香火达鼎盛之势。除寺产厚实外，净众寺风景之幽奇亦享誉成都，尤以"松溪"[5]为冠，其殿堂幽深，林木蓊郁，深受文人

1　刘志远、刘廷壁：《成都万佛寺石刻艺术》，第 1 页。

2　李昉等编《太平广记》卷一百八，第 730 页。

3　佚名：《宝刻类编》卷四，第 209 页。

4　黄休复：《益州名画录》卷下，秦岭云点校，第 54 页。

5　如郑谷《西蜀净众寺松溪八韵兼寄小笔崔处士》《忍公小轩》及李洞《宿成都松溪院》等诗文均有提及，参见彭定求等编《全唐诗》卷六百七十五、卷七百二十三，第 7724、7732、8298 页。

士大夫钟爱。

关于净众寺的地理方位，过去大多数研究者的意见比较接近，如《成都城坊古迹考》一书认为是在金仙桥（清光绪时名金花桥[1]或金丝桥）北向里许，民国三十六年（1947）于其地建成都理学院，1950 年后合并入四川大学，原校舍划归成都铁路局[2]；张子开先生认为是在金仙桥左侧、马家花园路和通锦路之间[3]；袁庭栋先生的《成都街巷志》一书也认为是在通锦桥路以西、马家花园路以北的通锦路一带[4]。大体而言，即是在今饮马河以北、桃花江以东、府河（郫江）以西的区域。与上述几种说法有所偏差，《四川出土南朝佛教造像》一书则考证："对照清光绪五年的成都地图，万佛寺（即净众寺）位于西门外金花桥之西北……所谓金花桥，与今五丁桥位置大致相合。因此，今五丁桥之西北方向，白马寺街与一环路北二段交叉路口北侧（即白马寺街口对面，一环路外侧）当为万佛寺（即净众寺）遗址之位置"[5]，换言之即是寺院的位置在府河（郫江）东岸一带。然而，此说与净众寺园林遗址发现于府河（郫江）西岸通锦路一带的实际情况明显不符，试想一座完整寺院及其附属设施被当时水面尚显宽阔、水流湍急的府河（郫江）一分为二，交通来往不便，无疑有悖常理。因此，传统说法认为唐代净众寺位于今成都城区西北方向的通锦路一带，与考古发现所提供的证据更为贴合。此外，严耕望先生早年提出唐代净众寺"在城西笮桥门之西"[6]，笮桥门即唐末高骈所筑罗城之西南门，20 世纪 90 年代初对其唐代晚期至北宋初年的门址开展过考古发掘[7]，具体方位在今锦里西路与锦官桥滨河路交叉路口东侧，此观点与其余诸说及考古证据均相去甚远，恐不足信。

1　清代成都有一南一北两座金花桥，南金花桥位于城西南的西校场与柿子巷之间，北金花桥位于城西北清远门外，与万佛寺邻近。此处所指当为北金花桥。

2　四川省文史研究馆：《成都城坊古迹考》（修订版），第 235 页。

3　张子开：《唐代成都府净众寺历史沿革考》，载四川大学中文系《新国学》编辑委员会编《新国学》（第一卷），第 309 页。

4　袁庭栋：《成都街巷志》，第 210 页。

5　四川博物院、成都文物考古研究所、四川大学博物馆：《四川出土南朝佛教造像》，第 5 页。

6　严耕望：《唐五代时期之成都》，载《严耕望史学论文集》，第 769 页。

7　成都市博物馆考古队：《成都罗城1、2号门址发掘简报》，载四川大学博物馆、中国古代铜鼓研究学会编《南方民族考古》（第三辑），第369–377页。

因年代久远，加之考古工作的严重滞后，致使长期以来无法获知净众寺的空间布局与建筑物配置信息，只是在浩瀚的史料文献中保留有只言片语的线索可寻。

先来看塔院的设置。无相生前尝指净众寺浮图前柏树言："此树与塔齐，寺当毁矣"，会昌寺废时"树正与塔齐"，后号东海大师塔[1]，唐末塔毁，"高节度骈取修罗城"[2]。除塔之外，寺内的主要建筑还有延寿禅院、七祖院、松溪院、传经院、杜惊祠等。还有学者根据《宋高僧传》中有关无相神力搬运大钟的传说，认为以净众寺为代表的成都某些寺院，可能存在影堂这类建筑[3]。众所周知，与隋代佛寺仍沿袭南北朝以佛塔为主要建置、塔多设在殿前[4]的传统布局不同，唐代以后的佛寺开始盛行以佛殿为主的多院落式布局，塔降为次要地位，多建于别院。初唐时期的高僧道宣曾批评隋寺"失度"，为"末法造寺"，主张应以天竺舍卫城祇洹精舍为佛寺的标准样式，从而于高宗乾封二年（667）推出《关中创立戒坛图经》（下称《戒坛图经》）1卷和《中天竺舍卫国祇洹寺图经》（下称《寺图经》）2卷，前者南宋绍兴年刻本的图样显示为一座横联四院式佛寺（图10-52），后者所述祇洹寺佛院外围为僧院，三方总计66个院落[5]。从汉地佛寺形制布局的演化进程看，多院式大型佛寺虽早在南北朝就已出现，但真正流行却是在唐代以后，不仅规模大增，其佛事功能、经济功能和社会服务功能也更趋丰富和细化。由以上推测，净众寺有可能属于佛塔与佛殿各处一院的多院式佛寺。这类佛寺的规模较大，通常由几个多进院落横联或并列组成，中轴线上仍安置佛殿，但佛塔却偏离旁侧，独处一院，典型寺例如隋唐长安城之大慈恩寺（塔在西院）、大荐福寺（塔在西南院）、静法寺（塔在西院）、兴唐寺（塔在东塔院）、宝应寺（塔在西塔院）等[6]。

1　赞宁：《宋高僧传》卷十九，范祥雍点校，第487-488页。

2　黄辉：《重修万佛寺碑记》，载冯任修、张世雍等纂《天启新修成都府志》卷五十三，第804页。

3　段玉明等：《成都佛教史》，成都市佛教协会编，第123页。

4　宿白：《隋代佛寺布局》，《考古与文物》1997年第2期。

5　龚国强：《隋唐长安城佛寺研究》，文物出版社，2006，第127-129页。

6　同上书，第121页。

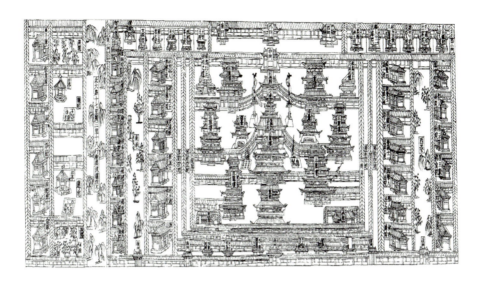

图 10-52　《戒坛图经》绘制的佛寺模式图
（采自傅熹年主编：《中国古代建筑史：第二卷　三国、两晋、南北朝、隋唐、五代建筑》，
第 506 页，图 3-7-2）

事实上，隋唐两宋时期成都周边的佛寺不乏此类多院式布局，如下同仁路遗址毗邻历史上的空慧寺（后改圣寿寺）、福感寺、金华寺、海安寺等多座城西名寺，在遗址内一座北宋水井里出土的注壶上书写有"塔主院"字样（图 10-53）[1]，显然为一处专门安置佛塔的院落；城南元和圣寿寺有三十院，具名者如大中祥符禅院、大悲院、经阁院、浴室院、维摩诘堂、玄女堂、青衣神庙等，殿宇多达"四百楹"[2]；城北昭觉寺素为前后蜀君王所礼重，殿宇"旧且百间，今广而增者三百"[3]；大圣慈寺为成都东门之盛，"总九十六院，接阁、殿、塔、

1　成都文物考古研究院：《成都下同仁路——佛教造像坑及城市生活遗址发掘报告》，文物出版社，2017，第 98 页。
2　吴师孟：《大中祥符禅院院记》，载袁说友等编《成都文类》卷三十八，赵晓兰整理，第748页。
3　李畋：《重修昭觉寺记》，载袁说友等编《成都文类》卷三十七，赵晓兰整理，第 722 页。

厅堂、房廊，无虑八千五百二十四间"[1]，可分作前寺、中寺东部、中寺西部、中寺中部、寺北部等数个区域[2]。此外，邛崃龙兴寺亦为川西佛寺的突出代表，发掘表明其主体建筑创于唐末五代，维修沿用至南宋，包括砖塔、罗汉殿、四合院及其他配套的生活用房、水井、排水沟、僧人葬地等设施（图10-54），其中罗汉殿和四合院基址宏大，构筑考究，尚且只是处在整个寺院的后部两侧，并不在中轴线，推测中轴线上的佛殿建筑更为密集[3]，故该寺极可能也是多院式布局。

这类大型佛寺还多建有高耸醒目的塔刹：郫县法定寺塔建于南北朝时，唐贞观（627—649）重修，景龙间（707—710）奉命加固，天宝间（742—756）再次维修，"十一其级，千楹万拱"[4]，至武宗灭佛被毁前，一直是寺院的标志性建筑[5]；空慧寺"仪凤二年建塔，立石柱二，度僧尝七百人"[6]；安福寺"唐大中间建塔，十有三级，李顺之乱毁于火"[7]；福感寺隋初起九级木浮图，"（益州）旱涝年官人祈雨必于此塔"[8]，传说福感寺塔高大且机关复杂，加之有神灵护佑，曾有盗铃小贼受困其中而不得脱[9]。《酉阳杂俎》又载西川节度使韦皋行军张芬，"曲艺过人……常于福感寺趯鞠，高及半塔"[10]。此外，2002年在杜甫草堂博物馆北大门东侧发掘出土了"益州正觉寺故大德行感禅师塔铭"碑，年代为唐垂拱三年（687）[11]，当为祖师塔或墓塔一类。显然，多院式大

1　李之纯：《大慈寺画记》，载袁说友等编《成都文类》卷四十五，赵晓兰整理，第867页。

2　关于大慈寺内各堂院的详细考证，可参见李思纯：《大慈寺考·九十六院》，载陈廷湘、李德琬主编《李思纯文集·未刊论著卷》，第655-670页。

3　成都文物考古研究所、邛崃市文物管理局：《四川邛崃龙兴寺2005~2006年考古发掘报告》，第312-319页。

4　闾丘均：《浮屠颂》，载袁说友等编《成都文类》卷四十八，赵晓兰整理，第942页。

5　段玉明等：《成都佛教史》，成都市佛教协会编，第119-120页。

6　曹学佺：《蜀中广记》卷一，第8页。

7　同上书，第8页。

8　道宣：《集神州三宝感通录》卷上，载大藏经刊行会编《大正新修大藏经》第五十二册，第408页。

9　同上。

10　段成式：《酉阳杂俎》前集卷五，曹中孚校点，第30页。

11　成都市文物考古研究所、成都杜甫草堂博物馆：《成都杜甫草堂唐—宋遗址发掘报告》，载成都文物考古研究所编著《成都考古发现》（2002），第253页。

图 10-53　下同仁路遗址出土北宋注壶
（采自成都文物考古研究院：《成都下同仁路——佛教造像坑及城市生活遗址发掘报告》，第98页，图一二六）

寺已近乎"佛城"，它们的布局规制，由《戒坛图经》等可见仿佛[1]。《戒坛图经》和《寺图经》虽都标榜书中所述为印度祇洹寺的原始形象，但若将其与目前所知魏晋南北朝至隋唐时期的城市平面，如曹魏邺城、北魏洛阳、隋唐长安等相比较，不难看出，它们实际上是脱胎于中国传统的城市规划布局[2]。从考古发现看，这类寺院的平面布局和配置除了向纵深发展，主流做法还是在中心院落的两侧作横向延伸，以长安城延康坊内的西明寺为例，寺建于高宗显庆元年（656），"面三百五十步，周围数里"[3]，1985年、1992年两次发掘揭露了该寺最东面的一组建筑基址，这组建筑自南到北排列，由回廊和廊房连接，构成三进相对独立的庭院，东西宽约70米（为该寺总宽度的七分之一），当为西明寺

1　张弓：《汉唐佛寺文化史》，中国社会科学出版社，1997，第169页。
2　傅熹年主编《中国古代建筑史：第二卷　三国、两晋、南北朝、隋唐、五代建筑》，第476页。
3　慧立、彦悰：《大慈恩寺三藏法师传》卷十，孙毓棠、谢方点校，中华书局，2000，第214页。

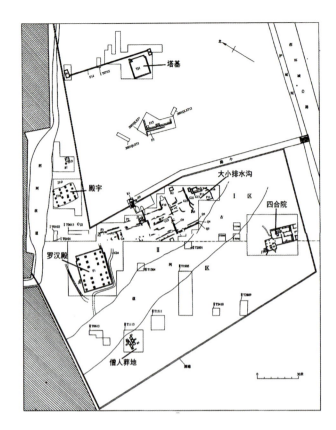

图 10-54 邛崃龙兴寺遗
址发掘区平面图
（采自成都文物考古研究
所、邛崃市文物管理局：
《四川邛崃龙兴寺 2005～
2006 年考古发掘报告》，
第 12 页，图七）

"十院"之一[1]。与隋唐长安城佛寺的地貌环境类似，成都城区地势开阔，如净
众寺、大圣慈寺、昭觉寺等又处在晚唐以来扩建的新兴城区或城郊平川地带，无
论纵深或横向均有较大的拓展空间。

再来看寺院安置的其他设施。无相曾言及（净众）寺山门前二小池，"左羹
右饭，斋施时少，则令淘浚之，果来供设"[2]，可知修造有较多池塘之类的蓄水设
施。这些池塘或可作放生之用，肃宗乾元二年（759），曾诏令天下寺院皆设放生

1　中国社会科学院考古研究所西安唐城工作队：《唐长安西明寺遗址发掘简报》，《考古》1990 年第 1 期；
安家瑶：《唐长安西明寺遗址的考古发现》，载荣新江主编《唐研究》（第六卷），北京大学出版社，2000，
第 337—352 页。
2　赞宁：《宋高僧传》卷十九，范祥雍点校，第 487—488 页。

池，另如长安城崇仁坊楚国寺"门内有放生池"[1]，开化坊大荐福寺"东院有放生池"，《鉴诫录》亦载唐五代成都大圣慈寺东北有放生池，"蜀人竞以三元日，多将鹅鸭放在池中"[2]。此外，最具神话色彩的莫过于巨型铜钟和无相塑像：铜钟一度因会昌法难而移入大圣慈寺，后来宣宗大中年间重建净众寺，需将巨钟迎还，"以其钟大隔江"，原计划要耗费两天的行程。第二天方欲为斋，辰时去迎取，巳时即至，"推挽之势，直若飞焉"，人们都为这种非人力所能办到的神速而惊奇不已。用无相舍利所塑的真形，这一天面部都汗流不止，无相的高足李僧"以巾旋拭，有染指者，其汗颇咸，乃知相之神力自曳钟也"[3]。《同治成都县志》"鼓楼大钟"条记此铜钟至清代仍见，雍正年间由四川提督岳钟琪移至城内鼓楼，以警火灾，"扣之，声闻数里。至乾隆十五年（1750），忽不鸣……遂委于地"[4]。

众所周知，钟是寺院不可缺少的物品，晨昏作息、讲经、饭僧、法事等均要打钟，故需作亭台或楼阁以悬钟。唐代佛寺建筑中通常设置有"左钟右藏"的组合形式，敦煌莫高窟盛唐第 217 窟、盛唐第 91 窟、中唐第 361 窟北壁、晚唐第 85 窟的壁画，于中央大殿的前方左右画有钟、经台（或亭），这种布局也见于前述道宣《戒坛图经》，为东钟西经的布局，《寺塔记》载长安城平康坊菩提寺亦提到："寺之制度，钟楼在东"[5]。西明寺遗址中殿的左右两侧各有一块长 10.5 米、宽 6.9 米的南伸部分（图 10-55），安家瑶先生依据日本奈良大安寺和兴福寺的建筑布局和形制（图 10-56），推测它们可能分别是钟楼和经楼的台基[6]。唐代净众寺内既然铸造有巨型铜钟，自当有相应规模的钟楼与之匹配，并且可能也遵循了"左钟右藏"的建筑制度，设置于中轴线主院落的两侧。附带一提，与钟楼所悬之铜钟有别，净众寺园林遗址的出土物中虽包含有多片青瓷钟的残件，但体型较小而易碎，或为寺内供奉的普通陈设品，其钟身剔刻双层方井纹（图

1　段成式：《寺塔记》卷下，秦岭云点校，人民美术出版社，1964，第 30 页。

2　何光远：《鉴诫录》卷十，刘石校点，载傅璇琮、徐海荣、徐吉军主编《五代史书汇编》，第 5949 页。

3　赞宁：《宋高僧传》卷十九，范祥雍点校，第 488 页。

4　李玉宣等修，衷兴鉴等纂《同治成都县志》，庄剑校点，载成都市地方志编纂委员会、四川大学历史地理研究会整理《成都旧志》第 11 册，第 85 页。

5　段成式：《寺塔记》卷下，秦岭云点校，第 16 页。

6　安家瑶：《唐长安西明寺遗址的考古发现》，载荣新江主编《唐研究》（第六卷），第 343 页。

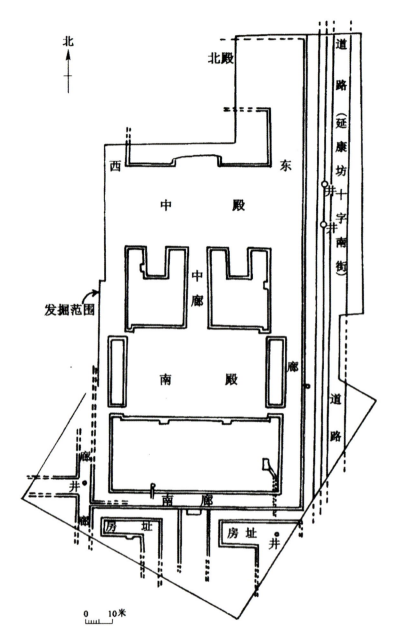

图 10-55　长安城西明寺遗址局部平面图

（采自龚国强：《隋唐长安城佛寺研究》，第 125 页，图二〇）

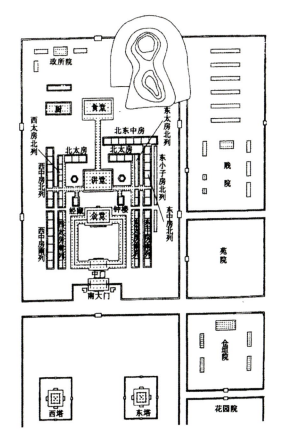

图 10-56　奈良大安寺局部建筑平
面分布图
（采自龚国强：《隋唐长安城佛寺
研究》，第 248 页，图六八）

10-57），与四川阆中唐长安四年（704）铜钟（图 10-58）[1]、重庆黔江唐天宝
年间铜钟[2]所饰图案一致，应属明确的唐代青瓷钟标本。

　　园林区是寺院的重要组成部分，与寺内其他院落和建筑物相融一体，使之具
备了高雅、圣洁的氛围，葱郁的园林风光也进一步衬托出佛门的静谧与神圣。然
而截至目前，国内经由发掘的唐代寺院园林遗址罕见，缺乏可资参考和对比的出
土材料，其在寺院中所处的具体方位和布局配置状况均不清晰。依《戒坛图经》

　　1　王积厚、张启明：《阆中铜钟》，《四川文物》1988 年第 3 期。
　　2　龚节流、陈世雄：《唐代铜钟》，《文物》1981 年第 9 期。

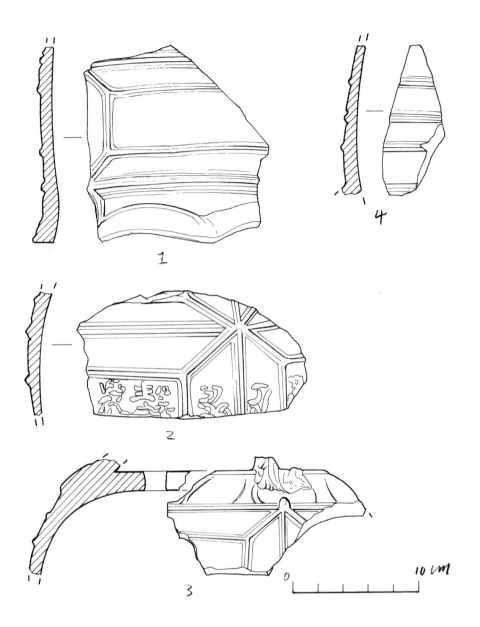

图 10-57　净众寺出土青瓷钟残片

（采自成都文物考古研究院：《成都通锦路唐净众寺园林遗址》，第 77 页，图七一）

所示，包括果园、井亭、莲池等要素在内的园林设施单元几乎被安置于整个寺院的最东侧，远离中轴线上的主殿；《寺塔记》所载之长安城靖善坊大兴善寺的园林建筑——曲池，"通泉，白莲藻自生"，则位于寺后[1]。从净众寺园林遗址的出土物种类构成看，陶瓷器占据绝对比重，而佛教造像不仅数量少，且体型偏小，同样说明该地点很可能偏离佛寺的中心院落或距主殿较远。另一方面，由于遗址本身属于平川式的寺院园林，不同于山野园林因地势落差而具备随物赋形的天然优势，故造景需加入较多的人为因素，如唐长安城长乐坊安国寺的园林建筑——山庭院，"古木崇阜，幽若山谷，当时辇土营之"[2]。像水

图 10-58　四川阆中唐长安四年（704）铜钟
（采自《四川文物》1988 年第 3 期，第 75 页）

流渠道一类景观，则需要人为构建曲线来实现对流动回旋、动静多变的情调追求，从而减弱审美视觉方面的呆板、单一之感。

　　还需留意到，遗址内出土的不少青瓷碗，内壁或内底用褐彩书写有文字符号，如"×""十""千""今""寺""故""王""化""年""大吉"等，带相同特征的瓷碗残片在邛崃龙兴寺遗址也屡有发现（图 10-59）[3]，或系唐代成都及周边寺院专门订烧、特别予以标记的一类生活用具。龙兴寺出土的碗内壁有褐书标记"厨院"者，可知其所属为寺院内提供后勤保障服务的僧厨院，是供僧众使用的餐饮器具。毋庸置疑，中国古代任何地方的佛教寺院都应当具备

1　段成式：《寺塔记》卷下，秦岭云点校，第 2 页。

2　同上书，第 7 页。

3　成都文物考古研究所、邛崃市文物管理局：《四川邛崃龙兴寺2005~2006年考古发掘报告》，第231-237页。

厨院，文献中又称香积厨、香厨或厨舍[1]，成都大圣慈寺之三学院原名即东厨[2]。净众寺园林遗址出土的陶瓷器中，大众化生活用具占绝对比重，尤以碗、盏的数量最为可观，不排除原来是供应寺内厨院的生活用具，后被当作废弃垃圾抛入附近之园林建筑区低洼水域。有意思的是，按照《戒坛图经》所展示的佛寺理想范式，以果园、井亭、莲池为代表的园林区东侧紧邻净厨、饭食库等设施，或可作为中土正统佛寺之内、园林与厨院位置相邻一旁证材料。

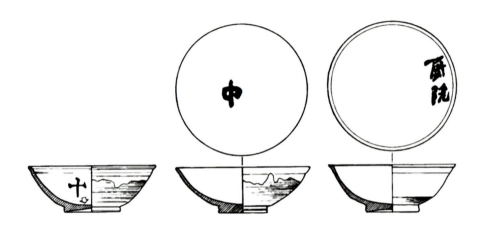

图 10-59　邛崃龙兴寺遗址出土唐代瓷碗
（采自成都文物考古研究所、邛崃市文物管理局：《四川邛崃龙兴寺
2005~2006 年考古发掘报告》，第 232 页，图一五七）

当然，要对净众寺范围开展系统的空间复原探索，仅仅依靠只言片语的文献记载和零星的发掘材料还具有很大的局限性。今后在周边区域的考古工作中，应当特别注意收集相关佛教遗存，梳理它们之间的共时关系，将其整合到一个大的时空框架下加以考量。

1　陈大为：《唐后期五代宋初敦煌僧寺研究》，上海古籍出版社，2014，第 164 页。
2　黄休复：《益州名画录》卷下，秦岭云点校，第 60 页。

成都城西佛教造像坑的性质、年代与成因

截至目前，成都旧城西部的商业街、实业街、宽巷子、下同仁路、西安路、净众寺（万佛寺）等地点都陆续发现过佛教造像坑，出土了大量南北朝至隋唐时期石刻造像、经版、碑刻等。长期以来，学界研究者的关注点多局限在造像本身，探讨其文化因素及反映的蜀地佛教发展史和艺术成就。本节转变角度，试以下同仁路 H3、H6 为考察重点，分析这批造像坑的性质、年代与形成原因。

一、造像坑的性质

除成都之外，全国其他地方亦发现了相当数量佛教造像的埋藏遗迹，就出土环境和掩埋状态而言，主要可分作以下三类：

1. 窖藏坑

这种形式较为普遍，主要特征是坑内遗物类别单一，几乎都为佛教造像，造像摆放有一定的规律性，排列整齐有序，显然经过了预先考虑，带有一定的宗教仪式性。如甘肃泾川大云寺博物馆东侧发掘的 1 号窖藏坑（图 10-60），

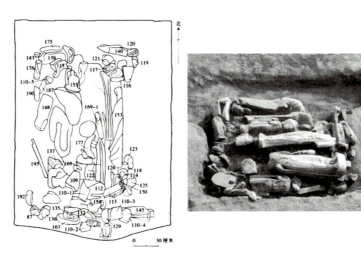

图 10-60　甘肃泾川大云寺 1 号窖藏坑
（采自《文物》2016 年第 4 期，第 55、56 页，图二、图三）

平面近长方形，南北长 2.4 米、东西宽 1.9 米、深 1.2 米，编号造像及残件 210 余件，年代从北魏延续至宋。共分作三层堆积，第 1 层因扰乱而详细状况不明，第 2 层、3 层分层排列，各层像用土间隔，体量较大的造像多面西背东侧立，体量较小的造像和残件多填塞在大像间或沿坑四周放置[1]。山东青州龙兴寺窖藏坑平面亦呈长方形，东西长 8.7 米、南北宽 6.8 米，坑壁垂直，坑底平整，并留有明显的工具挖掘、整修痕迹。窖藏坑内全部填埋佛教造像，总数 400 余件，年代从北魏历经东魏、北齐、隋唐而迄于宋。堆积大致分上、中、下三层，较完整的身躯放置于坑中部，各种头像存放于坑边缘，较残的造像上部用大块的造像碑覆盖，陶、铁、彩塑泥、木质造像置于坑底，有的造像顶部还发现有席纹，可能掩埋之前曾用苇席覆盖。在窖藏坑的偏东部有一条由南向北长 6.3 米、宽 0.9 米的斜坡，推测应是开挖坑体时所预留，或为运放造像之用[2]。山东诸城体育中心附近发现的北魏至北齐佛教造像，数量多，残破严重，皆出土于人为开挖的土坑中，躯体、头、足各部分多分坑掩埋，形体大小不等，大者和小者也分坑掩埋，同坑出土的残件，无可对接复原者。其中有一座长方形坑，南北长 4 米、东西宽 2.2 米、深约 1 米，造像残躯分上、下两层堆积，计 26 件，东西向排列，正面向上[3]。河北曲阳修德寺遗址发掘的甲号造像坑，平面为方形，南北长 2.5 米、东西宽 2.6 米，坑内出土北魏至唐代佛像 2000 余件，小像多位于上层，大像则位于下部，别无他物[4]。山西忻州忻府发现的造像坑，平面呈长方形，东西长 2.2 米、南北宽 1.2 米、深 0.85 米，坑内遗物以石刻佛教造像为主，堆积情况为中、下层放置佛像身躯肢体，上层堆放佛头、背屏头像，并且有意识地保护佛头面部的完整，明显是寺院被强制要求而不得已对佛像采取的毁坏和埋藏行为[5]。四川广元城关豫剧团工

1　甘肃省文物考古研究所、甘肃省泾川县博物馆：《甘肃泾川佛教遗址 2013 年发掘简报》，《文物》2016 年第 4 期。

2　山东省青州市博物馆：《青州龙兴寺佛教造像窖藏清理简报》，《文物》1998 年第 2 期。

3　杜在忠、韩岗：《山东诸城佛教石造像》，《考古学报》1994 年第 2 期。

4　李锡经：《河北曲阳县修德寺遗址发掘记》，《考古通讯》1955 年第 3 期。

5　山西省考古研究所、忻州市文物管理处、忻府区文物管理所：《山西忻州忻府佛教造像窖藏坑发掘简报》，《文物》2018 年第 12 期。

地发现的9件北魏至唐代佛教造像，早年均遭人为破坏，出土时整齐叠放于土坑内[1]。

2. 普通掩埋坑

这种形式的主要特征是造像堆放密集，总体呈无序状态，坑内还通常混杂有很多废弃的残破陶器、瓷器和砖瓦等。如河北临漳北吴庄佛教造像坑（2012JYNH1），地处东魏北齐邺南城的东外郭城区，平面呈不规则方形，边长3.3米、深1.5米。坑内出土大量北魏至唐代造像，经测量编号的共计2895件，其间未有明显分层或用土间隔（图10-61），故部分造像受挤压破损，填土内包含砖瓦碎块和陶片、瓷片等，其中陶片分泥质灰陶片和泥质红陶片，可辨器形有盆、瓮等，瓷片有青釉、黄釉、白釉等[2]。河北唐县寺城涧村发现的造像坑，长2.8米、宽2.5米、深距地表2.4米，坑内除石刻造像外，还出土有唐代瓦片，这些造像的头部被打掉，散乱堆放，无一定次序[3]。

3. 地宫

这种形式相对少见，造像的埋藏状态与窖藏坑大体接近。如山东临朐明道寺舍利塔，地宫内全部填埋佛教造像碎块（图10-62），年代从北朝至隋，总数达1200余块。摆放方式为最上层是中小型佛像的躯干、下肢、胸部、头等，中层和底层是较大的造像躯干、佛头、背屏式造像等，佛头一般面向下，围绕墙根一周平置[4]。安徽亳县咸平寺北宋八角砖塔，塔基之下有砖砌的长方形地宫，东西两壁作阶梯式向下收口，地宫上方由5块大造像碑分上、下两层规则地放在第四、五级砖阶上，充作地宫顶板，其上的封土内则较散乱地放置北齐武平造像碑及石佛、千佛柱、经幢等残损石刻[5]。四川彭州龙兴寺塔基地宫平面为

1　广元市文物管理所：《广元新发现的佛教造像》，《文物》1990年第6期。

2　中国社会科学院考古研究所、河北省文物研究所邺城考古队：《河北邺城遗址赵彭城北朝佛寺与北吴庄佛教造像埋藏坑》，《考古》2013年第7期。

3　河北省文物研究所：《唐县寺城涧村出土石刻造像》，《文物春秋》1990年第3期。

4　临朐县博物馆：《山东临朐明道寺舍利塔地宫佛教造像清理简报》，《文物》2002年第9期；临朐县文化广电新闻出版局：《临朐明道寺舍利塔地宫佛教石造像清理报告》，载山东省文物考古研究所编《海岱考古》（第九辑），科学出版社，2016，第281-334页。

5　韩自强：《安徽亳县咸平寺发现北齐石刻造像碑》，《文物》1980年第9期。

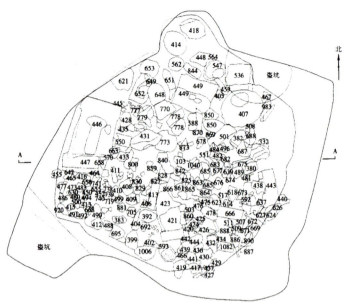

北

蜜坑

A————A

蜜坑

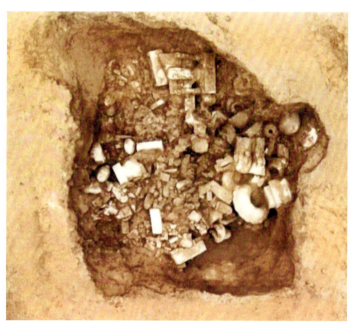

图 10-61　河北临漳北吴庄造像坑

（采自《考古》2013 年第 7 期，第 52、53 页，图四、图五）

砖砌正方形密室，长、宽各 2.6 米，深 2 米，室内堆放数十件南朝至唐代的残损石佛像[1]。

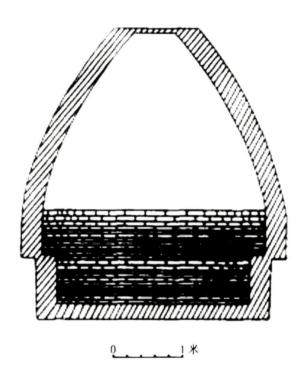

图 10-62　山东临朐明道寺舍利塔地宫剖面图
（采自《文物》2002 年第 9 期，第 65 页，图三）

　　成都城西的这批造像坑中，净众寺（万佛寺）和宽巷子两地多系建设施工或耕田种地所发现，具体掩埋状态和环境已无法得知。商业街的石造像出土在第 4 层和第 5 层之间，散乱于土中，发掘者认为不似窖藏[2]。西安路造像坑

————————————

1　彭州市博物馆、成都市文物考古研究所：《四川彭州龙兴寺出土石造像》，《文物》2003 年第 9 期。

1　张肖马、雷玉华：《成都市商业街南朝石刻造像》，《文物》2001 年第 10 期。

（95CXH1）平面近椭圆形，南北长 1.7 米、东西宽 1.3 米、深 0.65 米，坑内堆积分上、下两层，上层为灰黄色土夹大量的绳纹瓦块、陶片、陶井圈和莲花纹瓦当，下层出土南朝造像 9 件，填土内混杂有红陶俑残块和青釉瓷器残片等，发掘者推测其形成可能与北周武帝禁灭佛、道二教有关[1]；下同仁路和实业街福感寺遗址所见的造像坑，坑体平面及壁、底均不规整，深度较浅，填土松软无法受力承重，周边亦未见夯土面或砖石砌筑的建筑基址环绕，故地宫的性质可以首先排除。其次，坑内堆积没有明显的层次划分，绝大多数造像横倒侧卧，出土位置凌乱无序，表面无任何覆盖保护措施，且往往有明显的破损或残断痕迹，与之共存的还见有大量破碎的生活日用陶器、瓷器和瓦当等建筑构件，可见窖藏坑的可能性也不存在。因此，它们的性质都只能归入普通掩埋坑的范畴。

二、造像坑的形成年代

商业街和西安路两地与造像共存的其他遗物报道甚为简略，其中商业街的第 4 层包含有明代流行的花卉纹瓦当，结合造像本身的纪年文字，只能判断掩埋时间的上限不早于梁天监十年（511），下限在明代以前；西安路造像坑内的青瓷器残片可辨高圈足盘、盘口壶等，高圈足盘在成都地区主要流行于隋至唐早期，如青羊宫窑中医学院工地隋代地层出土的 I 至 IV 式高足盘即为典型[2]，盘口壶的延续时间则很长，跨度可从六朝直至五代北宋。因此，这两个地点造像坑的形成年代难以精准判定。下同仁路的两座造像坑均叠压于明代早期地层（第 3 层）下，其中 H3 打破了汉末三国地层（第 4 层），故从层位关系上也很难把握坑体的准确形成年代。幸运的是，坑内除了造像，填土中还混杂了大量的瓷器残片，二者都是反映年代问题的关键物证。具体讨论如下：

1. 造像的年代

从风格面貌和文字内容观察，下同仁路出土造像的制作年代比较集中，主

1　成都市文物考古工作队、成都市文物考古研究所：《成都市西安路南朝石刻造像清理简报》，《文物》1998 年第 11 期。

2　四川省文管会、成都市文管处：《成都青羊宫窑址发掘简报》，载《四川古陶瓷研究》编辑组编《四川古陶瓷研究》（二），第 131 页。

要在南北朝至隋代，以萧梁和北周作品居多，这一阶段共有 5 件带纪年题记，分别为梁天监十五年（516）、梁普通五年（524）、梁中大同二年（547）、梁天正二年（553）、北周天和三年（568）。最晚的造像属于唐代，数量较少，以菩萨、坐佛和罗汉残件为主，且均无纪年：如编号 H3：1、H3：23 的菩萨立像（图 10-63，左），衣饰贴体下垂，头侧缯带下垂较长，双肩覆数缕发丝，身体略显粗壮，上身斜披络腋，以项圈加"X"形璎珞作为组合装饰。此类斜披络腋、不再着内衣的菩萨样式，在龙门石窟唐调露二年（680）的万佛洞小龛可以找到 [1]；四川地区的菩萨造像中，戴"X"形联珠纹璎珞，上身斜披的络腋在胸前翻出一角下垂，手持净瓶和柳枝的特征还见于广元观音崖 47 号龛的"天宝十载"左侧胁侍菩萨 [2]。又如编号 H3：67 的佛坐像（图 10-63，右），袈裟包裹，但不显示身体轮廓，胸腹厚实，袈裟下摆以竖线条为主，仅有少量的"羊肠纹"曲线，台座莲瓣呈略宽的圆弧状，花形饱满，但缺乏生动感，莲台束腰处为柱状，台座前袈裟三分垂覆，类似作品可对比龙门石窟第 501 龛唐永淳元年（682）主尊台座、第 665 窟唐垂拱三年（687）之前雕造的主尊台座等 [3]。

2. 瓷器的年代

瓷器所占比重仅次于造像，当中既有普通寻常的生活用具，又包括一些特殊的陈设用品。这些瓷器的釉色有青釉、酱釉、绿釉、黄釉、白釉等，器形可辨碗、盘、盏、钵、盆、罐、壶、炉、盒、砚台、器盖、供果等。其主要来自以成都平原为中心的四川本地窑场，如成都琉璃厂窑、邛崃十方堂窑等，另有零星属于北方定窑系的白釉瓷器残片。通过初步整理，大致有以下几类瓷器能够作为明确的年代判断依据：

花口圈足碗：花口多分作五曲，主要有侈口和敞口两类。前者以编号 H6：135 的天青釉碗为代表（图 10-64，1），腹部较深，腹壁带出筋纹路，圈足较宽大且外撇，明显模仿自唐代晚期以来的金银器样式，如江苏丹徒丁卯桥窖藏"力士银酒

1　丁明夷：《龙门石窟唐代造像的分期与类型》，《考古学报》1979 年第 4 期。

2　姚崇新：《广元唐代石窟造像分期研究》，《考古学报》2007 年第 4 期。

3　丁明夷：《龙门石窟唐代造像的分期与类型》，《考古学报》1979 年第 4 期。

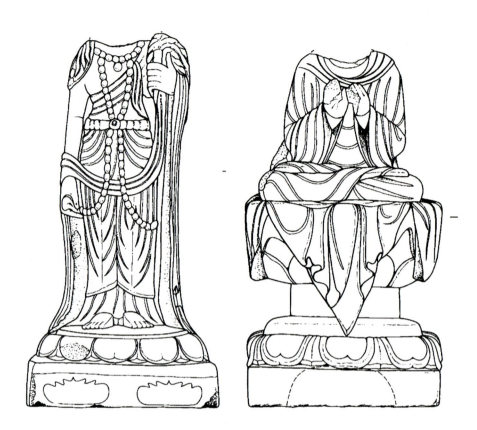

图 10-62　下同仁路出土唐代菩萨立像（H3:23）及佛坐像（H3:67）

（采自成都文物考古研究院：《成都下同仁路——佛教造像坑及城市生活遗址发掘报告》，

第 25、43 页，图三〇、图五三）

器"中的素面五曲银碗[1]，可资对比的瓷器材料有辽耶律羽之墓（942）[2]、洛阳后梁

高继蟾墓（909）[3]出土的越窑青釉碗（图 10-64，2—3）、安徽青阳南唐砖室墓[4]出

1　丹徒县文教局、镇江博物馆：《江苏丹徒丁卯桥出土唐代银器窖藏》，《文物》1982 年第 11 期。

2　内蒙古文物考古研究所、赤峰市博物馆、阿鲁科尔沁旗文物管理所：《辽耶律羽之墓发掘简报》，《文物》1996 年第 1 期。

3　洛阳市文物工作队：《洛阳后梁高继蟾墓发掘简报》，《文物》1995 年第 8 期。

4　黄忠学：《安徽青阳县发现一座南唐砖室墓》，《考古》1999 年第 6 期。

土的白釉碗（图 10-64，4）等；后者以编号 H3：116 的青灰釉碗为代表（图 10-65，1），腹部较浅，圈足略窄而垂直，对比材料有福州闽国王审知墓（932）[1]、江苏邗江吴寻阳公主墓（929）[2] 出土的定窑白釉碗（图 10-65，2—3）。

图 10-64　花口圈足碗（侈口）对比图
1．下同仁路 H6:135　2．耶律羽之墓青釉碗　3．高继蟾墓青釉碗　4．安徽青阳南唐墓白釉碗

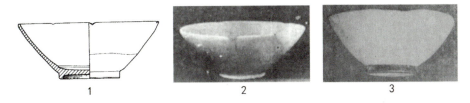

图 10-65　花口圈足碗（敞口）对比图
1．下同仁路 H3:116　2．王审知墓白釉碗　3．寻阳公主墓白釉碗

　　圆口弧腹碗：编号 H3：215，保存较完整，为侈口，弧腹较浅，底部带饼足（图 10-66，1）。从目前发表的考古资料看，这类圆口弧腹碗在四川地区大量流行于五代时期，其中前蜀王建永陵（918）[3]、前蜀王宗侃墓（924）[4] 出土的青釉碗（图 10-66，2）腹部尚不甚圆鼓，弧度较小，当属于较早出现的形制；

1　福建省博物馆、福州市文物管理委员会：《唐末五代闽王王审知夫妇墓清理简报》，《文物》1991 年第 5 期。

2　扬州博物馆：《江苏邗江蔡庄五代墓清理简报》，《文物》1980 年第 8 期。

3　冯汉骥：《前蜀王建墓发掘报告》，第 64 页。

4　成都文物考古研究所、龙泉驿区文物保护管理所：《成都市龙泉驿五代前蜀王宗侃夫妇墓》，《考古》2011 年第 6 期。

年代稍晚的出土物以广汉烟堆子M3（随葬前蜀"乾德元宝"钱）[1]、后蜀张虔钊墓（948）[2]、双流竹林村后蜀徐公墓（964）[3]所见的瓷碗（图10-66，3—5）为代表，腹部变得圆鼓，弧度增大。造像坑出土的这件碗为圆弧腹，属于稍晚出现的形制，约相当于五代后蜀之际。

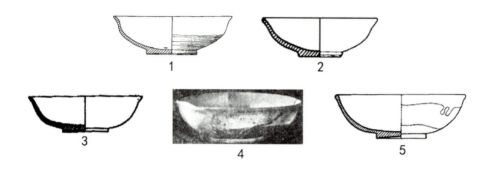

图10-66　圆口弧腹碗对比图
1. 下同仁路 H3:215　2. 王宗侃墓青釉碗　3. 广汉烟堆子 M3 青灰釉碗
4. 张虔钊墓青釉碗　5. 徐公墓青釉碗

厚圆唇盏：编号H3：104和H6：102，形制别无二致（图10-67，1—2）。这类厚圆唇的瓷盏在四川地区流行于唐五代时期，用途上可能属于灯盏，早晚演变规律可概括为敛口→敞口、斜弧腹→斜直腹、平底→饼足。这两件瓷盏为敞口，腹壁斜直，底部带较高的饼足，与成都清江路 M4[4]、新津方兴 M16[5] 出土的瓷盏（图10-67，3—4）完全相同，墓葬年代都在五代或略晚。

1　四川省文物考古研究院、德阳市文物考古研究所、广汉市文管所：《2004 年广汉烟堆子遗址晚唐、五代墓地发掘简报》，《四川文物》2005 年第 3 期。

2　成都市文物管理处：《成都市东郊后蜀张虔钊墓》，《文物》1982 年第 3 期。

3　成都文物考古研究所、双流县文物管理所：《成都双流籍田竹林村五代后蜀双室合葬墓》，载成都文物考古研究所编著《成都考古发现》（2004），第 360 页。

4　成都市文物考古研究所：《成都西郊清江路唐宋墓葬发掘简报》，载《成都考古发现》（2000），第 351 页。

5　成都文物考古研究所、新津县文管所：《成都市新津县方兴唐宋墓群发掘报告》，载成都文物考古研究所编著《成都考古发现》（2009），第 496 页。

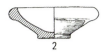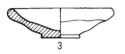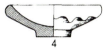

图 10-67 厚圆唇盏对比图

1. 下同仁路 H3:104　2. 下同仁路 H6:102　3. 成都清江路 M4 酱黄釉盏　4. 新津方兴 M16 瓷盏

注壶：编号 H3：214，盘口，束颈较细长，颈部弦纹，倒卵形腹，腹部两侧置曲流和环柄（图 10-68，1）。对比材料可举成都永陵公园 M8[1]、成都洪河大道南延线 M3[2] 出土的注壶（图 10-68，2—3）为例，墓葬年代均在五代前后，后者的颈部还带对称的双系。此外，成都琉璃厂窑五代遗存也发现有类似的注壶标本（H1：34）（图 10-68，4）[3]。

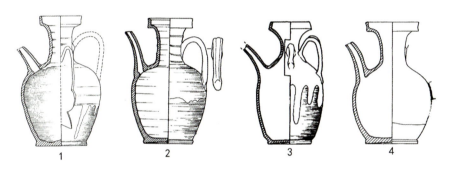

图 10-68　注壶对比图
1. 下同仁路 H3:214　2. 永陵公园 M8 瓷注壶
3. 洪河大道南延线 M3 酱黄釉注壶　4. 琉璃厂窑 H1:34

盘口壶：编号 H3：217，系一残件，盘口较深，斜方唇，口壁微内倾，口与颈部连接处有一周凸棱，颈部短粗（图 10-69，1）。盘口壶是四川地区隋唐

1　成都文物考古研究所：《2008 年度永陵公园古遗址发掘简报》，载《成都考古发现》（2008），第 394 页。

2　成都市文物考古研究所、龙泉驿区文物保管所：《成都市龙泉驿区洪河大道南延线唐宋墓葬发掘简报》，载成都市文物考古研究所编著《成都考古发现》（2001），第 171 页。

3　成都文物考古研究所：《成都市琉璃厂古窑址 2010 年试掘报告》，载《成都考古发现》（2010），第 369 页。

五代时期使用频率较高的瓷器种类之一，较早的形制以成都化成村蜀新 M16[1]、自贡黄泥土山M2[2]、绵阳白果林M1[3]出土的青釉盘口壶为代表，年代约在隋至唐代早期，基本特征为浅盘口，口壁倾斜度较大，束颈较粗，刻划数周弦纹。到了盛唐至唐代中期，盘口略微加深，口壁倾斜度变小趋于垂直，颈部的变化则不甚明显，如成都化成村金港 M2[4]、成都金沙堰村 M2[5]、松潘松林坡唐代墓地[6] 出土的盘口壶。唐代晚期至五代流行的盘口壶，体型显著增大，口径通常大于底径，盘口进一步加深，口壁几近垂直，颈部短粗且刻划弦纹的做法消失，如金堂李家梁子 M44[7]、双流竹林村后蜀徐公墓（964）出土的青釉盘口壶都属于此种形制（图 10-69，2—3）。进入北宋以后，盘口壶继续流行，如墓葬年代在北宋中晚期的青白江和平村 M2[8]、大夫村 M5[9]出土的酱黄釉四系壶，颈部急剧变长，腹部瘦高，整体造型夸张而不协调。此外，这类器物与浙江等地唐宋墓葬常见的瓷粮罂瓶存在一定的相似度，后者的功能主要是为亡魂提供食物、饮水[10]，其在四川地区同时期墓葬中出现，可能具有同种用途。造像坑出土的这件盘口壶，与金堂、双流等地晚唐五代墓葬的出土物表现有诸多共性，说明它应是这一时期的产物。

1 成都市文物考古研究所、成都市文物考古工作队：《四川成都市西郊化成村唐墓的清理》，《考古》2000 年第 3 期。

2 四川省文物考古研究院、自贡市盐业历史博物馆、自贡市沿滩区文物管理所：《自贡市黄泥土山崖墓群清理简报》，《四川文物》2009 年第 1 期。

3 绵阳博物馆、成都文物考古研究所：《绵阳崖墓》，文物出版社，2015，第 332 页。

4 刘雨茂、朱章义：《四川地区唐代砖室墓分期研究初论》，《四川文物》1999 年第 3 期。

5 成都市文物考古研究所：《成都市西郊金沙堰村唐宋墓葬发掘简报》，载《成都考古发现》（2001），第196页。

6 中国社会科学院考古研究所四川工作队、松潘县文物管理所：《四川松潘县松林坡唐代墓葬的清理》，《考古》1998 年第 1 期。

7 成都文物考古研究所、金堂县文物保护管理所：《金堂赵镇李家梁子唐宋墓发掘简报》，载成都文物考古研究所编著《成都考古发现》（2007），第 570 页。

8 成都文物考古研究所、青白江区文物保护管理所：《成都市青白江区和平村墓群发掘简报》，载成都文物考古研究所编著《成都考古发现》（2011），科学出版社，2013，第 498 页。

9 成都文物考古研究所、青白江区文物保护管理所：《成都青白江区艾切斯工地唐、宋墓葬发掘简报》，载成都文物考古研究所编著《成都考古发现》（2006），科学出版社，2008，第 241 页。

10 王铭：《唐宋时期的明器五谷仓和粮罂》，《考古》2014 年第 5 期。

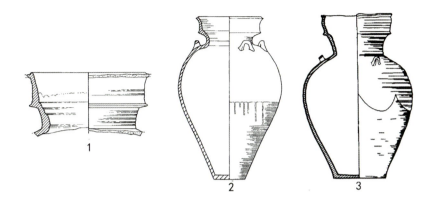

图 10-69　盘口壶对比图
1．下同仁路 H3:217　2．金堂李家梁子 M44 黄褐釉盘口壶　3．徐公墓黄褐釉盘口壶

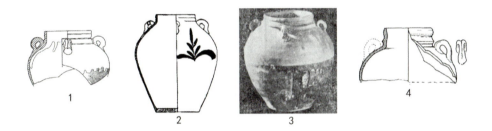

图 10-70　四系罐对比图
1．下同仁路 H6:123　2．王建墓四系罐　3．张虔钊墓四系罐　4．永陵公园 M12 四系罐

　　四系罐：类型多样，以编号 H6：123 的青灰釉罐最具代表性，底部以上保存较完整，直口短颈，双股系，腹部矮胖圆鼓（图 10-70，1）。其突出特征为颈部的数圈弦纹装饰，前蜀王建永陵（918）、后蜀张虔钊墓（948）、成都永陵公园 M12（963）[1] 等几座五代纪年墓都有所发现，有的罐腹部还有彩绘图案（图 10-70，2—4）。从墓葬材料看，这类颈部带弦纹的四系罐一直延续至北

1　成都文物考古研究所：《2008 年度永陵公园古遗址发掘简报》，载《成都考古发现》（2008），第 398 页。

宋中期左右，如成都十陵青龙村 M2 出土的青釉四系罐（M2 左：12）[1]，买地券记载该墓的下葬时间为北宋嘉祐七年（1062），罐肩部的系耳变为单股，是明显区别于五代双股系的特征。

五足炉：编号 H3：42，保存较完整，为宽折沿，盆形腹，平底，下腹部带五只蹄足，足面模印兽头图案（图 10-71，1）。这类盆形腹、腹部带五只蹄足的炉在四川地区自隋代开始出现，如成都中医学院青羊宫窑隋代地层出土的一件青釉炉（QYT11②：9）[2]，腹部饰凸弦纹，足部素面无纹，足底与高足盘相连，可知是与托盘配套使用的。隋代以后，这类炉长期陷入沉寂，出土资料竟告阙如，直到唐末五代之际才再度盛行，如成都洪河大道南延线 M1 和 M12 出土的绿釉和青釉五足炉[3]，炉面印有清晰的兽头图案（图 10-71，2—3）；十方堂邛窑 5 号窑包出土的一件炉足模具（T24③：16）[4]，内壁雕刻出狰狞的兽头，外壁带后蜀"广政十一年"（948）题记（图 10-71，4）。成都永陵公园 M8 炉足的兽头模糊不清（图 10-71，5），大邑制糖厂砖室墓的炉足既短小且无兽头纹[5]，年代都可能相对较晚。还值得注意的是，造像坑出土的这件五足炉胎色灰白，表施透明绿釉，当系典型的邛崃十方堂窑低温釉瓷器，有学者曾系统梳理过这类瓷器的类型、年代、制作和装烧工艺、生产性质、消亡原因等方面的问题，认为它的制作和装烧工艺受唐代三彩器影响巨大，是专门供应给前、后蜀宫廷或官府机构使用的高档用具[6]。因此，造像坑出土的这件五足炉属于五代器物无疑。

---

1 成都市文物考古研究所：《成都市龙泉驿区青龙村宋墓发掘简报》，载《成都考古发现》（1999），第284页。

2 四川省文管会、成都市文管处：《成都青羊宫窑址发掘简报》，载《四川古陶瓷研究》编辑组编《四川古陶瓷研究》（二），第139页。

3 成都市文物考古研究所、龙泉驿区文物保管所：《成都市龙泉驿区洪河大道南延线唐宋墓葬发掘简报》，载成都市文物考古研究所编著《成都考古发现》（2001），第174页。

4 陈显双、尚崇伟：《邛窑古陶瓷简论——考古发掘简报》，载耿宝昌主编《邛窑古陶瓷研究》，第199页。

5 大邑县文化馆：《大邑县出土唐代墓葬》，《四川文物》1985年第2期。

6 易立：《试论邛窑低温釉瓷器的几个问题》，载教育部人文社会科学重点研究基地吉林大学边疆考古研究中心边疆考古与中国文化认同协同创新中心编《边疆考古研究》（第18辑），第247-263页。

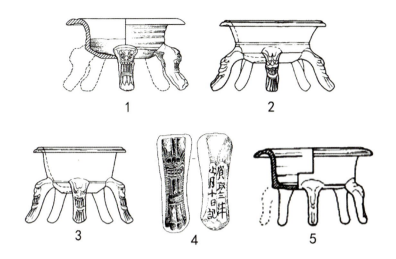

图 10-71　五足炉对比图
1．下同仁路 H3:42　2．洪河大道南延线 M1 五足炉　3．洪河大道南延线 M12 五足炉
4．十方堂邛窑 5 号窑包炉足模具　5．永陵公园 M8 五足炉

　　印花盒盖：编号 H6：67 和 H6：68，皆为残件，直口，盖面微拱，顶部带圆钮，盖面模印莲瓣纹（图 10-72，1—2）。前者的胎土灰白，通体施黄釉，局部饰褐、绿二彩，盖面模印五曲莲瓣纹，瓣体宽肥，瓣尖突出，带有类似胎釉及装饰特征的盒盖在成都指挥街唐宋遗址也有发现（H4：206）（图 10-72，3）[1]，都属于五代邛崃十方堂窑烧造的低温釉瓷器。十方堂邛窑 5 号窑包出土的一件盒盖模具（86QS5YT42③：31）[2]，印面雕刻有同样风格的五曲莲瓣图案，其拱面带前蜀"乾德六年"（924）题记（图 10-72，4）。同时，瓣尖突出的宽肥式莲瓣纹也是五代宋初瓷器上常用的装饰图案之一，如河北定州静志寺塔基（977）出土

　　1　成都市博物馆、四川大学博物馆：《成都指挥街唐宋遗址发掘报告》，载四川大学博物馆、中国古代铜鼓研究学会编《南方民族考古》（第二辑），第 260 页。
　　2　陈显双、尚崇伟：《邛窑古陶瓷简论——考古发掘简报》，载耿宝昌主编《邛窑古陶瓷研究》，第199页。

的定窑"官"款白釉莲瓣纹碗、耀州窑青釉莲瓣纹龟心碗等都能见到[1]。

圈足盒：编号 H3:178，子口，腹上部垂直，下部斜折内收，底部带圈足（图 10-73，1）。这类盒属于单体盒，通常还带有圆拱或平顶形盖，盒与盖为子母口扣合，主要流行于五代时期，如江苏连云港吴国王氏墓（933）[2]、北京辽赵德钧墓（959）[3]出土的瓷盒即与之相同（图 10-73，2—3）。

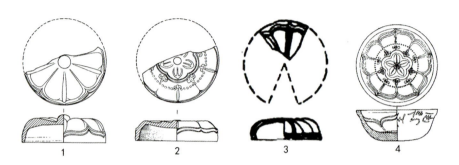

图 10-72　印花盒盖对比图
1．下同仁路 H6:67　2．下同仁路 H6:68　3．指挥街唐宋遗址印花盒盖
4．十方堂邛窑 5 号窑包盒盖模具

图 10-73　圈足盒对比图
1．下同仁路 H3:178　2．吴国王氏墓圈足盒　3．辽赵德钧墓圈足盒

出土造像中最晚的作品制作于 7 世纪末至 8 世纪上半叶，可知两座造像坑的上限不会早过盛唐。此外，与造像共存的瓷器年代则相对要晚得多，其中大多数

1　定县博物馆：《河北定县发现两座宋代塔基》，《文物》1972 年第 8 期。
2　江苏省文物管理委员会：《五代——吴大和五年墓清理记》，《文物参考资料》1957 年第 3 期。
3　北京市文物工作队：《北京南郊辽赵德钧墓》，《考古》1962 年第 5 期。

具有五代至北宋初的风格特征，考虑到瓷器通常都要使用一段时间才废弃，推测两座造像坑大约就形成于北宋初年。

三、造像坑的成因与背景

关于佛教造像的掩埋原因，学界向来意见不一，有战争说、圣埋说、灭佛说等，有学者更提出是灭佛之后，僧人们受到传统世俗观念——"入土为安"思想的影响，而对佛像采取的安葬举措[1]。明末张献忠取成都，侵扰城内外寺院，"诸神像首，百炼不化，贼尽弃之……（清）成都知府冀应熊，拾而埋之北关外，题其碣曰'佛冢'"[2]，即属此种行为。此外，唐宋时期随着佛教中国化的发生与发展，舍利信仰的形式与内容也悄然变化，自宋代开始，舍利信仰已从原初以圣骨崇拜为核心的印度式信仰，泛化为具有象征意味的中国式的符号物信仰，佛经、佛像都成为舍利掩埋的内涵[3]。杜斗成[4]、高继习等先生即持有这种观点。高先生认为："收集残损经像来埋藏的行为有很广阔的分布区域；在时间的传布上……似乎是开始于北宋，延续至元代仍有余波。寺院间早年积累下来的佛经和造像在不能丢弃的情况下，被当作'感应舍利'给予埋藏。其目的就是让这些佛法圣物得到永久的'安息'和保护，是一种护佛弘法、做功德的行为。"[5]据明道寺地宫出土、原镶嵌在舍利塔壁间的"沂山明道寺新创舍利塔壁记"石碑载，北宋景德年间（1004—1007）的霸州人僧觉融、莫州人僧守宗，"偶游斯地（明道寺），睹石镌坏像三百余尊"[6]，因心中不忍，"收得感应舍利可及千粿，舍衣建塔……垒成金藏，镕宝作棺"；亳县咸平寺出土的"释迦如来砖塔记"石碑也明确说明当时是将佛像"瘗诸基下"。这两段文字题记，是历史上掩埋残像"舍利"的直接例证。

1　李森：《山东青州龙兴寺窖藏造像性质考》，《广西社会科学》2005 年第 12 期。

2　彭遵泗等：《蜀碧（外二种）》卷三，北京古籍出版社，2002，第 34 页。

3　廖望春：《宋塔舍利发现与舍利信仰泛化的研究》，《宗教学研究》2012 年第 4 期。

4　杜斗成、崔峰：《山东龙兴寺等佛教造像"窖藏"皆为"葬舍利"说》，载刘凤君、李洪波主编《四门塔阿閦佛与山东佛像艺术研究》，中国文史出版社，2005，第 153 页。

5　高继习：《宋代埋藏佛教残损石造像群原因考——论"明道寺模式"》，载山东省文物考古研究所编《海岱考古》（第八辑），科学出版社，2015，第 502 页。

6　临朐县博物馆：《山东临朐明道寺舍利塔地宫佛教造像清理简报》，《文物》2002 年第 9 期。

诚如前面分析，商业街、西安路、下同仁路、福感寺等地造像坑皆属普通掩埋坑，坑内堆积凌乱无序，其形成过程没有明确的宗教仪式性，显然与上述之安葬佛像或舍利瘗埋活动无涉。其具体成因，我们试从空间和时代两个方面的背景来着手考察。

1. 空间背景

上述佛教造像坑散布于成都旧城的西部和西北部，巧合的是，唐宋时期的净众寺、福感寺、龙渊寺（空慧寺、圣寿寺）、金华寺、法聚寺、中兴寺、武担寺、安福寺等亦皆坐落于这一区域。此外，还有南朝之海安寺值得一提。

海安寺之名最早见于梁李膺《益州记》，"汉旧州市在桥南……市桥西二百步得相如旧宅。今海安寺南有琴台故墟"[1]。李膺字公胤，相关事迹散见于《梁书·刘季连传》《南史·邓元起传》《魏书·李苗传》等正史，初任涪县令，西昌侯萧渊藻镇蜀，引为主簿，寻迁益州别驾。《益州记》一书据考约成于梁天监七年（508）以前[2]，又有《蜀记》《成都记》《治水记》等别称，全文早已佚失，唐宋类书及舆地书籍多有征引，后有邓少琴、孙琪华等学者辑得，"膺以蜀人而记蜀事，自较为可信"[3]。下同仁路出土造像中，有一件编号H3:21的佛坐像表面凿刻有"梁普通五年"（524）、"海安寺"等文字，即是有力佐证。又据南宋祝穆《方舆胜览》载："琴台，即司马相如宅……《成都志》云：'在浣花溪之海安寺南'，今为金花寺，城内非其旧"[4]，可知梁代海安寺或即宋代金花寺之前身。按汉代市桥在石牛门外郫江之上，石牛门又名市桥门，刘琳先生考证其故址约在今通惠门内、下同仁路口之东，市桥的故址即明清之金花桥，在今西校场东北、下同仁路口附近[5]。至于司马相如宅和琴台，《太平寰宇记》引西晋陈寿《益部耆旧传》云："在少城中笮桥下有百许步是也，又有

1　邓少琴：《梁李膺＜益州记＞辑存》，载《邓少琴西南民族史地论集》，第571-602页；孙琪华：《＜益州记＞辑注及校勘》，蒙默、黎明春整理，第6-11页。

2　唐建：《李膺＜益州记＞佚文考辨》，《中华文化论坛》2005年第3期。

3　邓少琴：《梁李膺＜益州记＞辑存》，载《邓少琴西南民族史地论集》，第597页。

4　祝穆：《方舆胜览》卷五十一，祝洙增订，施和金点校，第910页。

5　刘琳校注《华阳国志校注》（修订版），成都时代出版社，2007，第117页。

琴台在焉。"[1]历史上笮桥的位置比较清楚，《太平寰宇记·益州》载："笮桥，去州西四里。亦名夷里桥，又名笮桥，以竹索为之，因名。"[2]陆游《夜闻浣花江声甚壮》又载："浣花之东当笮桥[3]，可知其故址在罗城的西南角，万里桥之西、浣花之东。20世纪90年代初成都外南人民路135号基建工地清理揭露出两座唐宋时期的大型城门址，发掘者推测即为成都罗城西南面的笮桥门[4]。早年冯汉骥先生在详细论证相如琴台与王建永陵的时空关系后，也认为前者之确切方位是在少城西南郊的市桥与笮桥之间[5]。据此分析可知，司马相如宅和琴台大致在今琴台路与西校场之间，梁代海安寺则稍靠北，约在今通惠门路至琴台路附近。

从历史沿革看，成都旧城西和西北本属秦汉以来的少城。其平时既为县治官署所在，一旦有警，又可作大城之屏障，且秦汉移民万家实蜀，百工伎巧，亦多在少城内，城外的西南郊除南市外，还有锦官城、车官城等小城，是名副其实的手工业生产和商贾互市之经济中心。东晋永和三年（347），晋安西将军桓温伐蜀，李势兵败出降，成汉灭亡。晋军入成都后，对少城展开了有组织的大规模破坏[6]，曾经繁荣喧闹的少城就此陷入荒凉沉寂，成都城的经济商业重心由西转东。与此同时，随着益州被并入建康版图，由都城前往西域的交通路线也悄然发生着变化，溯江途经荆、益二州，沿岷江转向西北，过甘南、青海吐谷浑界，通达西域的"河南道"[7]成为首选，而成都正是沿途最重要的节点之一，《南齐书·州郡志》载益州"西通芮芮、河南……州土瑰富，西方之一都

1　乐史：《太平寰宇记》卷七十二，王文楚等点校，第1468页。

2　同上书，第1465页。

3　钱仲联校注《剑南诗稿校注》卷六，第515页。

4　成都市博物馆考古队：《成都罗城1、2号门址发掘简报》，载四川大学博物馆、中国古代铜鼓研究学会编《南方民族考古》（第三辑），第369-377页。

5　冯汉骥：《相如琴台与王建永陵》，载张勋燎、白彬编《川大史学·冯汉骥卷》，第268-279页。

6　《方舆胜览·武侯庙》："孔明初亡，百姓遇节朔各私祭于道上。李雄称王，始为庙于少城内。桓温平蜀，夷少城，独存孔明庙。"参见祝穆：《方舆胜览》卷五十一，祝洙增订，施和金点校，第914页。

7　唐长孺：《南北朝期间西域与南朝的陆道交通》，载《魏晋南北朝史论拾遗》，中华书局，1983，第168-195页。

焉"[1]。在南北尚未统一、政权对峙交恶的态势下，这条路线显得尤为关键和忙碌，许多中外僧侣往来穿梭其间，弘法布道，络绎不绝，加之宋齐梁三代的益州政局较为安定，地方统治阶层普遍礼佛兴教，佛事经此带动而盛极一时，出资建寺立塔、造像供奉者甚众。在这样的背景下，少城相对空旷且又靠近大城的地理位置，自然成为佛寺庙宇营建的理想场地，城市功能逐渐由工商业聚集区向宗教文化区转化[2]。文献中还明确提到当时有新建的寺院选址于成都城西，如对南朝益州佛教发展贡献颇大的道汪法师，他驻留成都时，征士费文渊为之"立寺于州城西北，名曰祇洹"[3]；刘宋元嘉（424—453）中，比丘尼昙晖"于市桥西北自营塔庙，殿堂厢廊倏忽而成，复营三寺皆悉神速，莫不叹服"[4]。隋代杨秀镇蜀，扩展秦城之西、南二面，使得原来少城的范围超过了大城，逐步形成隋唐成都城的西郭。唐释道宣（596—667）撰《续高僧传·释富上传》载益州"城西城北，人稠施多"[5]，可知人口亦十分稠密。唐末扩筑罗城后，这里地处罗城的小西门（延秋门）内，区划上归于金容坊和锦浦坊的范围[6]，与城西的通衢大道——石笋街等构建为成熟的棋盘式街区布局，城市化进程不断加深，功能分区愈加成熟。

目前成都市区发现的南朝至唐代佛教造像几乎都出土于少城的核心地带，充分说明当时的寺院分布密集，除佛寺外，文献所载其他一些历史古老的道观、教堂、祠庙，如严真观、玉局观、元中观（青羊宫）、大秦寺、龙女祠等也多与此区域邻近或相距不远。这些现象并非偶然，它们都应被视作汉唐之间成都少城的城市功能由工商业区向宗教文化区转化的历史遗存。

2. 时代背景

唐五代时期，成都发展为剑南两川诸府州最大的佛法中心，不仅产生和驻

1 萧子显：《南齐书》卷一五，中华书局，1974，第298页。

2 孙华：《秦汉时期的成都》，载何一民、王毅、蒋成主编《文明起源与城市发展研究》，第131页。

3 慧皎：《高僧传》卷七，汤用彤校注，汤一玄整理，第383页。

4 王孺童校注《比丘尼传校注》卷四，中华书局，2006。

5 道宣：《续高僧传》卷三十，郭绍林点校，第1052页。

6 金容坊和锦浦坊的方位考证参见孙华：《唐末五代的成都城》，载《宿白先生八秩华诞纪念文集》编辑委员会编《宿白先生八秩华诞纪念文集》，第266页。

锡的高僧数量最多，艺文石刻最繁荣丰富，寺院分布也最为密集。在佛教环境的熏染下，普通民众和官僚士大夫阶层普遍崇佛，历任西川节度使更不例外，他们任职成都期间，或度人为僧，或奏额改名，或捐财建寺，或舍宅为寺[1]。例如德宗贞元年间，韦皋以俸钱"于府之东南，择胜地，建仁祠，号曰宝历"[2]。文宗太和六年（832），段文昌出任西川节度使，他到成都后出资重建福感寺，在筹划建寺时以其"缗钱三十万"为经营之基。民众闻讯，"应如决川，乃倾囊褚，乃出怀袖"，新寺得以快速完工，时有成都民谣曰："昔公去此，福感以毁。今公重还，福感复完。民安军治，亦如此寺。"[3]宣宗大中年间，邠公杜惊镇蜀，"起净众等寺门屋……请陈（皓）、彭（坚）二公各画天王一堵"[4]。从净众寺遗址出土的大中元年（847）尊胜陀罗尼经幢文字内容可知，信徒中就有来自西川节度使下辖之镇静军（治所在导江县灌口镇）的官员[5]。五代后蜀时，宋王赵廷隐"于净众寺创一禅院……画山水松石数堵……赠之十缣，置僧堂前"[6]。后蜀广政九年（946），枢密使王处回又为元和圣寿寺捐宅扩充寺基，又"舍私帑，买毗卢、百合、法宝、罗汉、七俱胝等五院，合而为一"[7]。

尽管如此，受到自然灾害、战祸兵乱、毁佛政策等诸多不利因素的影响，寺院的毁坏事件仍屡有发生。唐贞观初年，益州一带发生强烈地震，福感寺"塔摇飐，将欲摧倒……各以背抵塔之四面，乍倚乍倾，卒以免倒"[8]。文宗大和中，南诏军入寇西川，留成都西郭十日，"蛮卒舍于（福感）寺内廊庑，皆烹炙熏灼"[9]，

1　陈玮：《剑南西川节度使与唐代成都城市文化》，载重庆中国三峡博物馆编《长江文明》（第四辑），河南人民出版社，2010，第34页。

2　韦皋：《宝应寺记》，载杨慎编《全蜀艺文志》卷三十八，刘琳、王晓波点校，第1126页。

3　刘禹锡：《成都府新修福成（感）寺记》，载董浩等编《全唐文》卷六百六，第2710页。

4　黄休复：《益州名画录》卷上，秦岭云点校，第5页。

5　刘志远、刘廷壁：《成都万佛寺石刻艺术》，第1页。

6　黄休复：《益州名画录》卷下，第54页。

7　吴师孟：《大中祥符禅院记》，载袁说友等编《成都文类》卷三十八，赵晓兰整理，第748页。

8　道宣：《集神州三宝感通录》卷上，载大藏经刊行会编《大正新修大藏经》第五十二册，第408页。

9　赞宁：《宋高僧传》卷二十七，范祥雍点校，第676页。

又"纵火以骇众,此寺乃焚,高门修廊,委为寒烬"[1]。武宗会昌法难,"成都止留大慈一寺,净众例从除毁,其寺巨钟乃移入大慈矣"[2]。唐末,净众寺"塔毁,高节度驸取修罗城"[3]。后蜀广政十五年(952)六月,"岷江大涨……大水漂城,坏延秋门,深丈余,溺数千家"[4]。与这些情况相印证的是,如 H3:66 立佛像的肩部断面残留有黑色漆质黏合物,H3:89 菩萨立像的颈部和右臂断面残留凿卯接榫的痕迹,说明有的造像本身在最后被废弃、填埋以前,曾遭受严重的毁坏和破损,经重新修补又短暂恢复过原貌。

由于北宋政权对蜀地实行残酷统治,在后蜀灭亡后的三十余年间,该地区不断爆发农民起义和士兵暴动,其中又以淳化四年(993)王小波、李顺起义和咸平三年(1000)王均兵变两起事件的持续时间最长、破坏性最强、影响力最深远,且都以成都为中心。在宋廷的镇压过程中,成都一带的社会经济受到严重冲击,包括寺院在内的许多城市建筑遭到损毁,《续资治通鉴长编》载:"(淳化五年)李顺引众攻成都,烧西郭门……入据成都,僭号大蜀王,改元曰应运,遣兵四出侵掠……郡邑皆被其害焉"[5]。除正史外,北宋时期的一些画史杂记对此也多有提及,如《益州名画录·序》载:"迨淳化甲午岁,盗发二川,焚劫略尽,则墙壁之绘,甚乎剥庐,家秘之宝,散如决水。今可觌者,十二三焉。"[6]又《图画见闻志·纪艺》载:"范琼、陈皓、彭坚三人……分画成都大慈、圣寿、圣兴、净众、中兴等五寺墙壁二百余间,各尽所蕴。淳化后两遭兵火,颇有毁废矣。"[7]《茅亭客话·金相轮》亦载:"泊淳化五年狂盗入城,兵火沿焚,福感寺塔相轮坠地,完全俱是铜铁所为,非蛮王金换之者。"[8]至淳化五年(994)

1　刘禹锡:《成都府新修福成(感)寺记》载董诰等编《全唐文》卷六百六,第2710页。

2　赞宁:《宋高僧传》卷二十七,范祥雍点校,第488页。

3　黄辉:《重修万佛寺碑记》,载冯任修,张世雍等纂《天启新修成都府志》卷五十三,第804页。

4　王文才、王炎校笺《蜀梼杌校笺》卷四,第388页。

5　李焘:《续资治通鉴长编》卷三十五,上海师范大学古籍整理研究所、华东师范大学古籍整理研究所点校,第765页。

6　黄休复:《益州名画录》序,秦岭云点校,第2页。

7　郭若虚:《图画见闻志》卷二,俞剑华注释,上海人民美术出版社,1964,第17页。

8　黄休复:《茅亭客话》卷六,李梦生校点,第128页。

五月，宋军收复成都，此时的城内已是"危楼坏屋，比比相望"[1]。20世纪80年代发掘的罗城笮桥门1号门址，毁废年代同样在北宋初年，发掘者推测即与当时城内外的战乱兵燹直接相关[2]。谢元鲁先生在分析北宋初年以后，以寺院壁画为代表的蜀地绘画艺术由盛极而衰的历史背景时，也认为战乱破坏是其中的重要因素之一[3]。

综上所述，出土于成都旧城西部的这批佛教造像坑，应是南北朝至唐五代成都城西佛寺的遗存，在唐代晚期至北宋初年城内外的战乱环境下，随塔楼庙宇等建筑一起遭到破坏，后与砖石瓦砾、生活用具等被当作废弃物倾倒、填埋的。

---

1 张咏：《益州重修公宇记》，载袁说友等编《成都文类》卷二十六，赵晓兰整理，第520-521页。

2 蒋成：《论成都唐宋罗城1、2号门址》，载成都市博物馆编《文物考古研究》，第263-271页。

3 谢元鲁：《晚唐至宋初蜀中绘画艺术的兴衰》，载史念海主编《唐史论丛》（第二辑），陕西人民出版社，1987，第275-276页。

Chapter 11

第十一章

时代特征与
历史背景

本章综合前述城市各组成要素和出土遗物的考古发现及研究，初步将唐宋成都城的发展进程划分为四期，分别总结各期特征，并解释形成这些阶段性变化的历史原因和背景，以及这些阶段性变化对当时社会产生的影响。

第一期：隋代至唐末扩筑罗城（876）以前

这一阶段的成都城只有子城，也就是沿用了秦汉六朝以来的大城，城圈狭小局促，城垣走向大体南至东御街以南，北至梵音寺街和珠峰宾馆一线，西至老东城根街，东南角不超过东御街与顺城大街交会口，占地面积仅约 1.6 平方公里，周长接近 5 公里，其中北城垣的局部开展过勘探发掘。城外的护城河体系尚不完备，大部分时间里仅西、南两面有并行的郫江、检江，唐末出于军事考虑，在北城垣外增开壕沟。所见的城内遗迹几乎都与摩诃池有关，包括池岸、沟渠、石子路、庭院等池苑建筑，摩诃池处在子城的偏西北部，占据了约四分之一的城区。其他的城市要素如道路、主干沟渠、官府衙署、民居坊市等受限于考古工作，具体面貌暂不清晰，但依据秦汉以来"州治大城、郡治少城"[1]的传统做法，结合隋蜀王杨秀开凿摩诃池，池在唐节度使署大厅之西[2]等记载，官府衙署区可能位于子城的偏东部[3]，即摩诃池东岸一带。除摩诃池外，城内设置有一定数量的民居里坊，如碧鸡坊、灵关里（坊）、锦城坊、龟城坊、开阳坊、七星坊等，但多为达官显贵所居住。同时，据《新唐书·南蛮传》记，咸通十一年（870）南诏围困成都，"孺老得扶携悉入（城内）"，又言"城左有民楼肆，蛮俯射城中"[4]，可知城外亦散布有不少民居建筑。此外，子城西面还有"西郭"[5]，实际上就是原来少城的范围，少城自东晋桓温夷毁后骤然荒凉，后来逐渐演变为

1　刘琳校注《华阳国志校注》卷三，第 227 页。

2　杜光庭《录异记》："摩诃池，大厅西面，亦有龙井，甚灵，人不可犯"，参见李昉等编《太平广记》卷四百二十五，第 3457 页。

3　就目前考古所见，汉六朝时期的高等级建筑遗存亦分布于此，参见成都文物考古研究所：《成都天府广场东北侧古遗址发掘报告》，第 15–142 页；成都文物考古研究院：《成都市东华门遗址汉六朝遗存发掘报告》，载《成都考古发现》（2017），第 158–258 页。

4　欧阳修、宋祁：《新唐书》卷二百二十二中《南蛮传》，第 6286 页。

5　同上书，第 6285 页。

佛寺庙宇聚集的宗教文化区。值得一提的是，这个西郭虽然没有规范的城垣，但不排除利用天然河道为屏障或设置有简易的竹木结构栅栏，一如汉代成都城的外郭[1]。

出土瓷器方面，本地的青羊宫窑产品占据绝对主流（图11-1，1—19及28），见有A型I式碗、A型II式碗、B型碗、C型碗、A型盘、B型盘、A型杯、B型杯、C型杯、A型碟、B型碟、A型钵、B型钵、I式盘口壶、II式盘口壶、A型带系罐、B型带系罐、研磨器、A型砚台、B型砚台等。建筑砖瓦除A型I式兽面纹瓦当外，还流行使用Aa型、Ab型、B型、C型、F型、G型莲花纹瓦当（图11-1，20—27），其中A型I式兽面纹瓦当尚带有平城、洛阳一带的北朝文化因素，Aa型、Ab型莲花纹瓦当则遗留有明显的南朝建康文化因素[2]。

蜀地位于长江上游，对于隋王朝灭陈统一全国具有极为突出的军事价值，加之"蜀土沃饶，人物殷阜，西通邛僰，南属荆巫"[3]，而地势"阻险，人好为乱"[4]，因此隋文帝杨坚十分重视对成都的经略，采取"分王诸子，权侔王室，以为磐石之固"[5]，又考虑到蜀王杨秀年少，特意"盛选贞良有才望者为之僚佐"[6]。开皇十二年（592）以后，杨秀正式出镇成都，"渐奢侈，违犯制度，车马被服，拟于天子"[7]，并且大兴土木，被废为庶人后，文帝下诏数落其罪状，其中就有"更治成都之宫"一条。这一时期里，杨秀在成都修缮城垣、开凿池苑、营造宫室楼宇、扩建佛寺，种种建树都是在此背景下开展的。唐代的大部分时间里，成都为剑南道（剑南西道）治所，属于州府一级的地方性城市，还曾一度升南京，但为时短暂，并未对城市建设起到多少推动作用[8]，故仍旧延续了隋

1　关于汉代成都城外郭问题，参见孙华：《秦汉时期的成都》，载何一民、王毅、蒋成主编《文明起源与城市发展研究》，第125-130页。

2　关于四川地区六朝瓦当的文化因素问题，参见易立：《四川出土六朝瓦当初步研究》，《考古》2014年第3期。

3　魏征、令狐德棻：《隋书》卷三十九《于宣敏传》，第1147页。

4　同上书，第4页。

5　同上书，第1475页。

6　司马光编著《资治通鉴》卷一百七十九，胡三省音注，"标点资治通鉴小组"校点，第7868页。

7　魏征、令狐德棻：《隋书》卷四十五，第1242页。

8　安史之乱爆发之初，蜀郡大都督府长史、剑南节度使崔圆为迎接玄宗巡幸成都，曾"增修城池，建置馆宇"，参见刘昫等：《旧唐书》卷一百零八，第3279页。

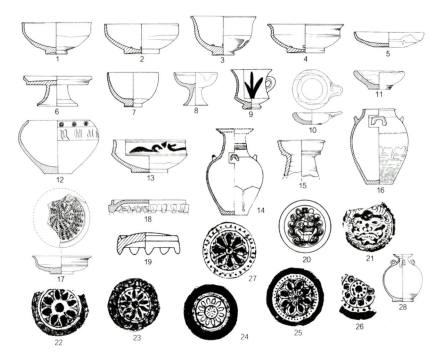

图 11-1　第一期典型遗物

1.青羊宫窑 A 型 I 式碗（天府广场东北侧遗址 H64：12）　2.青羊宫窑 A 型 II 式碗（通锦路净众寺园林遗址 C1⑤：1）　3.青羊宫窑 B 型碗（天府广场东北侧遗址 H2：7）4.青羊宫窑 C 型碗（通锦路净众寺园林遗址 G2②：8）　5.青羊宫窑 A 型盘（成都博物馆遗址 T0306⑪：115）　6.青羊宫窑 B 型盘（天府广场东北侧遗址 TN03W03⑤：11）　7.青羊宫窑 A 型杯（成都博物馆遗址 T0206⑪:6）8.青羊宫窑 B 型杯（天府广场东北侧遗址 H52：2）　9.青羊宫窑 C 型杯（十二桥遗址 IIT40④：10）　10.青羊宫窑 A 型碟（通锦路净众寺园林遗址 C1③：92）11.青羊宫窑 B 型碟（天府广场东北侧遗址 TN03E01⑤：3）　12.青羊宫窑 A 型钵（十二桥遗址 IIT38④：7）　13.青羊宫窑 B 型钵（通锦路净众寺园林遗址 C1③：169）　14.青羊宫窑 I 式盘口壶（青羊宫窑遗址 QYT11②：3）　15.青羊宫窑 II 式盘口壶（通锦路净众寺园林遗址 G2①：80）　16.青羊宫窑 A 型带系罐（十二桥遗址 IIT52③：25）　17.青羊宫窑研磨器（通锦路净众寺园林遗址 C1④：1）　18.青羊宫窑 A 型砚台（天府广场东北侧遗址采：4）19.青羊宫窑 B 型砚台（十二桥遗址 IIT52③：48）　20.A 型 I 式兽面纹瓦当（奎星楼街遗址 T1③：2）　21.A 型 I 式兽面纹瓦当（下同仁路遗址 H6：111）　22.Aa 型莲花纹瓦当（东华门摩诃池池苑遗址 C1 南⑤：15）　23.Ab 型莲花纹瓦当（东华门摩诃池池苑遗址 C1 南⑤：11）　24.C 型莲花纹瓦当（东华门摩诃池池苑遗址 G2：2）　25.F 型莲花纹瓦当（东华门摩诃池池苑遗址 TN01W04⑤：30）　26.G 型莲花纹瓦当（通锦路净众寺园林遗址 C1③：246）27.B 型莲花纹瓦当（东华门摩诃池池苑遗址 H29：18）28.青羊宫窑 B 型带系罐（天府广场东北侧遗址 J4：2）

代以来形成的基本格局。值得一书的是，唐神龙二年（706）的《李延祐墓志》载李氏于武则天末期受命益州大都督府士曹参军事，对西蜀成都的繁华有亲身体会："西南奥府，雕绮实繁，镂镂参神，精妍若化，纤罗云卷，绚锦霞缛，百工所就，四海是资。"[1] 这样的城市景象，即便放大到全国范围的一等都会之中，也是不遑多让的。

第二期：唐末扩筑罗城（876）以后至五代前后蜀时期

这一阶段的成都城先是营建了罗城，城垣周长25里，加上瓮城、马面等全长为33里，城区面积扩展到约12平方公里。改郫江水道，绕罗城北、东两面而行，与检江、郫江故道一起构成了闭合、环绕的护城河体系。随后五代时期又在罗城之外加筑了羊马城，加上原有的子城和牙城，城区面积至此达到顶峰，成为拥有内外四重城垣的大型都市。据有限的发掘资料推测，罗城的城门以单门道形制为主，并出现了新式的券拱结构。城内道路系统发达，除"太玄门—万里桥门""大东门—大西门""小东门至小西门"3条主轴线外，还有一条由笮桥门延伸出来的南北向副轴线。主干道路的宽度通常在10米以上，路面没有铺砖的做法，以泥土混杂瓦砾铺垫。主干沟渠与主干道路配套修建，且与之相邻，既有不加盖顶的砖砌明沟，也有带券顶的砖砌暗沟。随着城区面积的成倍扩张，民居里坊的数量也随之增长，子城内的里坊仍属于高等级社区，但面积都比较狭小，或仅等同于后世的街巷或胡同，罗城的里坊数量和空间面积应超过子城，尤其是在个别区域存在比较清晰的大小十字街格局。此外，城市功能分区逐步显露，以子城（五代皇城）和牙城（五代宫城）为核心的城中部依托摩诃池，容纳了宫室禁苑、衙署府邸和其他高等级社区；以富春坊为代表的城东部，考古发现和文献记载表明这里主要与市场、商铺、食店、酒肆、青楼等服务性场所有关，出土物中的餐饮器具亦占绝对比重，故商业属性十分明确，时至今日仍为成都最繁华的商业街区；以原少城为核心的城西部，所见遗存主要与佛寺庙宇有关，包括造像

---

1 周绍良主编《唐代墓志汇编》，神龙〇三七，上海古籍出版社，1992，第1067页。

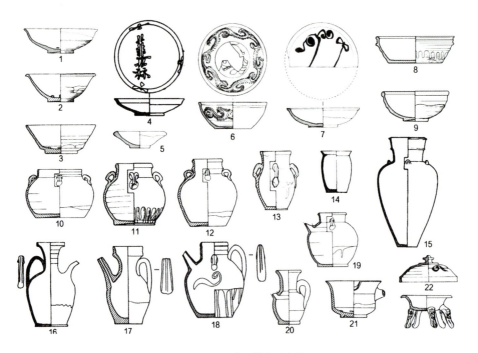

图 11-2 第二期典型瓷器

1．琉璃厂窑 A 型碗（下同仁路遗址 H3：144） 2．琉璃厂窑 B 型碗（天府广场东北侧遗址 TN01E03⑤：7） 3．琉璃厂窑 C 型碗（金河路遗址 H4：336） 4．琉璃厂窑 I 式盘（指挥街遗址 T5④：49） 5．琉璃厂窑 I 式碟（金河路遗址 H4：1537） 6．琉璃厂窑 A 型盆（成都博物馆遗址 T0307⑨A：11） 7．琉璃厂窑 B 型盆（下东大街遗址 T2⑥：51） 8．琉璃厂窑 C 型盆（下同仁路遗址 H3：155） 9．琉璃厂窑 D 型盆（下同仁路遗址 H3：157） 10．琉璃厂窑 Aa 型罐（金河路遗址 H4：167） 11．琉璃厂窑 Ab 型罐（下同仁路遗址 H3：216） 12．琉璃厂窑 B 型罐（金河路遗址 H4：160）13．琉璃厂窑 C 型罐（金河路遗址 H4：310） 14．琉璃厂窑 D 型 I 式罐（东丁字街遗址 TN01E01③：1） 15．琉璃厂窑 F 型罐（指挥街遗址 H4：171） 16．琉璃厂窑 A 型注壶（指挥街遗址 T5④：297） 17．琉璃厂窑 A 型注壶（琉璃厂窑遗址 H1：34） 18．琉璃厂窑 C 型注壶（琉璃厂窑遗址 TN02W03⑤：134） 19．琉璃厂窑 D 型注壶（金河路遗址 H4：201） 20．琉璃厂窑 B 型注壶（金河路遗址 H4：226） 21．琉璃厂窑 A 型急须（金河路遗址 H4：255） 22．琉璃厂窑盖（内姜街遗址 T4 扩⑥：7） 23．琉璃厂窑 A 型 I 式炉（金河路遗址 H4：203）

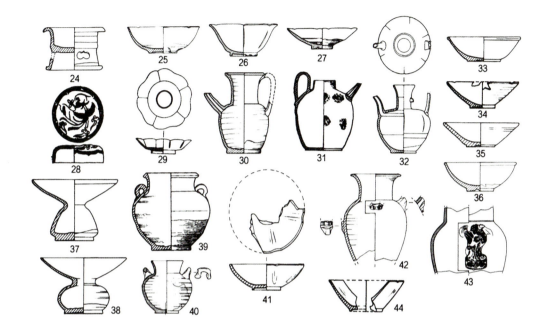

图 11-3 第二期典型瓷器

24．B 型炉（金河路遗址 H4：287）　25．邛窑 A 型花口碗（天府广场东北侧遗址 H4：14）
26．邛窑 B 型花口碗（下同仁路遗址 H6：135）　27．邛窑 A 型花口盘（下同仁路遗址 H6：93）
28．邛窑盖（指挥街遗址 H8：181）　29．邛窑 B 型花口盘（指挥街遗址 H4：133）
30．邛窑 A 型注壶（下同仁路遗址 H3：177）　31．邛窑 B 型注壶（金河路遗址 H4：120）
32．邛窑 C 型注壶（指挥街遗址 H4：109）　33．定窑 A 型碗（天府广场东北侧遗址 TS01W06 ⑤：
15）　34．定窑 B 型碗（东丁字街遗址 J1：37）　35．长沙窑 A 型碗（通锦路净众寺园林遗址
C1 ③：70）　36．长沙窑 B 型碗（通锦路净众寺园林遗址 C1 ⑥：19）　37．邛窑渣斗（金河路遗
址 H4：54）　38．邛窑渣斗（天府广场东北侧遗址 H2：5）　39．邛窑 A 型带系罐（下同仁路遗址
H3：220）　40．邛窑 B 型带系罐（天府广场东北侧遗址 TS01W01 ⑤：22）
41．定窑 C 型碗（天府广场东北侧遗址 TN01W03 ⑤：2）　42．长沙窑注壶（通锦路净众寺园林遗
址 G2 ①：1）　43．长沙窑注壶（杜甫草堂遗址 H3：227）
44．越窑碗（东丁字街遗址 TN04W01 ③：45）

坑、塔基、殿宇等，另有许多历史悠久的道观、教堂、祠庙分布于此，可视作名副其实的宗教文化区。

出土瓷器方面，本地的青羊宫窑渐趋衰亡，代之而起的琉璃厂窑产品占据绝对主流，包括 A 型碗、B 型碗、C 型碗、I 式盘、II 式盘、I 式碟、A 型盆、B 型盆、C 型盆、D 型盆、盘口壶、Aa 型罐、Ab 型罐、B 型罐、C 型罐、D 型 I 式罐、F 型罐、A 型注壶、B 型注壶、C 型注壶、D 型注壶、A 型急须、A 型 I 式炉、B 型炉。邛窑瓷器数量仅次于琉璃厂窑，制作大多较精良，带有显著的仿金银器痕迹，一部分属于专供宫廷官府使用的低温釉瓷器，可辨 A 型花口碗、B 型花口碗、A 型花口盘、B 型花口盘、A 型注壶、B 型注壶、C 型注壶、渣斗、A 型带系罐、B 型带系罐、II 式杯、炉、A 型盒、B 型盒、盖。除本地瓷器外，还见有邢窑、定窑、长沙窑、越窑等外地瓷器，当系输入的高档商品（图 11-2、11-3）。建筑砖瓦中的兽面纹瓦当取代了莲花纹瓦当，类型较丰富，有 A 型 II

图 11-4　第二期典型建筑材料

1. A 型 II 式兽面纹瓦当（下同仁路遗址 H6：113）　2. B 型兽面纹瓦当（下同仁路遗址 T4③：20）　3. Ca 型 I 式兽面纹瓦当（下同仁路遗址 H6：47）　4. Cb 型兽面纹瓦当（下同仁路遗址 H3：194）　5. D 型莲花纹瓦当（通锦路净众寺园林遗址 C1④：247）　6. Ea 型莲花纹瓦当（天府广场东北侧遗址 TN01W01⑤：10）　7. Eb 型莲花纹瓦当（通锦路净众寺园林遗址 C1③：326）　8. Aa 型铺地砖（指挥街遗址 J1：16）　9. Ab 型铺地砖（东华门摩诃池池苑遗址 C1 北②：2）

式、B 型、Ca 型 I 式、Cb 型等。Aa 型、Ab 型铺地砖数量很少，只是在高等级建筑的活动面有所使用（图 11-4）。

这一阶段里城圈数量增加的首要因素无疑是军事防御的考虑。如文宗大和三年（829），南诏军攻陷成都外城（子城城垣），幸有牙城作最后屏障，节度使杜元颖才得以率众拒敌[1]。高骈任节度使之初，坦言当时的形势严峻，"西川境邑，南诏比邻，频遭蛮蜒之侵凌，益以墙垣之湫隘"，并强调修筑罗城，才能"雄壮三川，保安千载"[2]。五代时期，于罗城外加筑羊马城，亦是考虑"（成都）城虽大而弗严，隍已平而可步……罗城虽设，智有所亏"[3]。其次，唐末五代之际的中原和北方地区战乱频发，社会板荡，南迁避难者为数众多，而社会相对富庶安定的蜀地是此次人口大迁徙的主要目的地，成都更是首当其冲，原有的城区和城郊人口激增，城狭民众的矛盾越发突出，直接推动了城区面积的扩张。另一方面，南迁避难的群体除普通民众外，还包括文武官吏、衣冠贵族等社会精英阶层，这些人士在带来珍奇异物、文玩杂宝的同时[4]，也间接促进了工艺、技术、思想、文化、艺术、风俗、宗教等各领域的交流与传播，在奢靡风气盛行的背景下，为城市生活注入了新的活力，造就了城市发展的顶峰。

第三期：北宋时期

这一阶段的成都城继续保留了子城和罗城，但疏于修缮。罗城在北宋时期见于记载的维修活动仅两次，都发生在仁宗年间，考古发现的这部分罗城墙体只是在原来唐代罗城的基础上进行了局部增补，夯土下层稍厚，上部逐渐变薄，夹杂大小不等的卵石，且夯土外侧未见包砖[5]。罗城城门的位置保持不变，西南方向

1　司马光编著《资治通鉴》卷二百四十四，胡三省音注，"标点资治通鉴小组"校点，第 7868 页。

2　高骈：《筑罗城成表》，载董诰等编《全唐文》卷八百二，第 3736 页。

3　李昊：《创筑羊马城记》，载袁说友等编《成都文类》卷二十四，赵晓兰整理，第 501-502 页。

4　蜀主王建报谢"大梁皇帝降使赐赆"的信物中，即有"右件鞍马，及腰带、甲胄、枪剑、麝脐、珊瑚、玳瑁、金棱碗、越瓷器，并诸色药物等"各类宝物。参见句延庆：《锦里耆旧传》卷二，载《四库全书》第 1354 册，影印本，第 824 页。

5　成都市文物考古研究所：《成都市中同仁路城墙遗址发掘简报》，载《成都考古发现》（2002），第 273-274 页。

的笪桥门在北宋初年的战火中被毁，重新恢复的城门结构由券拱式改为传统的过梁式，但仍为单门道。羊马城因系土筑的矮墙，加之年久失修，已渐颓坏废弛。城内的道路、沟渠系统和里坊结构延续了唐末五代以后的格局，主干道路有收缩变窄的趋势，路面依旧用泥土和碎石瓦砾铺筑。主干沟渠大致沿用了上一期的砖砌明沟和暗沟，局部进行了修补，但从吴师孟《导水记》的内容可知，北宋前期城内沟渠有大面积淤堵荒废的情况，后寻故道清理才得以疏通[1]。以摩诃池为核心的宫室衙署区遭受破坏，遗址内普遍存在五代末至宋初的垮塌废弃堆积，且北宋以后的池苑范围和建筑数量、规模、工艺等均不及前代，所幸主要景观犹在，如北宋熙宁年间（1068—1077），成都知府吴中复作有《西园十咏》诗，描写了西楼、众熙亭、竹洞、方物亭、翠柏亭、圆通庵、琴坛、流杯亭、乔楠亭、锦亭共十处景观[2]。此外，城西的佛寺在战乱中损失惨重，虽有复建，但已不复往日盛景，佛教中心向城东的大圣慈寺转移。

出土瓷器方面，本地的琉璃厂窑和磁峰窑产品占据主流，前者包括 D 型 I 式碗、II 式碟、D 型 II 式带系罐、Ea 型带系罐、E 型注壶、瓶等，后者可见到 Aa 型碗、Ab 型碗、B 型碗、A 型盘等，另有少量邛窑、耀州窑、景德镇窑瓷器（图11-5）。建筑砖瓦常见兽面纹瓦当。

这一阶段的城市面貌整体呈现衰落景象，城垣失修或塌毁，城门、沟渠、宫苑、佛寺等均遭到不同程度的破坏，导致这样的后果，首要因素应为北宋初年的战乱，从太宗淳化五年（994）至真宗咸平三年（1000），成都前后经历了王小波、李顺、王均等人领导的多次军事暴动。其中李顺军"引众攻成都，烧西郭门……遣兵四出侵掠"[3]，或言"迨淳化甲午岁，盗发二川，焚劫略尽，则墙壁之绘，甚乎剥庐，家秘之宝，散如决水。今可观者，十二三焉"[4]，后来宋军收复成都，城内已是"危楼坏屋，比比相望"[5]；王均兵变历时长达近

1　吴师孟：《导水记》，载袁说友等编《成都文类》卷二十五，赵晓兰整理，第511页。

2　吴中复：《西园十咏》，载袁说友等编《成都文类》卷七，赵晓兰整理，第511页。

3　李焘：《续资治通鉴长编》卷三十五，上海师范大学古籍整理研究所、华东师范大学古籍整理研究所点校，第765页。

4　黄休复：《益州名画录》序，秦岭云点校，第2页。

5　张咏：《益州重修公宇记》，载袁说友等编《成都文类》卷二十六，赵晓兰整理，第520-521页。

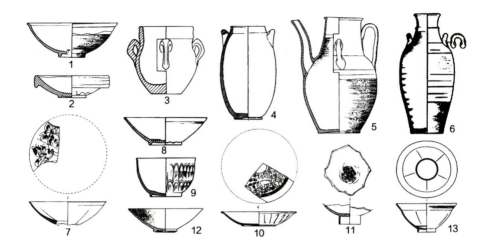

图 11-5 第三期典型遗物

1. 琉璃厂窑 D 型 I 式碗（下同仁路遗址 H10：17） 2. II 式碟（通锦路净众寺园林遗址 H8：10） 3. 琉璃厂窑 D 型 II 式带系罐（成都博物馆遗址 T0106⑩：1） 4. 琉璃厂窑 Ea 型带系罐（杜甫草堂遗址 J2：10） 5. 琉璃厂窑 E 型注壶（下同仁路遗址 J1：3） 6. 琉璃厂窑瓶（下同仁路遗址 J1：1） 7. 磁峰窑 Aa 型碗（下东大街遗址 T4⑥：3） 8. 磁峰窑 Ab 型碗（东丁字街遗址 TN04W01③：51） 9. 磁峰窑 B 型碗（江汉路遗址 T1⑤：36） 10. 磁峰窑 A 型盘（清安街城墙遗址 Q3：32） 11. 景德镇窑碗（东丁字街遗址 TN04W01③：52） 12. 景德镇窑盏（下同仁路遗址 J1：12） 13. 耀州窑碗（下同仁路遗址 J1：18）

一年，与宋军在城北一带激烈交战，"（雷有终）登城楼下瞰，贼之余众，犹寨天长观前，于文翁坊密设炮架……悉焚之。杨怀忠焚其寨天长观前，追至大安门……遣人纵火城中"。其次，鉴于变乱祸事频生，北宋当权者对蜀地长期持有偏见，如仁宗年间的成都籍文学家张俞曾描述蜀中民风"奸讹易动"[1]，王安石亦评价道："蜀自王均、李顺再乱，遂号为易动，往者得便宜决事，而多擅杀以为威。"[2] 在此背景下，地方官员对如何治理益州多采取谨慎和保守态度，如张咏知益州时，为"平僭伪之迹，合州郡之制"，下令改造蜀宫，"毁逾制

1　张俞：《颁诏厅记》，载袁说友等编《成都文类》卷二十九，赵晓兰整理，第 565 页。

2　王安石：《太子太傅致仕田公墓志铭》，载《临川先生文集》卷九十一，复旦大学出版社，2016，第 1576 页。

将倾之屋……平屹然台殿之址"[1]；真宗咸平四年（1001），因王均兵变时的羊马城对宋军收复成都造成了极大障碍，有人提出了夷毁羊马城壕的建议，但未被采纳[2]。此后很长一段时间里，修缮城池都是令人忌讳的话题，"以嫌，多不治城堞"[3]。甚至到北宋后期王安石变法时，宋神宗与冯京等群臣商议在成都设立"市易务"，唯恐"曩时西川因榷买物，致王小波之乱"[4]，先要派人实地调研利害，再反复论证。这样的外部环境，势必对成都的城池建设造成不可忽视的负面影响。

第四期：南宋时期

这一阶段受统治阶层的重视，对成都的罗城城垣开展了较为频繁的修缮，从高宗建炎元年（1127）至理宗淳祐元年（1241）共计六次，主要是加固夯土和增补包砖。子城城垣虽偶有维修[5]，但拱卫功能已丧失殆尽，基本成为历史古迹。从南宋中后期《蜀川胜概图》所绘的成都小东门看[6]，城门沿用了单门道的过梁式结构。沟渠系统和民居坊市延续了唐末五代至北宋的基本格局，较显著的变化发生在街道上，主要有两个方面：其一是路面急剧收窄，部分主干道的宽度仅3米左右；其二是开始用砖砌筑路面，所用砖材为特制的"香糕砖"。城中的摩诃池池苑仍为城内一大胜景，名士往来者络绎不绝，但苑区内新修建筑很少，

1　张咏：《益州重修公宇记》，载袁说友等编《成都文类》卷二十六，赵晓兰整理，第521页。

2　徐松：《宋会要辑稿·食货六一》，刘琳、刁忠民、舒大刚、尹波等校点，第7463页。

3　脱脱等：《宋史》卷二百九十二《程戡传》，第9756页。

4　李焘：《续资治通鉴长编》卷二百四十九，上海师范大学古籍整理研究所、华东师范大学古籍整理研究所点校，第6076页。

5　熊相：《正德四川志》（据明正德刻嘉靖增补本抄录）卷五，载马继刚主编《四川大学图书馆馆藏珍稀四川地方志丛刊续编》，第231页。此事又见南宋陆游《筹边楼记》，参见袁说友等编《成都文类》卷二十七，赵晓兰整理，第542页。

6　此图传言为北宋著名画家李公麟（1049—1106）所作，但有学者据山川形胜细部判断其创作时间不早于1242年，参见蓝勇：《宋〈蜀川胜概图〉考》，《文物》1999年第4期；郭声波：《＜蜀川胜概图＞岷江上游地名考释》，载四川大学古籍整理研究所编《宋代文化研究》（第十一辑），线装书局，2002，第216页。

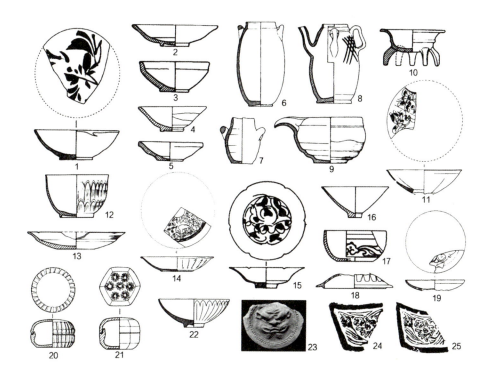

图 11-6　第四期典型遗物

　　1. 琉璃厂窑 D 型 II 式碗（下东大街遗址 T3⑤b：8）　2. 琉璃厂窑 II 式盘（江南馆街遗址 96CJ④：7）　3. 琉璃厂窑 A 型盏（内姜街遗址 T4 扩⑥：2）　4. 琉璃厂窑 B 型盏（琉璃厂窑遗址 H3：78）　5. 琉璃厂窑 III 式碟（内姜街遗址 G1③：24）　6. 琉璃厂窑 Ea 型带系罐（杜甫草堂遗址 J2：10）　7. 琉璃厂窑 Eb 型带系罐（内姜街遗址 G1②：6）　8. 琉璃厂窑 F 型注壶（杜甫草堂遗址 J1：2）　9. 琉璃厂窑 B 型急须（内姜街遗址 T4 扩⑦：3）　10. 琉璃厂窑 A 型 II 式炉（杜甫草堂遗址 H18：21）　11. 磁峰窑 Aa 型碗（下东大街遗址 T4⑥：3）

　　12. 磁峰窑 B 型碗（江汉路遗址 T1⑤：36）　13. 磁峰窑 A 型盘（清安街城墙遗址 Q3：32）　14. 磁峰窑 B 型盘（东丁字街遗址 TN04W01③：40）　15. 景德镇窑盘（指挥街遗址 J2：16）　16. 景德镇窑盏（东丁字街遗址 TN05W03③：6）　17. 景德镇窑洗（宾隆街遗址 T1④：28）　18. 景德镇窑盖（宾隆街遗址 T1④：35）　19. 耀州窑盘（清安街城墙遗址 Q2：31）　20. 景德镇窑 A 型盒（成华广场 M1E：1）　21. 景德镇窑 B 型盒（成华广场 M1W：12）　22. 龙泉窑碗（下东大街遗址 T3⑤a：27）　23. A 型 III 式兽面纹瓦当（东华门摩河池池苑遗址 TN01W01④：1）　24. H 型莲花纹瓦当（下同仁路遗址 H10：30）

　　25. H 型莲花纹瓦当（下同仁路遗址 H10：31）

已难掩衰落之势。城东（东南）一带依托大圣慈寺[1]、富春坊和合江亭，商业发达，人气兴旺，愈发成为整座城市的重心所在。

出土瓷器方面，本地的琉璃厂窑和磁峰窑产品继续占据主流，前者包括 D 型 II 式碗、II 式盘、A 型盏、B 型盏、III 式碟、Ea 型带系罐、Eb 型带系罐、F 型注壶、B 型急须、A 型 II 式炉等，后者可见到 Aa 型碗、B 型碗、A 型盘、B 型盘等。外地瓷器的数量和类型明显增多，尤其是景德镇窑的青白瓷，如斗笠盏、盘、洗、盖、A 型盒、B 型盒等，另有少量的龙泉窑和耀州窑青瓷器。建筑砖瓦中除了传统的圆形瓦当外，新出现长条形的莲花草叶纹瓦当（图 11-6）。

随着宋室南渡，全国的政治和经济重心移向东南，西面的川陕防区对南宋政权的安危而言至关重要，而成都作为川陕防区之根本，战略地位尤其突出，故以四川制帅兼知成都府是南宋统治成都采取的主要形式，主官集军事、民政大权于一身，位高权重。在此背景下，各届地方大员都十分重视成都的市政设施特别是城防建设，卢法原、席益、张焘、李璆、王刚中、范成大、赵汝愚、京镗、董居谊等人都先后主持和参与了城垣、街道、桥梁、沟渠的工程建设。北宋政权灭亡后，中原一带的大量民众"弃产而入川蜀"[2]，留居成都者亦不在少数，致使成都城区的居住密度急剧升高，人稠地狭的矛盾日益严峻，如孝宗淳熙丁未年（淳熙十四年，1187）的大火"所燔七千家……居民栉比，一燎无遗"，又云："火作自某所至某所，延烧几万家，灾亦甚矣……第云所燔主户近两千，而僦居之家则以万计。"[3] 此外，人口的激增、商业的繁盛和城市化进程的加速，还衍生出民居、店铺侵街造舍的行为，并且愈演愈烈，甚至连城中心的摩诃池沿岸，都发生了填池造地的现象[4]，也直接导致城区街道路面的大幅度收窄。

1　关于南宋时期大慈寺市场的热闹景象，参见李之纯：《大圣慈寺画记》，载杨慎编《全蜀艺文志》卷四十一，刘琳、王晓波点校，第 1248 页。

2　脱脱等：《宋史》卷一百七十九《食货志下》，第 4347 页。

3　李心传：《建炎以来朝野杂记·乙集》卷八，徐规点校，第 639-641 页。

4　陆游：《老学庵笔记》卷二，李剑雄、刘德权点校，第 23 页。

纵观整个唐宋时期成都城的发展脉络，从唐末扩筑罗城至五代前后蜀的近一百年间，可视作最鼎盛之阶段，城圈规模、道路网络、水利系统、里坊格局、城市功能分区等皆完善和定型于此（图11-7）。

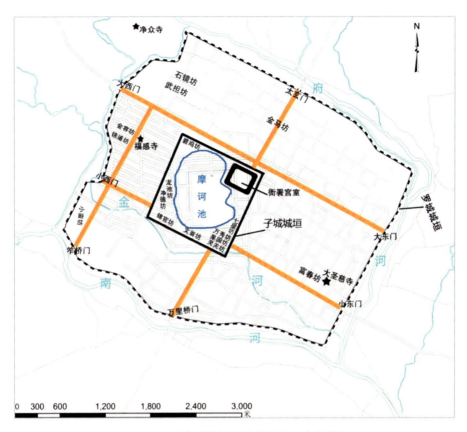

图11-7　唐宋时期成都城复原图（876年以后）
（以民国二十二年成都街市图为底本绘制）

Chapter 12

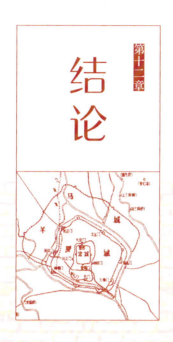

第十二章

结论

唐宋时期的成都城基本叠压在今天成都府南河以内的现代街区之下，自20世纪80年代以来，随着基建考古工作的陆续开展，该区域揭露出了大量的城市遗存，包括城垣、道路、河道、沟渠、房址、殿基、庭院、水井、水池、窖藏、灰坑等各类遗迹，以及丰富的生活用具、建筑材料等遗物标本。目前这批材料已有相当可观的积累，且比较系统，然而对应的研究却难称人意，甚至显得十分薄弱，亟待深入和加强。

作为一部考古学专著，全面占有出土材料并予以系统性梳理，是研究过程中不可或缺的环节。本书先后详细梳理了历年来罗城城垣与城门、主要沟渠、主要街道、衙署池苑、佛寺及造像坑、民居里坊、乡里聚落等领域的考古发现，对于子城城垣、牙城城垣、羊马城城垣、主要河流等考古材料很少的对象，则运用文献史料，结合前贤的学术成果，开展辨析和讨论，尽可能得出可靠的结论。除各城市组成要素外，日常生活所遗留的各类物品同样是城市遗存的重要组成部分，本书收集了出土频率最高、极具代表性的一批瓷器和建筑材料，开展了窑口划分和类型学研究。在此基础上，本书选取了与城垣、居住空间、佛寺遗存相关的六个专题，试图通过解读和分析这些个案，来最大程度地还原唐宋时期成都城各区域的历史风貌。

针对唐代的罗城城垣，尽管曾有不少学者开展过卓有成效的探索，但仍缺乏广度和深度。本书依次关注了筑基与夯土加固、城壁收分、城垣宽度、城门设置四个方面的问题，认为成都罗城城垣下挖的基槽虽然较浅，但应用了夯土与砖石瓦砾层交替叠压之法，属于当时的一种先进工艺，其夯土内存在的穿洞，当是筑城使用纴木留下的痕迹；城壁收分遵循了筑城制度的常规做法，并无特殊之处，且收分数值偏小，城壁趋向陡峭，表明建造者在对收分的控制和处理上较为成熟；城垣宽度尤其是底宽，在唐代地方城市中约居偏上水准，但由于顶宽不过3米，故文献所称顶部多达5600余间的楼橹廊庑存在夸大嫌疑，实际可能只是白露屋（舍）、战棚等小型的简易设施；罗城的城门能够确定开设了7座，其中笮桥门的设置应是考虑了西南交通路线的重要性，城门形制应以一门一道为主，个别城门虽在唐末超前性地采用了券拱做法，但很快恢复为传统的过梁式结构。

关于宋代的罗城城垣，本书考察了成都龙江路、羊市街等地出土的一批南宋铭文城砖，认为它们是在南宋宁宗嘉定十年至十一年（1217—1218），受四川制置使司具体办事官员的监督和管理，由成都府下辖的新繁县、郫县、广都县、新都县等地砖瓦窑场烧制，并交付成都府城的专用城砖。其直接动因或与当时金军在西线边境发动的大规模军事入侵有关，是紧急形势下采取的城防措施之一。其发现对于探索南宋时期成都的城市面貌和政治、军事状况，具有极为重要的参考价值。

摩诃池既是成都城内著名的池苑园林景观，同样是一个高等级的居住空间。本书详细回顾了摩诃池的历史沿革情况，并通过梳理文献记载和考古发现，认为池苑约处在隋唐子城（五代皇城）的偏西北部，东西跨度约 600 米，南北跨度近 1000 米，占地面积约 900 亩，大致符合诗词中所言"十顷"的规模。此外，摩诃池的开凿与取土筑城的关联不强，具有十分浓厚的政治色彩，是隋代蜀王杨秀模仿长安、洛阳宫廷所建"成都宫"的附属园林设施。在前后蜀时达鼎盛之势，成为皇宫禁苑——宣华苑——的核心组成部分。

在民居里坊问题上，本书先借助史料和出土的墓铭券文，考证了成都城内的30 余处里坊，讨论了部分里坊的沿革和方位问题。随后结合各地考古材料分析后认为，子城内的里坊分布密集，但面积各异而狭小，或仅等同于后世的街巷或胡同，又因毗邻衙署和宫苑，且多达官显贵寓居，故该区域在城市居住空间中具有特殊地位；罗城属新扩建区域，这一带里坊的数量和空间面积理应超过子城，虽然并非完全规整的四面平直见方，但在个别里坊内存在比较清晰的大小十字街格局（如罗城东北部）；坊与坊之间不存在传统意义上的封闭式坊墙，通常以纵横街道来区分边界，坊之出入口或有坊门、牌楼等标志性设施；各坊设有坊正，坊内居住密度大，有住宅、商业、官府、宗教场所交相混杂的现象。

城内的佛寺遗存也是本书研究的侧重点之一。笔者依据考古和文献材料，考察了唐代益州净众寺的地理方位，纠正了过去的一些错误观点，认为寺址只能在城西北角外的府河（郫江）西岸一带寻找，并且推测该寺应当是一座拥有塔刹、佛殿、钟楼、厨院、园林区在内的多院式大型佛寺。此外，历年来成都旧城西部的多个地点都陆续发现过佛教造像的掩埋遗迹，本书认为它们应是南北朝至唐五代成都城西某些佛寺的遗存，这些造像坑并非窖藏或圣葬、瘗埋所致，而是在唐代晚期至北宋初年城内外的战乱环境下，随塔楼庙宇等建筑一起遭到破坏，后与砖石瓦砾、生活用具等被当作废弃物倾倒、填埋的。

基于前述城市各要素和出土遗物的考古发现及专题研究，本书初步将唐宋成都城的发展进程划分为四期：第一期为隋代至唐末扩筑罗城以前，第二期为唐末扩筑罗城以后至五代前后蜀时期，第三期为北宋时期，第四期为南宋时期，分别总结了各期特征，并分析了其社会动因和历史背景问题。其中第二期的近一百年时间，可视作最鼎盛之阶段，城圈规模、道路网络、水利系统、里坊格局、城市功能分区等皆完善和定型于此。

最后要特别强调的是，过去美国学者施坚雅曾归纳了"中世纪城市革命"的五点特征，其中之一即"坊市分隔制度消灭，而代之以自由得多的街道规划，可在城内或四郊各处进行买卖交易"[1]，其核心内容主要有两点：1. 坊墙的倒塌导致了坊制的瓦解；2. 坊制瓦解后，由于没有了约束，城市街道由整齐的十字形转变为自由式布局。此外，"唐宋城市变革论"提倡者之一的日本学者加藤繁，在《宋代都市的发展》一文中也总结道："其中，像坊制的崩溃，大家都朝着大街开门启户……由此可知，当时都市制度上的种种限制已经除掉，居民的生活已经颇为自由、放纵，过着享乐的日子。"[2] 然而以现有的考古发现来审视唐宋时期成都城的发展脉络，能从中体会到较强烈的连贯性和稳定性，例如城内的坊与坊之间从始至终不存在传统意义上的封闭式坊墙，通常是以纵横街道来区分边界，主要城门、街道没有发生显著的位移和形态变化，房屋院落大多沿大小街道呈两侧排列，且沿街开门，甚至整座城市的轴向一直延续至今。这似乎说明，"中世纪城市革命"和"唐宋城市变革论"并不具备普遍的理论参考价值，在古今重叠型地方城市的研究领域中，应更多地关注和评估山川、地势、气候、前代城市痕迹、重大历史事件等因素带来的影响。不过，由于受方正的"里坊"和"坊

1　施坚雅：《导言：中华帝国的城市发展》，载《中华帝国晚期的城市》，叶光庭、徐自立、王嗣均等译，陈桥驿校，第24页。

2　加藤繁：《宋代都市的发展》，载《中国经济史考证》第一卷，吴杰译，第277页。

市"观念的影响，使得唐代平原地区的城市形态多被约束为方形或长方形[1]，成都城在这一点上亦不例外。

应当指出，本书所做的工作只是一个初步成果，许多环节受制于出土材料的欠缺，还暂时无法进行全面而细致的考察，例如子城的城门设置与道路网络、前后蜀宫城内部的空间格局、罗城区域的里坊划分与布局等，与其他同时代地方城市之间的比较研究也有待开展。相信随着今后考古发掘与整理研究的深入，唐宋时期成都城的真实面貌将愈加清晰地展现在世人面前。

1　李孝聪：《中国城市的历史空间》，北京大学出版社，2015，第80页。

一、古籍文献

陈寿. 三国志 [M]. 陈乃乾，校点. 北京：中华书局，1959.

干宝. 搜神记 [M]. 北京：中华书局，1979.

刘琳. 华阳国志校注 [M]. 成都：巴蜀书社，1984.

任乃强. 华阳国志校补图注 [M]. 上海：上海古籍出版社，1987.

陈桥驿. 水经注：注释本 [M]. 杭州：浙江古籍出版社，2001.

萧子显. 南齐书 [M]. 北京：中华书局，1974.

慧皎. 高僧传 [M]. 汤用彤，校注. 汤一玄，整理. 北京：中华书局，1992.

王孺童. 比丘尼传校注 [M]. 北京：中华书局，2006.

崔致远. 桂苑笔耕集 [M]. 上海：商务印书馆，1935.

赵元一. 奉天录 [M]// 王云五. 丛书集成初编：奉天录及其他三种. 长沙：商务印书馆，1937.

段成式. 寺塔记 [M] 秦岭云，点校. 北京：人民美术出版社，1964.

魏征，令狐德棻. 隋书 [M]. 北京：中华书局，1973.

长孙无忌，等. 唐律疏议 [M]. 刘俊文，点校. 北京：中华书局，1983.

李吉甫. 元和郡县图志 [M]. 贺次君，点校. 北京：中华书局，1983.

郭知达. 九家集注杜诗 [M]// 洪业，聂崇岐，李书春，等. 杜诗引得. 上海：上海古籍出版社，1985.

杜佑. 通典 [M]. 王文锦，王永兴，刘俊文，等点校. 北京：中华书局，1988.

释道世. 法苑珠林 [M]. 扬州：江苏广陵古籍刻印社，1990.

李筌. 神机制敌太白阴经 [M]. 盛冬铃，译注. 石家庄：河北人民出版社，1991.

李林甫，等. 唐六典 [M]. 陈仲夫，点校. 北京：中华书局，1992.

慧立，彦悰. 大慈恩寺三藏法师传 [M]. 孙毓棠，谢方，点校. 北京：中华书局，2000.

佚名. 历代法宝记 [M]// 大藏经刊行会. 大正新修大藏经：第五十一册. 台北：新文丰出版股份有限公司，1992.

圆照. 代宗朝赠司空大辨正广智三藏和上表制集 [M]// 大藏经刊行会. 大正新修大藏经：第五十三册. 台北：新文丰出版股份有限公司，1992.

道宣. 集神州三宝感通录 [M]// 大藏经刊行会. 大正新修大藏经：第五十二册. 台北：新文丰出版股份有限公司，1992.

段成式. 酉阳杂俎 [M]. 曹中孚，校点. 上海：上海古籍出版社，2012.

道宣. 续高僧传 [M]. 郭绍林，点校. 北京：中华书局，2014.

刘昫，等. 旧唐书 [M]. 北京：中华书局，1975.

杜光庭. 神仙感遇传 [M]// 上海书店出版社. 道藏：第一册. 上海：上海书店出版社，1988.

杜光庭. 道教灵验记 [M]// 上海书店出版社. 道藏：第一册. 上海：上海书店出版社，1988.

徐式文. 花蕊宫词笺注 [M]. 成都：巴蜀书社，1992.

何光远. 鉴诫录 [M]// 傅璇琮，徐海荣，徐吉军. 五代史书汇编. 杭州：杭州出版社，2004.

路振. 九国志 [M]. 上海：商务印书馆，1937.

佚名. 昭忠录 [M]// 王云五. 丛书集成初编：昭忠录及其他二种. 上海：商务印书馆，1939.

李心传. 建炎以来系年要录 [M]. 北京：中华书局，1956.

司马光. 资治通鉴 [M]. 胡三省，音注. “标点资治通鉴小组”，校点. 北京：中华书局，1956.

黄休复. 益州名画录 [M]. 秦岭云，点校. 北京：人民美术出版社，1964.

郭若虚. 图画见闻志 [M]. 俞剑华，注释. 上海：上海人民美术出版社，1964.

欧阳修. 新五代史 [M]. 徐无党，注. 北京：中华书局，1974.

欧阳修，宋祁. 新唐书 [M]. 北京：中华书局，1975.

薛居正，等. 旧五代史 [M]. 北京：中华书局，1976.

吴曾. 能改斋漫录 [M]. 上海：上海古籍出版社，1979.

陆游. 老学庵笔记 [M]. 李剑雄，刘德权，点校. 北京：中华书局，1979.

王存. 元丰九域志 [M]. 王文楚，魏嵩山，点校. 北京：中华书局，1984.

钱仲联. 剑南诗稿校注 [M]. 上海：上海古籍出版社，1985.

周辉. 清波杂志附别志 [M]. 北京：中华书局，1985.

佚名. 宝刻类编 [M]. 北京：中华书局，1985.

佚名. 新编分门古今类事 [M]. 北京：中华书局，1985.

赞宁. 宋高僧传 [M]. 范祥雍，点校. 北京：中华书局，1987.

朱熹. 晦庵集 [M]// 四库全书：第 1146 册. 影印本. 上海：上海古籍出版社，1987.

文同. 丹渊集 [M]// 四库全书：第 1096 册. 影印本. 上海：上海古籍出版社，1987.

吕陶. 净德集 [M]// 四库全书：第 1098 册. 影印本. 上海：上海古籍出版社，1987.

洪适. 盘洲文集 [M]// 四库全书：第 1158 册. 影印本. 上海：上海古籍出版社，1987.

周密. 癸辛杂识 [M]. 吴企明，点校. 北京：中华书局，1988.

罗濬，等. 宝庆四明志 [M]// 中华书局编辑部. 宋元方志丛刊. 北京：中华书局，1990.

王溥. 唐会要 [M]. 上海：上海古籍出版社，1991.

张君房. 云笈七签 [M]. 蒋力生，等校注. 北京：华夏出版社，1996.

王文才，王炎. 蜀梼杌校笺 [M]. 成都：巴蜀书社，1999.

李心传. 建炎以来朝野杂记 [M]. 徐规，点校. 北京：中华书局，2000.

范成大. 范成大笔记六种 [M]. 孔凡礼，点校. 北京：中华书局，2002.

欧阳忞. 舆地广记 [M]. 李勇先，王小红，校注. 成都：四川大学出版社，2003.

祝穆. 方舆胜览 [M]. 祝洙，增订. 施和金，点校. 北京：中华书局，2003.

佚名. 五国故事 [M]// 傅璇琮，徐海荣，徐吉军. 五代史书汇编. 杭州：杭州出版社，2004.

李焘. 续资治通鉴长编 [M]. 上海师范大学古籍整理研究所，华东师范大学古籍整理研究所，点校. 北京：中华书局，2004.

耿焕. 野人闲话 [M]// 傅璇琮，徐海荣，徐吉军. 五代史书汇编. 杭州：杭州出版社，2004.

魏了翁. 重校鹤山先生大全文集 [M]// 四川大学古籍整理研究所. 宋集珍本丛刊. 北

京：线装书局，2004.

句延庆. 锦里耆旧传 [M]// 傅璇琮，徐海荣，徐吉军. 五代史书汇编. 杭州：杭州出版社，2004.

乐史. 太平寰宇记 [M]. 王文楚，等点校. 北京：中华书局，2007.

袁说友，等. 成都文类 [M]. 赵晓兰，整理. 北京：中华书局，2011.

周辉. 清波杂志 [M]. 秦克，校点. 上海：上海古籍出版社，2012.

黄休复. 茅亭客话 [M]. 李梦生，校点. 上海：上海古籍出版社，2012.

张师正. 括异志 [M]. 傅成，李裕民，校点. 上海：上海古籍出版社，2012.

李昉，等. 太平广记 [M]. 北京：中华书局，2013.

宋敏求，李好文. 长安志·长安志图 [M]. 辛德勇，郎洁，点校. 西安：三秦出版社，2013.

马亚中，涂小马. 渭南文集校注 [M]. 杭州：浙江古籍出版社，2015.

曾公亮，等. 武经总要 [M]. 陈建忠，黄明珍，点校. 北京：商务印书馆，2017.

谈钥. 嘉泰吴兴志 [M]. 湖州市地方志编纂委员会办公室，整理. 杭州：浙江古籍出版社，2018.

脱脱，等. 辽史 [M]. 北京：中华书局，1974.

脱脱，等. 金史 [M]. 北京：中华书局，1975.

脱脱，等. 宋史 [M]. 北京：中华书局，1977.

沈德符. 万历野获编 [M]. 北京：中华书局，1959.

宋濂. 元史 [M]. 北京：中华书局，1976.

曹学佺. 蜀中名胜记 [M]. 刘知渐，点校. 重庆：重庆出版社，1984.

何宇度. 益部谈资 [M]. 上海：上海古籍出版社，1993.

黄淮，杨士奇，等. 历代名臣奏议 [M]. 台北：台湾学生书局，1985.

刘球. 两溪文集 [M]// 四库全书. 影印本. 上海：上海古籍出版社，1987.

刘大漠，杨慎，等. 嘉靖四川总志 [M]// 北京图书馆古籍出版编辑组. 北京图书馆古籍珍本丛刊. 北京：书目文献出版社，1988.

冯任，张世雍，等. 天启新修成都府志 [M]// 中国地方志集成编委会. 中国地方志集成：四川府县志辑. 成都：巴蜀书社，1992.

曹学佺. 蜀中广记 [M]. 上海：上海古籍出版社，1993.

杨慎. 全蜀艺文志 [M]. 刘琳，王晓波，点校. 北京：线装书局，2003.

陈耀文. 花草粹编 [M]. 龙建国，杨有山，点校. 保定：河北大学出版社，2007.

熊相. 正德四川志 [M]// 马继刚. 四川大学图书馆馆藏珍稀四川地方志丛刊续编. 成都：四川大学出版社，2015.

王懿荣. 天壤阁杂记 [M]. 上海：商务印书馆，1937.

彭定求，等. 全唐诗 [M]. 北京：中华书局，1960.

吴任臣. 十国春秋 [M]. 徐敏霞，周莹，点校. 北京：中华书局，1983.

顾炎武. 历代宅京记 [M]. 于杰，点校. 北京：中华书局，1984.

董诰，等. 全唐文 [M]. 上海：上海古籍出版社，1990.

陶澍. 陶澍集（上、下）[M]. 长沙：岳麓书社，1998.

胡聘之. 山右石刻丛编 [M]// 中国东方文化研究会历史文化分会. 历代碑志丛书. 南京：江苏古籍出版社，1998.

彭遵泗，等. 蜀碧（外二种）[M]. 北京：北京古籍出版社，2002.

顾祖禹. 读史方舆纪要 [M]. 贺次君，施和金，点校. 北京：中华书局，2005.

佟世雍，何如伟，等. 康熙成都府志 [M]// 成都市地方志编纂委员会、四川大学历史地理研究会. 成都旧志：第 9 册. 成都：成都时代出版社，2008.

衷以壎，等. 嘉庆成都县志 [M]// 成都市地方志编纂委员会、四川大学历史地理研究会. 成都旧志：第 10 册. 成都：成都时代出版社，2008.

李玉宣，衷兴鉴，等. 同治成都县志 [M]// 成都市地方志编纂委员会、四川大学历史地理研究会. 成都旧志：第 11、12 册. 成都：成都时代出版社，2008.

倪亮. 蜀故校注 [M]. 成都：西南交通大学出版社，2020.

陈法驾，叶大锵. 曾鉴，等. 民国华阳县志 [M]// 成都市地方志编纂委员会、四川大学历史地理研究会. 成都旧志：第 16 册. 成都：成都时代出版社，2008.

苏轼. 苏东坡全集 [M]. 邓立勋，编校. 合肥：黄山书社，1997.

邓少琴. 梁李膺《益州记》辑存 [M]// 邓少琴西南民族史地论集. 成都：巴蜀书社，2001.

徐松. 宋会要辑稿 [M]. 刘琳，刁忠民，舒大刚，等校点. 上海：上海古籍出版社，2014.

沙海昂. 马可波罗行纪 [M]. 冯承钧，译. 上海：上海古籍出版社，2014.

孙琪华. 《益州记》辑注及校勘 [M]. 蒙默，黎明春，整理. 成都：巴蜀书社，2015.

二、考古简报（讯）与报告

（一）成都市

葛维汉. 琉璃厂窑址 [M]//《四川古陶瓷研究》编辑组. 四川古陶瓷研究（一）. 成都：四川省社会科学院出版社，1984：154-168.

冯汉骥. 元八思巴蒙文圣旨碑发现记 [M]// 张勋燎，白彬. 川大史学·冯汉骥卷. 成都：四川大学出版社，2006：357.

冯汉骥. 成都万佛寺石刻造像——全国基建出土文物展览会西南区展览品之一 [J]. 文物参考资料，1954（9）.

四川省文管会. 成都万佛寺继续发现石刻 [J]. 文物参考资料，1955（2）.

徐鹏章，陈久恒，何德滋. 成都北郊站东乡高晖墓清理简报 [J]. 考古通讯，1955（6）.

江学礼，陈建中. 青羊宫古窑址试掘简报 [J]. 文物参考资料，1956（6）.

林雪坤. 四川华阳县琉璃厂调查记 [J]. 文物参考资料，1956（9）.

四川省文物管理委员会. 四川华阳县北宋墓清理简报 [J]. 文物参考资料，1956（12）.

任锡光. 四川华阳县发现五代后蜀墓 [J]. 考古通讯，1957（4）.

冯汉骥. 记唐印本陀罗尼经咒的发现 [J]. 文物参考资料，1957（5）.

袁明森. 成都西郊发现唐代石刻 [J]. 考古，1959（9）.

成都市文物管理处. 后蜀孟知祥墓与福庆长公主墓志铭 [J]. 文物，1982(3).

成都市文物管理处. 成都市东郊后蜀张虔钊墓 [J]. 文物，1982(3).

黎佳. 青羊宫隋唐瓷窑遗址 [J]. 成都文物，1983(1).

李恩雄，冯先成，王黎明. 成都发现隋唐小型铜棺 [J]. 考古与文物，1983(3).

四川省文物管理委员会. 前蜀晋晖墓清理简报 [J]. 考古，1983(10).

四川省文管会，成都市文管处. 成都青羊宫窑址发掘简报 [M]//《四川古陶瓷研究》编辑组. 四川古陶瓷研究（二）. 成都：四川省社会科学院出版社，1984：113-154.

丁祖春. 成都胜利公社琉璃厂古窑 [M]//《四川古陶瓷研究》编辑组. 四川古陶瓷研究（一）. 成都：四川省社会科学院出版社，1984：171-180.

翁善良. 成都青羊宫窑址调查 [J]. 景德镇陶瓷，1984(总 26).

王黎明. 我市东通顺街发现唐代钱币窖藏 [J]. 成都文物，1985(1).

曾咏霞. 成都市博物馆考古队 1985 年全年考古发掘清理简记 [J]. 成都文物，1986(1).

王黎明，冯先成. 成都新一村小区试掘简报 [J]. 成都文物，1988(4).

翁善良，罗伟先. 成都东郊北宋张确夫妇墓 [J]. 文物，1990(3).

成都市博物馆，四川大学博物馆. 成都指挥街唐宋遗址发掘报告 [M]// 四川大学博物馆，中国古代铜鼓研究学会. 南方民族考古（第二辑）. 成都：四川科学技术出版社，1990：233-298.

成都市博物馆考古队. 成都罗城 1、2 号门址发掘简报 [M]// 四川大学博物馆，中国古代铜鼓研究学会. 南方民族考古（第三辑）. 成都：四川科学技术出版社，1991：369-379.

成都市博物馆考古队. 成都无缝钢管厂发现五代后蜀墓 [J]. 四川文物，1991(3).

成都市博物馆考古队. 五代后蜀孙汉韶墓 [J]. 文物，1991(5).

朱章义，古成吾. 金鱼街宋井清理简报 [J]. 成都文物，1992(4).

成都市文物考古队，四川大学历史系. 成都市上汪家拐街遗址发掘报告 [M]// 四川大学博物馆，中国古代铜鼓研究学会. 南方民族考古（第五辑）. 成都：四川科学技术出版社，1993：325-358.

成都市文物考古工作队. 成都市 1992 年田野考古概况 [J]. 成都文物，1993(1).

谢涛. 府南河沿岸城垣遗址分布状况 [J]. 成都文物，1994(4).

刘骏. 成都北郊北宋谢定夫妇墓清理简报 [J]. 成都文物，1995(2).

成都市文物考古工作队. 一九九四年成都市田野考古工作概况 [J]. 成都文物，1995(2).

成都市文物考古工作队. 成都市 1995 年田野考古工作概述 [J]. 成都文物，1996(1).

成都市文物考古工作队. 1996 年成都市田野考古概述 [J]. 成都文物，1997(1).

成都市文物考古工作队. 四川成都市西郊金鱼村南宋砖室火葬墓 [J]. 考古，1997(10).

刘雨茂. 成都中医药大学晋至唐代烧瓷遗址 [M]// 中国考古学会. 中国考古学年鉴 1998. 北京：文物出版社，2000：223.

成都市文物考古工作队，成都市文物考古研究所. 成都市西安路南朝石刻造像清理简报 [J]. 文物，1998(11).

成都市文物考古工作队. 成都市一九九八年田野考古工作概述 [J]. 成都文物，1999(1).

成都市文物考古研究所，成都市文物考古工作队. 四川成都市西郊化成村唐墓的清理 [J]. 考古，2000(3).

成都市文物考古研究所. 成都东门大桥出土佛顶尊胜陀罗尼石经幢 [J]. 文物，2000(8).

谢涛. 成都市 1994~1995 年城垣考古 [J]. 四川文物，2001(1).

张肖马，雷玉华. 成都市商业街南朝石刻造像 [J]. 文物，2001(10).

成都市文物考古研究所. 成都市二仙桥南宋墓发掘简报 [M]// 成都市文物考古研究所.

成都考古发现(1999). 北京：科学出版社，2001：211-224.

成都市文物考古工作队. 成都市外化成小区南宋墓发掘简报 [M]// 成都市文物考古研究所. 成都考古发现(1999). 北京：科学出版社，2001：242-251.

成都市文物考古工作队. 成都市江南馆街唐宋遗址发掘简报 [M]// 成都市文物考古研究所. 成都考古发现(1999). 北京：科学出版社，2001：260-277.

成都市文物考古研究所. 成都市龙泉驿区青龙村宋墓发掘简报 [M]// 成都市文物考古研究所. 成都考古发现(1999). 北京：科学出版社，2001：278-294.

成都市文物考古研究所. 成都西郊清江路唐宋墓葬发掘简报 [M]// 成都市文物考古研究所. 成都考古发现(2000). 北京：科学出版社，2002：341-358.

冯汉骥. 前蜀王建墓发掘报告 [M]. 北京：文物出版社，2002.

陈显双，尚崇伟. 邛窑古陶瓷简论——考古发掘简报 [M]// 耿宝昌. 邛窑古陶瓷研究. 合肥：中国科学技术大学出版社，2002：123-260.

彭州市博物馆，成都市文物考古研究所. 四川彭州龙兴寺出土石造像 [J]. 文物，2003(9).

成都市文物考古研究所. 成都博瑞"都市花园"汉、宋墓葬发掘报告 [M]// 成都市文物考古研究所. 成都考古发现（2001）. 北京：科学出版社，2003：120-162.

成都市文物考古研究所，龙泉驿区文物保管所. 成都市龙泉驿区洪河大道南延线唐宋墓葬发掘简报 [M]// 成都市文物考古研究所. 成都考古发现（2001）. 北京：科学出版社，2003：163-177.

成都市文物考古研究所. 成都市西郊金沙堰村唐宋墓葬发掘简报 [M]// 成都市文物考古研究所. 成都考古发现（2001）. 北京：科学出版社，2003：194-199.

成都市文物考古研究所. 成都市成华区三圣乡花果村宋墓发掘简报 [M]// 成都市文物考古研究所. 成都考古发现（2001）. 北京：科学出版社，2003：200-235.

成都市文物考古工作队. 成都市人民中路发现的唐代钱币窖藏 [M]// 成都市文物考古研究所. 成都考古发现（2001）. 北京：科学出版社，2003：236-263.

成都市文物考古研究所，成都杜甫草堂博物馆. 成都杜甫草堂唐—宋遗址发掘报告 [M]// 成都市文物考古研究所. 成都考古发现（2002）. 北京：科学出版社，2004：209-265.

成都市文物考古研究所. 成都市中同仁路城墙遗址发掘简报 [M]// 成都市文物考古研究所. 成都考古发现（2002）. 北京：科学出版社，2004：266-276.

成都市文物考古研究所. 成都市青龙乡海滨村墓葬发掘简报 [M]// 成都市文物考古研究所

所. 成都考古发现（2003）. 北京：科学出版社，2005：266-307.

成都市文物考古研究所. 成都市青龙乡石岭村宋墓发掘简报 [M]// 成都市文物考古研究所. 成都考古发现（2003）. 北京：科学出版社，2005：397-417.

成都市文物考古研究所. 成都市中同仁路城墙遗址第二次发掘简报 [M]// 成都市文物考古研究所. 成都考古发现（2003）. 北京：科学出版社，2005：418-425.

成都文物考古研究所，双流县文物管理所. 成都双流籍田竹林村五代后蜀双室合葬墓 [M]// 成都市文物考古研究所. 成都考古发现（2004）. 北京：科学出版社，2006：323-363.

成都文物考古研究所. 成都市内姜街遗址发掘报告 [M]// 成都市文物考古研究所. 成都考古发现（2004）. 北京：科学出版社，2006：364-391.

成都文物考古研究所. 信息产业部三十研究所南宋火葬墓的发掘 [M]// 成都市文物考古研究所. 成都考古发现（2004）. 北京：科学出版社，2006：433-451.

成都市文物考古研究所. 四川成都北宋宋京夫妇墓 [J]. 文物，2006(12).

成都市文物考古研究所. 成都市西郊红色村唐代王怀珍墓 [M]// 成都市文物考古研究所. 成都考古发现（2005）. 北京：科学出版社，2007：301-307.

成都文物考古研究所，青白江区文物保护管理所. 成都青白江区艾切斯工地唐、宋墓葬发掘简报 [M]// 成都文物考古研究所. 成都考古发现（2006）. 北京：科学出版社，2008：228-251.

成都文物考古研究所，蒲江县文物保护管理所. 蒲江"残城址"遗址试掘简报 [M]// 成都文物考古研究所. 成都考古发现（2006）. 北京：科学出版社，2008：279-298.

成都市文物考古研究所. 成都市金沙村唐墓发掘简报 [J]. 考古，2008(3).

成都文物考古研究所. 成都市下东大街遗址考古发掘报告 [M]// 成都文物考古研究所. 成都考古发现（2007）. 北京：科学出版社，2009：452-539.

四川省文物考古研究院，成都文物考古研究所. 成都十二桥 [M]. 北京：文物出版社，2009.

成都市文物考古研究所. 成都江南馆街唐宋时期街坊遗址 [M]// 国家文物局. 2008中国重要考古发现. 北京：文物出版社，2009：150-155.

成都市文物考古研究所. 成都江南馆街唐宋街坊遗址 [J]. 成都文物，2009(3).

成都市文物考古研究所. 成都市汪家拐小学古遗址发掘简报 [M]// 成都文物考古研究所. 成都考古发现（2007）. 北京：科学出版社，2009：310-321.

成都文物考古研究所，金堂县文物保护管理所. 金堂赵镇李家梁子唐宋墓发掘简报

[M]// 成都文物考古研究所. 成都考古发现（2007）. 北京：科学出版社，2009：564-580.

成都文物考古研究所. 2008 年度永陵公园古遗址发掘简报 [M]// 成都文物考古研究所. 成都考古发现（2008）. 北京：科学出版社，2010：368-410.

成都文物考古研究所. 成都市清安街城墙遗址发掘简报 [M]// 成都文物考古研究所. 成都考古发现（2008）. 北京：科学出版社，2010：411-435.

成都文物考古研究所，龙泉驿区文物保护管理所. 成都市龙泉驿五代前蜀王宗侃夫妇墓 [J]. 考古，2011(6).

成都文物考古研究所. 成都市博物馆新址发掘简报 [M]// 成都文物考古研究所. 成都考古发现（2009）. 北京：科学出版社，2011：329-416.

成都文物考古研究所，新津县文管所. 成都市新津县方兴唐宋墓群发掘报告 [M]// 成都文物考古研究所，成都考古发现（2009）. 北京：科学出版社，2011：476-514.

张擎. 成都市人民商场二期工地汉唐宋及明清遗址 [M]// 中国考古学会. 中国考古学年鉴2010. 北京：文物出版社，2011：372-373.

成都文物考古研究所，邛崃市文物管理局. 四川邛崃龙兴寺2005~2006 年考古发掘报告 [M]. 北京：文物出版社，2011.

成都文物考古研究所. 成都市天府广场东御街汉代石碑发掘简报 [M]// 四川大学博物馆，四川大学考古学系，成都文物考古研究所. 南方民族考古（第八辑）. 北京：科学出版社，2012：1-8.

成都文物考古研究所. 成都市琉璃厂古窑址2010 年试掘报告 [M]// 成都文物考古研究所. 成都考古发现（2010）. 北京：科学出版社，2012：352-395.

成都文物考古研究所，青白江区文物保护管理所. 成都市青白江区和平村墓群发掘简报 [M]// 成都文物考古研究所. 成都考古发现（2011）. 北京：科学出版社，2013：487-520.

成都文物考古研究所，四川大学考古学系. 成都金沙遗址雍锦湾地点出土唐宋瓷器 [J]. 四川文物，2014(6).

成都文物考古研究所. 成都市杜甫草堂唐宋遗址2012 年发掘简报 [M]// 成都文物考古研究所. 成都考古发现（2012）. 北京：科学出版社，2014：449-491.

成都文物考古研究所. 成都市下同仁路城墙遗址发掘简报 [M]// 成都文物考古研究所. 成都考古发现（2012）. 北京：科学出版社，2014：492-506.

易立，张雪芬，江滔. 四川成都东华门遗址 [M]// 国家文物局. 2014 中国重要考古发现. 北京：文物出版社，2015：108-111.

成都文物考古研究所. 成都市高新西区双柏村宋、明墓发掘简报 [M]// 成都文物考古研究所. 成都考古发现（2013）. 北京：科学出版社，2015：605-643.

成都文物考古研究所. 成都市下同仁路遗址南朝至唐代佛教造像坑 [J]. 考古，2016(6).

成都文物考古研究所. 成都天府广场东北侧古遗址发掘报告 [M]. 北京：文物出版社，2016.

成都文物考古研究所. 成都市东丁字街古遗址发掘简报 [M]// 成都文物考古研究所. 成都考古发现（2014）. 北京：科学出版社，2016：321-388.

成都文物考古研究所. 成都市江汉路古遗址发掘简报 [M]// 成都文物考古研究所. 成都考古发现（2014）. 北京：科学出版社，2016：389-419.

易立，张雪芬，江滔. 四川成都通锦路唐、五代园林建筑址 [M]// 国家文物局. 2015 中国重要考古发现. 北京：文物出版社，2016：132-135.

成都文物考古研究院. 成都金河路古遗址发掘报告 [M]// 成都文物考古研究院. 成都考古发现（2015）. 北京：科学出版社，2017：320-416.

成都文物考古研究院. 成都市武侯区川音大厦工地唐宋墓葬发掘简报 [M]// 成都文物考古研究院. 成都考古发现（2015）. 北京：科学出版社，2017：591-641.

成都文物考古研究院. 成都市通锦路遗址隋唐至明代墓葬清理简报 [M]// 成都文物考古研究院. 成都考古发现（2015）. 北京：科学出版社，2017：642-681.

成都文物考古研究院. 成都下同仁路——佛教造像坑及城市生活遗址发掘报告 [M]. 北京：文物出版社，2017.

成都文物考古研究院，四川大学历史文化学院考古系，四川大学考古学国家级实验教学示范中心. 成都金沙遗址雍锦湾地点秦汉至明清遗存 [M]// 四川大学博物馆，四川大学考古学系，成都文物考古研究院. 南方民族考古（第十四辑）. 北京：科学出版社，2017：7-72.

成都文物考古研究院. 成都通锦路唐净众寺园林遗址 [M]. 北京：科学出版社，2018.

成都文物考古研究院. 成都市青羊区唐代砖室墓 [M]. 朱岩石. 考古学集刊（第 21 集），北京：社会科学文献出版社. 2018：59-72.

四川大学考古系，成都文物考古研究院. 成都市清江东路张家墩隋唐至南宋砖室墓 [J]. 考古，2018(12).

张雪芬，易立，江滔. 成都市实业街唐益州福感寺遗址 [M]// 中国考古学会. 中国考古学年鉴 2017. 北京：中国社会科学出版社，2018：415-416.

成都文物考古研究院. 四川成都海滨村五代后蜀墓发掘简报 [J]. 文物，2019(7).

成都文物考古研究院. 四川成都五代至宋元琉璃厂窑遗址 [J]. 大众考古, 2019(8).

（二）成都市以外

李锡经. 河北曲阳县修德寺遗址发掘记 [J]. 考古通讯, 1955(3).

江苏省文物管理委员会. 五代——吴大和五年墓清理记 [J]. 文物参考资料, 1957(3).

中国社会科学院考古研究所. 唐长安城大明宫 [M]. 北京：科学出版社, 1959.

中国科学院考古研究所洛阳发掘队. 隋唐东都城址的勘查和发掘 [J]. 考古, 1961(3).

北京市文物工作队. 北京南郊辽赵德钧墓 [J]. 考古, 1962(5).

中国科学院考古研究所西安唐城发掘队. 唐代长安城考古纪略 [J]. 考古, 1963(11).

定县博物馆. 河北定县发现两座宋代塔基 [J]. 文物, 1972(8).

扬州博物馆. 江苏邗江蔡庄五代墓清理简报 [J]. 文物, 1980(8).

韩自强. 安徽亳县咸平寺发现北齐石刻造像碑 [J]. 文物, 1980(9).

陕西省文管会. 统万城城址勘测记 [J]. 考古, 1981(3).

中国社会科学院考古研究所新疆工作队. 新疆吉木萨尔北庭古城调查 [J]. 考古, 1982(2).

丹徒县文教局, 镇江博物馆. 江苏丹徒丁卯桥出土唐代银器窖藏 [J]. 文物, 1982(11).

陈显丹. 广汉县发现古"雒城"砖 [J]. 四川文物, 1984(3).

中国社会科学院考古研究所西安唐城工作队. 唐长安西明寺遗址发掘简报 [J]. 考古, 1990(1).

河北省文物研究所. 唐县寺城涧村出土石刻造像 [J]. 文物春秋, 1990(3).

广元市文物管理所. 广元新发现的佛教造像 [J]. 文物, 1990(6).

福建省博物馆, 福州市文物管理委员会. 唐末五代闽王王审知夫妇墓清理简报 [J]. 文物, 1991(5).

杜在忠, 韩岗. 山东诸城佛教石造像 [J]. 考古学报, 1994(2).

洛阳市文物工作队. 洛阳后梁高继蟾墓发掘简报 [J]. 文物, 1995(8).

内蒙古文物考古研究所, 赤峰市博物馆, 阿鲁科尔沁旗文物管理所. 辽耶律羽之墓发掘简报 [J]. 文物, 1996(1).

中国社会科学院考古研究所四川工作队, 松潘县文物管理所. 四川松潘县松林坡唐代墓葬的清理 [J]. 考古, 1998(1).

山东省青州市博物馆. 青州龙兴寺佛教造像窖藏清理简报 [J]. 文物, 1998(2).

中国社会科学院考古研究所洛阳唐城队. 洛阳唐东都上阳宫园林遗址发掘简报 [J].

考古，1998(2).

中国社会科学院考古研究所洛阳汉魏城队. 汉魏洛阳故城城垣试掘 [J]. 考古学报，1998(3).

镇江六朝唐宋古城考古队. 江苏镇江市花山湾古城遗址 1991 年发掘简报 [J]. 考古，1999(3).

黄忠学. 安徽青阳县发现一座南唐砖室墓 [J]. 考古，1999(6).

中国社会科学院考古研究所，南京博物院，扬州市文化局扬州城考古队. 扬州宋大城西门发掘报告 [J]. 考古学报，1999(4).

赣南地方历史文化研究室. 赣州古城墙铭文城砖简介 [J]. 南方文物，2001(4).

宁波市文物考古研究所. 浙江宁波市唐宋子城遗址 [J]. 考古，2002(3).

临朐县博物馆. 山东临朐明道寺舍利塔地宫佛教造像清理简报 [J]. 文物，2002(9).

中国社会科学院考古研究所，日本独立行政法人文化财研究所奈良文化财研究所联合考古队. 唐长安城大明宫太液池遗址发掘简报 [J]. 考古，2003(11).

中国社会科学院考古研究所，日本独立行政法人文化财研究所奈良文化财研究所联合考古队. 唐长安城大明宫太液池遗址考古新收获 [J]. 考古，2003(11).

中国社会科学院考古研究所，日本独立行政法人文化财研究所奈良文化财研究所联合考古队. 西安唐大明宫太液池南岸遗址发现大型廊院建筑遗存 [J]. 考古，2004(9).

四川省文物考古研究院，德阳市文物考古研究所，广汉市文管所. 2004 年广汉烟堆子遗址晚唐、五代墓地发掘简报 [J]. 四川文物，2005(3).

中国社会科学院考古研究所，日本独立行政法人文化财研究所奈良文化财研究所联合考古队. 西安市唐长安城大明宫太液池遗址 [J]. 考古，2005(7).

中国社会科学院考古研究所，日本独立行政法人文化财研究所奈良文化财研究所联合考古队. 西安唐长安城大明宫太液池遗址的新发现 [J]. 考古，2005(12).

广州市西湖路光明广场唐代城墙遗址 [M]// 广州市文物考古研究所. 羊城考古发现与研究（一）. 北京：文物出版社，2005：171-181.

中国社会科学院考古研究所，南京博物院，扬州市文物局江苏扬州唐城考古队. 江苏扬州宋大城北门水门遗址发掘简报 [J]. 考古，2005(12).

中国社会科学院考古研究所西安唐城队. 西安市唐长安城大明宫丹凤门遗址的发掘 [J]. 考古，2006(7).

杭州市文物考古所. 南宋恭圣仁烈皇后宅遗址 [M]. 北京：文物出版社，2008.

南越王宫博物馆筹建处，广州市文物考古研究所. 南越宫苑遗址 [M]. 北京：文物出版社，2008.

四川省文物考古研究院，德阳市文物考古研究所，旌阳区文物保护管理所. 2004 年四川德阳"绵竹城"遗址调查与试掘 [J]. 四川文物，2008(3).

四川省文物考古研究院，自贡市盐业历史博物馆，自贡市沿滩区文物管理所. 自贡市黄泥土山崖墓群清理简报 [J]. 四川文物，2009(1).

黑龙江省文物考古研究所. 渤海上京城 [M]. 北京：文物出版社，2009.

南越王宫博物馆. 南越国宫署遗址：岭南两千年中心地 [M]. 广州：广东人民出版社，2010.

中国社会科学院考古研究所，南京博物院，扬州市文物考古研究所. 扬州城——1987~1998 年考古发掘报告 [M]. 北京：文物出版社，2010.

镇江博物馆. 江苏镇江花山湾古城遗址 2010 年发掘简报 [J]. 江汉考古，2012(2).

中国社会科学院考古研究所，南京博物院，扬州唐城考古工作队. 江苏扬州市宋大城北门遗址的发掘 [J]. 考古，2012(10).

杭州市文物考古所. 南宋御街遗址 [M]. 北京：文物出版社，2013.

山东省文物考古研究所. 临淄齐故城 [M]. 北京：文物出版社，2013.

中国社会科学院考古研究所，河北省文物研究所邺城考古队. 河北邺城遗址赵彭城北朝佛寺与北吴庄佛教造像埋藏坑 [J]. 考古，2013(7).

中国社会科学院考古研究所. 隋唐洛阳城：1959~2001 年考古发掘报告 [M]. 北京：文物出版社，2014.

黑龙江省文物考古研究所. 渤海上京城第 1 号街考古钻探与发掘简报 [J]. 北方文物，2015(1).

绵阳博物馆，成都文物考古研究所. 绵阳崖墓 [M]. 北京：文物出版社，2015.

中国社会科学院考古研究所，南京博物院，扬州市文物考古研究所. 扬州城遗址考古发掘报告：1999~2013 年 [M]. 北京：科学出版社，2015.

甘肃省文物考古研究所，甘肃省泾川县博物馆. 甘肃泾川佛教遗址 2013 年发掘简报 [J]. 文物，2016(4).

山西省考古研究所，太原市文物考古研究所，晋源区文物旅游局. 晋阳古城一号建筑基址 [M]. 北京：科学出版社，2016.

陕西省考古研究院，榆林市文物考古勘探工作队，神木县石峁遗址管理处. 陕西神木县石峁城址皇城台地点 [J]. 考古，2017(7).

山西省考古研究所，忻州市文物管理处，忻府区文物管理所. 山西忻州忻府佛教造像窖

藏坑发掘简报 [J]. 文物，2018(12).

重庆市文化遗产研究院. 重庆市合川区钓鱼城范家堰南宋衙署遗址 [N]. 中国文物报，2019-03-09(5).

四川省文物考古研究院，德阳市文物考古研究所，旌阳区文物管理所. 四川德阳市旌阳区孝泉镇发现宋代"孝街"遗址 [J]. 四川文物，2019(4).

三、专著

包伟民. 宋代城市研究 [M]. 北京：中华书局，2014.

成都市城市科学研究会. 成都城市研究 [M]. 成都：四川大学出版社，1989.

成都市勘测志编纂委员会. 成都市勘测志 [M]. 北京：中国建筑工业出版社，1997.

《成都市志》编纂委员会. 成都市志·文物志 [M]. 成都：四川辞书出版社，2000.

《成都市志》编委会. 成都市志·水利志 [M]. 成都：四川辞书出版社，2001.

程存洁. 唐代城市史研究初篇 [M]. 北京：中华书局，2002.

陈廷湘，李德琬. 李思纯文集：未刊论著卷 [M]. 成都：巴蜀书社，2009.

成一农. 古代城市形态研究方法新探 [M]. 北京：社会科学文献出版社，2009.

刘雨茂，荣远大. 成都出土历代墓铭券文图录综释 [M]. 北京：文物出版社，2012.

陈大为. 唐后期五代宋初敦煌僧寺研究 [M]. 上海：上海古籍出版社，2014.

段玉明，等. 成都佛教史 [M]. 北京：宗教文化出版社，2017.

董鉴泓. 中国古代城市二十讲 [M]. 北京：中国建筑工业出版社，2010.

杜正贤. 南宋都城临安研究——以考古为中心 [M]. 上海：上海古籍出版社，2016.

冯举，谭继和，冯广宏. 成都府南两河史话 [M]. 成都：四川民族出版社，1998.

傅熹年. 中国古代建筑史：第二卷　三国、两晋、南北朝、隋唐、五代建筑 [M]. 北京：中国建筑工业出版社，2001.

冯广宏. 成都沙河话古今 [M]. 北京：中国三峡出版社，2002.

傅崇矩. 成都通览 [M]. 成都：天地出版社，2014.

高文，高成刚. 四川历代碑刻 [M]. 成都：四川大学出版社，1990.

龚延明. 宋代官制辞典 [M]. 北京：中华书局，1997.

郭湖生. 中华古都——中国古代城市史论文集 [M]. 台北：空间出版社，1997.

郭黎安. 六朝建康 [M]. 香港：香港天马图书有限公司，2002.

龚国强. 隋唐长安城佛寺研究 [M]. 北京：文物出版社，2006.

官性根. 宋代成都府政研究 [M]. 成都：巴蜀书社，2010.

郭声波. 四川历史地理与宋代蜀人地图研究 [M]. 西安：西安地图出版社，2014.

侯迺慧. 诗情与幽境——唐代文人的园林生活 [M]. 台北：东大图书股份有限公司，1991.

贺云翱. 六朝瓦当与六朝都城 [M]. 北京：文物出版社，2005.

何一民，王毅. 成都简史 [M]. 成都：四川人民出版社，2018.

姜伯勤. 敦煌社会文书导论 [M]. 台北：新文丰出版股份有限公司，1992.

刘志远，刘廷璧. 成都万佛寺石刻艺术 [M]. 北京：中国古典艺术出版社，1958.

李世平. 四川人口史 [M]. 成都：四川大学出版社，1987.

李浩. 唐代园林别业考论（修订版）[M]. 西安：西北大学出版社，1996.

龙显昭. 巴蜀佛教碑文集成 [M]. 成都：巴蜀书社，2004.

刘春迎. 北宋东京城研究 [M]. 北京：科学出版社，2004.

李芳民. 唐五代佛寺辑考 [M]. 北京：商务印书馆，2006.

李孝聪. 中国城市的历史空间 [M]. 北京：北京大学出版社，2015.

刘庆柱. 中国古代都城考古发现与研究 [M]. 北京：社会科学文献出版社，2016.

梁思成. 中国古建筑典范——《营造法式》注释 [M]. 香港：三联书店（香港）有限公司，2017.

刘未. 鸡冠壶：历史考古札记 [M]. 上海：上海古籍出版社，2019.

蒙文通. 蒙文通全集 [M]. 成都：巴蜀书社，2015.

潘谷西，何建中. 《营造法式》解读 [M]. 南京：东南大学出版社，2005.

曲英杰. 古代城市 [M]. 北京：文物出版社，2003.

四川省文史馆. 成都城坊古迹考 [M]. 成都：四川人民出版社，1987.

四川省文物管理局. 四川文物志 [M]. 成都：巴蜀书社，2005.

四川省文史研究馆. 成都城坊古迹考（修订版）[M]. 成都：成都时代出版社，2006.

粟品孝，等. 南宋军事史 [M]. 上海：上海古籍出版社，2008.

粟品孝，等. 成都通史·五代（前后蜀）两宋时期 [M]. 成都：四川人民出版社，2011.

四川博物院，成都文物考古研究所，四川大学博物馆. 四川出土南朝佛教造像 [M]. 北京：中华书局，2013.

王文才. 成都城坊考 [M]. 成都：巴蜀书社，1986.

王志高. 六朝建康城发掘与研究 [M]. 南京：江苏人民出版社，2015.

王笛. 消失的古城——清末民初成都的日常生活记忆 [M]. 北京：社会科学文献出版

社，2019.

谢和耐. 蒙元入侵前夜的中国日常生活（插图本）[M]. 刘东，译. 北京：北京大学出版社，2008.

谢元鲁. 成都通史·两晋南北朝隋唐时期 [M]. 成都：四川人民出版社，2011.

徐苹芳. 中国城市考古学论集 [M]. 上海：上海古籍出版社，2015.

喜仁龙. 北京的城墙与城门 [M]. 邓可，译. 北京：北京联合出版公司，2017.

萧默. 敦煌建筑研究 [M]. 北京：中国建筑工业出版社，2019.

杨伟立. 前蜀后蜀史 [M]. 成都：四川省社会科学院出版社，1986.

杨宽. 中国古代都城制度史研究 [M]. 上海：上海古籍出版社，1993.

严耕望. 唐代交通图考 [M]. 上海：上海古籍出版社，2007.

袁庭栋. 成都街巷志 [M]. 成都：四川教育出版社，2010.

周绍良. 唐代墓志汇编 [M]. 上海：上海古籍出版社，1992.

张学君，张莉红. 成都城市史 [M]. 成都：成都出版社，1993.

张弓. 汉唐佛寺文化史 [M]. 北京：中国社会科学出版社，1997.

周绍良，赵超. 唐代墓志汇编续集 [M]. 上海：上海古籍出版社，2001.

郑光福. 巴蜀留韵 [M]. 成都：四川省广播电视学会，2003.

张勋燎，白彬. 中国道教考古 [M]. 北京：线装书局，2006.

张勋燎，白彬. 川大史学·冯汉骥卷 [M]. 成都：四川大学出版社，2006.

曾智中，尤德彦. 李劼人说成都 [M]. 成都：四川文艺出版社，2007.

周维权. 中国古典园林史 [M]. 北京：清华大学出版社，2008.

张蓉. 先秦至五代成都古城形态变迁研究 [M]. 北京：中国建筑工业出版社，2010.

张驭寰. 中国城池史 [M]. 北京：中国友谊出版公司，2015.

张义奇. 沙河流年：成华母亲河的历史回声 [M]. 成都：四川文艺出版社，2018.

四、论文

安家瑶. 唐长安西明寺遗址的考古发现 [M]// 荣新江. 唐研究（第六卷）. 北京：北京大学出版社，2000：337-352.

勃扬. 有关成都万佛寺的几个问题 [J]. 成都文物，1985(1).

常崇宜. 陆游诗文中的南宋成都初探 [J]. 成都大学学报（社会科学版），1981(1).

陈世松. 南宋四川历任制置使 [J]. 西南师范学院学报（社会科学版），1982(3).

陈世松. 马可波罗笔下的成都 [J]. 成都文物，1984(1).

陈德富. 成都太平横街南宋墓出土陶器浅析 [J]. 景德镇陶瓷，1984(总 26).

陈光表. 成都《西楼苏帖》考 [J]. 成都文物，1985(2).

陈光表. 成都西楼考辨 [J]. 成都文物，1986(1).

陈世松. 宋元争夺中的成都——元代成都史之一 [J]. 成都文物，1988(1).

陈世松. 宋元争夺中的成都（续）——元代成都史之二 [J]. 成都文物，1988(2).

陈尔鹤. 绛守居园池考 [J]. 文物季刊，1989(1).

陈渭忠. 摩诃池的兴与废 [J]. 四川水利，2006(5).

陈玮. 剑南西川节度使与唐代成都城市文化 [M]// 重庆中国三峡博物馆. 长江文明（第四辑）. 郑州：河南人民出版社，2010：34-37.

丁明夷. 龙门石窟唐代造像的分期与类型 [J]. 考古学报，1979(4).

杜斗成，崔峰. 山东龙兴寺等佛教造像 "窖藏" 皆为 "葬舍利" 说 [M]// 刘凤君，李洪波. 四门塔阿閦佛与山东佛像艺术研究. 北京：中国文史出版社，2005：144-153.

董华锋，何先红，朱寒冰. 川渝地区晚唐五代小型经幢及其反映的民间信仰 [J]. 考古，2018(6).

冯汉骥. 相如琴台与王建永陵 [M]. 张勋燎，白彬. 川大史学·冯汉骥卷. 成都：四川大学出版社，2006：357.

冯汉镛. 高骈扩展的成都城墙 [J]. 文史杂志，1998(6).

桂林市文物管理委员会. 南宋《桂州城图》简述 [J]. 文物，1979(2).

郭湖生. 台城辩 [J]. 文物，1999(5).

高文. 四川汉代地名砖考 [J]. 四川文物，2007(3).

高继习. 宋代埋藏佛教残损石造像群原因考——论 "明道寺模式" [M]// 山东省文物考古研究所. 海岱考古（第八辑）. 北京：科学出版社，2015：488-514.

黄世宪. 成都大秦寺位置考 [J]. 成都文物，1984(3).

黄宽重. 宋代城郭的防御设施及材料 [M]. 南宋军政与文献探索. 台北：新文丰出版股份有限公司，1990：195-196.

杭侃. 中国古代城墙的用砖问题 [J]. 文物季刊，1998(1).

黄登峰. 宋代城池建设研究 [D]. 保定：河北大学，2007.

霍巍. 唐宋墓葬出土陀罗尼经咒及其民间信仰 [J]. 考古，2011(5).

黄晓枫. 成都平原宋代瓷业生产形态与瓷业税初识 [J]. 江汉考古，2013(1).

霍巍. 吐蕃王朝时期的佛寺遗存与汉地文化影响 [J]. 西藏民族学院学报（哲学社会科

学版），2015，36(3).

霍巍. 从于阗到益州：唐宋时期毗沙门天王图像的流变 [J]. 中国藏学，2016(1).

霍巍. 藏东吐蕃摩崖造像与唐蕃交流视野下的剑南益州 [J]. 藏学学刊，2017(1).

韩建华. 唐宋洛阳宫城御苑九洲池初探 [J]. 中国国家博物馆馆刊，2018(4).

蒋成. 论成都唐宋罗城1、2号门址 [M]// 成都市博物馆. 文物考古研究. 成都：成都出版社，1993：263-271.

姜波. 唐东都上阳宫考 [J]. 考古，1998(2).

姜翼德，詹星. 交子制造地略考 [J]. 成都文物，2006(2).

刘琳. 成都城池变迁史考述 [J]. 四川大学学报（哲学社会科学版），1978(2).

林向. 隋唐益州福感寺塔遗址考 [J]. 成都文物，1984(2).

刘琳. 高骈与成都罗城 [J]. 成都文物，1984(3).

刘廷壁. 成都万佛寺石刻造像 [J]. 成都文物，1987(1).

刘新生. 唐代诗人岑参笔下的成都 [J]. 成都文物，1985(2).

李志嘉，樊一. 蜀石经述略 [J]. 文献，1989(2).

卢海鸣. 六朝建康里坊制度辨析 [J]. 南京社会科学，1994(6).

雷玉华. 唐宋明清时期的成都城垣考 [J]. 四川文物，1998(1).

蓝勇. 宋《蜀川胜概图》考 [J]. 文物，1999(4).

刘雨茂，朱章义. 四川地区唐代砖室墓分期研究初论 [J]. 四川文物，1999(3).

梁庚尧. 南宋城市的公共卫生问题 [M]// 台北"中央研究院"历史语言研究所出版品编辑委员会. "中央研究院"历史语言研究所集刊. 第70本第一分册，1999：119-163.

李森. 山东青州龙兴寺窖藏造像性质考 [J]. 广西社会科学，2005(12).

雷玉华. 成都大慈寺在佛教史上的地位 [J]. 成都文物，2006(4).

李思纯. 成都史迹考 [M]// 陈廷湘，李德琬. 李思纯文集：未刊论著卷. 成都：巴蜀书社，2009：499-642.

李思纯. 大慈寺考 [M]// 陈廷湘，李德琬. 李思纯文集：未刊论著卷. 成都：巴蜀书社，2009：643-762.

刘妍. 隋—宋扬州城防若干复原问题探讨 [D]. 南京：东南大学，2009.

刘未. 南宋临安城复原研究 [D]. 北京：北京大学，2011.

廖望春. 宋塔舍利发现与舍利信仰泛化的研究 [J]. 宗教学研究，2012(4).

刘术. 宋代成都药市考 [J]. 农业考古，2015(6).

李合群. 中国古代夯土城墙基础加固技术 [J]. 北方文物，2017(4).

李裕群. 南朝弥勒造像与傅大士弥勒化身 [J]. 考古, 2017(8).

李明斌. 唐末成都罗城城垣的考古学观察 [J]. 中国国家博物馆馆刊, 2017(9).

刘桂海.《通鉴》胡注"成都三市"考辨 [M]// 社文玉. 唐史论丛(第二十六辑). 西安: 三秦出版社, 2018: 371-373.

马文彬. 前后蜀苑囿刍议 [J]. 四川文物, 2000(3).

马剑. 成都羊马城考 [J]. 文史杂志, 2009(6).

马剑. 羊马城考——兼考成都羊马城 [J]. 中国历史地理论丛, 2011, 26(2).

蒙文通. 成都二江考——附论大城、少城、七桥、十八门 [M]// 蒙文通全集(四). 成都: 巴蜀书社, 2015: 450-470.

宁欣, 陈涛. "中世纪城市革命"论说的提出和意义——基于"唐宋变革论"的考察 [J]. 史学理论研究, 2010(1).

濮禾章. 草堂寺和浣花祠 [J]. 四川文物, 1988(4).

任乃强. 成都城址变迁考(续)[J]. 成都文物, 1984(3).

宿白. 隋唐长安城和洛阳城 [J]. 考古, 1978(6).

宿白. 隋唐城址类型初探(提纲)[M]// 北京大学考古系. 纪念北京大学考古专业三十周年论文集. 北京: 文物出版社, 1990: 279-285.

宿白. 隋代佛寺布局 [J]. 考古与文物, 1997(2).

斯波义信. 宋代の都市城郭 [M]. 中岛敏先生古稀纪念论集. 东京: 汲古书院, 1981: 289-318.

绍风, 石湍. "金河"为"郫江"故道说(上)[J]. 成都文物, 1983(1).

绍风, 石湍. "金河"为"郫江"故道说(下)[J]. 成都文物, 1984(1).

绍风. 蜀燕王和蜀燕王宫——成都史零札之一 [J]. 成都文物, 1986(3).

绍风. 碧鸡坊故址考——附论金马坊所在 [J]. 成都文物, 1986(4).

绍风. 琴台考实——相如琴台今尚存 [J]. 成都文物, 1987(1).

施坚雅. 导言: 中华帝国的城市发展 [M]// 施坚雅. 中华帝国晚期的城市. 北京: 中华书局, 2000: 3-36.

孙华. 唐末五代的成都城 [M]//《宿白先生八秩华诞纪念文集》编辑委员会. 宿白先生八秩华诞纪念文集. 北京: 文物出版社, 2002: 255-290.

孙华. 秦汉时期的成都 [M]// 何一民, 王毅, 蒋成. 文明起源与城市发展研究. 成都: 四川大学出版社, 2004: 117-146.

孙华. 羊马城与一字城 [J]. 考古与文物, 2011(1).

舒大刚，任利荣. 成都文翁石室丛考 [M]// 四川省社会科学院，四川省人民政府文史研究馆. 国学（第一集）. 成都：四川人民出版社，2014：120-142.

唐长孺. 南北朝期间西域与南朝的陆道交通 [M]// 唐长孺. 魏晋南北朝史论拾遗. 北京：中华书局，1983：168-195.

陶元甘. 锦城千年荷花池 [J]. 成都文物，1986(4).

谭继和. 成都城市历史概述 [M]// 成都市城市科学研究会. 成都城市研究. 成都：四川大学出版社，1989：517-521.

唐建. 李膺《益州记》佚文考辨 [J]. 中华文化论坛，2005(3).

魏炯若. 陆游诗中的成都（上）[J]. 四川师范学院学报，1980(3).

魏炯若. 陆游诗中的成都（下）[J]. 四川师范学院学报，1980(4).

王文才. 前后蜀宫苑考释 [J]. 成都文物，1984(3).

武建国. 古代成都的"蚕市" [J]. 成都文物，1984(4).

温少峰，林延年. 名城成都的历史文化特征 [J]. 成都文物，1987(4).

王小红. 宋代成都"十二月市"考 [M]// 四川大学古籍整理研究所，四川大学宋代文化研究中心. 宋代文化研究 第十九辑. 成都：四川文艺出版社，2011：123-139.

王铭. 唐宋时期的明器五谷仓和粮罂 [J]. 考古，2014(5).

王小红. 五代两宋时期成都城市景观特色研究 [M]// 何一民. 川大史学（第二辑）·城市史卷. 成都：四川大学出版社，2016：195-216.

汪勃. 晚唐杨吴两宋时期扬州城城门之发掘与研究 [C]// 中国社会科学院考古研究所，内蒙古自治区文物考古研究所，巴林左旗旗委、人民政府. 东亚都城和帝陵考古与契丹辽文化国际学术研讨会论文集. 北京：科学出版社，2016：255-265.

魏美强. 论唐宋都城坊市制的崩溃——以街巡使为线索 [D]. 南京：南京大学，2016.

完颜绍元. 古代拆迁轶事：违章建筑与"侵街钱" [J]. 人民论坛，2018(28).

熊达成. 浅谈成都的水利与水害（上）[J]. 成都文物，1983(1).

谢元鲁. 晚唐至宋初蜀中绘画艺术的兴衰 [M]// 史念海. 唐史论丛（第二辑）. 西安：陕西人民出版社，1987：261-277.

　　本书之付梓，是攻读博士学位和从业多年的阶段性学术总结，也是对考古学这一博大精深学科的热爱与敬畏的诠释。书中字句，皆为数年研究之精华，饱含对学术的执着追求与思考。作为一个从业多年的考古人，深知考古学的学习历程，是一场与时间和历史较量的艰苦之旅；唯有立足于田野考古发掘，综历史学、文物学、文化人类学和民俗学等多学科之所长，晓人类历史文化之真相、根源和发展历程。

　　本书坚持科学、严谨和求实贯穿于整个行文过程，扎根于田野发掘的第一现场，致力于扎实严谨的学术研究，力求从宏观视角把握历史的发展脉络，从细微之处捕捉历史的真实场景；结合文献史料和前贤的学术成果，寻找其中的共性和差异；以求研究结果的可信度和准确性。

　　回望四年多的求学过程，首先感谢恩师白彬教授。从博士课程体系的精心选择到研究主题的精准定位，均给予我细致入微的学术指导。在论文撰写的关键阶段，即便在繁忙的学术日程中，先生仍不遗余力地抽出时间与我进行深入的学术探讨，不仅为我的研究工作提供了宝贵的学术指引，还以其严谨的学术态度和深厚的学术底蕴，给予我坚定的学术信念与强大的精神鼓舞。在此，向先生表达最崇高的敬意！还有四川大学历史文化学院的其他各位老师在我求学过程中也给予了便利，在此一并致谢！

其次，还要特别感谢我的家人。他们不仅是我生命中最坚实的后盾，更是我心中最温暖的港湾。他们用无尽的爱、理解和智慧，塑造了我坚韧不拔的性格和追求卓越的决心，陪伴我走过了人生的每一个阶段。尤其在我攻读博士学位的那段漫长而艰辛的日子里，他们对我关怀备至，无微不至的照顾让我能够全身心地投入学术研究，无须为生活琐事分心。我深知，家人的付出和奉献是无比伟大的。在此，向家人表达我最真挚的感谢，他们的陪伴和支持，是我能够在学术道路上不断前行、不断突破的重要动力。

希望通过这本书，能够向读者传达一些个人的考古学追求与思考，为今后还原唐宋成都城的历史风貌尽一份力量。同时也分享研究过程中的一些心得与体会，即踏实、坚持、实事求是等做学问的态度，只有不断学习、不断探索、不断实践，才能在学术的道路上走得更远、更稳。最后，坚信在考古学者们的不懈努力下，必能不断揭开历史的谜团，还原文明图景，探索古人智慧。愿各位读者及同行者与泥土为伴、与历史对话、与文化共鸣！共勉！